# 廣州博物館藏鄧華熙家族文書信札選編

廣州博物館叢書·藏品系列

廣州博物館 編

广东省博物馆事业发展基金会
Guangdong Museum Development Foundation

本書出版得到廣東省博物館事業發展基金會資助

南方出版傳媒
廣東人民出版社
·廣州·

**圖書在版編目（CIP）數據**

廣州博物館藏鄧華熙家族文書信札選編 / 廣州博物館編；曾玲玲主編．—廣州：廣東人民出版社，2021.12

（廣州博物館叢書・藏品系列）

ISBN 978-7-218-15434-3

Ⅰ．①廣…　Ⅱ．①廣…②曾…　Ⅲ．①鄧華熙—家族—史料　Ⅳ．①K820.9

中國版本圖書館 CIP 數據核字（2021）第 242925 號

GUANGZHOU BOWUGUAN CANG DENG HUAXI JIAZU WENSHU XINZHA XUANBIAN

**廣州博物館藏鄧華熙家族文書信札選編**

廣州博物館　編　曾玲玲　主編



**出 版 人：**肖風華

**責任編輯：**周驚濤　唐金英　周潘宇鏑
**裝幀設計：**瀚文工作室
**責任技編：**周星奎

**出版發行：**廣東人民出版社
**地　　址：**廣州市海珠區新港西路 204 號 2 號樓（郵政編碼：510300）
**電　　話：**020-85716809（總編室）
**傳　　真：**020-85716872
**網　　址：**http://www.gdpph.com
**印　　刷：**廣州市浩誠印刷有限公司
**開　　本：**889mm × 1194mm　1/16
**印　　張：**21.75　　**字　　數：**600 千
**版　　次：**2021 年 12 月第 1 版
**印　　次：**2021 年 12 月第 1 次印刷
**定　　價：**398.00 元

**如發現印裝質量問題，影響閱讀，請與出版社（020-85716849）聯繫調換。**

**售書熱綫：**020-85716826

# 序一

作爲具有90多年歷史、中國最早的一批博物館之一，廣州博物館自成立至今，一直以收集、整理、研究、展示不同時期不同類别的歷史文物爲己任，至今藏品已達13萬餘件，門類包括陶瓷、青銅器、玉器、書畫、石刻磚瓦、紡織品、礦物化石、檔案文書、古籍、民俗物品等30餘種，可謂蔚爲大觀。將這些珍貴的歷史文化遺産以不同的形式公諸於衆，達到博物館與社會共建共有共用的目的，是博物館的職責所在，也是當務之急。

接受社會捐贈是本館文物藏品重要來源之一。香港學海書樓秘書長鄧又同先生係晚清疆吏鄧華熙之裔孫，雅好學術，饒有斯文，生平致力於金石碑版、書畫圖籍，蒐羅盈篋，他不恂私愛，積極關心和支持國家文化公益事業，認爲歷史藏品當『玩罷所藏，捐獻社會，與衆分享，善莫大焉』，先後多次將其珍藏的藝術品，特别是其祖父鄧華熙、父親鄧本逵所藏文書信札等千餘件捐贈給廣州博物館。近年來，鄧又同先生長女鄧巧兒女士又秉承父志，將家藏90餘件家書、族譜資料等悉數捐給廣州博物館，使館藏品又補充了新的資料。對他們的義舉，我和博物館同人表示由衷的敬佩和感謝！

鄧氏家族所捐贈諸多藏品中，與鄧華熙相關的文物尤爲顯著。鄧華熙（1826—1916），字筱赤，順德龍山人，舉人出身，歷任御史臺山東道御史、雲南大理知府、雲南知府、雲南布政使、湖北布政使、江蘇布政使、安徽巡撫、貴州巡撫等，轉徙多地，結交既廣，而所遺什物也頗富，諸如兵盔甲胄、金石碑帖、方輿圖册、翰墨手札等，不乏稀世珍品。綜觀鄧氏家族捐贈什物，筆者深切感到：是以一位晚清官吏仕宦經歷爲核心，以其家族成員史事爲輔益，文物能成系成列，種類數目品質皆粲然可觀者，海内洵不多見。

對這些藏品進行系統的整理和出版，是我們尊重歷史、敬重先人的具體表現，也是對捐贈者無私美意的最好回饋。我們將繼續加大整理力度，把廣州博物館諸多藏品以圖録的方式呈現出來。

廣州博物館館長　吴凌雲

2021年9月13日

# 序二

先秦時，廣州已聞名。秦末，南海郡尉趙佗建立南越國，定都番禺，即今廣州。兩千多年來，廣州素爲華夏名城。

廣州爲曾祖父晚年退休後居住地，祖父、先嚴與我小時候均生活於此。花紅樹蒼，荔熟蟬鳴，詩書雅韻，無處不在，我們家族對廣州的深厚感情不言可喻。先嚴思想與教育均孕育於這片土地。

先嚴早年將曾祖父一生重要文獻與珍藏保留在廣州，以表達他對這地方的真摯眷愛。因爲，先嚴堅信博物館是完整保存這批稀世珍品與珍貴歷史文化遺産的最佳處。

廣州博物館一直與先嚴保持良好聯繫。先嚴感佩博物館同人玉壺冰心，尊重先賢，天長日久，彼此相知。此後，先嚴數次捐獻文物，集腋成裘，頗爲可觀。博物館更定期挑選家族藏品展覽，以傳達薪火相傳精神，賦予時代和歷史責任。

廣州博物館歷屆領導與專業人士一向本着沉實、細密、專精、熱情的工作方式與態度，令文物從收藏到整理均專業而細緻。對此，先嚴屢表贊賞，我們更由衷敬佩與感動。

作爲後輩，能將曾祖父手澤與珍藏永久留存在廣州博物館内，既可完成久藏於心的意願，更是家族無與倫比的榮譽。

先嚴深受曾祖父及祖父的影響，愛祖國，重鄉邦，崇家學，數十年悉心蒐集、整理、爬梳而保存下來的家族歷史資料，本人亦得藉博物館以有緒承傳，使這個使命得以實現，本人也倍感榮幸與欣喜。

今次本人所捐贈的家書、文物及名人信札未經梳理排序，錯雜並陳。幸得博物館專業校閲，爬梳別析，分門別類，令敝帚然後粲然，誠端賴博物館所有專家、學者全身心付出。在此深表謝意。

如今，博物館更將先嚴之前一些捐贈文物與此批信札編成專集，以廣流傳，更使藏品所提及人物聲教垂諸萬世，永恆不朽。博物館此舉，可謂廣播爲存，功德無量。

本人在此謹向博物館爲此書所付出努力的所有朋友致以最深切而誠摯的敬意。

鄧巧兒

2021年9月9日

**鄧巧兒：1951年生於廣州，祖籍順德龍山，1957年移居香港。多年來從事推廣國學傳統文化教育工作，現爲香港歷史學會秘書長、香港順德藝文社秘書及港澳臺中華文化藝術協會顧問等。**

# 鄧氏家族捐獻廣州博物館藏品概述

鄧氏家族爲順德龍山望族，南宋時由南雄遷居而來。從宋末至清六百多載，家族延續綿長，代有聞人，至晚清鄧公華熙而鼎盛於鄉里。

鄧華熙（1826—1916），字小赤，又作筱赤、小石，清咸豐元年（1851）中舉，歷任刑部主事、御史臺山東道御史、雲南大理知府、雲南知府、雲南布政使、湖北布政使、江蘇布政使、安徽巡撫、貴州巡撫等，光緒二十九年（1903）致仕後長居廣州和香港。鄧華熙仕宦足跡遍及大半個中國，晚年積極參與洋務運動，是晚清大變局的親歷者。鄧華熙之子鄧本逵於宣統年間擔任寧波知府、浙海關監督等職，三子鄧善麟曾任江蘇候補知府。鄧氏家族重視文教，不少子弟經科舉考試進入仕途，養成了良好家風，其哲嗣多熟諳中國傳統文化，深具家國情懷，故鄧又同（鄧華熙長孫、鄧本逵長子）、鄧圻同（鄧本逵次子）、鄧巧兒（鄧又同長女）等諸位賢達，多次將家族藏品及文獻資料捐獻給中國社會科學院歷史研究所、香港中文大學博物館、廣東省立中山圖書館、廣州博物館、順德市博物館、香港市政局公共圖書館、廣州市荔灣區博物館等機構。廣州博物館作爲廣州地區的綜合性博物館，建館至今已90餘年，積累了頗爲豐富的地方文獻及實物資料，從鄧氏家族的捐獻中受惠良多。

鄧氏家族向廣州博物館捐獻藏品始於20世紀50年代。1956年，鄧又同先生代表家人將396件書畫、信札、甲胄等捐獻給廣州博物館，其中甲胄爲光緒皇帝賜給鄧華熙所用，頗爲珍貴。後鄧又同先生代表鄧氏家族分别於1957年、1984年、1995年三次向廣州博物館捐贈藏品和文獻資料。四次捐贈共計各類藏品440件（套），圖書1331册。2016年，鄧巧兒女士整理家書、族譜等資料，將其中90餘件捐給廣州博物館。上述鄧氏家族捐贈藏品種類多、數量大、價值高，包括甲胄、金石碑帖、方輿圖册、翰墨手札、文書檔案、書法繪畫及古董珍玩等，記録了鄧華熙、鄧本逵參與晚清政局變革及經歷的重大政治事件、與諸多晚清政要的書信來往，也反映了鄧氏家族在書畫、金石方面的收藏、鑒賞水準。這批珍貴藏品填補了廣州博物館在清代地方政務、官方公文、名人書翰等方面收藏的空白，具有較高的歷史研究和陳列展覽價值。

我館同人歷來重視對這批藏品的整理研究和記録出版工作，並擇其保存狀態較好的藏品舉辦展覽，向公衆開放，讓公衆能夠瞭解鄧氏家族在保存文物、傳承中國傳統文化方面的善舉。1998年，廣州博物館舉辦『鄧又同捐獻文物展』，邀請鄧又同先生及家人參加，並頒發感謝狀。2003年，廣州博物館副館長李穗梅主編《鄧又同捐贈廣州博物館藏近代名人手札書翰選》一書，出版收録鄧氏家族捐贈的手札書翰160餘件。2009年，廣州博物館與故宮博物院聯手對光緒皇帝賜予鄧華熙的甲胄進行保養修復，並在『建館八十周年捐獻文物展』中展出。2020年，廣州博物館組織研究團隊，從鄧氏家族捐贈的藏品中遴選200餘件與鄧華熙本人及其家族密切相關者進行整理研究，主要涉及以下幾類：

## 一、仕宦遺徵

鴉片戰爭後，中國國門被列强用武力打開，中國處於內憂外患、風雨飄搖的境地。有識之士紛紛放眼看世界，力求變革，尋找富國强兵的道路。鄧華熙正是其中的代表，他於咸豐元年（1851）入仕，在雲南布政使、江蘇布政使、安徽巡撫、貴州巡撫等任上，力所能及地推動改良變革，抵禦外敵，維護國家主權完整。如鄧華熙任職雲南期間剿匪有功，並協助抵禦法國入侵，被光緒皇帝褒獎爲『建威將軍』，並賜甲冑一套。鄧華熙在江蘇布政使任上輸送『甘肅新餉』有功，在支持中國軍隊維持西北地區的穩定和抵禦沙俄侵略方面起到不小作用，故在光緒十八年（1892）獲得恩賞三代爲正一品。鄧華熙之子鄧本逵在光緒末、宣統年間歷任處州同知、寧波知府、寧紹道臺等職，積極推動宣傳立憲、禁烟等工作，其禁烟戒賭告示等均捐獻給了廣州博物館。此類藏品見證了鄧華熙、鄧本逵等人在仕宦生涯中的諸多功績，是研究晚清政治、經濟、社會的重要史料。

## 二、族譜材料及家書

鄧巧兒女士近年在整理家藏時，發現多份鄧華熙撰寫或抄録家族譜系、祠堂碑記等方面的手稿，及鄧華熙致鄧本逵等人的家書。這些藏品讓我們瞭解到鄧華熙作爲晚清一名地方重臣，在仕宦之外，十分注重子孫教育及家風培養，親自指導後輩處理政務、家務，拳拳愛國之心及護犢之情溢於言表。鄧氏家族遷居的歷史、對家庭財務的經營等方面，亦有所反映。

## 三、友人書翰

這類藏品計有李瀚章、李鴻章、張之洞、翁同龢、劉坤一、趙光、徐郙、戴鴻慈、李經羲、盛宣懷、錢應溥、陶模、李文田、黄槐森、袁昶、王之春、楊頤、松椿、俞樾、潘衍桐、馮譽驥、王文在、徐樹銘、潘祖蔭、陸潤庠、姚禮泰、吴大澂、趙舒翹、徐琪、唐炯、景澧、馮子材、梁鼎芬、康有爲等人致鄧華熙的信札，其中有諸如李鴻章、張之洞等晚清位高權重者，也有劉坤一、盛宣懷等洋務運動的積極實踐者，亦有康有爲等維新變法人士。書翰內容涉及晚清政局、中法戰爭、中日戰爭、教案處理等，具有重要的史料價值。

## 四、鄧華熙所作書畫及收藏品

鄧華熙善書畫，在京任職時即有畫名，多有官宦求畫。致仕後居廣州，暇時亦以書畫自娱。捐給廣州博物館的藏品中，有鄧華熙所繪山水册頁、所用印譜，以及鄧華熙收藏的明代陳洪綬繪花鳥軸、周天球草行書册頁、梁元柱題書扇面等，皆爲明清時期嶺南書畫大家作品。

## 五、諭旨奏章手稿等

鄧氏家族捐贈給廣州博物館的藏品計有鄧華熙上奏慈禧太后、光緒皇帝的奏摺及請安摺、民國時上隆裕太后請安帖等數件。其内容涉及鄧華熙在湖北布政使、江蘇布政使、貴州巡撫等任上經歷的重大事件、例行謝恩請安，及致仕後的一些政治活動。

這批藏品上迄明代，下至民國，時間跨越數百年，爲鄧華熙、鄧本逵、鄧又同、鄧巧兒等後人視若珍寶纔得以存留，較全面地記録了晚清地方重臣鄧華熙及其子鄧本逵的仕宦經歷，爲研究晚清社會變局提供了十分重要的史料；其次是全方位見證傳統知識份子在政治抱負、文化修養、子女教育、家庭經營等多方面的情況。通過整理研究這批藏品，我們可以窺見中國知識份子在晚清内憂外患之際，探索改變艱難時局、救國救民的努力嘗試。此書的出版使鄧氏家族捐獻廣州博物館部分藏品得以向公衆公開，增進公衆對中國傳統文化的瞭解；對歷史研究者、愛好者而言，又可借助其中揭示的晚清政治、社會諸多信息，推進相關研究，這也正是鄧氏家族多年來『化私爲公，與民同享』善舉的本意。

（執筆：宋平）

### 參考文獻

[一] 李穗梅主編：《鄧又同捐贈廣州博物館藏近代名人手札書翰選》，花城出版社，2003 年。

[二] 陳玉環：《緬懷德才雙馨的鄧又同先生》，載廣州博物館編：《廣州博物館建館八十周年文集》，文物出版社，2009 年。

[三] 鄧圻同：《化私爲公，與民同享——鄧家向廣州博物館捐獻文物記》，載廣州博物館編：《廣州博物館建館八十周年文集》。

[四] 程存潔：《鄧又同先生的愛國情懷》，《中國文物報》2017 年 7 月 25 日。

# 編寫説明

一、本書所輯，乃從鄧氏家族歷次捐贈或擬捐贈藏品中甄選出與鄧華熙及其後嗣有直接關係且具較高歷史文獻價值者。

二、編纂以『仕宦遺徵』『族譜輯録』『家書往來』『友人書翰』『諭旨表奏』『雅意清賞』六類統之。

三、本書是一部圖志式的文獻資料，由圖片、録文、題注組成。

四、本書所輯之文物，均注明名稱、尺寸。凡原有名稱者，尽量沿用原名；凡無名稱者，由編者擬定。

五、本書所輯之釋文及題注，按照古籍整理慣例，悉用繁體豎排，並注以現代漢語標點符號；原文之古體字、異體字、生僻字，在不影響文意的原則上，悉改爲通用字。

六、凡原文稿字跡漫漶不清、缺字損字處，均以□代之。

七、凡有錯字處，均以［］括注正確用字。

# 目録

## 第四章　友人書翰……一七一

# 第一章　仕宦遺徵

鄧華熙於清咸豐元年（1851）在廣東省城中舉，之後進入刑部，在京先後擔任刑部主事、刑部山西司郎中、御史臺山東道御史，光緒四年（1878）任雲南大理知府，轉雲南知府，遷雲南布政使、湖北布政使、江蘇布政使等，任江蘇布政使期間署漕運總督。光緒二十二年（1896）授安徽巡撫，光緒二十六年（1900）調任貴州巡撫，光緒二十九年（1903）致仕。鄧華熙以舉人出身，從刑部分司任職開始，成爲安徽巡撫、貴州巡撫這樣的地方重臣，可謂濟事之能臣；並先後在京師、雲南、湖北、江蘇、安徽、貴州多地任職。鄧華熙之子鄧本逵，長年隨奉鄧華熙，光緒末及宣統年間，先後任處州同知、寧波知府兼寧紹道臺、浙海關監督等職。鄧氏父子二人仕宦遍及大半個中國，是晚清大變局的親歷者和見證者。

本章遴選鄧氏家族所捐文物，包括光緒皇帝御賜甲冑及摺扇各一件，鄧華熙所用印譜，鄧華熙在廣州參加鄉試的硃卷册，擔任刑部主事的喜票，擔任江蘇布政使時的恩賞捷報，擔任安徽巡撫時的上任、開印、秋審禮节合訂册，擔任貴州巡撫等時期的任職電文及離任時的萬民傘銜帶等，從不同角度見證了鄧華熙的仕宦經歷。1916年鄧華熙九十壽辰徵詩文啓，反映了民國時廣東文化界、政界對鄉賢鄧華熙的尊崇。與鄧本逵相關的文物有告寧波民衆書、戒烟禁賭安民告示等，記録了鄧本逵在任上積極推進新政、『立憲』等改革舉措。考察各件文物藏品的社會背景及其反映的重大事件，我們可窺見鄧華熙父子參與晚清時期重要變革的各種努力。

從這些文物藏品和資料可以看出，鄧華熙父子眼界開闊，善於審時度勢，做出了許多有益的改革嘗試。鄧華熙在安徽巡撫任上曾主持變法，舉辦新式學堂和武備學校，編練新軍，興辦實業，支持商業發展等，以求强國富民。他在貴州巡撫任上籌建了貴州大學堂，還上疏提出興辦學校、變通科舉、改革軍隊、廣興礦務、開辦日報等變法主張。他致仕後居穗港間，還參與了廣東地方自治社的活動，並在辛亥革命武昌起義爆發後倡議廣東地方自治，爲向革命黨人和平交接政權起到重要作用。鄧本逵長期跟隨鄧華熙，耳濡目染，亦爲幹吏，從他在寧波知府任上推進工商業發展、宣揚憲政、推行戒烟禁賭等舉措可見一斑。鄧華熙父子活躍在政治舞臺之際，正值晚清社會巨變，他們順應歷史潮流，並在職責範圍内進行了力所能及的變革，推動中國近代化進程，無愧於心懷家國天下的儒家知識份子身份。

鄧華熙（1826—1916）遺像

## 光緒皇帝賜鄧華熙甲冑

通高176厘米，上衣長75厘米，下擺寬93厘米，袖長65厘米，雙袖通長207厘米，下裳長101厘米，下擺寬129厘米。

這套甲冑是光緒帝爲表彰鄧華熙在雲南府知府、代理雲南布政使任上參與平定叛亂的軍功，册封他爲『建威將軍』而賜的。鄧華熙70歲任安徽巡撫時，曾穿此甲冑參加了朝廷閱兵儀式。

甲冑整套構件基本完整，僅缺護領、護頸、護耳，原物色彩保存完好，但因年代較遠，部分織物糟朽、少數銅釘泡生銹。2008年，廣州博物館和故宫博物院科技文保人員通力合作，對甲冑進行了修復，使其保存狀况好轉[一]，並在2009年的『建館八十周年捐獻文物展』中展出。

[一] 參見王允麗等：《館藏清代甲胄的保護修復》，載廣州博物館編：《廣州博物館建館八十周年文集》，文物出版社，2009年。

## 光緒皇帝三旬壽辰賜鄧華熙泥金摺扇

扇骨長 29.2 厘米

扇骨竹製，大骨刻壽字。扇面紙質，黑底描金，繪山水樓閣人物圖。據鄧華熙后人回憶，該圖應爲京城萬壽山之景物。光緒皇帝三旬壽辰時（1901），鄧華熙爲貴州巡撫。

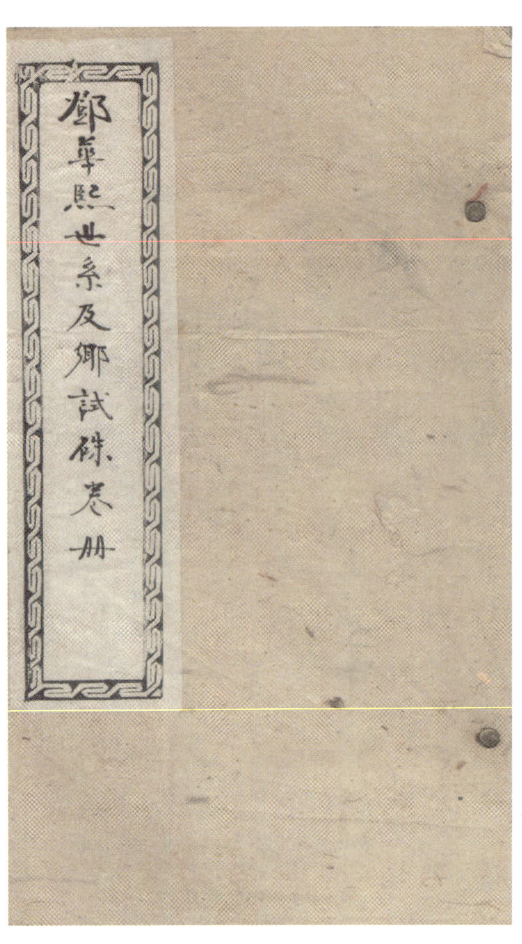


# 鄧華熙鄉試硃卷（刻本）

合本：橫15厘米，縱28厘米

鄧華熙
始祖諱繼智
原籍河南南陽府鄧州人隨太祖孝穆騰程公於宋寧宗慶年間任南雄州保昌縣知縣咸淳十年遷居順德龍山鄉
始祖妣氏廖
二世祖諱敬智
祖妣氏黃盧
三世祖諱仲仁字起源
祖妣氏梅
四世祖諱琁元字伯善
世系　一
祖妣氏溫
五世祖諱大奴字祖興
祖妣氏陳
六世祖諱義愷官名愷
那肇慶衛十戶指揮
祖妣氏楊黎勅封安人
七世祖諱鶴字雲霖
祖妣氏陳
八世祖諱應德字克明
祖妣氏左
九世祖諱怡字允柔號東澗

字燦西別字小赤行一道光庚寅年正月念四日吉時生係廣州府順德縣民籍充順德縣學附生
族太高曾伯叔祖伯叔兄弟
璿歲貢生欽州學正江南華亭縣知縣翰林院五經博士　艮江西吉水縣縣丞　維卿
進　大有　應鶚　奕龍　杞　軒臣　漢斌
龍　國銓　金璧　德明　三梅　茂春　瑛
逢春俱邑庠生　觀猷直隸大名府經歷署元城知縣軍功陞大名府知府　粱初　安海
右營把總　夢龍　永慶　上國　希賢　捷元俱郡庠生
騰芳援貢生惠州府龍川縣儒學　傳藻邑庠生　伯宏郡庠生　國先候選
金尙州同候選　金堂候選州同　藻歲貢生　賢福建提標左營遊擊　明亮
康熙庚子科舉人選授湖北巴東縣知縣改授澄海縣教諭　世玉候選府經歷　殿邦
歲貢生高要縣儒學訓導　海乾隆丙子科舉人揀選知縣　彪邑庠生雍正元年舉鄉飲乾隆元
年丙辰博學鴻詞　自煥　傳璋　文昶　傳禮　季深
秋長　際昇　芳洲　紹吾俱恩賜登仕郎　茂章　茂蓮
德斐　兆平　士平　伯蓮　南秀　南池
南上　士周　始新　士志　士全　德隆
艮秉　琳俱國學生　社錫按察使司照磨　昌勝　閏文　仲和
興和　彥和　宗奇　明德　宗祿俱國學生　男鄉飲正賓
世基太學生恩賜修職郎　衍泗欽賜儒林郎候選州同　謙太學生府庫大使候選
桂林太學生敕授儒林郎候選州同　元太學生例授儒林郎候選　鵬候選巡政廳　高魁候選巡政廳
高學候選巡政廳　士本太學生例授儒林郎候選　栢櫄　宗應　安
高墉俱從九品　啟三恩賜登仕郎　深德恩賜登仕郎　洵桐恩賜登仕郎
懋德恩賜登仕郎　貴保　援成　茂蕃　和孫　佑興
秀之　財寬　得謙儒業　樟櫄儒業　汝模儒業　汝稷儒業

祖妣氏葉
十世祖諱倖字子修號
身峯
祖妣氏劉
十一世祖諱游字道積
號心葵
祖妣氏梅
十二世祖諱文顯字功
揚
祖妣氏馮
十三世祖諱漢杰學名
夢麟字元鼎又字俊
侯邑庠生
祖妣氏黎
十四世祖諱家駿字御
千號日壯
祖妣氏吳陳
十五世祖諱德興字本
敬號晏堂國學生誥贈中憲
大夫
祖妣氏吳溫誥贈恭人
祖庶妣氏黃李
太高祖諱喬光字宜昌
號善甫國學生誥贈奉政大夫

汝恭儒業 汝垣儒業
房太高曾伯叔祖伯叔兄弟
兆祖附貢生誥贈奉直大夫布政使司理問加二級 亦曾候選主簿 錫光
肇光 熊光 麗光 覲光 瑤光 瑞光
壬光 義光 禮光俱太學生 鸞光太學生覃恩貤贈文林郎
麟光太學生敕封儒林郎布政使司理問晉贈奉政大夫布政使司經歷加三級 有光
太學生誥贈奉直大夫布政司理問加二級 齊光太學生誥贈朝議大夫晉贈中憲
大夫布政使司理問加五級 湖光太學生誥贈奉直大夫晉贈中憲大夫布政使司理問
加五級 桂光 和光 桐光 道光 澤光 應昌
太學生 應三太學生 應元 藏壽邑庠生 藏攜太學生 孫繩
太學生 藏林例贈登仕郎 勝元太學生敕封登仕郎 藏成 藏典
生 太學生 孫稼 旻元太學生候選按察使司照磨貤封儒林郎候選州同
藏朝例贈儒林郎 藏翊附貢生誥封奉直大夫布政司理問加二級 藏貫候選
廳 遐 政 張祐太學生覃恩敕贈文林郎貤贈承德郎山東衍聖公府齎奏廳 晉 康時
士元敕贈儒林郎布政司理問 張榮 藏聖 藏賢 藏英
藏保 藏魁敕贈儒林郎布政司理問 張閏恩賜登仕郎 孫來
應智 藏寧 聰元太學生布政使司理問加四級誥封朝議大夫
藏劍太學生敕封儒林郎河南河南府分府 藏富 藏榮 應山
癸元太學生候選刑部司獄廳 孫姓 康紹 藏正太學生 憲學太
生 孫閏候選政廳遐 閏元 行健 孫黍 逢年邑庠生
誥贈朝議大夫布政司理問加三級 晉贈中憲 行修太學生中憲大夫誥授布政
司理問加三級 康綸 添科 作衡 蒂長 作豐
恩元候選政廳遐 孫枝 孫建 行遠 進元太學生候選布
政使司經歷誥授奉政大夫 晉封中憲大夫候選府同知加二級 藏[illegible] 藏續



中書科中書加五級
太高祖妣氏左誥贈宜人
祖庶妣氏陳誥贈宜人
高祖諱蘊連字作敦號學生覃恩誥贈奉直大夫晉贈通議大夫刑部員外郎加五級
高祖妣氏陳覃恩誥贈宜人晉贈淑人
祖庶妣氏曾覃恩貤贈孺人
曾祖諱文瑩字廷絜邑增生敕封文林郎覃恩誥封奉直大夫晉封通議大夫刑部員外郎加五級
曾祖妣氏周敕贈孺人覃恩誥贈宜人晉贈淑人
妣氏邱敕贈孺人覃恩誥贈宜人晉贈淑人
妣氏陳敕封孺人覃恩誥封宜人晉封淑人
祖諱林字行徵號蔚堂
嘉慶丁卯科舉人內閣中書刑部主政刑部直隸司員外郎加五級覃恩誥授奉直大夫晉授通議大夫候補知府
祖母氏左敕封孺人覃恩誥封宜人晉封淑人
即用縣縣丞昌培公

行儉太學生候選守禦所千總誥授武德騎尉 康榮 有元例贈修職郎
行耀恩賜修職郎 行俊太學生敕授儒林郎布政司經歷 藏應 藏章
藏瑜 藏玉 藏松 藏釗候選政廳遐 藏能 藏引
藏全 藏士 行任 藏寬 行福 藏璧
藏銓 藏燦 藏琨 藏鈿 行佟太學生候選布政司經歷
驛艮 進艮 始鳴太學生候選按察司經歷 始亮 登耀
連耀恩賜登仕郎 始郁 發艮 茂富太學生 志艮
勝聚 信艮 嘗聚 璧耀 漢艮 萃艮
嘗徵太學生 友艮 嘗美 汝佐太學生敕授儒林郎候選州同
汝桐太學生布政司理問加二級誥授奉直大夫 汝保太學生敕授儒林郎布政司
理問 汝梅太學生敕授儒林郎布政司理問 勝玉 始開候選政廳遐
始貴 嘗善 祥太學生敕授儒林郎布政司理問 勝琪太學生敕授儒
林郎布政司理問 必瑞 文郁太學生 汝錕太學生 書懷太學生
棠太學生 汝佩 廷元候選兵馬司吏目 大進太學生原任山東衍聖公
府齎奏廳事覃恩敕授承德郎理屯田督糧 必科 勝珩 建長
嘗穎 華恩 承蔭 廷蔭 始達恩賜登仕郎 始義
汝勝太學生贈儒林郎 英敕授儒林郎河南候補州同歷署河南直隸許州分州
隸光州分州河南府經歷護理河南府糧捕分府經廳 嘗有 書成太學生誥授朝議
大夫晉授中憲大夫布政使司理問加五級即用兵馬司副指揮 永慶 華開
旲生 始饒 始勝候選政廳遐 昂 大愚 如清邑庠生
聖于 必顯 登賜 始裕 始遁 亮子
遂成 華秀 冠餘 美珠 汝福 汝祿太學生議
敘州同 美玉 連學候選政廳遐 汝松例授登仕佐郎候選州庫大使
汝壽 汝祺 紹翔太學生議敘府經歷 汝開太學生 必開

長女
祖慈侍下
父 諱昴 字援儒 號鶴儔
廩貢生韶州府乳源縣儒學訓導例授修職郎敕贈文林郎
母氏李 例封八品孺人例晉封正七品太孺人同邑乾隆己酉恩科舉人始興縣學教諭諱高魁公孫女嘉慶丁卯科舉人欽取景山宮官學教習內閣中書前羅定州學訓導諱清華公次女甘肅茶馬大使名殿颺附貢生江西按察司知事諱殿華公胞姪女國學生諱應瓊公道光癸

進成 美璋太學生例用鹽政廳 始進 始明 貴成
必慶 必盛 進行 于學 汝禧 必廣
汝泗貤贈中憲大夫候選府同知加二級 丙然 仕行 始泰
必泰 必昌 汝華太學生候選府同知加二級例授中憲大夫 汝垣
太學生布政司理問 德成 金成 起 汝朙州同 太學生候選敕授
儒林郎 延年 美瑚 萬成 汝維 汝智太學生即用禮
部鑄印局大使 延長 元科 聯科 逢閏 酉科
勝行 始漢 與偕 與宅 與健 伯篪
孔懷 與亨 丕讀 進德恩賜登仕郎 丕烈 秀銓
太學生候選州同敕授儒林郎 孔賜 秀鏞太學生候選兵馬司吏目 永年
璠 兆瓏 兆瑛 棠 杲 翱太學生 進榮
進福 與嘉 進兆 嘉禾 璆附貢生候選內部員外郎 倜

世系　四

卯科舉人候選知縣名應田公國學生欽加國子監典籍名應禧公道光己酉科舉人揀選知縣名應棠公胞姊
慈侍下
受業師
何若山老夫子 名謐 邑庠生
陸瀚讀老夫子 諱文江 邑增生
家約堂老夫子 諱羲和
家雲階老夫子 諱鵬 從九品

授奉直大夫 棵太學生 錦心 漱芳太學生 鶴齡 錦章
鸞祥太學生敕授儒林郎候選州同 士暉 修齡 英傑 潤
成就候選奎文閣典籍 錦枝 錦翰 紛邑庠生 大鵬太學生
錦培 文 德就 慶瀾太學生議叙從九品遇缺即選 樂如
嘉秀 嘉禮 嘉麟 桂祥 英儒 懷安
文炎 羣英 成森 啟賢 懷麟 錦經
文洋業儒 懷禮 元昌 文洗 文鈺 成執
景濂 錦裳 懷寧 頡雲 嘉全 賓昌
章 懷來 啟常 柏祥 啟懷 其禧業儒
英祥 永康 其信業儒 烒如 翼如 與明
翰良 錦柔 文標 兆涇 錦成 其斌業儒
其琛業儒 翰顯 文炘 翰業 茂祥 文楸

馮灼中老夫子 名宜秀
左厲生老夫子 諱恒聰
道光己亥恩科舉人揀選知縣
家叔祖桂生老夫子 名
樹棠 國學生
何耀良老夫子 名汝錕
邑庠生
馮瀠生老夫子 名秉芸
邑增生
梁墨畦老夫子 名紹訓
道光壬辰恩科舉人現任曲江縣儒學教諭

祖昌 張襟 其榕 其榴 其昌 張成
閆張 文德 文錦 其淮 櫌 景渝 文藹
錫麟 錫麒 錫齡 錫文 世荃 世芬
掌綸 帶富 錫昌 錫鵬 嵩垚 玉綸
齡邑庠生 仕瓊 錫權 夢麟 嵩玲 彥庚
韶太學生 仕琭 守忠記名外委 夢芳 錫和 仕瑤
甡 夢蓮 夢芬 夢英 仕玶業儒 仕瑰 文眏
如柏 夢科 文明 仕瑀 文浩 仕珅
仕琚 如桂 維樫 文昭 仕璜業儒 仕璥
嵩圻 夢祥 文衡 仕琛 闓文 文杰
汝文 禧培 秉勳 朝彥 錫 仕琉 文曜
仕瓚 仕琨 景淳 文林 倬 恩溥 棉慶

世系　五

關翔閣老夫子 名鸞飛
道光丙午科舉人揀選知縣
何樸園老夫子 名文綺
庚辰會魁欽加員外郎銜兵部職方司主事
許信臣老夫子 名乃釗
乙未翰林現任國子監祭酒廣東學政
祖訓
庭訓

景雲 仕瑭 興勝 全勝 衍慶 文照
錫庸 凝芬 銳熙 凝萃 肇熾 凝芳
錫熙 肇炳 景燧 景爔
高叔祖
藏財 藏沃敕贈文林郎 藏福誥贈奉政大夫中書科中書加五級 藏儀
藏喜按察司經歷中書科中書加五級誥贈奉政大夫
堂曾叔祖
始瓚敕授文林郎按察司經歷 文清國學生 時清貢生前任中書科中書候選主
事敕授承德郎 始年從九品 始履未入流 始薪恩賜登仕郎 始櫄
始日 維清敕授儒林郎候選州同 始高 始悠
從叔祖
賢祥 永祥 錫祥 文祥從九品 楠國學生 裕祥

驥祥 杭國學生 榮郡庠生 啟祥 肇祥 迎祥

芝祥 進祥 廸祥 鏡祥 安祥 貴祥

勝祥 慈祥 連祥 嶽祥 賜祥 炳祥

呈祥 翼祥 燕祥

再從叔

仕勳 仕保 仕彰 仕顯儒業 仕能 仕任

仕廉 仕伯 仕倬 仕培 仕垣 仕徽

仕儔 仕坊 仕棠 仕侃 仕樑 仕初

嫡曾伯叔祖

始美字廷懿 始盛字廷際國學生誥封朝議大夫布政司理問加五級 始蕙字廷茂國學生誥贈中憲大夫候選府同知加二級

堂伯叔祖

明揚貢生 回章國學生誥授朝議大夫布政司理問加四級 會祥國學生誥授中憲大夫候選府同知加二級 履祥國學生誥授奉直大夫布政司理問加二級 淦祥國學生敕授儒林郎布政司理問 慶祥太學生 瑞祥國學生敕授儒林郎布政司理問 材國學生敕授儒林郎候選州同 榆國學生敕授儒林郎候選州同 樞郡庠生

從叔

仕晟太學生 昇 昱儒業 昜 晁 景 曧 矗 昦

昊 昭儒業 曦儒業 暄 暐 皆儒業 晉 暲 曨 昤

瓏 矓 昉 昳 春

再從弟

純熙 常熙 緝熙 綽熙 文熙 緑熙

賛勳 元熙 紘熙 耀熙



嫡叔祖

雲祥字漢徵號星槎國學生東城兵馬司吏目選授廣西平南縣知縣調補陽朔蒼梧縣知縣署理北流縣事奏派總理通省緝捕總局陞授鎮安府分防通判兩署梧州府督捕同知歷署鬱林直隸州知州太平府明江理苗同知前任寧明州知州軍功保奏從優議叙加二級覃恩誥授奉直大夫例授朝議大夫

逢祥字潤徵太學生

森字喬徵號松陵例授登仕郎即用縣分縣

樹棠原名攀字殿徵號桂生國學生

堂叔

倬英字灼儒號月朋國學生候選鹽運司知事

昕字揆儒號雨田軍需議叙六品

時字惠儒號霞湘儒業

鷹揚字挾儒軍功六品頂戴 晡 暶 曎 潛 照 曔

從弟

華熙 蘅熙 藝熙 蕃熙

胞叔

晸字揩儒號芴臣太學生

晨字捷儒號蓮舫國學生出嗣潤徵叔祖

昪字擀儒號青瑤議叙八品

胞弟

一葵熙幼學出嗣揩儒胞叔

堂弟

蓉熙儒業 芸熙

妻黄氏本鄉太學生漢材翁長女

子

女二



族姓繁衍未及悉載

鄉試中式第七十六名

會試中式第　名

殿試第　甲第　名

欽點

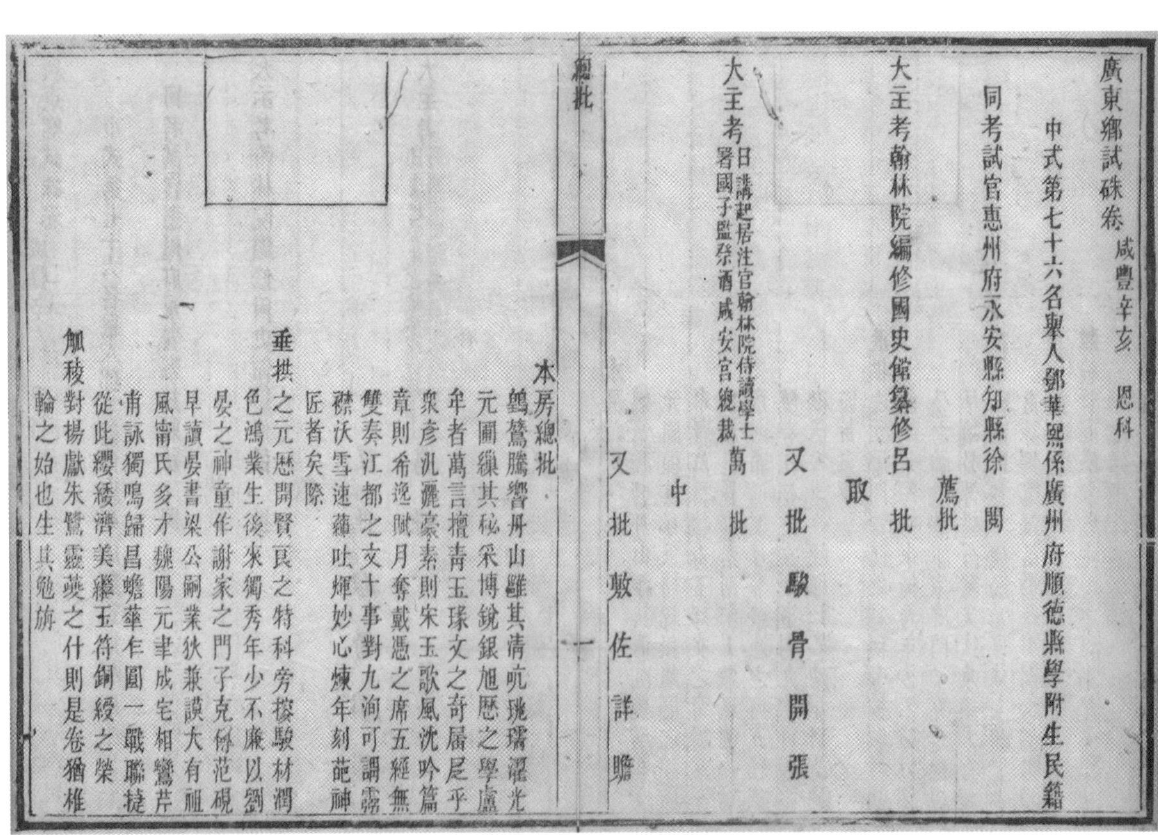

廣東鄉試硃卷　咸豐辛亥　恩科

中式第七十六名舉人鄧華熙係廣州府順德縣學附生民籍

同考試官惠州府永安縣知縣徐　閱　薦批

大主考翰林院編修國史館纂修呂　批　取　又批駿骨開張

大主考日講起居注官翰林院侍讀學士署國子監祭酒咸安宮總裁萬　批　中　又批敷佐詳贍



本房總批

鵷鷺騰響丹山雖其清吭瑰瑋濯光元圃猶其秘采博鋭銀旭歷之學盧牟者萬言擅青玉琢文之奇屆足乎衆彥孔麗豪素則宋玉歌風沈吟篇章則希逸賦月奪戴憑之席五經無雙奏江都之文十事對九洵可謂露䃮沃雪速藻吐輝妙心煉年刻葩神匠者矣際

垂拱之元歷開賢良之特科旁搜駿材潤色鴻業生後來獨秀年少不廉以劉晏之神童作謝家之門子克係范硯早讀晏書梁公嗣業狄兼謨大有祖風甯氏多才魏陽元聿成宅相鸞芹甫詠獨鳴歸昌蟾華乍圓一戰聯捷從此纓緌濟美纍玉符銅綬之榮

觚稜對揚獻朱鷺靈蕤之什則是卷猶椎輪之始也生其勉旃

采靡弄巧
態辭鑄思
龍梭鳳杼
仍以玉梔
管之絲成
珍珠一串

躡空起步
細寫銀毫

提振春陵
風月

呂桂爲餌
垂翡翠之
綸下有巨
鼇不釣而
上

鴛鴦比翼
而翔鷹隼
側翅而舞

見善如不及見不善如探湯吾見其人矣吾聞其語矣隱居
以求其志行義以達其道吾聞其語矣　鄧華熙
自修者不負所聞益思其大於所聞矣夫惟誠於好惡者聞見適
符耳能不舉求志達道者而更思所聞哉且吾儒檢身而嚴取舍
之辨匡坐而訂出處之宜則慰吾願者豈僅廣吾聞而已哉惟處
斯世而善一身名教所歸今人已克端合範而本一身以善斯世
治亂所繫古人豈徒托空言胡爲從善與擇善交修既能見所見
而去而獨善與兼善並任又僅聞所聞而來也夫吾也抱用舍行
藏之志驗樂從憂違之幾凡古所云處則確乎不拔見則取懷而



予者聞之熟矣然而體不立用不行姑降格以相求幸好修之未
泯有如見善如不及見不善如探湯其人者其人亦習聞夫旋乾
轉坤之略未可驟幾於是勉其力以赴之名賢在望我詠緇衣匪
慝當前我歌巷伯而介然自守猶得於塾序黌庠之際覩厥儀型
其人亦稔聞夫撥亂反治之才未容遽企於是循其途以及之譬
諸登高若其趾譬諸履薄恐墜於淵而懍然常惺倘可於師友
陶淑之餘勉成傑士之人也所見不已符所聞乎且夫聞有不虛
聞者語所以酬素願也而聞有僅得聞者語所以成終古也數十
載操持靡懈辨得失則不謬毫釐而尊聞行知尚覺襟期未廣繹

騁牡異力
而六轡如
琴弁鶴齊
驅而一轂
統輻

支道林論
逍遥游逸
少流連不
能已

月慈於冰
管鏗於磬
談黻則字
與笑並論
咸則聲共
泣偕

約舉以書
情照灼以
送文

前言之娓娓可知幼學壯行之志非徒爲克己之功也願從善如
登之概奇杰亦勉而能去惡若浼之懷修士可臻而至五百年名
世挺生談運會者侈爲定論而心長語重幾疑言大多夸撫宇宙
之茫茫得一行芳志潔之儒已足爲生民之幸也胡以槃澗猶存
徒誦薖歌之什拜颺如昨空傳喜起之章隱居乎行義乎求志達
道之語吾不又有所聞乎禹皋周召之經綸窮通並美而千秋傳
誦豈第以揚清激濁播美談於一鄉一邑之間即或簡斷篇殘猶
得於名山石室之藏默覘其抱負況莘渭之遺風未墜典謨之記
載如新也能不誦斯語而倍切流連也哉史册詩書之燦著否泰



同原而問世英才又豈僅以內省思齊徒自成夫特立獨行之志
即或時移事異猶得於論世知人之下特表其經權況版築遠傳
良弼之勳鹽梅久誌和羹之美也不更繹斯語而時深想像也哉
未見其人空聞其語則能求能達不可爲自守者進一解耶

本房加批

情從侶贈興來如畣姑射僊玉髓瑤胎紫微君素蓮絳雪是珊
珊然具瑣子骨者

本房薦批

首藝作上節無貶詞作下節不脫聞語故雖崇論宏議仍自切

理饜心次有宜染三暢詩工雅

本房二三場薦批

經藝典麗商皇策學淹通博洽詩經文尤見體裁



詞必清鍊義深褒讚伏采潛發聲理有爛

揄揚以發藻汪洋以樹義

其發樞也如舜魚銜鈞其轡辟通如駿馬下阪

駢瑀華而儷翠葆驂蒼螭而六素虯

君子未有不如此而蚤有譽於天下者也　鄧華熙

譽不易致有操於譽之先者矣夫不如此而蚤有譽吾慮其驕也乃君子未有不如此焉譽豈易致乎且王者駿業敷於中夏辰居自握其原鴻號著於千秋子惠其歌其盛初非好爲要譽也故頌聲之作數傳始播於篇章揚厲之文百世尚存於史乘蓋實至者名乃歸焉而謂有先名後實者君子固無是事天下亦無是理矣誦振鷺永譽之詩而恍然於本身徵民考建質俟之必如此者於以知譽固不可虛以期之速而致之者也君子原無求諒天下之意卽顯庸創制既已備極精詳而贊美無聞君子猶如此兢兢如



此業業況過情聲聞在吾心固不樂受在庶民亦難強加也所謂不可虛以期者此也天下亦無取媚君子之心卽經緯萬端無不臧臻美備而風聲遞聽天下猶必核其如此可大如此可久使物望驟加在吾儒固見可羞在斯人亦覺無謂也所謂不可速而致者此也是有譽於天下君子豈於未如此之先思其有亦豈於既如此之後冀其有者哉緝熙之學光於前頌敬止者令聞不已聿修之功垂於後美儀型者義問宜昭一者必如此而後副其名故下土謳吟不啻載皇極之宥密單心傳諸歌詠其德不同稱揚在新命而後無競惟烈頌禱在大定之年一者必如此而後既其實

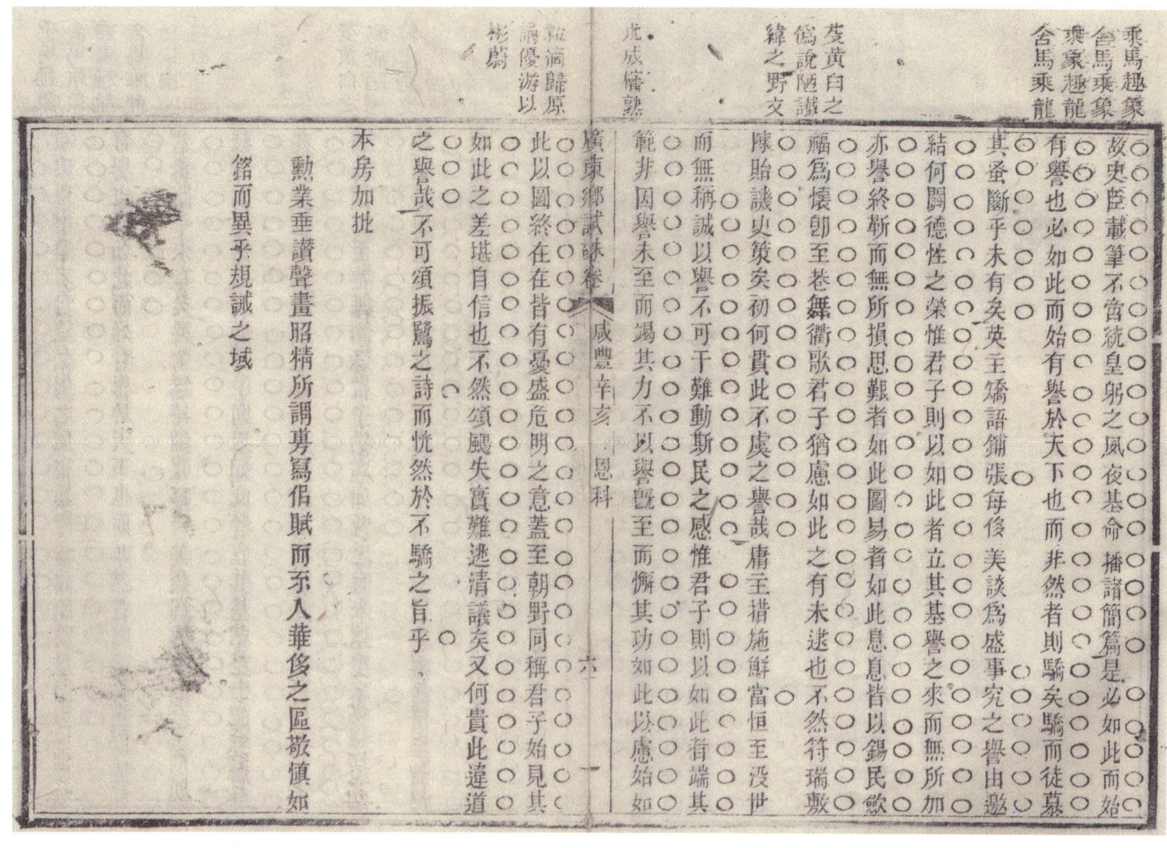

乘馬趨象　含馬乘象　乘象趨龍　含馬乘龍

芟黃白之僞說隨讀緯之野文

虎成幡熟

粒滴歸原讀優游以彬蔚

故吏臣載筆不曾紀皇躬之夙夜基命播諸簡篇是必如此而始有譽也必如此而始有譽於天下也而非然者則驕矣驕而徒慕其蚤斷乎未有矣英主矯語鋪張每侈美談爲盛事究之譽由邀結何關德性之榮惟君子則以如此者立其基譽之來而無所加亦譽終斬而無所損思艱者如此圖易者如此息息皆以錫民歆福爲懷卽至巷舞衢歌君子猶慮如此之有未逮也不然符瑞斅隙貽譏史策矣初何貴此不虞之譽哉庸主措施鮮當恒至沒世而無稱誠以譽不可干難動斯民之感惟君子則以如此者端其範非因譽未至而竭其力不以譽旣至而懈其功如此以慮始如此以圖終在在皆有憂盛危明之意蓋至朝野同稱君子始見其如此之差堪自信也不然頌颺失實難逃清議矣又何貴此違道之譽哉不可須振鷺之詩而恍然於不驕之旨乎



本房加批

勲業垂讀聲畫昭精所謂專寫佀賦而不入華侈之區敬愼如銘而異乎規誡之域

玉潤雙流如彼珩珮

二十八宿中含光精

腹光四射

熒煌燭河

左提右挈排天闕而帨脈掩浮雲而上征

出思字如星落化石

任恆文雨時動有配

禹思天下有溺者由己溺之也稷思天下有飢者由己飢之也是以如是其急也

鄧華熙

二聖有天下之責故急以天下爲己任焉夫飢溺雖在天下而所以使之飢溺者由其職之未盡也禹稷之思旣亦責之不容緩耳且聖賢憂世憂民之心未嘗一日忘天下也況乎有安民養民之責者其任豈能一息寬哉夫惟有不忍忘之心而慮之也倍切亦惟有不敢寬之責而爲之也益勤一爲之懸想其情覺汲汲焉日昃不遑者其職有專司其心爲獨廹矣禹稷顏同出處各異吾謂其道之同者何哉則觀於禹稷而知其故矣聖賢悲憫之懷因乎所處卽痌瘝在抱而苟無其位猶然事外之身古今來手無斧柯而屈志於蓬廬者何可勝道惟以禹稷遇堯舜斯隨刊播種責有攸歸豪傑顯晦之迹觀乎其時卽經綸裕如而道與權分猶是有志未逮古名儒素存抱負而棲身於衡泌者豈乏其人惟以飢溺責禹稷而治水明農力無旁貸吾竊禹稷之職而想禹稷之心彼固各有所思焉禹思乎天下之巢居穴處也卽非陷溺無遺猶是艱鮮未奏况儆予洚水而九州來蠛帝之所望於禹者良殷雖滔天乃運會之適逢而降割不啻爲吾身之所致蓋以其職在司空也所以辛壬癸甲遂勁八載之勤勉奠山濬川亟掖萬民於墊

氣靡鴻漸言必鵬運鮮視吳錦好論舜英徒豔者迥別

鼓轉大氣鍊擬新裁

龍豬二山中有銀濤

噴注

險稷思乎天下之不播而不植也草昧雖方底定粒食是阻飢況粒我烝民而百穀播敷帝之所命於稷者彌切苟不貽斯民以飽煖有養之樂何異驅斯民於窮苦無告之鄉蓋以其職屬司農也所以貽我來牟帝命不忘率育教民稼穡當躬不憚憂勞從來事之切於一身者雖竭慮殫精而力有難分任禹當成功未告雖吾民日形飢渴不能代稷以任其勞稷當顆粟未歌雖斯世共苦懷襄不能代禹而爲之計蓋不急於位外者愈覺急於意中也而安能稍寬責任哉大凡情之有可互濟者雖施爲各異而事若可並底水土既平禹似於稷無功而雲土已堪作乂民人既育稷似於禹無補而耕鑿其廛生成蓋能自致其急者乃所以共濟其急也而烏敢視爲緩圖哉其急如是亦以其身任天下之責耳又何疑顏子之不同道哉



本房加批

劉彥龢曰字字相儷句句相銜而發蘊飛潛摛氣挾聲知不以夸飾炫奇也

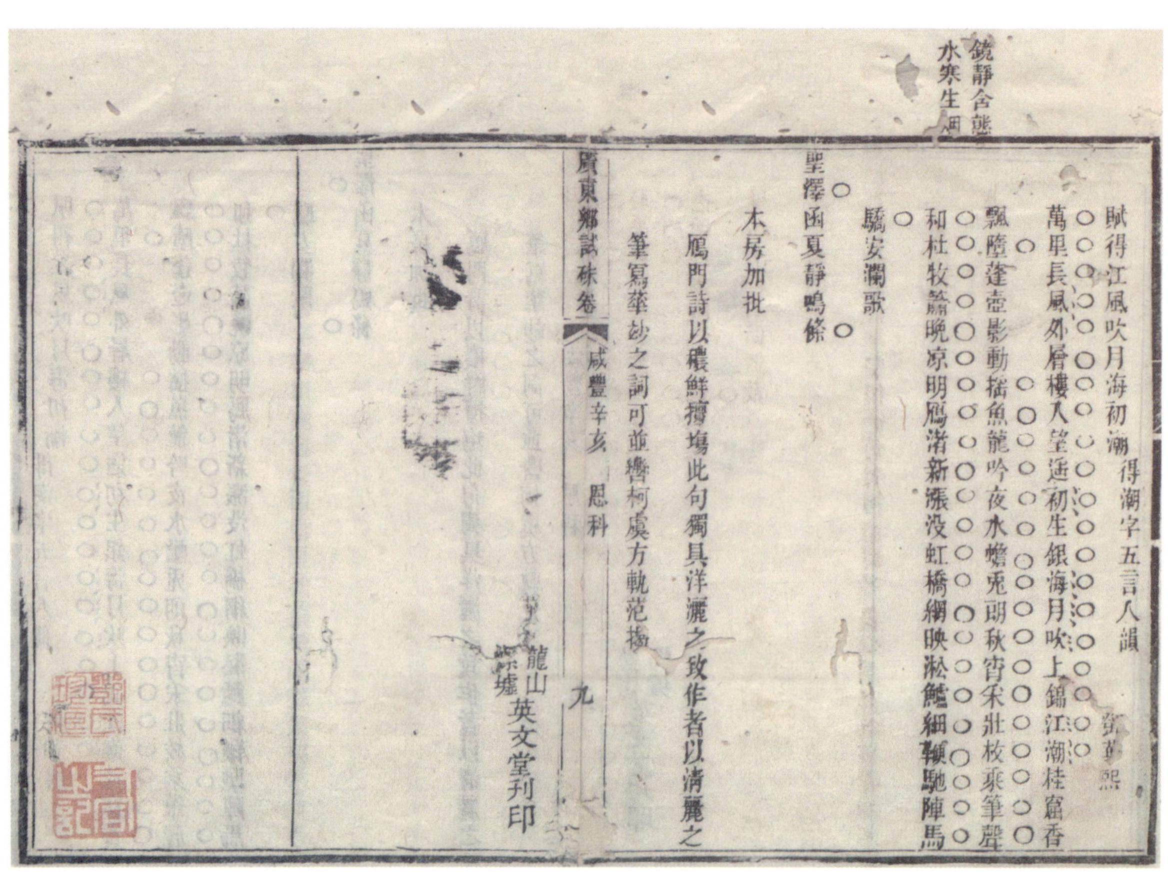

鏡靜含態水寒生烟

賦得江風吹月海初潮 得潮字五言八韻 鄧萬熙

萬里長風外層樓人望遥初生銀海月吹上錦江潮桂窟香飄墮蓬壺影動搖魚龍吟夜水蟾兔朗秋宵采壯枚乘筆聲和杜牧簫晚凉明鴈渚新漲沒虹橋綱映淞鱸細鞭馳陣馬驕安瀾歌

聖澤函夏靜鳴條

本房加批

鴈門詩以穠鮮獨擅場此句獨具洋灑之致作者以清麗之筆寫華妙之詞可並轡柯虞方軌范揭



龍山 英文堂刊印

## 録文：

鄧華熙，字燦西，别字小赤，行一，道光庚寅年四月念四日吉時生，係廣州府順德縣民籍，充順德縣學附生。（下略）

鄉試中式第七十六名

會試中式第　名

殿試第　甲第　名

欽點

廣東鄉試硃卷（咸豐辛亥恩科）

中式第七十六名舉人鄧華熙，係廣州府順德縣學附生，民籍。

同考試官惠州府永安縣知縣徐　閲，薦批。

大主考翰林院編修國史館纂修吕　批：取，又批：駿骨開張。

大主考日講起居注官翰林院侍讀學士署國子監祭酒咸安宫總裁萬　批：中，又批：敷佐詳贍。

本房總批：

鵾鷟騰響，丹山誰其清吭；珧瓀濯光，元圃爍其秘采。博鋭銀旭歷之學，盧牟者萬言；擅青玉琢文之奇，屆戹乎衆彦。汎灑豪素，則宋玉歌風；沈吟篇章，則希逸賦月。奪戴憑之席，五經無雙；奏江都之文，十事對九。洵可謂霧襟沃雪，速藻吐煇；妙心煉年，刻葩神匠者矣。際垂拱之元歷，開賢良之特科，旁搜駿材，潤色鴻業，生後來獨秀，年少不廉，以劉晏之神童，作謝家之門子，克傳范硯，早讀晏書。梁公嗣業，狄兼謨大有祖風；寧氏多才，魏陽元聿成宅相。鸞芹甫詠，獨鳴歸昌；蟾華乍圓，一戰聯捷。從此纓緌濟美，繼玉符銅綬之榮；觚稜對揚，獻朱鷺靈夔之什。則是卷猶椎輪之始也，生其勉旃。

見善如不及，見不善如探湯，吾見其人矣，吾聞其語矣。隱居以求其志，行義以達其道，吾聞其語矣。　鄧華熙

自修者不負所聞，益思其大於所聞矣。夫惟誠於好惡者，聞見適符耳。能不舉求志達道者，而更思所聞哉！且吾儒檢身而嚴取捨之辨，匡坐而訂出處之宜，則慰吾願者，豈僅廣吾聞而已哉！惟處斯世而善一身，名教所歸，今人已克，端令範而本一身，以善斯世治亂所繫，古人豈徒託空言！胡爲從善與擇善交修，既能見所見而去；而獨善與兼善並任，又僅聞所聞而來也。夫吾也抱用捨行藏之志，驗樂從憂違之幾，凡古所云處則確乎不拔，見則取懷而予者，聞之熟矣。然而體不立，用不行，姑降格以相求，幸好修之未泯，有如見善如不及，見不善如探湯，其人者，其人亦習。聞夫旋

乾轉坤之略，未可驟幾，於是勉其力以赴之，名賢在望，我詠緇衣；匪慝當前，我歌巷伯，而介然自守，猶得於塾序黨庠之際，覩厥儀型，其人亦稔。聞撥亂反治之才，未容遥企，於是循其途以及之，譬諸登高，若艮其趾；譬諸履薄，恐墜於淵，而懍然常惺，尚可於師友陶淑之餘，勉成傑士。之人也，所見不已符所聞乎！且夫聞有不虚聞者語，所以酬素願也；而聞有僅得聞者語，所以成終古也。數十載操持靡懈，辨得失則不謬毫釐，而尊聞行知尚覺襟期未廣，繹前言之娓娓，可知幼學壯行之志，非徒爲克己之功也。顧從善如登之概，奇傑亦勉而能；去惡若浼之懷，修士可臻而至，五百年名世挺生，談運會者侈爲定論，而心長語重，幾疑言大多夸，撫宇宙之茫茫，得一行芳志潔之儒，已足爲生民之幸也。胡以槃澗猶存，徒誦嵩歌之什；拜颺如昨，空傳喜起之章。隱居乎？行義乎？求志達道之語，吾不又有所聞乎？禹皋周召之經綸，窮通並美，而千秋傳誦，豈第以揚清激濁，播美談於一鄉一邑之間？即或簡斷篇殘，猶得於名山石室之藏，默覘其抱負，況莘渭之遺風未墜，典謨之記載如新也，能不誦斯語而倍切流連也哉！史册詩書之燦著否泰同原，而間世英才，又豈僅以内省思齊徒自成夫特立獨行之志，即或時移事異，猶得於論世知人之下，特表其經權，況版築遠傳良弼之勳，鹽梅久誌和羹之美也，不更繹斯語而時深想像也哉！未見其人，空聞其語，則能求能達，不可爲自守者進一解耶？

本房加批：

情往似贈，興來如畣，姑射僊玉髓瑶胎，紫微君素蓮絳雪，是珊珊然具瑣子骨者。

本房薦批：

首藝作上節無貶詞，作下節不脱聞語，故雖崇論宏議，仍自切理饜心，次有渲染，三暢，詩工雅。

本房二、三場薦批：

經藝典麗裔皇，策學淹通博洽，詩經文尤見體裁。

君子未有不如此而蚤有譽於天下者也　鄧華熙

譽不易致，有操於譽之先者矣。夫不如此而蚤有譽，吾慮其驕也。乃君子未有不如此焉，譽豈易致乎？且王者駿業敷於中夏辰居，自握其原。鴻號著於千秋，子惠共歌其盛，初非好爲要譽也。故頌聲之作，數傳始播於篇章；揚厲之文，百世尚存於史乘。蓋實至者名乃歸焉，而謂有先名後實者，君子固無是事，天下亦無是理矣。誦振鷺永譽之詩，而恍然於本身徵民、考建質俟之必如此者，於以知譽固不可虚以期之、速而致之者也。君子原無求諒於天下之意，即顯庸創制，既已備極精詳，而贊美無聞，君子猶如此兢兢，如此業業。況過情聲聞，在吾心固不樂受，在庶民亦難强加也，所謂不可虚以期者此也。天下亦無取媚君子之心，即經緯萬端，無不咸臻美備，而風聲遡聽，天下猶必核其如此可大，如此可久，使物望驟加，在吾儒固見可羞，在斯人亦覺無謂也，所謂不可速而致者此也。是有譽於天下，君子豈於未如此之先思其有，亦豈於既如此之後冀其有者哉！緝熙之學光於前，頌敬止者令聞不已；聿修之功垂於後，美儀型者義問宣昭。一若必如此而後副其名，故下土謳吟，不啻載皇極之宥密單心，傳諸歌詠，其德不回，稱揚在新命而後；無競惟烈，頌禱在大定之年。一若必如此而後既具實，故史臣載筆，不啻統皇躬之夙夜基命，播諸簡篇，是必如此而始有譽也，必如此而始有譽於天下也。而非然者則驕矣，驕而徒慕其蚤，斷乎未有矣。英主矯語鋪張，每侈美談爲盛事，究之譽由邀結，何關德性之榮？惟君子則以如此者立其基，譽之來而無所加，亦譽終靳而無所損，思艱者如此，圖易者如此，息息皆以錫民斂福爲懷。即至巷舞衢歌，君子猶慮如此之有未逮也。不然，符瑞敷陳，貽譏史策矣，初何貴此不虞之譽哉！庸主措施鮮當，恒至没世而無稱，誠以譽不可干，難動斯民之感，惟君子則以如此者端其範，非因譽未至而竭其力，不以譽既至而懈其功，如此以慮始，如此以圖終，在在皆有憂盛危明之意。蓋至朝野同稱，君子始見其如此之差堪自信也。不然，頌颺失實，難逃清議矣，又何貴此違道之譽哉！不可頌振鷺之詩，而恍然於不驕之旨乎！

本房加批：

勳業垂讚，聲畫昭精，所謂敷寫似賦，而不入華侈之區；敬慎如銘，而異乎規誡之域。

禹思天下有溺者，由己溺之也；稷思天下有飢者，由己飢之也。是以如是其急也。　鄧華熙

二聖有天下之責，故急以天下爲己任焉。雖飢溺雖在天下，而所以使之飢溺者，由其職之未盡也。禹稷之思，良亦責之，不容緩耳。且聖賢憂世憂民之心，未嘗一日忘天下也。况乎有安民養民之責者，其任豈能一息寬哉！夫惟有不忍忘之心，而慮之也倍切；亦惟有不敢寬之責，而爲之也益勤。一爲之懸想其情，覺汲汲焉日昃不遑者，其職有專司，其心爲獨迫矣。禹稷、顔回，出處各異，吾謂其道之同者何哉？則觀於禹稷而知其故矣。聖賢悲憫之懷，因乎所處，即痌瘝在抱，而苟無其位，猶然事外之身，古今來手無斧柯而屈志於蓬廬者，何可勝道？惟以禹稷遇堯舜，斯隨刊播種，責有攸歸。豪傑顯晦之迹，視乎其時，即經緯裕如，而道與權分，猶是有志未逮，古名儒素存抱負而棲身於衡泌者，豈乏其人？惟以飢溺責禹稷，而治水明農，力無旁貸。吾就禹稷之職而想禹稷之心，彼固各有所思焉。禹思乎天下之巢居而穴處也，即非陷溺無遺，猶是艱鮮未奏，况儆予洚水而九州未賦，帝之所望於禹者良殷，雖滔天乃運會之適逢，而降割不啻爲吾身之所致，蓋以其職在司空也。所以辛壬癸甲，遂效八載之勤劬；奠山濬川，亟拯萬民於墊隘。稷思乎天下之不播而不植也，草昧雖方底定，群黎猶是阻飢，况粒我烝民，而百穀播敷，帝之所命於稷者彌切，苟不貽斯民以飽暖有資之樂，何異驅斯民於窮苦無告之鄉，蓋以其職屬司農也。所以貽我來年，帝命不忘，率育教民，稼穡當躬，不憚憂勞，從來事之切於一身者，雖竭慮殫精，而力有難分任。禹當成功未告，雖吾民日形飢渴，不能代稷以任其勞；稷當穎栗未歌，雖斯世共苦懷襄，不能代禹而爲之計。蓋不急於位外者，愈覺急於意中也，而安能稍寬責任哉？大凡情之有可互濟者，雖施爲各異，而事若可並成。水土既平，禹似於稷無功，而雲土已堪作乂；民人既育，稷似於禹無補，而耕鑿共慶生成。蓋能自致其急者，乃所以共濟其急也，而烏敢視爲緩圖哉！其急如是，亦以其有任天下之責耳，又何疑顔子之不同道哉！

本房加批：

劉彦龢曰：字字相儷，句句相銜，而發蘊飛滯，獎氣挾聲，知不以誇飾炫奇也。

賦得江風吹月海初潮（得潮字五言八韻）　鄧華熙

萬里長風外，層樓入望遥。初生銀海月，吹上錦江潮。桂窟香飄墮，蓬壺影動摇。魚龍吟夜水，蟾兔朗秋宵。采壯枚乘筆，聲和杜牧簫。晚凉明雁渚，新漲没虹橋。網映淞鱸細，鞭馳陣馬驕。安瀾歌聖澤，函夏静鳴條。

本房加批：

雁門詩以穠鮮擅場，此句獨具洋灑之致，作者以清麗之筆，寫華妙之詞，可並轡柯虞，方軌范揭。

**題注：**

鄧華熙於咸豐元年（1851）在廣東省城參加鄉試中舉，時年25歲。此爲鄧華熙在廣東省城參加鄉試試卷的刊印本，由龍山螺墟英文堂刊印。鄉試硃卷有固定的格式，首先是參加科舉者本人年齡、籍貫，其次是家族世系、受業恩師，及家族内進學中舉情況，再次是考官批語，最後是考生所答诗词文章。

# 咸豐六年鄧華熙陞任報喜票

已裱。心：横12厘米，縱25厘米

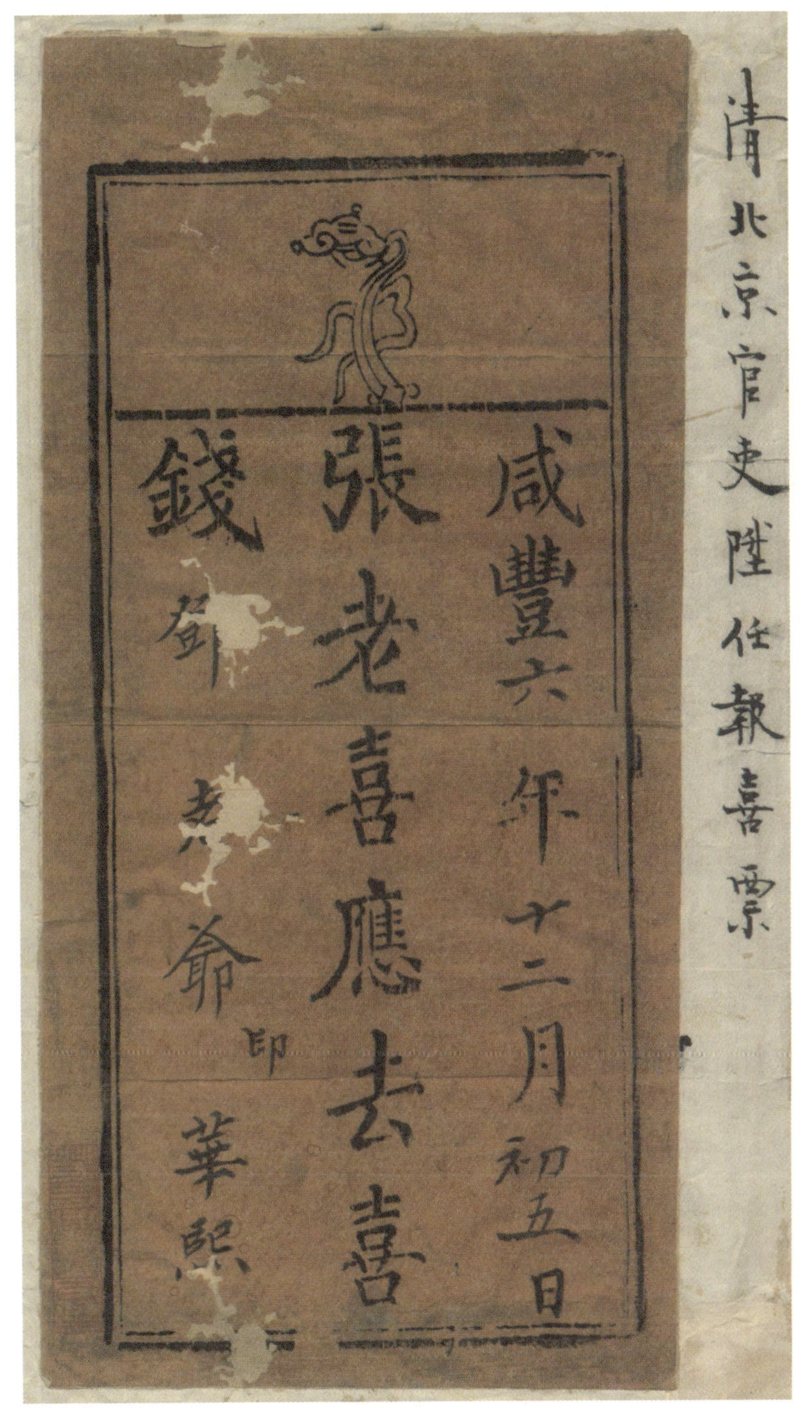


**録文：**

咸豐六年十二月初五日，張老喜應去喜錢。鄧老爺（印）華熙。

**題注：**

咸豐六年（1856），鄧華熙時年三十歲，已經在刑部屬司任郎職六年，十二月充任刑部行走。此喜票即是恭賀鄧華熙陞任刑部行走。行走，清朝官制用語，即入值辦事之意。清制，凡不改原來官職而充調其他職務，即稱在某處某官上行走。

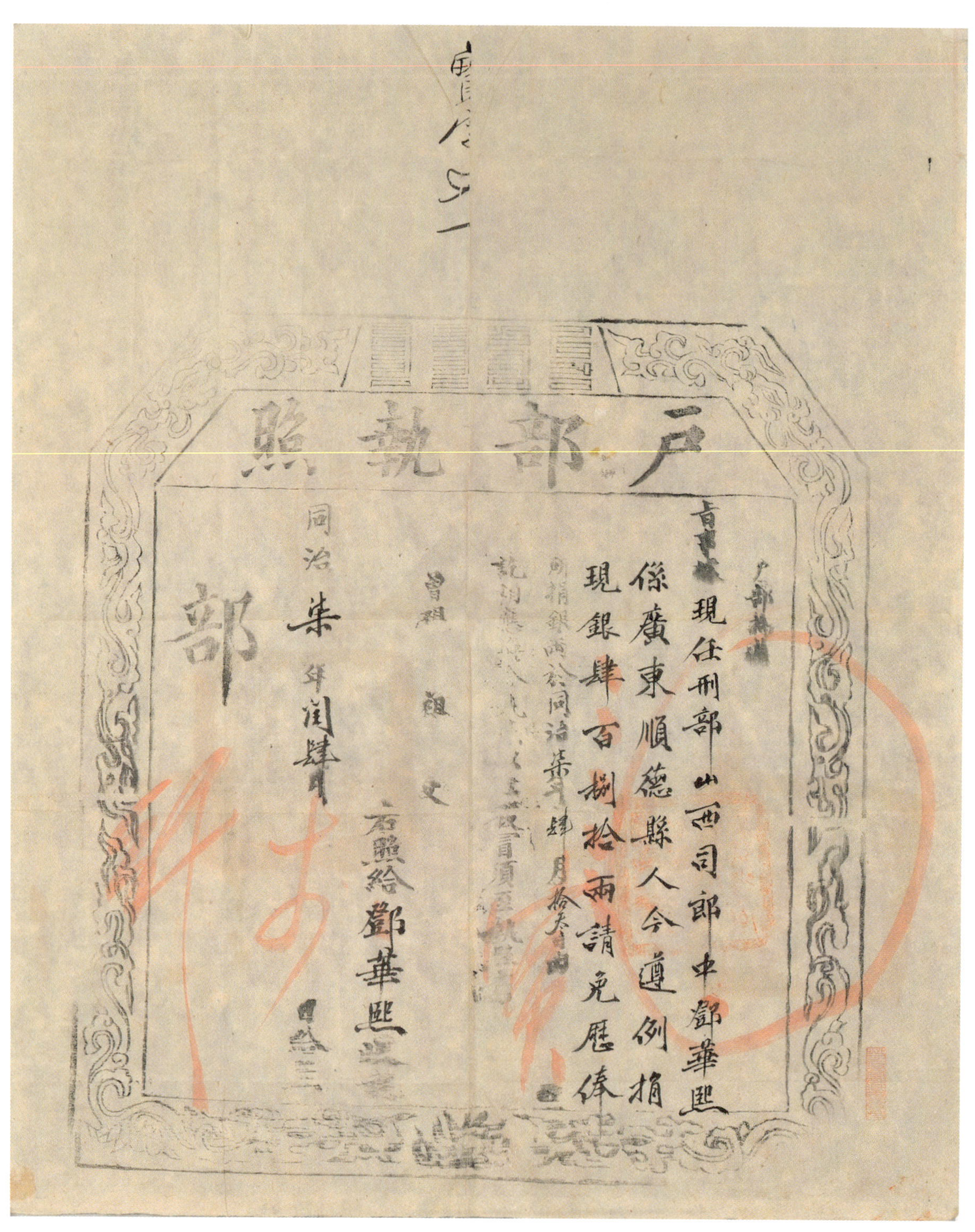

戶部執照

戶部為

現任刑部山西司郎中鄧華熙

係廣東順德縣人今遵例捐

現銀肆百捌拾兩請免歷俸

所捐銀兩於同治柒年肆月拾叁日

曾祖　祖　父

右照給鄧華熙收執

同治柒年閏肆月

部

# 同治七年户部頒給鄧華熙捐銀執照

横49厘米，縱58厘米

## 録文：

户部執照

户部爲遵旨事，據現任刑部山西司郎中鄧華熙，係廣東順德縣人，今遵例捐現銀肆百捌拾兩，請免歷俸。所捐銀兩，於同治柒年肆月拾叁日收訖，相應換給執照，以杜假冒。須至執照者：曾祖　祖　父　。

右照給鄧華熙收執。

同治柒年閏肆月拾肆日給照。

部行。

## 題注：

清代爲了解决財政困難，從順治時就開始了捐納。康熙時捐納漸成定制，分爲常例和暫行例，常例是經常實行的捐納，暫行例則是遇特殊情况而臨時實行的，如軍需、賑濟、治河等。捐納的目的或爲捐監，或爲捐官。暫行捐又稱『大捐』，實爲捐官，常例捐主要是捐貢、監、虚銜、加級、記録之類。[一]此文書中有『遵例』之語，應是指常例。

[一] 王勝國：《清代捐納制度及其影響新論》，《松遼學刊（社會科學版）》1990年第3期。

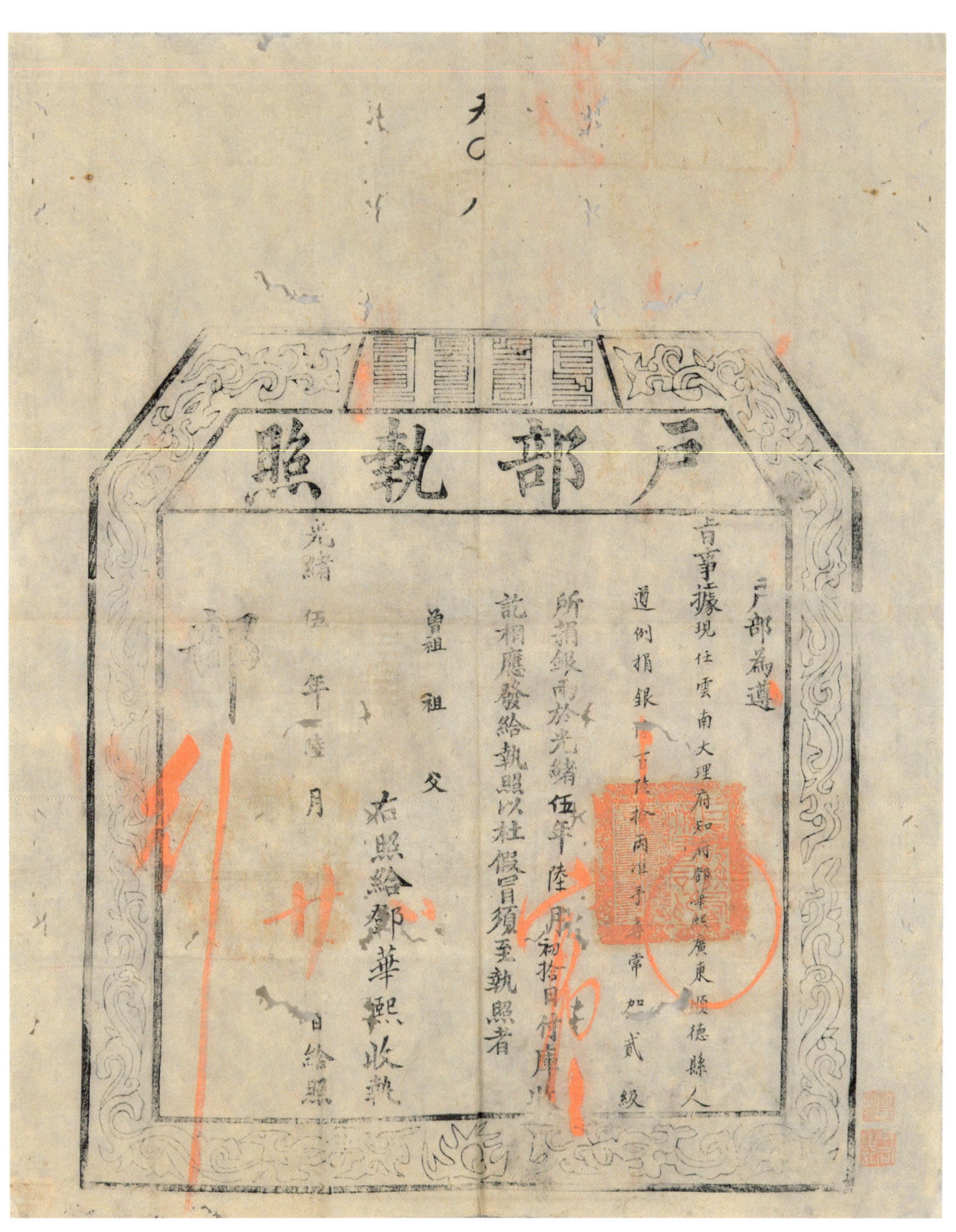

天〇八

户部執照

户部為遵
旨事據現任雲南大理府知府鄧華熙廣東順德縣人
遵例捐銀[illegible]百陸拾兩准予尋常加貳級
所捐銀兩於光緒伍年陸月初拾日付庫收
訖相應發給執照以杜假冒須至執照者
曾祖　祖　父
右照給鄧華熙收執
光緒伍年陸月　日給照

# 光緒五年户部頒給鄧華熙捐銀執照

横 47.3 厘米，縱 57 厘米

**録　文：**

户部執照

户部爲遵旨事，據現任雲南大理府知府鄧華熙，係廣東順德縣人，遵例捐銀陸百陸拾兩，准予尋常加貳級。所捐銀兩，於光緒伍年陸月初拾日付庫收訖，相應發給執照，以杜假冒。須至執照者：曾祖　祖　父　。

右照給鄧華熙收執。

光緒伍年陸月廿日給照。

部行。

**題　注：**

鄧華熙於光緒五年（1879）三月補雲南大理知府缺，五月從京城出發，十一月纔行至大理到任。此例捐應是在赴任之前所爲，執照六月纔發。

札

太子少保頭品頂戴兵部尚書兼都察院右都御史總督雲貴等處地方軍務兼理糧餉襲輕車都尉岑
兵部侍郎兼都察院右副都御史巡撫雲南等處地方提督軍務兼理糧餉唐　為
行知事照得本部堂會同
前任雲南撫部院杜　於光緒九年八月初一日
具奏遵
旨查明勦除永昌府雲州趙州匪徒並耿馬防撫完
竣撲滅昭通東川雲州等府州土匪擊退巧家
廳蠻匪勦滅臨安廣西麗江鶴慶各府州縣會
匪及騰越野匪各案出力員弁紳團分晰出力年
月何案勞績繕具清單仰懇
天恩飭部仍照原保核奬以昭激勸一摺光緒九年八月
二十七日
軍機大臣奉

其一

札

光緒十年閏五月廿六日奉

為

札飭事案准
善後局移奉
撫部院張　札開案准前部院移交光緒十年
四月十五日准
兵部火票遞到
吏部咨文選司案呈吏科抄出本部題前事
一案相應抄單知照可也等因移文本署部
院准此合就札行為此札仰該局即便查照辦
理計發原單一紙抄謄即繳等因奉此除遵照
抄謄呈繳外相應抄單備移請煩查照辦理
計移抄單一紙等由到司准此除分別咨移外

其二

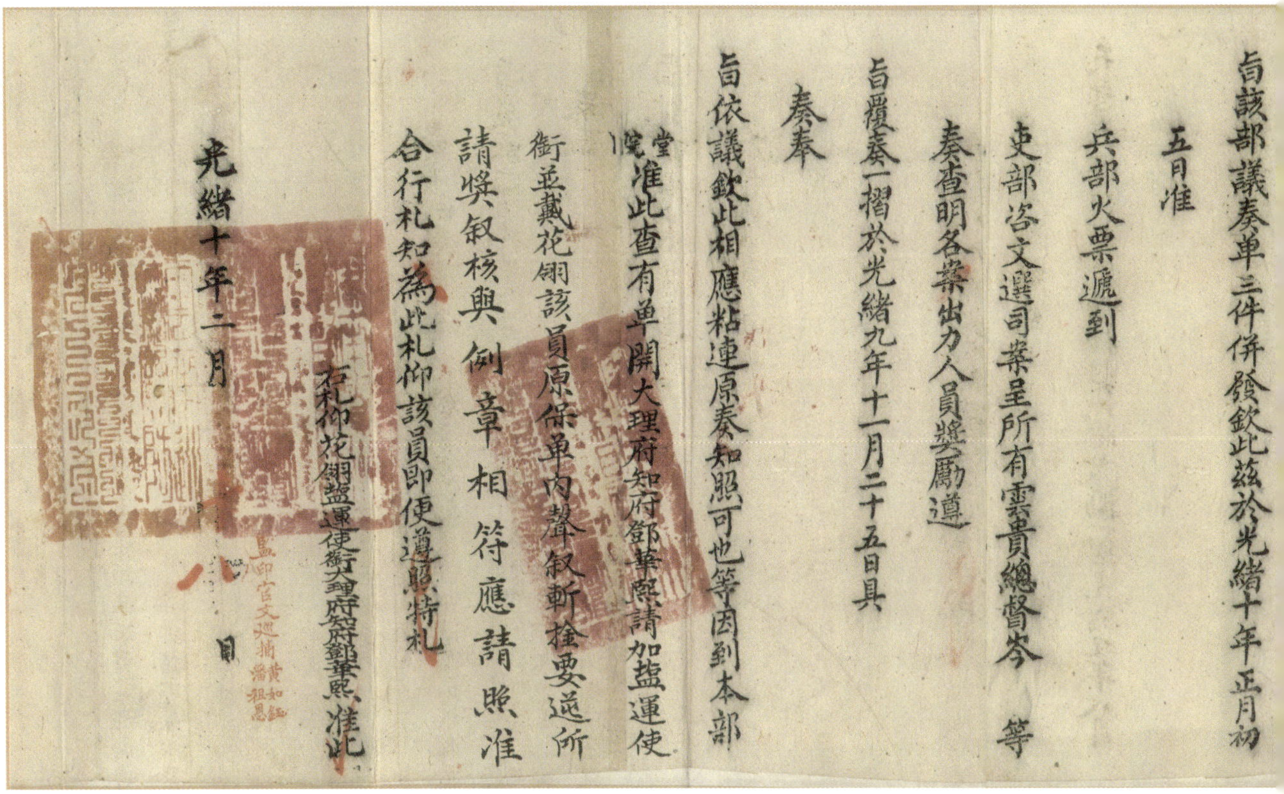

旨該部議奏單三件併發欽此茲於光緒十年正月初
五日准
兵部火票遞到
吏部咨文選司案呈所有雲貴總督岑　等
奏查明各案出力人員獎勵遵
旨覆奏一摺於光緒九年十一月二十五日具
奏奉
旨依議欽此相應粘連原奏知照可也等因到本部
堂院准此查有單開大理府知府鄧華熙請加盐運使
銜並戴花翎該員原保單內聲叙斬擒要逆所
請獎叙核與例章相符應請照准
合行札知為此札仰該員即便遵照特札
右札仰花翎盐運使銜大理府知府鄧華熙准此
光緒十年二月　日

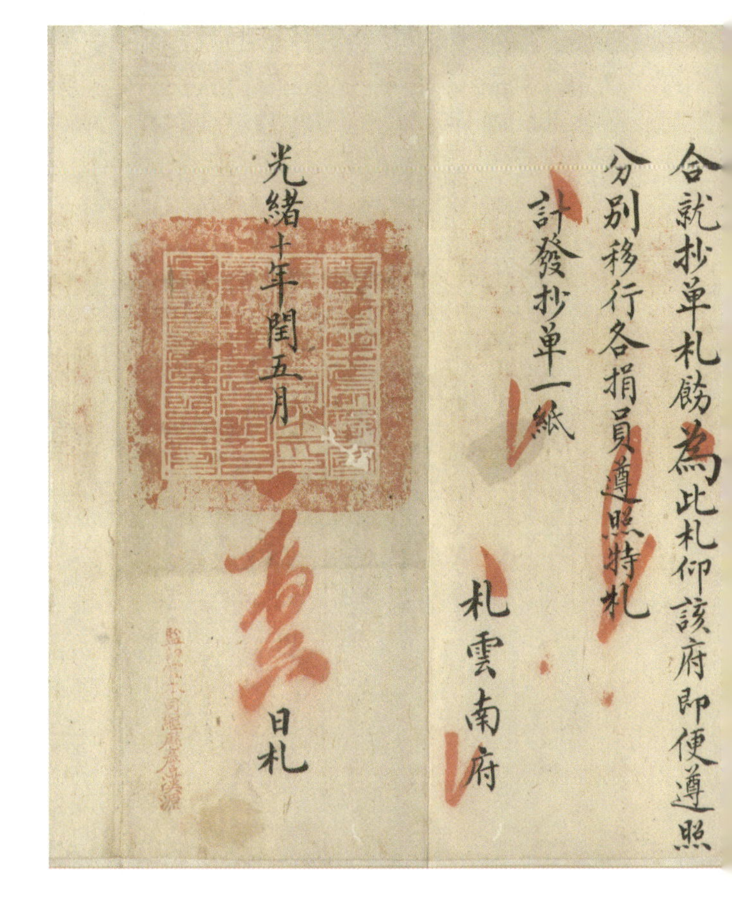

合就抄單札飭為此札仰該府即便遵照
分别移行各捐員遵照特札
計發抄單一紙
札雲南府
光緒十年閏五月　日札

## 光緒十年鄧華熙加鹽運使銜並賞戴花翎札

已裱。共2份，其一（心）：横99厘米，縱25.7厘米；其二（心）：横68.8厘米，縱27.5厘米

## 録 文：

其一

太子少保頭品頂戴兵部尚書兼都察院右都御史總督雲貴等處地方軍務兼理糧餉一等輕車都尉岑、兵部侍郎兼都察院右副都御史巡撫雲南等處地方提督軍務兼理糧餉唐爲行知事，照得本部堂會同前任雲南撫部院杜於光緒九年八月初一日具奏，遵旨查明剿除永昌府雲州、趙州匪徒，並耿馬防撫完竣，撲滅昭通、東川、雲州等府州土匪，擊退巧家廳蠻匪，剿滅臨安、廣西、麗江、鶴慶各府州縣會匪及騰越野匪各案出力員弁紳團，分晰出力年月、何案勞績，繕具清單，仰懇天恩，飭部仍照原保核奬，以昭激勸一摺。光緒九年八月二十七日軍機大臣奉旨，該部議奏單三件併發，欽此。玆於光緒十年正月初五日準兵部火票遞到吏部咨文選司案呈所有。雲貴總督岑等奏，查明各案出力人員奬勵遵旨覆奏一摺，於光緒九年十一月二十五日具奏，奉旨依議，欽此。相應粘連原奏知照可也等因到本部堂院，準此查有單開大理府知府鄧華熙請加鹽運使銜並戴花翎，該員原保單内聲叙斬捦要逆，所請奬叙，核與例章相符，應請照準，合行札知。爲此札仰該員即便遵照，特札。

右札仰花翎鹽運使銜大理府知府鄧華熙准此。

光緒十年二月十八日。

（朱印）雲南巡撫關防

監印官文巡捕黄如鈺、潘祖恩

其二

光緒十年閏五月初六日奉欽加布政使銜署雲南等處承宣布政使司布政使事按察使加十五級隨帶加五級□爲札飭事，案准善後局移奉撫部院張札開。案准前部院移交光緒十年四月十五日准兵部火票遞到吏部咨文選司案呈吏科抄出本部題前事一案，相應抄單知照可也等因，移交本署部院，准此，合就札行，爲此札仰該局即便查照辦理，計發原單一紙抄謄即繳，等因奉此，除遵照抄謄呈繳外，相應抄單備移，請煩查照辦理，計移抄單一紙等由到司，准此，除分別咨移外，合就抄單札飭，爲此札仰該府即便遵照分別移行各捐員遵照，特札。計發抄單一紙。札雲南府。

光緒十年閏五月二十六日札。

（朱印）雲南等處承宣布政使司之印

監印官本司經歷詹漢源。

**題　注：**

光緒十年（1884），鄧華熙因光緒九年（1883）剿永昌匪事得力，被總督、巡撫奏授爲雲南府知府，並在雲南巡撫唐炯行使軍務時，代理布政使之職。1883年中法戰爭正式爆發後，雲南也是邊境要地，督撫等官員均面臨對法作戰的任務。當時雲貴總督爲岑毓英（1829—1889），因同治年間鎮壓雲南回民起義成爲雲貴總督。此爲他第二次擔任雲貴總督（1888—1889）期間。雲南巡撫唐即指唐炯（1829—1909），1882年至雲南擔任布政使，因清政府與法國在越南開戰在即，又因帶軍被授予巡撫之職。

# 光緒十八年鄧華熙獲恩賞捷報

横 59.5 厘米，縱 126.5 厘米

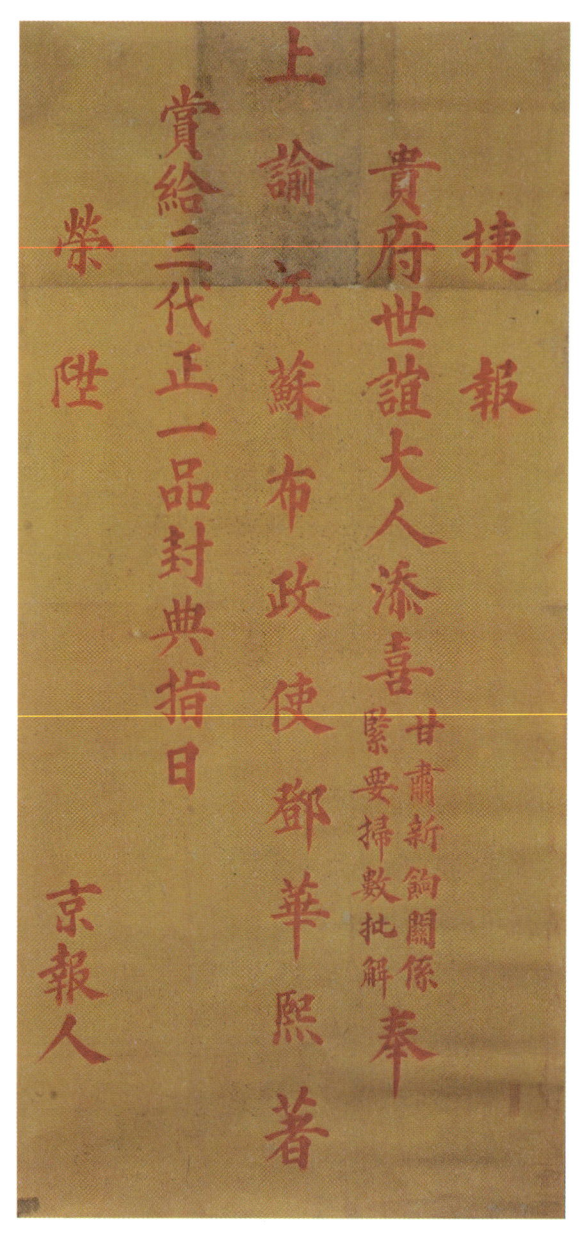
捷報
貴府世誼大人添喜 甘肅新餉關係緊要掃數批解奉
上諭江蘇布政使鄧華熙著
賞給三代正一品封典指日
榮陞
京報人

## 録文：

捷報

貴府世誼大人添喜。甘肅新餉，關係緊要，掃數批解。奉上諭 江蘇布政使鄧華熙著賞給三代正一品封典，指日榮陞。

京報人。

## 題注：

光緒十八年（1892），鄧華熙在江蘇布政使任上。此次賞給三代正一品封典是爲獎勵鄧華熙爲『甘肅新餉』送餉及時的功勞。『甘肅新餉』事指晚清爲鞏固新疆、甘肅等西北邊疆安全，特增設軍隊所需的餉銀，分撥西北各省使用。《光緒朝東華録》記載：光緒十八年十一月，『丁未，諭，户部奏，遵議楊昌濬奏請將解清甘肅新餉各員分別獎叙開單呈覽一摺，甘肅新餉關係緊要，所有掃數批解各員，自應量加獎叙，河南巡撫裕寬，著賞加頭品頂戴……江蘇布政使鄧華熙，著賞加隨帶二級』。按清代封典之制，一品官員纔有封典三代一品的資格，布政使爲從二品。故鄧華熙此次立功後，封三代正一品，是爲恩賞。

# 光緒二十三年安徽巡撫鄧華熙上任、開印、秋審禮節摺

合本：横 11.4 厘米，縱 24.5 厘米

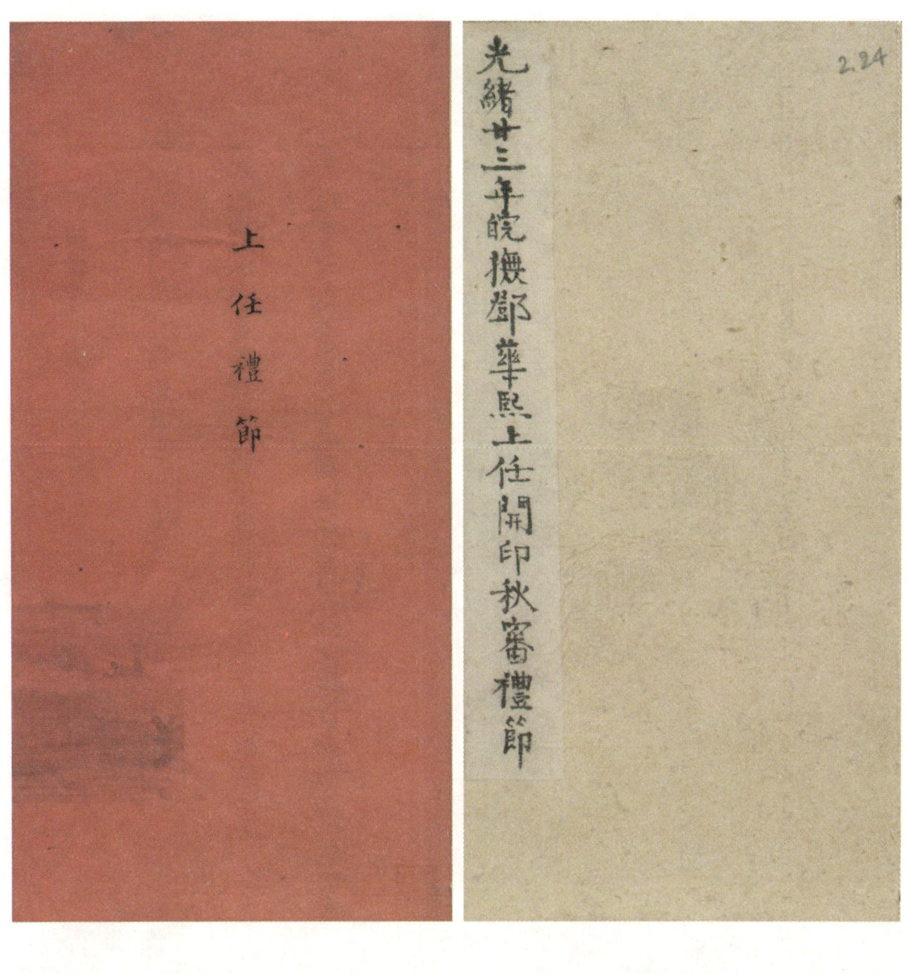

上任禮節

光緒廿三年皖撫鄧華熙上任開印秋審禮節

2.24

簡房書吏謹

稟

大人榮任委員賫印至陞炮開門請

大人穿朝服迎至大堂巡捕官捧印安於公座正中茶房擺香案禮生贊禮先望

闕謝

恩後拜印俱行三跪九叩首禮畢掩儀門請

大人陞公座茶房請發鎖鑰内班領鎖鑰開儀門角門左右巡封官進叩

大人轅門天喜安左右各營進武巡捕稟公座陞堂大班呼堂文巡捕稟發簽押牌

書吏執紅簽押稟上任大吉請

驗封用印畢文巡捕稟撤簽押牌轉陞

内閣吏衣復陞

公座吩咐司道不勞文武官俱免巡捕官及書吏並在轅各役挨次叩

賀武巡捕稟堂事畢捧印請

大人轉陞

内閣謹稟

光緒二十三年正月訂定永遠照行此單存房

## 開印禮節

簡房書吏謹
稟
大人遵查本月十九日午時開印吉午初營伍大旗先由東角門進至大堂
前排列齊整請
大人穿朝服出堂巡捕官捧印安於拜桌正中禮生贊唱請行拜
閣禮禮生贊就位唱 三跪九叩首禮生 唱 禮畢禮生唱 請行拜印禮唱 就位
唱 三跪九叩首禮生唱 禮畢禮生唱 請
大人升
內閣更衣稟升公座茶房請發鎖鑰內班領鎖鑰開頭門儀門角門大班
健步進武巡捕官稟公座升堂大班呼堂左右巡封官進叩
大人轅門天喜左右各營進吉慶生稟吉時文巡捕官請發簽押牌書吏
稟開封印大吉請
驗封開印簽押用印畢文巡捕官稟撤簽押牌吩咐司道不必文武各官
俱免巡捕官及書吏並在轅各役挨次叩
賀武巡捕官稟堂事畢捧印請
大人轉升
內閣謹稟

## 秋審禮節單

謹將秋審禮節開具清單呈請
鑒核
計開
大人於是日舉行
秋讞大典穿黼服傳點陞炮請陞大堂公座司道公案設立
官拜茶畢呈送座茶房請發鑰鎖內班領鎖鑰開頭門儀
門角門傳點陞炮大班健步旗令進武巡捕稟公座陞堂
大班呼堂左右巡封官進安左右三營進文巡捕請發秋
審牌解批官當堂呈投解批捧牌官按起捧牌過硃文給
押犯官持牌提犯由角門進坡邊直上大堂稟報人犯帶
到聽候點名覆訊後散犯官按名發給錢文等項故賞後
仍着押犯官將人犯領出解批當堂硃標發給文巡捕稟
撤秋審牌武巡捕稟堂事畢司道打恭退堂請
大人入閣陞炮封門

**録　文：**

上任禮節

簡房書吏謹禀大人，榮任委員賫印至，陞炮開門，請大人穿朝服迎至大堂，巡捕官捧印安於公座正中，茶房擺香案，禮生贊禮，先望闕謝恩，後拜印。俱行三跪九叩首禮，畢，掩儀門。請大人陞公座，茶房請發鎖鑰，内班領鎖鑰，開儀門、角門，左右巡封官進叩大人轅門天喜安。左右各營進，武巡捕禀公座陞堂，大班呼堂，文巡捕禀發簽押牌，書吏執紅簽押禀上任大吉，請驗封。用印畢，文巡捕禀撤簽押牌轉陞。内閣更衣復陞公座，吩咐司道不勞，文武官俱免，巡捕官及書吏並在轅各役挨次叩賀，武巡捕禀堂事畢，捧印請大人轉陞内閣。

謹禀。

光緒二十三年正月訂定，永遠照行。此單存房。

開印禮節

簡房書吏謹禀大人，遵查本月十九日午時開印吉，午初營伍大旗先由東角門進，至大堂前排列齊整，請大人穿朝服出堂，巡捕官捧印安於拜桌正中，禮生贊唱『請行拜闕禮』；禮生贊就位，唱『三跪九叩首』；禮生唱『禮畢』，禮生唱『請行拜印禮』，唱『就位』，唱『三跪九叩首』，禮生唱『禮畢』，禮生唱『請大人内閣更衣』，禀陞公座，茶房請發鎖鑰，内班領鎖鑰開頭門、儀門、角門，大班健步進，武巡捕官禀公座陞堂，大班呼堂，左右巡封官進叩大人轅門天喜安，左右各營進，吉慶生禀吉時，文巡捕官請發簽押牌，書吏禀封印大吉，請驗封開印，簽押用印畢，文巡捕官禀撤簽押牌，吩咐司道不勞，文武各官俱免，巡捕官及書吏並在轅各役，挨次叩賀，武巡捕官禀堂事畢，捧印請大人轉陞内閣。

謹禀。

秋審禮節單

謹將秋審禮節開具清單呈請鑒核。

計開：大人於是日舉行秋獻大典，穿黼服，傳點陞炮，請陞大堂公座，司道公案設立官捧茶賫呈公座，茶房請發鎖鑰，内班領鎖鑰開頭門、儀門、角門，傳點陞炮，大班健步旗令進，武巡捕禀公座陞堂，大班呼堂，左右巡封官進安，左右三營進，文巡捕請發秋審牌，解批官當堂呈投解批，捧牌官按起捧牌過硃交給，押犯官持牌提犯由角門進坡邊直上大堂，禀報人犯帶到，聽候點名覆訊後，散犯官按名發給錢文等項，放賞後仍着押犯官將人犯領出，解批當堂硃標發給文巡捕，禀撤秋審牌，武巡捕禀堂事畢，司道打恭退堂請大人入閣，陞炮封門。

**題　注：**

此爲光緒二十三年（1897）安徽巡撫衙門上任禮節、開印禮節、秋審禮節摺的合訂本，時鄧華熙爲安徽巡撫。摺本詳細記録了當時官員上任、開印、秋審三宗政務大事的禮節流程，爲研究清代官衙行政儀式的重要資料。

# 雲南電報官局至各處報費價目單 洋文加倍

| | | | | | | | |
|---|---|---|---|---|---|---|---|
| 蒙自 一角 | 開化 一角 | 畢節 一角一 | 瀘州 一角二 | 成都 一角三 | 重慶 一角三 | 夔州 一角四 | 宜昌 一角五 |
| 沙市 一角六 | 武昌 一角七 | 漢口 一角七 | 九江 一角八 | 安慶 一角九 | 殷家滙 一角九 | 大通 一角九 | 蕪湖 一角九 |
| 下關 二角 | 江甯 二角 | 鎮江 二角 | 揚州 二角一 | 清江浦 二角二 | 臺兒莊 二角二 | 濟甯 二角三 | 濟南 二角三 |
| 濰縣 二角三 | 煙臺 二角四 | 德州 二角三 | 天津 二角四 | 保定 二角五 | 京都 二角九 | 小站 二角四 | 大沽 二角四 |
| 北塘 二角四 | 蘆臺 二角四 | 開平 二角四 | 昌黎 二角五 | 永平 二角五 | 黑坨 二角五 | 山海關 二角五 | 錦州 二角六 |
| 營口 二角六 | 盛京 二角七 | 吉林 二角八 | 甯古塔 二角九 | 琿春 三角 | 伯都訥 二角九 | 三姓 三角 | 黑龍江 三角一 |
| 齊齊哈爾 三角一 | 金州 二角七 | 旅順 二角七 | 邊門 二角七 | 義州 三角一 | 平壤 三角三 | 漢城 三角五 | 仁川 三角七 |
| 無錫 二角一 | 江陰 二角二 | 蘇州 二角一 | 上海 二角二 | 吳淞 二角二 | 淞砲臺 二角二 | 南潯 二角二 | 嘉興 二角二 |
| 杭州 二角二 | 紹興 二角三 | 甯波 二角四 | 鎮海 二角四 | 蘭溪 二角三 | 浦城 二角四 | 建甯 二角四 | 福州 二角五 |
| 水部 二角五 | 馬尾 二角五 | 川石山 二角五 | 泉州 二角六 | 漳州 二角六 | 廈門 二角六 | 汕頭 二角七 | 惠州 二角八 |
| 廣州 二角九 | 虎門 二角九 | 黃埔 二角九 | 香港 二角九 | 佛山 二角九 | 肇慶 三角 | 梧州 三角 | 潯州 三角一 |
| 橫州 三角一 | 南甯 三角二 | 龍州 三角三 | 憑祥 三角三 | 廉州 三角四 | 欽州 三角四 | 北海 三角四 | 雷州 三角五 |
| 瓊州 三角五 | | | | | | | |

報費每兩加繹費銀壹錢不知廣州加否

光緒二十四年五月

# 光緒二十四年雲南電報官局至各處報費價目單

横31.1厘米，縱28厘米

## 録文：

雲南電報官局至各處報費價目單（洋文加倍）

蒙自：一角，開化：一角，畢節：一角一；瀘州：一角二；成都：一角三；重慶：一角三；夔州：一角四；宜昌：一角五；沙市：一角六；武昌：一角七；漢口：一角七；九江：一角八；安慶：一角九；般家匯：一角九；大通：一角九，蕪湖：一角九；下關：二角，江寧：二角，鎮江：二角，揚州：二角一；清江浦：二角二；臺兒莊：二角二；濟寧：二角三；濟南：二角三；濰縣：二角三；烟臺：二角四；德州：二角三；天津：二角四；保定：二角五；京都：二角九；小站：二角四；大沽：二角四；北塘：二角四；蘆臺：二角四；開平：二角四；昌黎：二角五；永平：二角五；黑坨：二角五；山海關：二角五；錦州：二角六；營口：二角六；盛京：二角七；吉林：二角八；寧古塔：二角九；琿春：三角；伯都訥：二角九；三姓：三角；黑龍江：三角一；齊齊爾哈：三角一；金州：二角七；旅順：二角七；邊門：二角七；義州：三角一；平壤：三角三；漢城：三角五；仁川：三角七；無錫：二角一；江陰：二角二；蘇州：二角一；上海：二角二；吴淞：二角二；淞炮臺：二角三；南潯：二角二；嘉興：二角二；杭州：二角二；紹興：二角三；寧波：二角四；鎮海：二角四；蘭溪：二角三；浦城：二角四；建寧：二角四；福州：二角五；水部：二角五；馬尾：二角五；川石山：二角五；泉州：二角六；漳州：二角六；厦門：二角六；汕頭：二角七；惠州：二角八；廣州：二角九；虎門：二角九；黄埔：二角九；香港：二角九；佛山：二角九；肇慶：三角，梧州：三角，潯州：三角一；横州：三角一；南寧：三角二；龍州：三角三；憑祥：三角三；廉州：三角四；欽州：三角四；北海：三角四；雷州：三角五；瓊州：三角五。

報費每兩加繹費銀壹錢；不知廣州加否？

光緒二十四年五月。

# 憑單

安徽昭信股票局司道　為

給發憑單事案奉

戶部　奏定章程凡京外官員認領股票後或調任他省或一再遷調或回原籍准在原領票

處呈報另給憑單一張註明股票號數蓋用印信令其持赴所到之省將憑單股票一併

呈驗一面將發過憑單行文知照該省備案並報

部查考該省將憑單驗明蓋印連股票發還本人以後應付本息之期即在該省支領若再

遷調他省將原領憑單繳銷另換憑單仍前辦法其各省商民有在他省認領股票後如有

他故回籍者呈報給單收息均照此辦理等因通行在案茲有　　認借銀　　兩

填給　字第　　號實收股票　　張因赴任/回原籍　　省　請給憑單到局合即給發憑單蓋用印

信以便持往呈驗照章辦理須至憑單者

光緒　　年　　月　　日給

皖字第　　　號

# 清末安徽昭信股票局憑單

横 50.5 厘米，縱 69.5 厘米

## 録文：

憑單

安徽昭信股票局司、道給發憑單事。案奉户部奏定章程，凡京外官員認領股票後，或調任他省，或一再遷調，或回原籍，准在原領票處呈報，另給憑單一張，注明股票號數，蓋用印信，令其持赴所到之省，將憑單股票一併呈驗。一面將發過憑單，行文知照該省備案，並報部查考。該省將憑單驗明蓋印，連股票發還本人，以後應付本息之期，即在該省支領。若再遷調他省，將原領憑單繳銷，另換憑單，仍前辦法。其各省商民有在他省認領股票後，如有他故回籍者，呈報給單收息均照此辦理等因，通行在案，茲有　認借銀　兩，張填給　字第　號（實收股票）張。因赴（回）　省　任（原籍），請給憑單到局，合即給發憑單，蓋用印信，以便持往呈驗，照章辦理，須至憑單者。

光緒　年　月　日給

皖字第　號

## 題注：

昭信股票是光緒二十四年（1898）清政府爲紓緩財政困難而發行的公債，衹是以『股票』名義發行。昭信股票發行的起因是清政府償還甲午戰爭對日賠款導致財政困難，急需設法籌集大宗款項。3 月 2 日户部奏准發佈章程，規定每票 100 兩者印製 50 萬張，計股銀 5000 萬兩；每票 500 兩者印製 6 萬張，計股銀 3000 萬兩；每票 1000 兩者印製 2 萬張，計股銀 2000 萬兩，總共 1 億兩。昭信股票章程還規定 20 年還清，以年利 5 厘計息，遇閏不加增，前 10 年還息不還本，後 10 年本息並還，本還則息減。其制度設計已與當時西方的國債相似，可謂是中國嘗試國家發行債券的開端。雖然最終招募銀 2000 萬兩，且多爲向地方官紳攤派所得，與設想的金額相差甚遠，但對清政府的財政困難有一定的緩解作用，並促進了國家財政與金融機構之間的聯繫。[一]

---

[一] 參見朱英：《晚清的『昭信股票』》，《近代史研究》1993年第6期；李玉：《晚清昭信股票發行過程論略》，《近代史研究》2006年第4期；徐昂：《昭信股票與晚清華資金融業關係研究》，《近代史研究》2015年第5期等文。

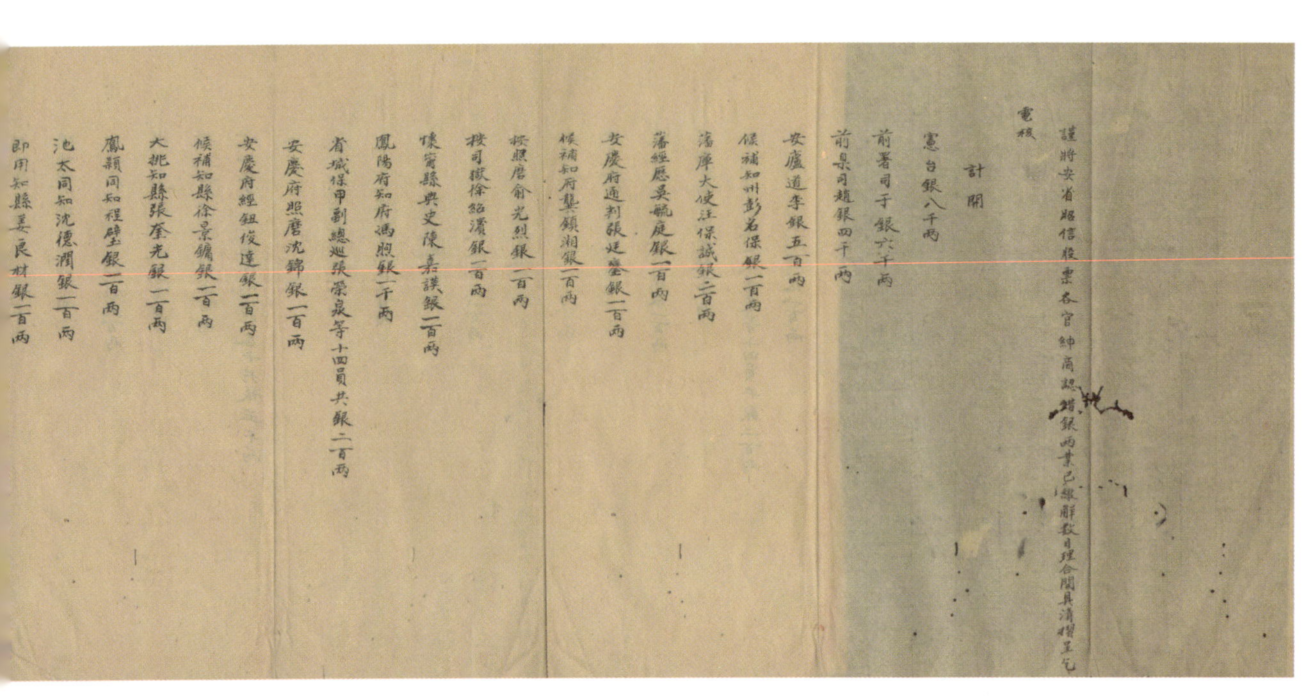

謹將安省昭信股票各官紳商認借銀兩業已繳解數目理合開具清摺呈乞
電核
計開
憲台銀八千兩
前署司于銀六千兩
前臬司趙銀四千兩
安廬道李銀五百兩
候補知州彭名保銀一百兩
藩庫大使汪保誠銀二百兩
藩經歷吳毓庭銀一百兩
安慶府通判張廷鏊銀一百兩
候補知府龔鎮湘銀一百兩
按照磨俞光烈銀一百兩
按司獄徐紹濱銀一百兩
懷甯縣典史陳嘉謨銀一百兩
鳳陽府知府馮煦銀一千兩
省城保甲副總巡張榮泉等十四員共銀二百兩
安慶府照磨沈錦銀一百兩
安慶府經歷鈕俊達銀一百兩
候補知縣徐景鏞銀一百兩
大挑知縣張奎光銀一百兩
鳳穎同知程璧銀一百兩
池太同知沈德潤銀一百兩
即用知縣姜良材銀一百兩

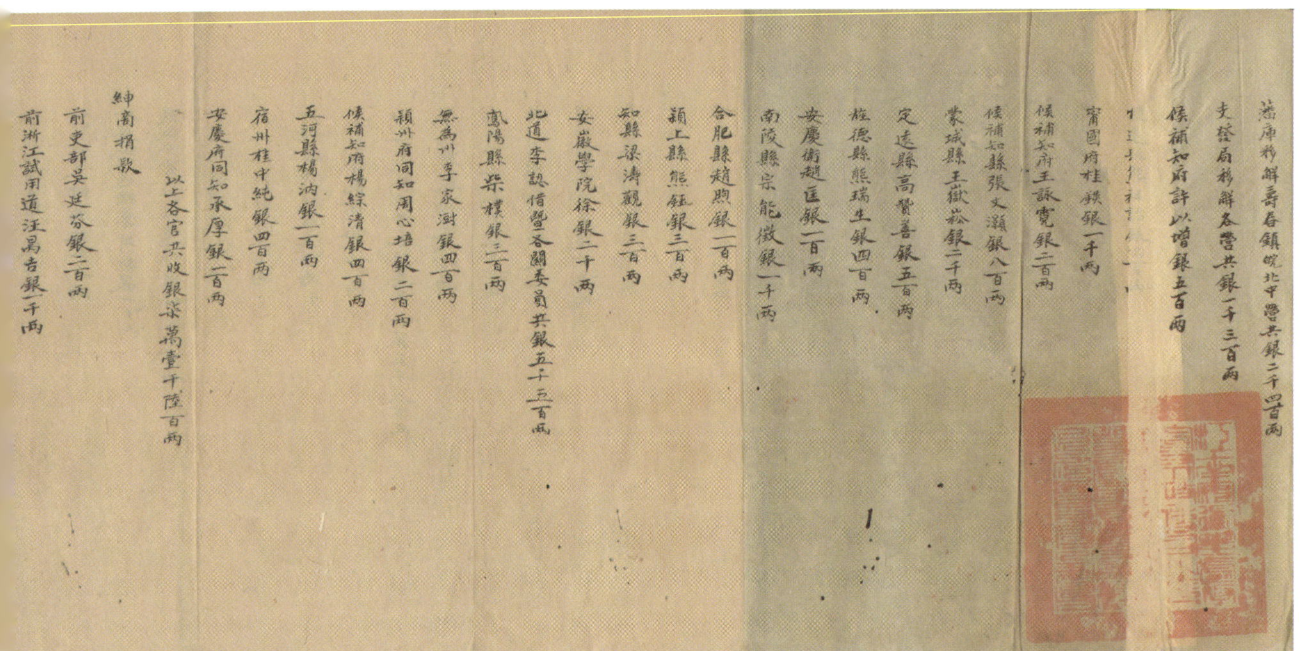

藩庫移解壽春鎮皖北中營共銀二千四百兩
支發局移解各營共銀一千三百兩
候補知府許以增銀五百兩
[illegible]
甯國府桂[illegible]銀一千兩
候補知府王詠寬銀二百兩
候補知縣張文灝銀八百兩
蒙城縣王嶽崧銀二千兩
定遠縣高贊善銀五百兩
旌德縣熊瑞生銀四百兩
安慶衛趙匡銀一百兩
南陵縣宗能徵銀一千兩
合肥縣趙煦銀一百兩
穎上縣熊鈺銀三百兩
知縣梁濤觀銀三百兩
安徽學院徐銀二十兩
北道李認借暨各關委員共銀五千五百兩
鳳陽縣柴樸銀三百兩
無為州李家澍銀四百兩
穎州府同知周心培銀二百兩
候補知府楊綜清銀四百兩
五河縣楊汭銀一百兩
宿州桂中純銀四百兩
安慶府同知承厚銀一百兩
以上各官共收銀柒萬壹千陸百兩
紳商捐款
前吏部吳廷芬銀二百兩
前浙江試用道汪昌吉銀一千兩

## 光緒二十四年安徽省昭信股票各官紳商認借銀兩清摺

橫 215 厘米，縱 26 厘米

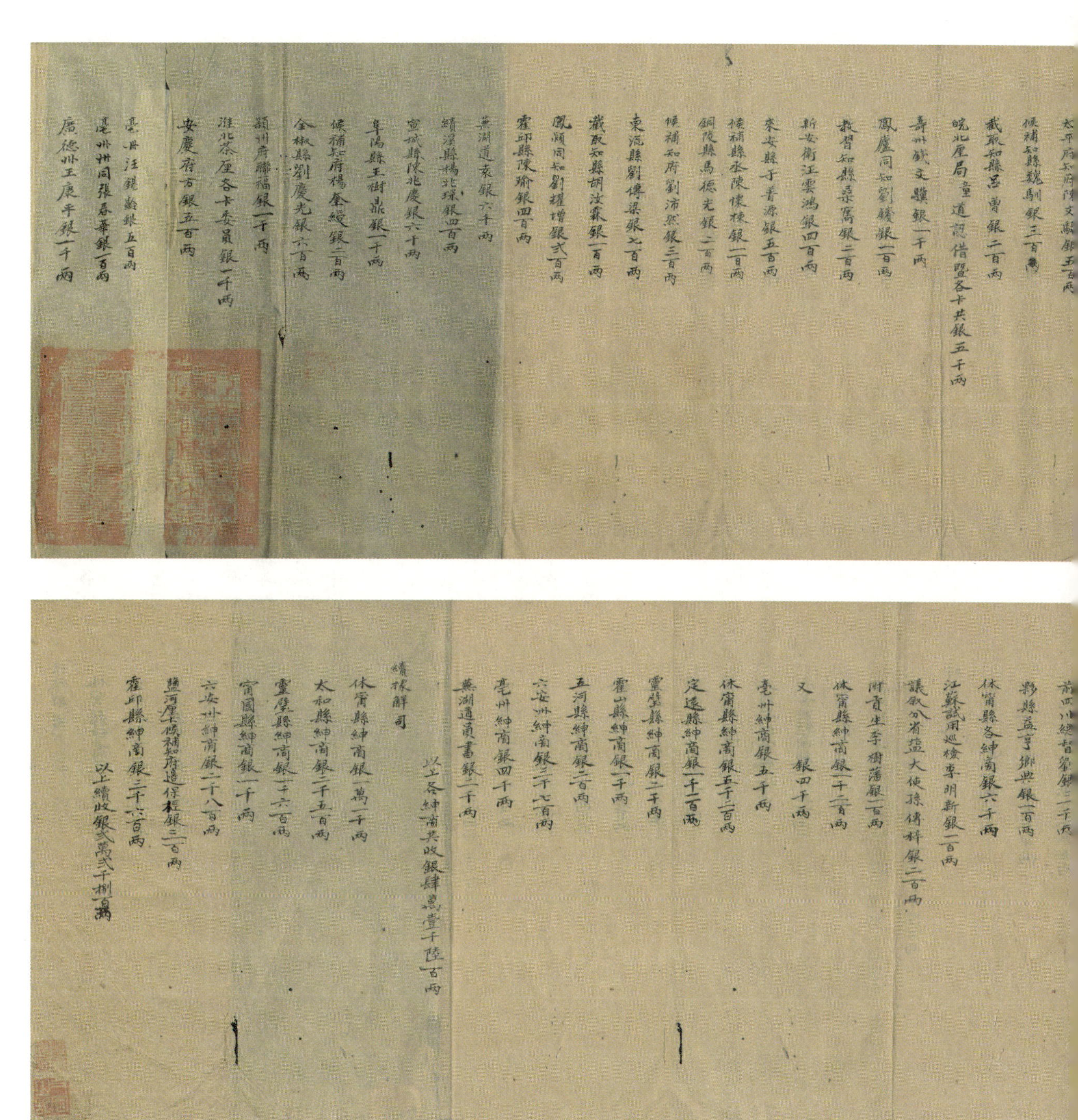
太平府知府陳文驥銀五百兩
候補知縣魏駉銀三百兩
截取知縣呂曾銀二百兩
皖北厘局童道認借暨各卡共銀五千兩
壽州戴文驥銀一千兩
鳳廬同知劉騰銀一百兩
教習知縣桑寯銀二百兩
新安衛汪雲鴻銀四百兩
來安縣于晋源銀五百兩
候補縣丞陳懷棟銀一百兩
銅陵縣馮德光銀二百兩
候補知府劉沛然銀三百兩
東流縣劉傳梁銀七百兩
截取知縣胡汝霖銀一百兩
鳳潁同知劉耀增銀弍百兩
霍邱縣陳瑜銀四百兩
蕪湖道袁銀六千兩
績溪縣楊兆璪銀四百兩
宣城縣陳兆慶銀六十兩
阜陽縣王樹鼎銀一千兩
候補知府楊奎綬銀二百兩
全椒縣劉慶光銀六百兩
潁州府聯福銀一千兩
淮北茶厘各卡委員銀一千兩
安慶府方銀五百兩
亳州汪鏡齡銀五百兩
亳州州同張春華銀一百兩
廣德州王康年銀一千兩

前四川總督劉銀二千兩
黟縣益亨鄉典銀一百兩
休甯縣各紳商銀六千兩
江蘇試用巡檢李明新銀一百兩
議敘分省鹽大使孫傳梓銀二百兩
附貢生李樹藩銀一百兩
休甯縣紳商銀一千二百兩
又　銀四千兩
亳州紳商銀五千兩
休甯縣紳商銀五千二百兩
定遠縣紳商銀一千一百兩
靈璧縣紳商銀二千兩
霍山縣紳商銀一千兩
五河縣紳商銀二百兩
六安州紳商銀三千七百兩
亳州紳商銀四千兩
蕪湖道貢書銀二千兩
以上各紳商共收銀肆萬壹千陸百兩
續據解司
休甯縣紳商銀一萬一千兩
太和縣紳商銀二千五百兩
靈璧縣紳商銀一千六百兩
甯國縣紳商銀一千兩
六安州紳商銀二千八百兩
鹽河厘卡候補知府道保楨銀三百兩
霍邱縣紳商銀三千六百兩
以上續收銀弍萬弍千捌百兩

## 録文：

謹將安省昭信股票各官紳商認借銀兩業已繳解數目理合開具清摺呈乞電核。

計開：

憲台銀八千兩；前署司于銀六千兩；前臬司趙銀四千兩；安廬道李銀五百兩；候補知州彭名保銀一百兩；藩庫大使汪保誠銀二百兩；藩經歷吴毓庭銀一百兩；安慶府通判張廷鑾銀一百兩；候補知府龔鎮湘銀一百兩；按照磨俞光烈銀一百兩；按司獄徐紹濱銀一百兩；懷寧縣典史陳嘉謨銀一百兩；鳳陽府知府馮煦銀一千兩；省城保甲副總巡張榮泉等十四員共銀二百兩；安慶府照磨沈錦銀一百兩；安慶府經鈕俊達銀一百兩；候補知縣徐景鏞銀一百兩；大挑知縣張奎光銀一百兩；鳳潁同知程璧銀一百兩；池太同知沈德潤銀一百兩；即用知縣姜良材銀一百兩；太白釐卡舒恭峻銀一百兩；候補知府祺厚銀一千兩；太平府知府陳文騄銀五百兩；候補知縣魏馴銀三百兩；截取知縣吕曾銀二百兩；皖北厘局童道認借暨各卡共銀五千兩；壽州錢文驥銀一千兩；鳳廬同知劉鑌銀一百兩；教習知縣桑寯銀二百兩；新安衛汪雲鴻銀四百兩；來安縣于普源銀五百兩；候補縣丞陳懷棟銀一百兩；銅陵縣馬德光銀二百兩；候補知府劉沛然銀三百兩；東流縣劉傳梁銀七百兩；截取知縣胡汝霖銀一百兩；鳳潁同知劉耀增銀弍百兩；霍邱縣陳瑜銀四百兩；蕪湖道袁銀六千兩；績溪縣楊兆琛銀四百兩；宣城縣陳兆慶銀六千兩；阜陽縣王樹鼎銀一千兩；候補知府楊奎綬銀二百兩；全椒縣劉慶光銀六百兩；潁州府聯福銀一千兩；淮北茶厘各卡委員銀一千兩；安慶府方銀五百兩；亳州汪錫齡銀五百兩；亳州州同張春華銀一百兩；廣德州王康平銀一千兩；藩庫移解壽春鎮皖北中營共銀二千四百兩；支發局移解各營共銀一千三百兩；候補知府許以增銀五百兩；懷遠縣熊祖詒銀四百兩；寧國府桂鍈銀一千兩；候補知府王詠霓銀二百兩；候補知縣張文灝銀八百兩；蒙城縣王嶽崧銀二千兩；定遠縣高贊善銀五百兩；旌德縣熊瑞生銀四百兩；安慶衛趙匡銀一百兩；南陵縣宗能徵銀一千兩；合肥縣趙煦銀一百兩；潁上縣熊鈺銀三百兩；知縣梁濤觀銀三百兩；安徽學院徐銀二千兩；北道李認借

暨各關委員共銀五千五百兩；鳳陽縣柴樸銀三百兩；無爲州李家澍銀四百兩；潁州府同知周心培銀二百兩；候補知府楊綜清銀四百兩；五河縣楊汭銀一百兩；宿州桂中純銀四百兩；安慶府同知承厚銀一百兩；以上各官共收銀柒萬壹千陸百兩。

紳商捐款：

前吏部吴廷芬銀二百兩；前浙江試用道汪昺吉銀一千兩；合肥榮桂堂李經邦銀五百兩；又李經鈺銀五百兩；又李經達銀五百兩；前四川總督劉銀三千兩；黟縣益亨鄉典銀一百兩；休寧縣各紳商銀六千兩；江蘇試用巡檢李明新銀一百兩；議叙分省鹽大使孫傳梓銀二百兩；附貢生李樹藩銀一百兩；休寧縣紳商銀一千二百兩；又銀四千兩；亳州紳商銀五千兩；休寧縣紳商銀五千二百兩；定遠縣紳商銀一千一百兩；靈璧縣紳商銀二千兩；霍山縣紳商銀一千兩；五河縣紳商銀二百兩；六安州紳商銀三千七百兩；亳州紳商銀四千兩；蕪湖道員書畫銀二千兩。以上各紳商共收銀肆萬壹千陸百兩。

續據解司：

休寧縣紳商銀一萬一千兩；太和縣紳商銀二千五百兩；靈璧縣紳商銀一千六百兩；寧國縣紳商銀一千兩；六安州紳商銀二千八百兩；鹽河厘卡候補知府邊保樫銀三百兩；霍邱縣紳商銀三千六百兩。以上續收銀弍萬弍千捌百兩。

（朱印）江南安徽等處承宣布政使司之印

**題注：**

昭信股票一事見前文，此爲光緒二十四年（1898）安徽全省官紳所認購的清單。

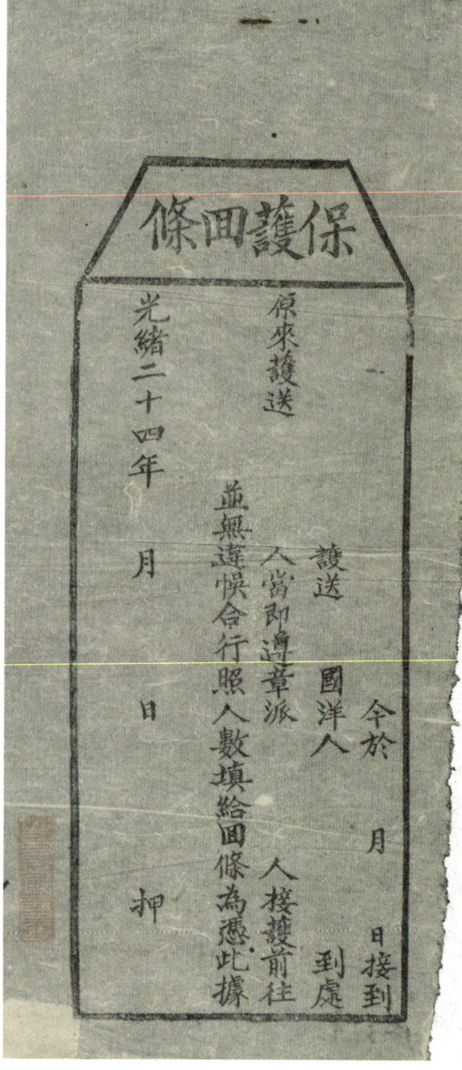

保護回條

今於　月　日接到
護送　國洋人　到處
原來護送　人當即遵章派　人接護前往
並無違悞合行照人數填給回條為憑此據
光緒二十四年　月　日押

其一

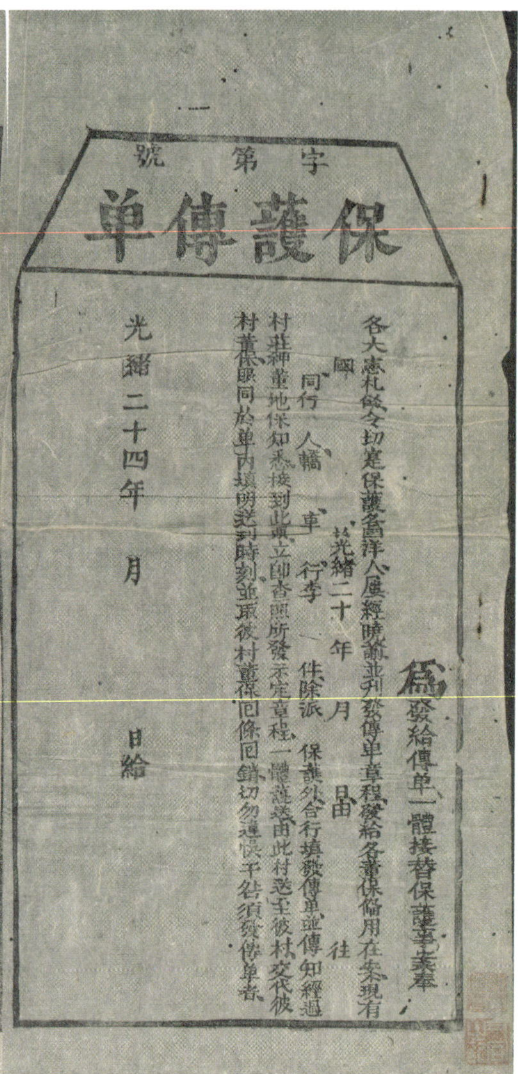

字第號

保護傳單

為發給傳單一體接替保護事案奉
各大憲札飭令切實保護各國洋人歷經曉諭並刊發傳單章程發給各董保備用在案現有
國　茲光緒二十　年　月　日由　往
同行　人轎　車　行李　件除派　保護外合行填發傳單並傳知經過
村莊紳董地保知悉接到此單立即查照所發示定章程一體護送由此村送至彼村交代彼
村董保眼同於單內填明送到時刻並取彼村董保回條回銷切勿違悞干咎須發傳單者
光緒二十四年　月　日給

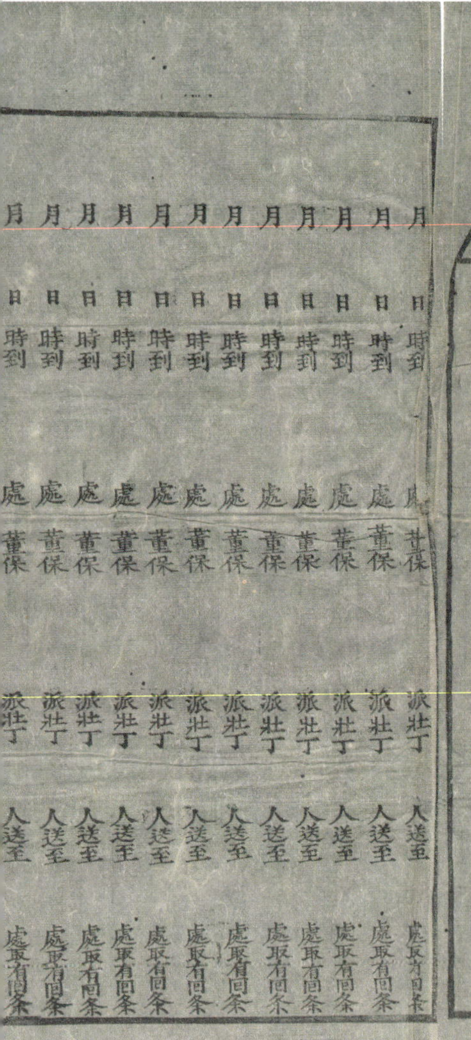

月　日　時到　處董保派壯丁　人送至　處取有回条
月　日　時到　處董保派壯丁　人送至　處取有回条
月　日　時到　處董保派壯丁　人送至　處取有回条
月　日　時到　處董保派壯丁　人送至　處取有回条
月　日　時到　處董保派壯丁　人送至　處取有回条
月　日　時到　處董保派壯丁　人送至　處取有回条
月　日　時到　處董保派壯丁　人送至　處取有回条
月　日　時到　處董保派壯丁　人送至　處取有回条
月　日　時到　處董保派壯丁　人送至　處取有回条
月　日　時到　處董保派壯丁　人送至　處取有回条
月　日　時到　處董保派壯丁　人送至　處取有回条
月　日　時到　處董保派壯丁　人送至　處取有回条

其二

## 光緒二十四年安徽省洋務局印發保護洋人回條、傳單、告示

共3份，其一：横13厘米，縱31厘米；其二：横40.5厘米，縱46.5厘米；其三：横66厘米，縱32厘米

**録文：**

其一

保護回條

今於　月　日接到　護送　國洋人　到處，原來護送　人，當即遵章派　人接護前往　，並無違誤，合行照人數填給回條爲憑。此據。

光緒二十四年　月　日　押

其二

字　第　號

保護傳單

爲發給傳單一體接替保護事：案奉各大憲札，飭令切實保護各國洋人，屢經曉諭，並刊發傳單章程，發給各董保備用在案。現有　國　於光緒二十　年　月　日由　往　，同行　人，轎　，車　，行李　件，除派　保護外，合行填發傳單，並傳知經過村莊紳董地保知悉。接到此票，立即查照所發示定章程，一體護送，由此村送至彼村，交代彼村董保，眼同於單内填明送到時刻，并取彼村董保回條回銷。切勿違誤干咎。須發傳單者。

光緒二十四年　月　日　給

月　日　時到　處　董保　派壯丁　人送至　處取有回條
月　日　時到　處　董保　派壯丁　人送至　處取有回條
月　日　時到　處　董保　派壯丁　人送至　處取有回條
月　日　時到　處　董保　派壯丁　人送至　處取有回條
月　日　時到　處　董保　派壯丁　人送至　處取有回條
月　日　時到　處　董保　派壯丁　人送至　處取有回條
月　日　時到　處　董保　派壯丁　人送至　處取有回條
月　日　時到　處　董保　派壯丁　人送至　處取有回條
月　日　時到　處　董保　派壯丁　人送至　處取有回條
月　日　時到　處　董保　派壯丁　人送至　處取有回條
月　日　時到　處　董保　派壯丁　人送至　處取有回條
月　日　時到　處　董保　派壯丁　人送至　處取有回條

此光緒廿四年皖省洋務局印發保護外人告示 時鄧華熙作皖撫。

其三

曉諭事：案奉各大憲札，飭令切實保護各國洋人，屢經曉諭在案，除刊刻保護傳單，發給各鄉董保存留備用外，合將所定章程另行刊布，俾衆週知。爲此示仰所屬軍民諸色人等，一體遵照後開章程辦理，切勿違誤干咎。特示。

計開保護章程十四條：

一、奉札預刊保護傳單，並回條款式，發給所屬四鄉，凡有集鎮，及人户稍多之處，各存多張備用，其分駐文武大小衙門地方，亦一律存備。

一、凡城鄉教堂，俱專派差役二名，發給長工食，輪流在堂外伺護，如遇洋人外出，該差立即問明，報知本官，派人護送。在鄉下者，立刻告知董保，填發所存傳單，揀派壯丁沿途護送，由此保送至彼保，眼同注明傳單交换遞護，必須取有彼保收條，方准回銷。

一、教堂太多之處，勢難分派多差。然教堂雖多，教士究只一二人，至多數人，現在所派差役，係照教士人數，及居住之處分派，教士行至某堂，該差即隨至某處，不必占定一處，庶易周轉。

一、凡有防練駐紮之處，即將傳單交營，派人接護。若下站係走僻路，並無營駐，或值營勇出差，不敷分派，仍應由董保派丁接護，不得因上站是營勇送來，下站董保不接；亦不得因上站是鄉民護來，下站營勇不接，各宜不分畛域。

一、凡有分駐同通丞簿巡檢各衙門，遇有洋人過境，該董保一體稟知，飭令董保照章辦理。如董保不遵，立即分別懲戒，送地方官究辦。

一、凡遇各國洋人經過，不論由何省何處來，亦不論有照無照，即無傳單，該董保亦一體照章護送。即向無教堂之處，如有洋人經過，

若能化大爲小化小爲無事後必當從優獎賞決不虛言
一此事雖不免瑣碎但值此時艱游勇匪徒到處皆有最要防搶劫等事
難分皂白必須格外小心以安遠人即以自安吾民所謂利人即是利
己況費由官發爾等不過勞力並不要爾費錢各保平安莫善於此各
處教堂雖多教士不過數人且每月不必常有洋人來往即偶爾護送
月不過數次遠不過數十里十數里並非難事切勿推諉倘或因小失
大貽禍雖在匪徒受害仍在百姓恐爾等喫虧不起彼時雖係代人受
過官亦不能護爾各宜聽信吾言

光緒二十四年　月　日

其三

亦應護送。

一、各董保派鄉民護送，如遇路途稍遠者，特爲定准每　里，准給口粮錢　文，届時該董保先行墊給，按季憑回條，赴署請領，立即發還，斷不任胥役片刻留難。

一、無論兵役鄉民護送，俱不准向洋人索謝分文，違者，查出重究。

一、洋人最喜爽利，若應當接護之董保，藉詞推諉耽延，致洋人不肯守候徑去者，查出重究。即或洋人辭謝，不要護送，爾等也要派人在後隨護。

一、所派堂外差役，如遇教士外出，漏未查知稟報，即將該差枷號三個月滿責示懲。若保護無誤，每次給賞，一年從優給賞。

一、各董保護送洋人，每一次計功一次，一年分别外奬，及詳請奬勵。

一、凡洋人在鄉留住之處，即由該董保晝夜輪流，派人保護，並不准圍鬧聚觀，閑言生事。尤不准出語傷人，即婦女小兒，亦應禁止。

一、若遇洋人到處，偶有無知之人，口角争鬧，該董保即應立時理勸解散。若能化大爲小，化小爲無，事後必當從優奬賞，決不虛言。

一、此事雖不免瑣碎，但值此時艱，游勇匪徒到處皆有，最要防搶劫等事，難分皂白，必須格外小心，以安遠人，即以自安吾民，所謂利人即是利己。况費由官發，爾等不過勞力，並不要爾費錢，各保平安，莫善於此。各處教堂雖多，教士不過數人，且每月不必常有洋人來往，即偶爾護送，月不過數次，遠不過數十里、十數里，並非難事，切勿推諉。倘或因小失大，貽禍雖在匪徒，受害仍在百姓，恐爾等喫虧不起，彼時雖係代人受過，官亦不能護爾，各宜聽信吾言。

光緒二十四年　月　日

# 光緒二十六年鄧華熙調補貴州巡撫電諭

已裱：横34厘米，縱35厘米

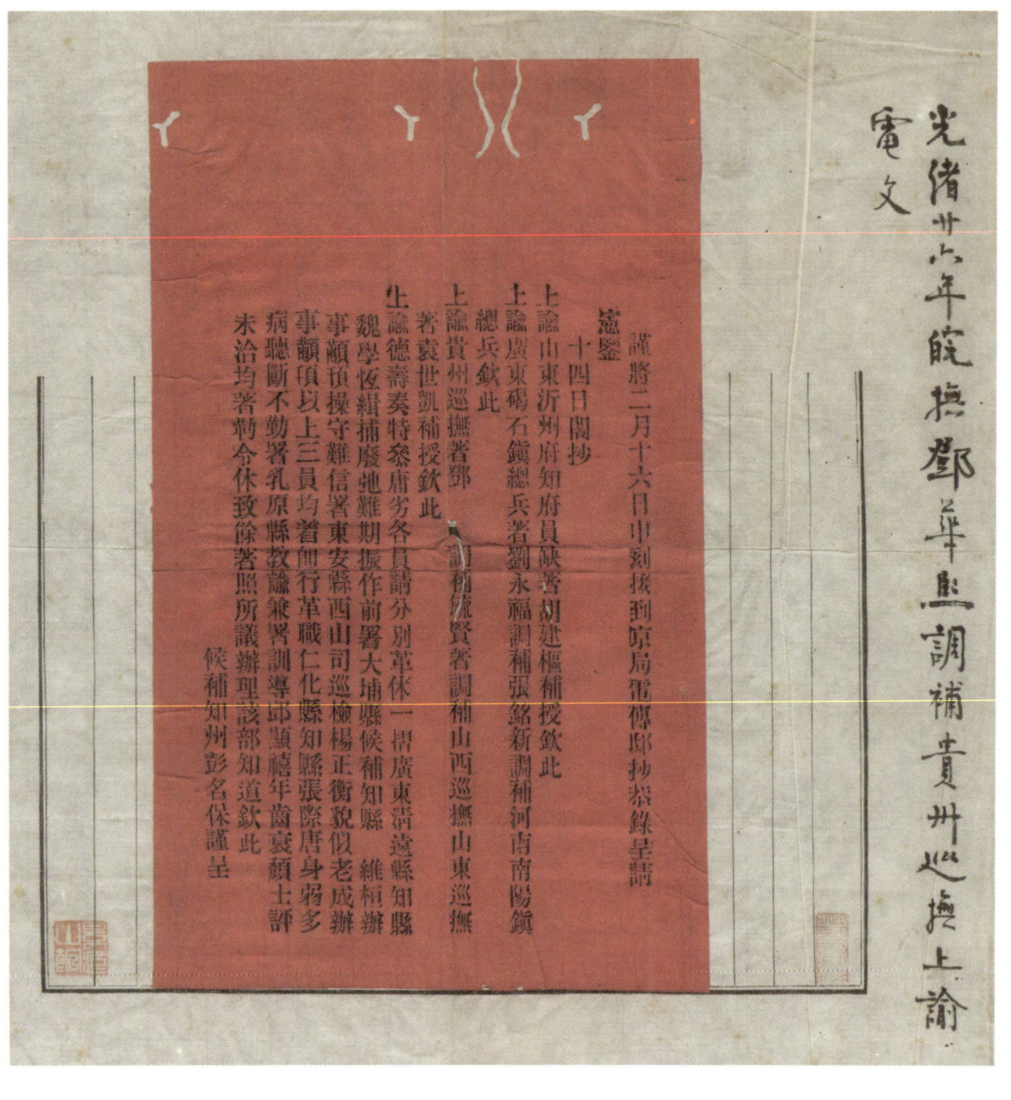

光緒廿六年皖撫鄧華熙調補貴州巡撫上諭

電文

謹將二月十六日申刻接到京局電傳邸抄恭錄呈請
憲鑒
十四日閣抄
上諭山東沂州府知府員缺著胡建樞補授欽此
上諭廣東碣石鎮總兵著劉永福調補張銘新調補河南南陽鎮
總兵欽此
上諭貴州巡撫著鄧　調補毓賢著調補山西巡撫山東巡撫
著袁世凱補授欽此
上諭德壽奏特參庸劣各員請分別革休一摺廣東清遠縣知縣
魏學恆緝捕廢弛難期振作前署大埔縣候補知縣維桓辦
事顢頇操守難信署東安縣西山司巡檢楊正衡貌似老成辦
事顢頇以上三員均著即行革職仁化縣知縣張際唐身弱多
病聽斷不勤署乳原縣教諭兼署訓導邱顯禧年齒衰頽士評
未洽均著勒令休致餘著照所議辦理該部知道欽此
候補知州彭名保謹呈

**録　文：**

謹將二月十六日申刻接到京局電傳邸抄恭録，呈請憲鑒。

十四日閣抄

上諭：山東沂州府知府員缺，著胡建樞補授，欽此。

上諭：廣東碣石鎮總兵著劉永福調補，張銘新調補河南南陽鎮總兵，欽此。

上諭：貴州巡撫著鄧　調補，毓賢調補山西巡撫，山東巡撫著袁世凱補授，欽此。

上諭：德壽奏特參庸劣各員請分别革休一摺，廣東清遠縣知縣魏學恒緝捕廢弛，難期振作；前補大埔縣候補知縣維桓［恒］辦事顢頇，操守難信；署東安縣西山司巡檢楊正衡貌似老成，辦事顢頇。以上三員，均著即行革職。仁化縣知縣張際唐身弱多病，聽斷不勤；署乳原縣教諭兼署訓導邱顯禧年齒衰頽，士評未洽，均著勒令休致。餘著照所議辦理，該部知道，欽此。

候補知州彭名保謹呈

**題　注：**

鄧華熙於光緒二十六年（1900）由安徽巡撫調補貴州巡撫，時年七十四歲。此爲安徽電報局所抄録京局所發電文，由安徽省主管電報局的候補知州彭名保抄録呈送給鄧華熙。

# 光緒二十九年鄧華熙離任時貴州屬吏所贈萬民傘之銜帶

其一：長122厘米，寬7厘米；其二：長84厘米，寬7厘米

**録　文：**

頭品頂戴兵部侍郎兼都察院右副都御史巡撫貴州等處地方提督軍務加節制通省兵馬銜兼理糧餉鄧大中丞德政

貴州提標暨所轄各協營官弁兵丁

**題　注：**

清代地方官離任時，士紳百姓通常會敬送『萬民傘』以示懷念其德政。鄧華熙任貴州巡撫，總掌貴州省行政、軍事、刑名等，貴州的軍務亦由他提督，故貴州標營和協營兵丁均由其節制。

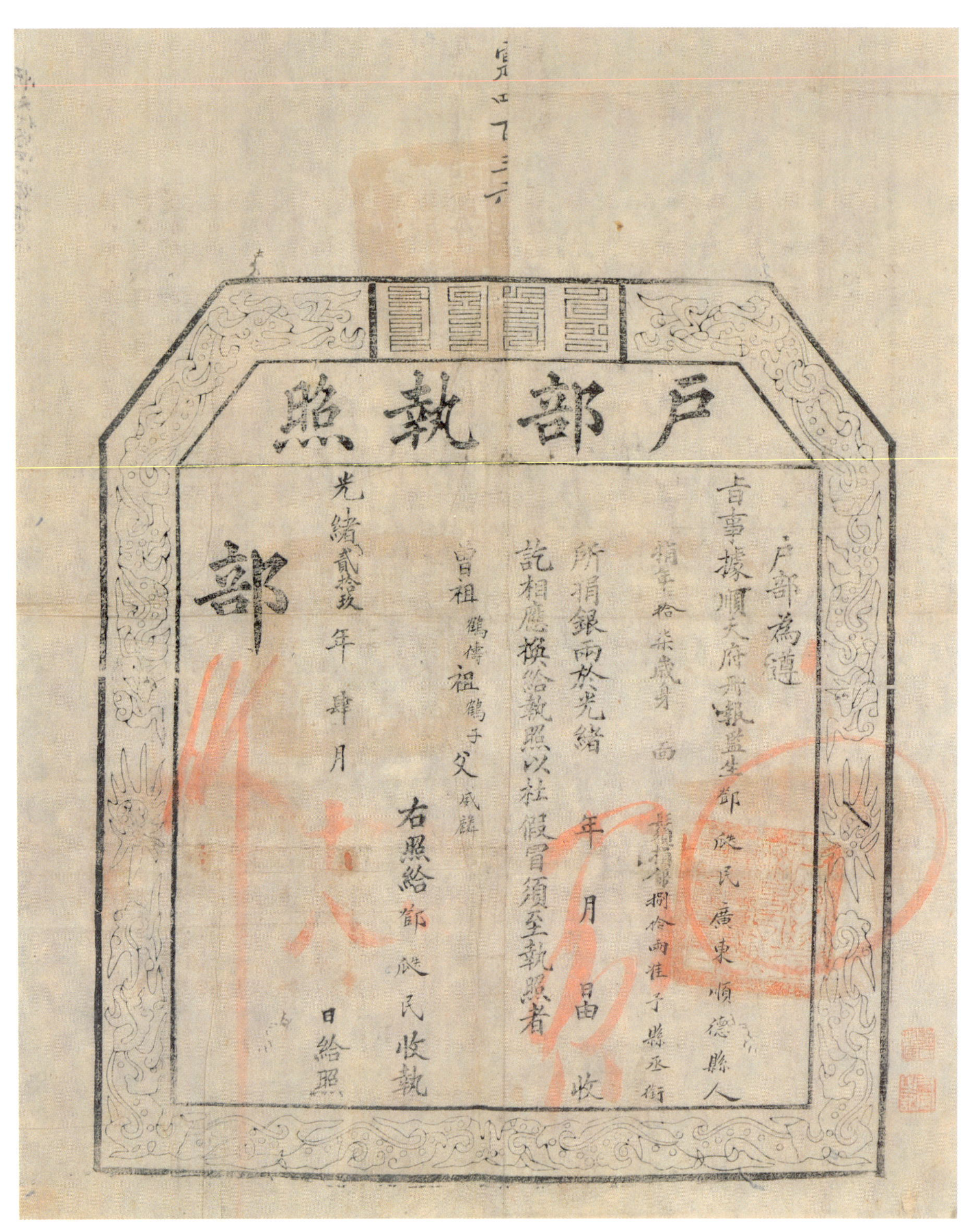

戶部執照

戶部為遵
旨事據順天府冊報監生鄧欣民廣東順德縣人
捐年拾柒歲身　面　報捐銀捐拾兩准予縣丞銜
所捐銀兩於光緒　年　月　日由　收
訖相應換給執照以杜假冒須至執照者
曾祖鶴傳　祖鶴子　父威麟
右照給鄧欣民收執
光緒貳拾玖年肆月　日給照
部

# 光緒二十九年户部頒給鄧𠩄民捐銀執照

横 48.5 厘米，縱 58 厘米

**録　文：**

户部執照

户部爲遵旨事，據順天府册報監生鄧𠩄民，廣東順德縣人，捐年拾柒歲，身　面　鬚，捐銀捌拾兩，准予縣丞銜。所捐銀兩於光緒　年　月　日由　收訖，相應換給執照，以杜假冒，須至執照者：曾祖鶴儔、祖鶴子、父咸麟。

右照給鄧𠩄民收執。

光緒貳拾玖年肆月拾捌日給照。

部行。

**題　注：**

鄧𠩄民爲鄧華熙之孫。

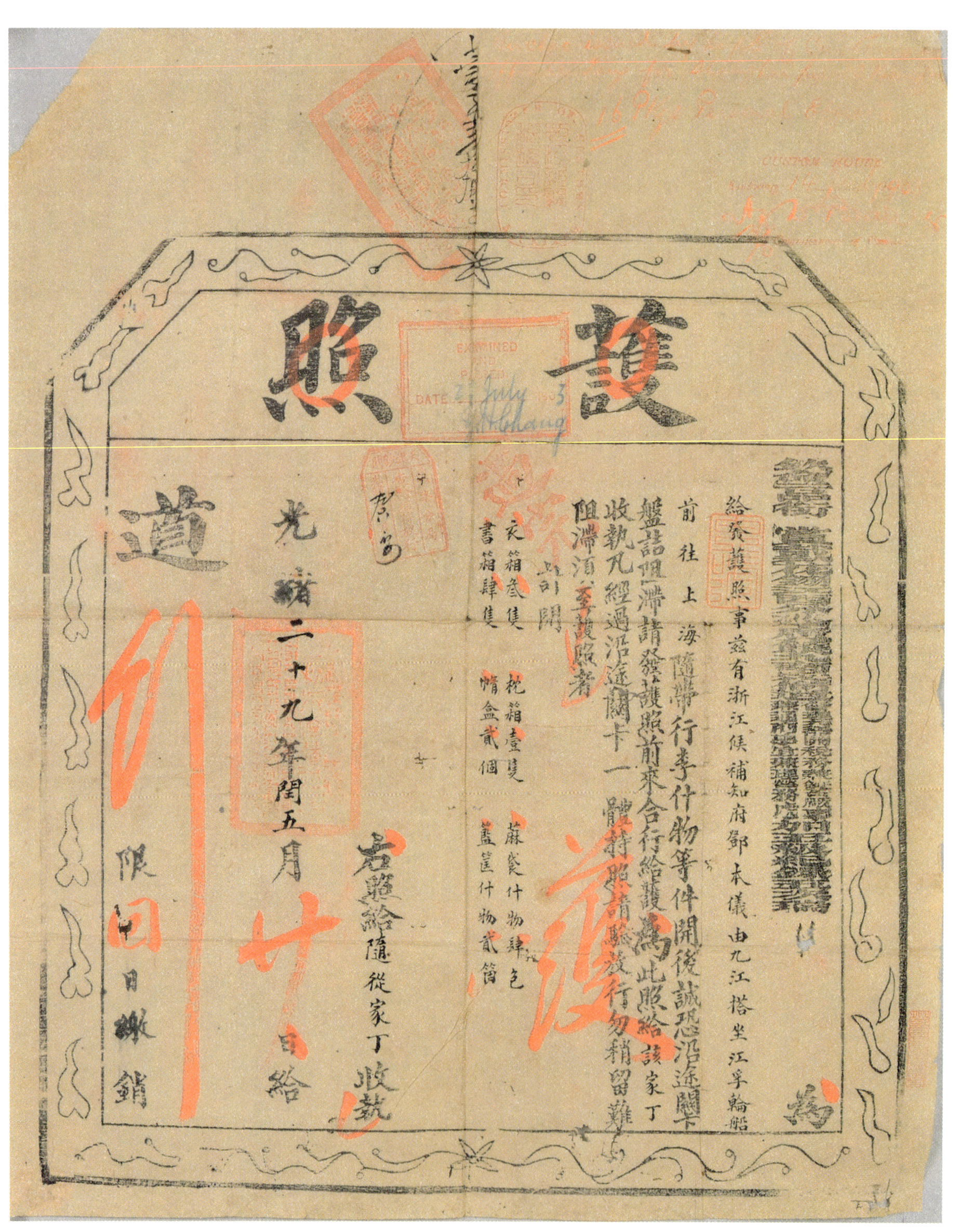

護照

給發護照事茲有浙江候補知府鄧本儀由九江搭坐江孚輪船前往上海隨帶行李什物等件開後誠恐沿途關卡盤詰阻滯請發護照前來合行給發護照為此照給該家丁收執凡經過沿途關卡一體驗照放行勿稍留難阻滯須至護照者

計開

衣箱貳隻　書箱肆隻

枕箱壹隻　帽盒貳個

麻袋什物肆包　籃筐什物貳箇

右照給隨從家丁收執

光緒二十九年閏五月　日給

限　日繳銷

道

# 光緒二十九年鄧本儀九江關護照

横44厘米，縱54厘米

## 録文：

護照

欽命二品銜賞戴花翎江西分巡廣饒九南兵備道督理九江關税務兼鹽務事兼通商事宜兼理營務處加五級紀録五次瑞　爲給發護照事，兹有浙江候補知府鄧本儀由九江搭坐江孚輪船前往上海，隨帶行李什物等件開後，誠恐沿途關卡盤詰阻滯，請發護照前來，合行給護。爲此照給該家丁收執，凡經過沿途關卡，一體持照，請驗放行，勿稍留難阻滯，須至護照者。

計開：衣箱三隻、書箱肆隻、枕箱壹隻、帽盒貳個、蔴袋什物肆包、籃筐什物貳個。

右照給隨從家丁收執。

光緒二十九年閏五月廿日給。

道行。

限回日繳銷。

## 題注：

九江位於長江與鄱陽湖的交匯處，爲長江咽喉，流經九江的贛江航道還可以跨越大庾嶺後連接廣東，地理位置十分重要，明代和清前期在此設立鈔關或榷關，管理商品流通和徵税。1861年英國人赫德在此籌備設立近代海關，由外籍税務司進行管理，成爲長江第一批開埠的通商口岸。鄧本儀（1861—1936），字用甫，爲鄧華熙次子，後因避宣統皇帝諱改名爲鄧本逵。鄧華熙長子肇京於1876年去世（時18歲），實際上鄧本儀有長兄。鄧本儀早年一直隨侍鄧華熙任職多處，鄧華熙擔任大理知府、江蘇布政使、安徽巡撫等職時均在身邊。鄧本儀出仕曾擔任寧波知府兼浙海關監督等職。

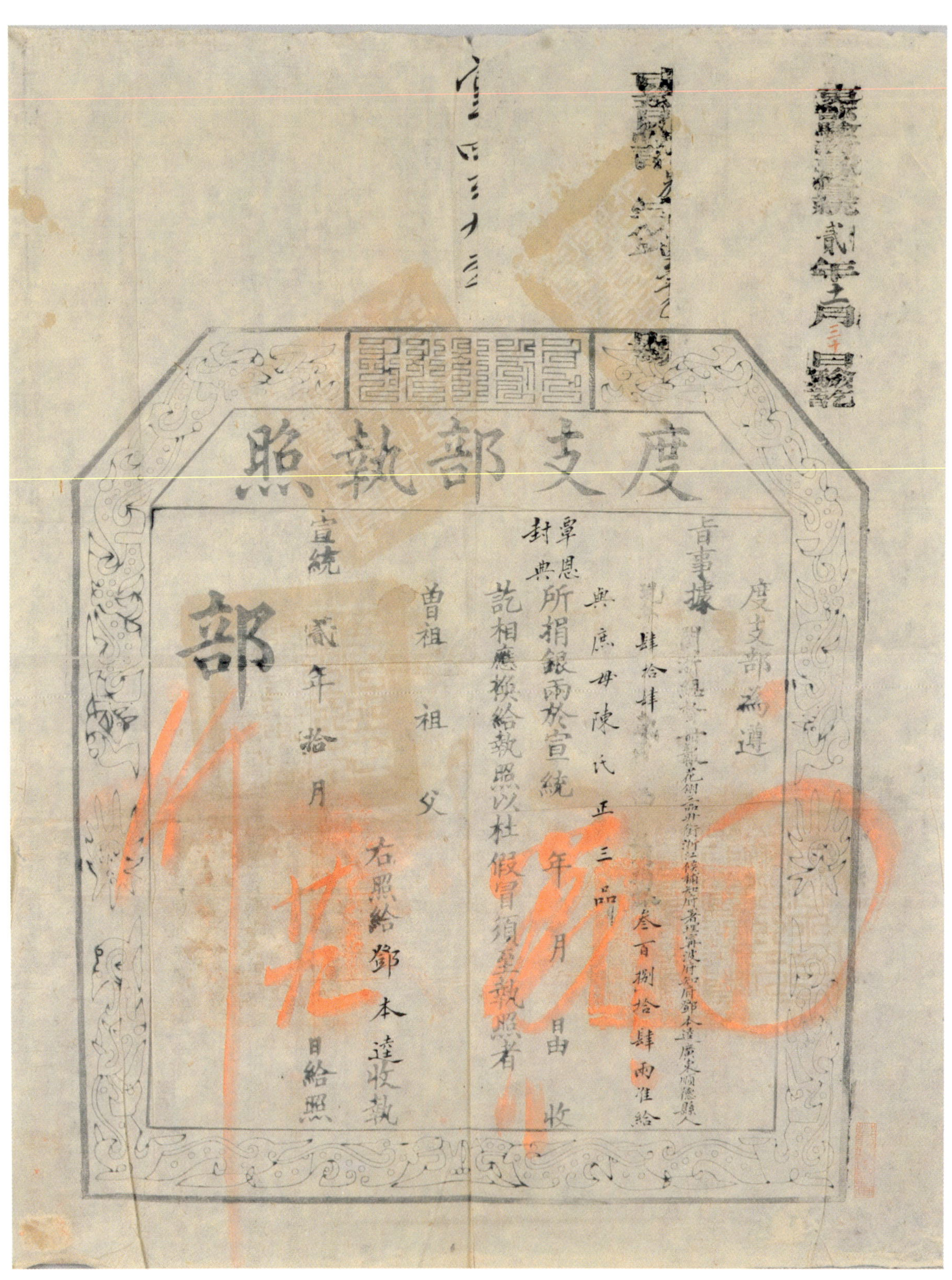

度支部執照

度支部為遵
旨事據[illegible]花翎三品銜浙江候補知府署理寧波府知府鄧本達廣東順德縣人
[illegible]肆拾肆[illegible]叁百捌拾肆兩准給
與庶母陳氏正三品
封典所捐銀兩於宣統　年　月　日由　收
訖相應換給執照以杜假冒須至執照者
曾祖　祖　父
右照給鄧本達收執
宣統貳年拾月　日給照
部

# 宣統二年度支部頒給鄧本逵捐銀執照

横 47 厘米，縱 58 厘米

**録　文：**

度支部執照

度支部爲遵旨事，據閩浙總督册報花翎三品升銜浙江候補府署理寧波府知府鄧本逵，廣東順德縣人，現年肆拾肆歲，面　鬚，
捐銀三百捌拾肆兩，准給與庶母陳氏正三品覃恩封典。所捐銀於宣統　年　月　日由　收訖，相應換給執照，以杜假冒，須至
執照者：曾祖　祖　父

右照給鄧本逵收執。

宣統貳年拾月廿九日給照。

部行。

**題　注：**

鄧本逵捐銀求恩賜庶母陳氏封典事，鄧華熙在家書中數次提起，應是鄧華熙要求鄧本逵辦理的。《清史稿·選舉志五》載封贈之制度規定正、從三品官員的妻子可封爲淑人，『婦人因數封贈，而夫與子兩有官，亦從其品大者。父官高於子者，嫡母從父官，生母從子官。』陳氏不是鄧華熙正妻，又非鄧本逵之生母，按清初舊制不可封。但『道光以後，捐封例開』，故有捐銀封繼室、庶母等。

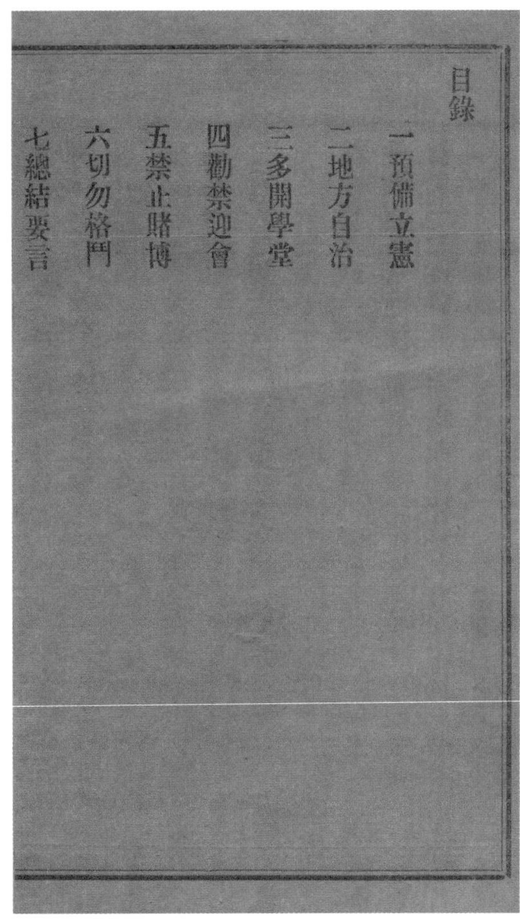

目錄



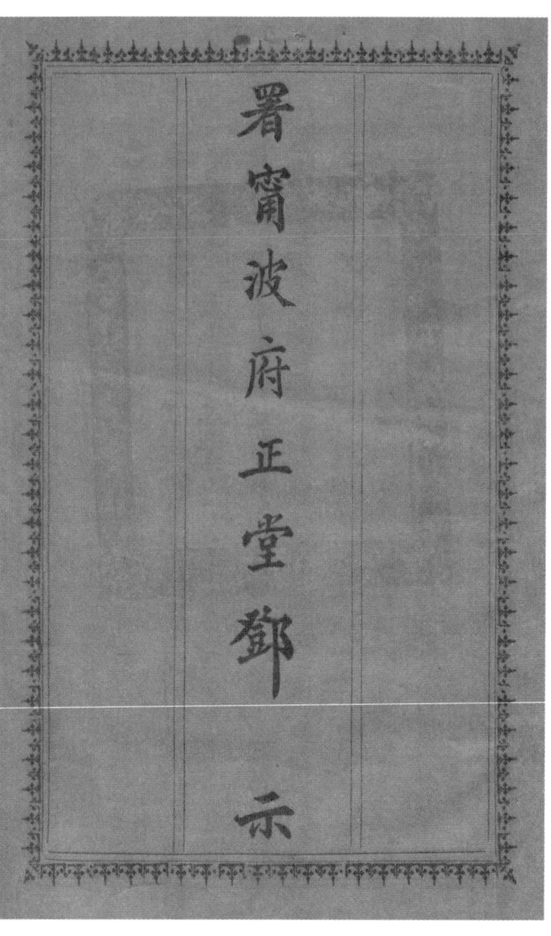

署寧波府正堂鄧　示

一預備立憲

列位百姓　我們中國現在是預備立憲時光　何以叫做立憲　何以叫做預備　本府細細說來　立憲兩個字　就是百姓也好議論國家事情　使得上下聲氣相通　中國向來地廣人多　百姓不問朝廷的政事　朝廷亦難曉得百姓的隱情　所以天高皇帝遠　百姓看天下地土人民　是朝廷的私產　無論國家有何事情　總是與百姓無干　中國二十一省　好像二十一國　百姓心不齊　好像一把散沙　幾百年前　我們頂有名的頭等國家　目下各國排我在第三等位子　列位　我們中國人氣死勿氣死呢　中國皇上血心要爭這口氣　所以想個法子　改國家爲立憲國　使得上下一心　反弱爲强　因爲凡立憲國　必有上下兩個議院　下議院



鈞和印刷公司代印

是百姓公舉議員議事的地方　上議院是王公大臣議事的地方　現在各省諮議局　就是我們百姓各分各縣被選舉的人　大家去公同議事　勿但在上的曉得百姓的苦樂　百姓可以明白國家的事情　而且上下好共議國法　只要皇帝批準　上下都不能犯百姓身命財產　一切好處　可以保全　自然上下相通　同心同力　人人以爲中國是我的國家　我們都是國家的一分子　外國人自然勿敢看輕　從此富强起來　就是頭等國了　以前講的是立憲　立憲可以上下一心　國家日日富强起來　列位想是明白了　現在要講預備　這預備兩個字　就是預先備辦的意思　不至急來抱佛脚　譬如要飯吃　先種田　要衣着　先做布　這就是預備　中國百姓　現在都是沒有頭緒　大家睡在

鼓裏 未曾普受教育 那知遵守法律 驟然立起憲來 反要弄出笑話 被外國人取笑 所以必要預備 預備之中 頂要緊的就是各省多開學堂 年青子弟都要讀書 俗話說得好 讀書明理 書讀得多 自然智識開通 大家曉得法律 可以選舉議員議論國家事情 這是中國從古以來沒有的 豈非第一快事麽

二地方自治

何以叫做地方自治 地方就是我們家鄉的地方 自治就是我們自己管治自己的意思 本府第一回講過中國一定要立憲 凡立憲國的百姓 都要有自治的能力 所以上年十二月念七日 奉旨先辦地方自治 列位不要想錯 地方自治 並非各人各管一塊地方 這不是地方上好處 反使多事了 俗話說 只掃自己





門前雪 恐怕要掃也不成功 爲何呢 比方你自己有飯吃 不管人家無衣着 你想同是一塊土上的人 獨有你一人可以平安度日 這一班無衣無食的人 就要向你强借暗偷 使你也勿能平安 所以地方自治 必要同心合力 大家打算地方上好處 不可爲我一個人私心 害大衆的利益 但是地方上人 地位不同 不是個個都好辦公事 所以奉旨章程 如一鄉有五萬人 這五萬人之中 查出有點家計的 做爲選民 再叫選民公舉出二十個議員 每年開議事會一次 議論一鄉公衆的事情 應該如何辦法 可以於大衆有利無害 此中好處 一時也講不得許多 列位將來都好親眼看見 親身受着的

再講這選民 就是有點家計的 每鄉到底有多少 如何曉得所以每年公舉之前 各處多派調查員 家家戶戶仔細查一次 家計不必多 大約每年有兩塊洋錢完錢糧 或捐辦公事 就好算了 這調查並不是爲抽丁當兵 也不是爲挨戶派捐 列位切勿弄錯 決不可聽無頭謠言 本府可以力保無其事的 今年九十月就要調查起來 這是中國第一回 列位不要奇怪 調查員來到時 總要客氣 老老實實自己說出來 調查員詳細寫落 切勿以多報少 反要吃虧 不能算做選民 更不能被人家公舉做議員了

三多開學堂

列位 天下百姓 算是中國頂多 天下地方也是中國頂好 何以士農工商都比不上小小日本國 只個毛病 就是中國人不能





都讀書 都識字 目不識丁的太多 好比一陣瞎子 無論有千千萬萬 總是用不着的 中國前頭有一位有名人物說得好 子孫雖然勿聰明 書終不可不讀 列位開過學的 記得千家詩裏有兩句詩 遺子黃金屋 何如教一經 這個意思 就是黃金雖貴 不如叫子孫讀書 外國有一定章程 小人到了六歲 就要入小學堂讀書 否則被官查出 罰其父母 所以外國勿論男女都要讀十來年書 你看火輪船 火輪車 各種奇怪巧妙的東西 只有外國人年年會造出來 這就是從讀書得來的好處 中國皇上明白這個道理 要各省多開學堂 使得百姓也會聰明起來 不料今年各處蠻百姓 無緣無故 將奉旨開的學堂打毀 照王法都要重辦 本府格外體諒 將學堂一一修好 勸紳士仍

舊再開　這一班蠻百姓　雖是一時想錯　終是平日官長勿開導
之故　與其今日叫他們吃苦　不如饒了他們　使他們自己悔改
曉得打學堂　是打錯　學堂可以養成子弟聰明良善　勿但勿
可打　以後自己地方　還要開起學堂　使得子弟也好讀書　這
是本府格外開恩的意思　現在苦口勸你們　大村地方終要有一
個學堂　小村莊不能獨開　可以約幾村合開一個　費錢不必多
只要大家肯同心幫力　積少成多　兩百元一年　就好開了
本府再告訴你們　中國現在也定了章程　各省六歲以上小人
都要入學堂　勿入學堂　也罰父母　這叫做強迫教育　俗話說
起初勉強　後來就會自然　這章程不上兩三年　就要行起來
大人如要自己子弟好　將來大有作爲　終非入學堂讀書不可



這是本府奉旨勸你們的話　你們要用心聽聽

四勸禁迎會

列位　春祈秋報　是從古以來就有的　但是不過一桌素菜　誠
心酬謝就是了　後來做做戲文　已經比從前考究　到了幾十年
前　百姓更加化費起來　戲文之外　再作迎會　有五日　有十
日　大約都在二三月裏　正是芒種快到　躭擱工夫　錯過時光
這是一樣害處　二則行會人數必多　容易鬧事　三則化費錢
財　小不可大算　會費還勿論　譬如行會五日　就近地方　有
五十家人家　每家添用三塊洋錢　也勿算多　就是多花一百五
十元　一百家人家　就是多花三百元　五百家　一千家　更不
必細算了　行會既然有這廢時鬧事費錢三樣害處　何勿大家自
禁呢　本府再說一句　我勸你們開學堂　你們會說　可惜地方
上沒有錢　現在有一個法子　就把這迎會唱戲白白用去的錢
大家積起來　自己鄉裏　添設學堂　年年費用也就夠了　況且
除去三害　子弟又好得益　這不是兩全其美　何樂而不爲呢
還有串客灘簧　都是傷風敗俗　更要一例禁止　以便教訓子弟
列位仔細想想　就明白本府說話　句句都是爲你們公益講的

五禁止賭博

列位　嫖賭吃着煙　本來都是犯禁的　其中賭的害處頂大　因
爲不是一個人可以賭得來的　可憐中國有一班百姓　不務正業
好賭竟像拚命　日夜不肯歇手　甚至父母無飯吃　妻子無衣
着　也不管了　弄到家產精光　立脚不住　流落去做賊盜　即



使不做　一世困窮　也難出山　正如俗話說　跟好人　出好人
跟討飯　守廟門　這種百姓　可憐不可憐　該死勿該死呢
還有一種百姓　並無一樣行業　獨門開頭放賭　與蓬頭　做花
會　地方上人看他不破　都會上當　個個無心做生活　眼巴巴
想發橫財　到底十有九輸　即使偶然贏進　湯裏來　水裏去
因爲這不是辛苦銅錢　終不得成家立業　列位想得明白　自然
錢財工夫　都不會廢了　務正做人　豈不是好　凡是要漲家計
終要勤做儉用　不怕辛苦　積少成多　如要一時發財　眞眞
是夢裏想天鵝肉吃了　本府再話一句　以後百姓再勿改過　情
願做個賭棍　一旦被人告發　被官訪拏　就要重辦　豈不是無
苦吃　討苦吃麼　總而言之　勿賭的百姓　勸勸要賭的人　以

後都要聽本府說話　大家快快悔改纔是

六切勿格鬬

凡百上等之人　有點不平事情　總是和和平平　請人講明白　下等之人　少許有點吃虧　開口便罵　動手便打　小打不夠　還要叫一班打死人不怕償命的兇手　大打起來　倘然兩邊勢力相同　你一刀　我一鎗　你死我活　就鬧出大禍來了　官來拿辦　斷起來　一命抵一命　不要說得　如坐十年二十年長監　苦頭吃得十足　還算是老爺恩典　還有打傷的人　要賠他醫養之費　爲了一時之氣　弄到這樣結局　你想鬥氣可怕不可怕呢　一個人的肚量　終要放得大　吃虧就是便宜　禍事自然不會鬧了　甯波地方　已經有這格鬥風氣　所以本府開導你們　以

六

鈞和印刷公司代印

後切勿因小事　生大氣　彼此相勸相誡　和氣致祥　就享太平之福了

七總結要言

本府勸你們的說話　前頭已經講完了　何以還有要言　因爲前幾年本府在處州地方做官　山鄉百姓也是兇蠻　本府實在沒有法子　使他們去邪歸正　後來也做一本白話書　對症發藥　苦口婆心　不上一年　這書裏的話　百姓都能會悟　從此悔改不少　風氣就慢慢開了　我想甯波百姓　比別處好得多　但願識字的　都會讀這本書　使得不識字的人　也好聽到　一傳十十傳百　你勸我　我勸你　同做良善百姓　使本府一片苦心不至白白用了　這是本府最希望的　大家知悉　切切毋違

## 宣統二年寧波知府鄧本逵告寧波府民衆書

合本：橫 13.1 厘米，縱 19.3 厘米

右仰通知

宣統貳年　月　日給

## 録　文：

署寧波府正堂鄧　示

目録



一、預備立憲

列位百姓：我們中國現在是預備立憲時光。何以叫做立憲？何以叫做預備？本府細細説來，『立憲』兩個字，就是百姓也好議論國家事情，使得上下聲氣相通。中國向來地廣人多，百姓不問朝廷的政事，朝廷亦難曉得百姓的隱情，所以天高皇帝遠，百姓看天下地土人民，是朝廷的私産。無論國家有何事情，終是與百姓無干。中國二十一省，好像二十一國，百姓心不齊，好像一把散沙。幾百年前，我們頂有名的頭等國家，目下各國排我在第三等位子。列位，我們中國人氣死勿氣死呢？中國皇上血心要争這口氣，所以想個法子，改國家爲立憲國，使得上下一心，反弱爲强。因爲凡立憲國，必有上下兩個議院。下議院是百姓公舉議員議事的地方，上議院是王公大臣議事的地方。現在各省諮議局，就是我們百姓各分各縣被選舉的人。大家去公同議事，勿但在上的曉得百姓的苦樂，百姓可以明白國家的事情。而且上下好共議國法，只要皇帝批准，上下都不能犯。百姓身命財産，一切好處，可以保全，自然上下相通，同心同力。人人以爲中國是我的國家，我們都是國家的一分子，外國人自然勿敢看輕，從此富强起來，就是頭等國了。

以前講的是立憲，立憲可以上下一心，國家日日富强起來。列位想是明白了，現在要講預備，這『預備』兩個字，就是預先備辦的意思，不至急來抱佛脚。譬如要飯吃，先種田；要衣著，先做布，這就是預備。中國百姓，現在都是没有頭緒。大家睡在鼓裏，未曾普受教育，那知遵守法律？驟然立起憲來，反要弄出笑話，被外國人取笑，所以必要預備。預備之中，頂要緊的就是各省多開學堂，年青子弟都要讀書。俗話説的好，讀書明理。讀書得多，自然智識開通。大家曉得法律，可以選舉議員，議論國家事情。這是中國從古以來没有的，豈非第一快事麽！

二、地方自治

何以叫做地方自治？地方就是我們家鄉的地方，自治就是我們自己管治自己的意思。本府第一回講過中國一定要立憲，凡立憲國的百姓，都要有自治的能力。所以上年十二月念七日，奉旨先辦地方自治。列位不要想錯，地方自治，並非各人各管一塊地方。這不是地方上好處，反使多事了。俗話説：只掃自己門前雪，恐怕要掃也不成功。爲何呢？比方你自己有飯吃，不管人家無衣着。你想同是一塊土上的人，獨有你一人可以平安度日，這一班無衣無食的人，就要向你强借暗偷，使你也勿能平安。所以地方自治，必要同心合力。大家打算地方上好處，不可爲我一個人私心，害大衆的利益。但是地方上人，地位不同，不是個個都好辦公事。所以奉旨章程，如一鄉有五萬人，這五萬人之中，查出有點家計的，做爲選民，再叫選民公舉出二十個議員，每年開議事會一次，議論一鄉公衆的事情，應該如何辦法，可以於大衆有利無害。此中好處，一時也講不得許多，列位將來都好親眼看見、親身受着的。

再講這選民，就是有點家計的，每鄉到底有多少，如何曉得？所以每年公舉之前，各處多派調查員，家家户户仔細查一次，家計不必多，大約每年有兩塊洋錢完錢糧，或捐辦公事，就好算了。這調查並不是爲抽丁當兵，也不是爲挨户派捐，列位切勿弄錯，决不可聽無頭謡言，本府可以力保無其事的。今年九十月就要調查起來，這是中國第一回。列位不要奇怪，調查員來到時，終要客氣，老老實實自己説出來，調查員詳細寫落。切勿以多報少，反要吃虧，不能算做選民，更不能被人家公舉做議員了。

三、多開學堂

列位，天下百姓，算是中國頂多，天下地方也是中國頂好。何以士農工商都比不上小小日本國，只個毛病，就是中國人不能都讀書、都識字。目不識丁的太多，好比一陣瞎子，無論有千千萬萬，總是用不着的。中國前頭有一位名人物説得好：『子孫雖然勿聰明，書終不可不讀。』列位開過學的，記得《千家詩》裏有兩句詩：『遺子黄金屋，何如教一經。』這個意思，就是黄金雖貴，不如叫子孫讀書。外國有一定章程，小人到了六歲，就要入小學堂讀書，否則被官查出，罰其父母，所以外國勿論男女，都要讀十來年書。你看火輪船、火輪車，各種奇怪巧妙的東西，只有外國人年年會造出來，這就是從讀書得來的好處。中國皇上明白這個道理，要各省多開學堂，使得百姓也會聰明起來。不料今年各處蠻百姓，無緣無故，將奉旨開的學堂打毁。照王法都要重辦，本府格外體諒，將學堂一一修好，勸紳士仍舊再開。這一班蠻百姓，雖是一時想錯，終是平日官長勿開導之故。與其今日叫他們吃苦，不如饒了他們，使他們自己悔改，曉得打學堂，是打錯。學堂可以養成子弟聰明良善，勿但勿可打，以後自己地方，還要開起學堂，使得子弟也好讀書。這是本府格外開恩的意思。現在苦口勸你們，大村地方終要有一個學堂，小村莊不能獨開，可以約幾村合開一個，費錢不必多，只要大家肯同心幫力，積少成多，兩百元一年，就好開了。本府再告訴你們，中國現在也定了章程，各省六歲以上小人，都要入學堂，勿入學堂，也罰父母，這叫做强迫教育。俗話説：起初勉强，後來就會自然。這章程不上兩三年，就要行起來。大人如要自己子弟好，將來大有作爲，終非入學堂讀書不可。這是本府奉旨勸你們的話，你們要用心聽聽。

四、勸禁迎會

列位，春祈秋報，是從古以來就有的，但是不過一桌素菜，誠心酬謝就是了。後來做做戲文，已經比從前考究。

到了幾十年前，百姓更加化費起來。戲文之外，再作迎會，有五日，有十日，大約都在二三月裏，正是芒種快到，耽擱工夫，錯過時光，這是一樣害處；二則行會人數必多，容易鬧事；三則化費錢財，小不可大算，會費還勿論。譬如行會五日，就近地方，有五十家人家，每家添用三塊洋錢，也勿算多，就是多花一百五十元；一百家人家，就是多花三百元；五百家、一千家，更不必細算了。行會既然有這廢時鬧事費錢三樣害處，何勿大家自禁呢？本府再説一句，我勸你們開學堂，你們會説，可惜地方上没有錢。現在有一個法子，就把這迎會唱戲白白用去的錢，大家積起來。自己鄉里，添設學堂，年年費用也就夠了。況且除去三害，子弟又好得益，這不是兩全其美，何樂而不爲呢？還有串客灘簧，都是傷風敗俗，更要一例禁止，以便教訓子弟。列位仔細想想，就明白本府説話，句句都是爲你們公益講的。

五、禁止賭博

列位，嫖賭吃着烟，本來都是犯禁的。其中賭的害處頂大，因爲不是一個人可以賭得來的。可憐中國有一班百姓，不務正業，好賭竟像拚命，日夜不肯歇手，甚至父母無飯吃，妻子無衣着，也不管了，弄到家産精光，立脚不住，流落去做賊盗。即使不做，一世困窮，也難出山。正如俗話説：跟好人，出好人；跟討飯，守廟門。這種百姓，可憐不可憐？該死勿該死呢？還有一種百姓，並無一樣行業，獨門開頭放賭，興蓬頭，做花會。地方上人看他不破，都會上當，個個無心做生活，眼巴巴想發横財，到底十有九輸。即使偶然贏進，湯裏來，水裏去。因爲這不是辛苦銅錢，終不得成家立業。列位想得明白，自然錢財工夫，都不會廢了。務正做人，豈不是好？凡事要漲家計，終要勤做儉用，不怕辛苦，積少成多。如要一時發財，真真是夢裏想天鵝肉吃了。本府再話一句，以後百姓再勿改過，情願做個賭棍，一旦被人告發，被官訪拏，就要重辦。豈不是無苦吃，討苦吃麽？總而言之，勿賭的百姓，勸勸要賭的人。以後都要聽本府説話，大家快快悔改纔是。

六、切勿格鬥

凡百上等之人，有點不平事情，總是和和平平，請人講明白。下等之人，少許有點吃虧，開口便罵，動手便打，小打不夠，還要叫一班打死人不怕償命的兇手，大打起來。倘然兩邊勢力相同，你一刀，我一鎗，你死我活，就鬧出大禍來了。官來拿辦，斷起來，一命抵一命，不要説得，如坐十年二十年長監，苦頭吃得十足，還算是老爺恩典。還有打傷的人，要賠他醫養之費。爲了一時之氣，弄到這樣結局，你想鬥氣可怕不可怕呢？一個人的肚量，終要放得大，吃虧就是便宜，禍事自然不會鬧了。寧波地方，已經有這格鬥風氣，所以本府開導你們，以後切勿因小事，生大氣。彼此相勸相誡，和氣致祥，就享太平之福了。

七、總結要言

本府勸你們的説話，前頭已經講完了，何以還有要言？因爲前幾年本府在處州地方做官，山鄉百姓也是兇蠻。本府實在没有法子，使他們去邪歸正。後來也做一本白話書，對症發藥，苦口婆心。不上一年，這書裏的話，百姓都能會悟，從此悔改不少，風氣就慢慢開了。我想寧波百姓，比别處好得多。但願識字的，都會讀這本書，使得不識字的人，也好聽到。一傳十，十傳百，你勸我，我勸你，同做良善百姓，使本府一片苦心不至白白用了。這是本府最希望的，大家知悉。切切毋違。

右仰通知

宣統貳年　月　日　給

**題注：**

鄧本逵爲鄧華熙次子，長期隨侍鄧華熙在雲南、江蘇、安徽等地任官，參與鄧華熙政務處理事宜。鄧本逵先後擔任處州同知等職務，宣統元年（1909），他擔任寧波知府，宣統二年（1910）兼寧紹台三府道臺、浙海關監督。

# 宣統二年寧波府給獎儀式單及獎詞

共3份，其一：横16厘米，縱28.5厘米；其二：横32.2厘米，縱28.5厘米；其三：横32厘米，縱28.5厘米

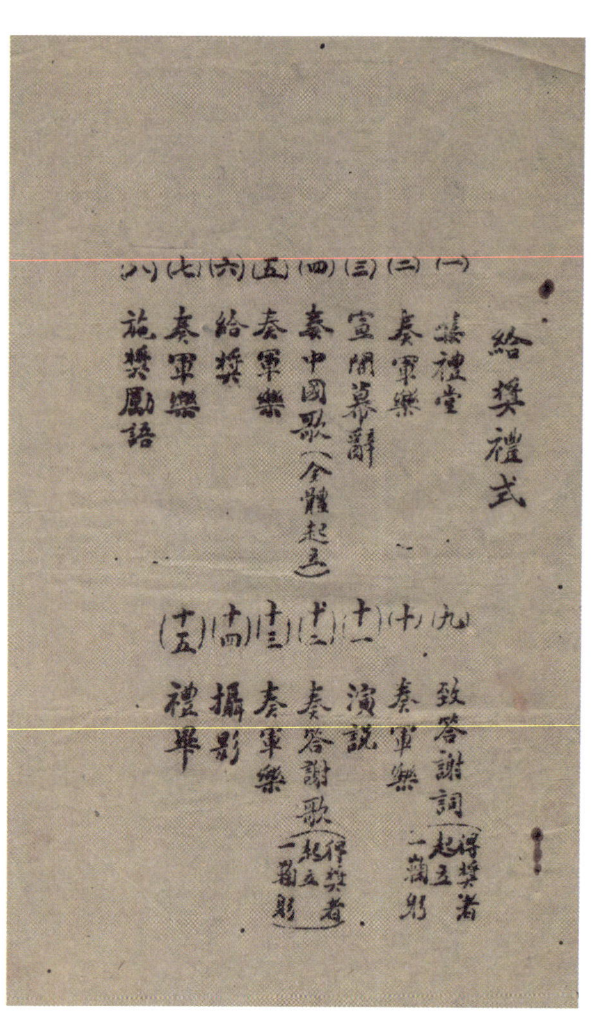

**録文：**

給獎禮式

（一）集禮堂。（二）奏軍樂。（三）宣開幕辭。（四）奏中國歌（全體起立）。（五）奏軍樂。（六）給獎。（七）奏軍樂。（八）施獎勵語。（九）致答謝詞（得獎者起立，一鞠躬）。（十）奏軍樂。（十一）演説。（十二）奏答謝歌（得獎者起立，一鞠躬）。（十三）奏軍樂。（十四）攝影。（十五）禮畢。

寧波府獎詞

比年來，朝廷鑒於世界經濟競争之劇烈，式頒明詔，振勵工商，冀與商戰各國争優勝。南洋大憲，蓋籌碩畫，思有以造實業界前途之幸福，爰奏請於宣統二年四月廿八日開南洋第一次勸業會。蓋仿東西洋各國内國博覽會之意也，由農工商部派大員綜理其事。鄙人奉撫憲委充出品協會監理，因同寧郡商務總會、台温處商務分會，召集邦人君子之農工商學名家、研究科學之士，徵求天産物暨人工製造品，分别部居，審察良楛，運往江南比賽。經審查總長考核得獎較多，甲於他處，其爲榮幸，豈特出品人私心自慰而已哉？蓋藉以覘郡邑全體實業進化之程度焉。兹由撫憲發給大部獎牌，並加給獎憑，以示鼓勵。除由商務總會承領轉給外，吾郡學界各學員及學生等，所得超等優等獎品，計金牌二、銀牌十九、獎憑四十，專門製作，改良品物，匠心獨造。戛戛生新，其中女紅之工巧，手技之精良，尤爲難能而可貴，鄙人無任嘉許。

然而實業界之進步，非可一蹴而幾也，其精益求精之故，皆本於學問上之研究，以學問上研究之所得應用於實際，則能利用原料物質，以饜人世之慾望。今日西人收效果獲利益於物質上者，富麗精妍，間出奇詭，實則皆得之於專門科學，始基既植，進步無垠，循序研求，鍥而不舍，彼之所有，皆我之所能爲也。特我國於實質的科學向未發達，而又無人以提倡之，無術以誘掖之，回思疇曩，良可太息。今者端午帥發機於始，張安帥觀成於終，登高一呼，如響斯應。吾郡赴賽勸業會已得如此優勝之成績，則資觀感而啓知識豈淺鮮哉？所願邦人士益加奮發，互相勸勉，他日實業發達，爲全國冠翹。俟朝廷舉行萬國博覽會，奪得錦標，即以此爲喤引先聲，鄙人有厚望焉。

**題注：**

此爲鄧本逵在寧波知府任上所舉行的物產頒獎儀式流程及頒獎詞。清末新政開啓後，地方政府紛紛與商會合作，鼓勵工商業發展，積極組織參加各類博覽會，推介本地物產，成一時之風氣。

# 宣統二年寧波府禁烟戒賭等安民告示

已裱。心：横210厘米，縱25厘米

## 録文：

賞戴花翎三品頂戴署理浙江寧波府正堂鄧　爲曉諭事：照得禁烟之法，首在禁種，本年春間，本府督同委員一次二次巡查犁拔，並出示告誡百姓。此是奉旨要件，萬萬不可嘗試。倘有私種，地畝充公，還要提人重辦。那時各廳縣，無論深山僻壑，均已剗除乾净。你們百姓想必都怕國法，保重身家，從此改種有益糧食樹果，共享安樂的了。但是目今又屆烏烟下種之時，惟恐你們無知愚民一時貪利，又去偷種。切莫説是僻静地方，官府總查不到。你可曉得國家禁烟日緊一日，不但本處地方官須要巡查，不敢疏露。即省憲及本府亦隨時派員察看，無一處不親身走遍。就是偶有遺漏未到之處，既是出了重賞，有人告發就得賞項，那裏還有烟苗發生，能夠不被人指破的哩。你想人家不告，除非將多錢買動他，然一個或可買動，個個能夠買動麽。偷種了烟就是犯了大法，無論何人都要敲詐你的。告到官府還要重賞他，重辦你。你想何苦做此險事，就是種一顆烟子，生一錠黄金，也是利小害大，合算不來。况且費多少時光，用多少氣力，烟花開放，不能遮瞞，既被剗除，又要充罰，毫無好處。本府實在可憐你們，今日再切實勸諭一番，你們千記改種别樣，圖得穩當利息，保得身家田産，莫再妄生癡想，私下偷種，就是好百姓了。本府一面出示勸諭，一面仍委員巡查。大家聽勸，切切毋違！特示。

右仰咸知。

宣統貳年九月　日給

告示

發　實貼

總捕府鄧示：賭博財物，枷杖罪名。開場誘引，徒流非輕。處郡城鄉，賭風盛行。明查暗訪，拏獲嚴懲。諭爾民人，勿身試刑。

欽加四品銜補用府署理處州水利總捕府鄧　示：嚴禁捕役豢養竊賊匪類。平素窩夥迭竊之犯，按名捆送，從重懲辦。凡有被竊之家，無論贓數多寡，着令開具失單，交與地保協同事主隨時禀報，即在宅門傳遞，不准書役人等勒索分文，其各凜遵毋違。切切！特示。

欽加四品銜賞戴花翎補用府署理處州水利總捕府儘先即補軍民府鄧　爲出示嚴禁事：照得除莠安良，有正本清源之道；窩娼聚賭，爲傷風敗俗之尤。郡城地處萬山之中，實各邑四通之境，民風雖稱質樸，人情每好惰游，因之地棍流氓遂思乘間竊發，或烟館聚賭，招集無賴匪徒；或住户窩娼，引誘良家子弟。爭鬥於焉時起，盜竊自此繁興。爲害甚深，嚴懲宜亟。試思士農工商，各有本業，詎宜廢棄自安，一入迷途，每致追悔莫及。現值小試期內，考童雲集，亟應嚴行查禁，以靖地方。除飭差保認真梭巡並本分府不時親查及札飭委員嚴密訪拏外，合先出示勸禁，爲此示仰軍民人等知悉。爾等各宜父戒其子，兄勉其弟，互相勸誡，各勤職業。倘敢不知自愛，仍蹈前愆，一經查訪得真，三尺科條具在，定即從嚴提究，决不姑寬。勿謂言之不預也，凜之慎之。毋違！特示。

（全銜）爲出示嚴禁以重農功而保物命事：照得私宰耕牛，例禁綦嚴。恭讀嘉慶十年十二月十四日奉上諭，東郊力作，全賴耕牛，於農民利益甚廣。即老病殘廢，亦當念其筋力兩盡，優予飼養，不忍遽行宰殺，定例查禁特嚴，非徒陰騭之說，爲士民所宜特戒也等因，欽此。聖訓煌煌，仁民愛物，既周且摯，天下士民，永宜遵守。處郡城鄉舊有私宰耕牛之習，經各前任分府示禁在案，誠恐不法之徒日久玩生，除派差訪查外，合亟出示嚴禁，爲此示仰城鄉軍民人等知悉。爾等須念牛代耕作，有功於人，用其力而傷其生，天理所不容，即國法所難宥。律載私宰耕牛者杖一百，觔角皮張入官，禁令森嚴，詎宜藐視。現值夏作伊始，即或間有時行倒斃，亦宜據實禀報，並無別故，方許開剥變賣，湊補采買，以便耕作。倘敢私宰，一經查獲，或被告發，定行照例嚴懲不貸。本分府爲挽積習而重農事起見，不憚諄切告誡。爾軍民人等其各凛遵毋違。特示。

照得物名田鷄，全體酷似人形。晝夜在田食蝗，護稻賴有收成。有功農民不少，愛惜應必同情。愚民捕捉剥皮，祇爲口腹是營。此等殘傷物命，大拂天心好生。從今嚴申告誡，不許挑賣郡城。如敢故違禁令，拿護定必罰懲。務望各存惻隱，饕餮不免惡名。

（全銜）爲出示嚴禁事：照得放藥毒魚，例禁森嚴。竊維聖人愛物，不緩於仁民；王者好生，用權其肅殺。此污池禁數罟之施，亦垂釣重不網之舉。乃有漁利之徒，非特網名絶後，密肆搜羅，復於塘堰溪坑等處廣施毒藥，恣取鱗蟲，以致生靈荼毒，子種不留。其毒水被農民車灌，薰染禾苗，根株黴爛，且買食毒魚，壞人臟腑，每發無名瘡毒，貽害不可勝言，殊堪痛恨。除飭城鄉地保認真傳諭並派差嚴拿究辦外，合行循案曉諭，爲此示仰居民人等知悉。爾等嗣後有藉此謀生者，竿釣網羅，不許施放毒藥。其南明門外及東西堰各放生潭等處應循照舊章，禁其釣捕。自示之後，倘有鄉愚無知仍蹈前轍，則是恃蠻違禁，忍心害物，許該地保指名禀告，定即提案，從嚴究懲，決不稍寬。本分府言出法隨，切勿視爲具文。各宜凛遵毋違，切切！特示。

郡城天后宫地，理宜嚴肅整齊。爲民祈保船隻，江海履險如夷。乃有不法遊痞，逐日聚賭群嬉。排列至十多棹，差保得規朦欺。引誘良家子弟，廢時失業由兹。甚或傾家蕩産，爲丐

安郡垣雜處五方人類不一前有不法遊民結會樹黨業經營縣
拿獲首要盡法懲辦在案訪聞更有一種痞棍自號教師終日以
拳棒教人藉以惑民漁利愚民一被勾結入隊遇有雀角微嫌或
睚眦細故即弄拳相向恣意逞兇輕則被其毆傷重則釀成人命
此等拳師與不遊民聯為一氣平日則演棒弄拳遇事則呼朋引
類任意敲詐無惡不為種種情形大為閭閻之害本分府職司總
捕除暴安良責無旁貸祗任以來隨時訪察著名者業已查明不
難按名拿辦附和者現亦訪確不忍不教而誅除飭差密拿外合
亟出示嚴禁為此示仰閤屬軍民及坊店寺院暨地保人等一體
知悉爾等須知定例結會樹黨為首者斬為從者流至無業遊民
自號拳師以拳棒教人惑民漁利者杖一百流三千里隨同學習
者杖一百徒三年如坊店寺院容留不報地保人等不行查拿杖
八十
國法森嚴豈容干犯自示之後外來者務亟遄返故鄉各營正業本處
者並即各自儆惕勉為良民猶可予以自新寬其既往如敢故違
並許就地紳耆及地保人等或指名密稟或捆送來府以憑提案
訊明得實者嚴懲誣告者反坐倘有容留之人以及不行查拿之
地保一經發覺一併重責決不寬貸本分府言出法隨其各凛遵
毋違切切特示

節候瞬交冬令　燥烈之氣頻增
火燭為禍最酷　防範更當留心
預備水缸水桶　務須僱挑滿盈
時至二更以後　各自闔門息燈
諭爾居民人等　均宜一體凛遵

照得節屆冬令　游棍饑寒交侵
防範亟須嚴密　辦理保甲認真
各戶公商守望　添設要隘柵門
日則互相稽察　夜則輪流支更
若遇偷盜匪類　立將梆鑼齊鳴
閭境兇拿協力　連賍捆送究懲
飭役隨時稽查　地保實力梭巡
此示務各遵辦　閭閻共慶安平

爲盜無疑。自今嚴禁以後，責成首事稟提。文武各有專責，豈能任其妄爲。分别按律懲辦，流徙枷號杖笞。

照得花會賭博，爲害地方最烈。愚民入其彀中，往往廢時失業。甚至蕩產傾家，言之實堪痛惜。亟宜訪拿嚴辦，以冀賭風盡絶。務各猛省回頭，切勿再蹈前轍。如敢輕身嘗試，後悔噬臍莫及。差保得規庇隱，察出同提究質。首夥按律懲辦，白暘亦難倖脱。

（全銜）爲出示嚴禁事：照得稂莠不除，則嘉禾不植；兇頑不戢，則良善不安。郡垣雜處五方，人類不一。前有不法遊民，結會樹黨，業經營縣拿獲首要，盡法懲辦在案。訪聞更有一種痞棍，自號教師，終日以拳棒教人，藉以惑民漁利。愚民一被勾結入隊，遇有雀角微嫌，或睚眦細故，即弄拳相向，恣意逞兇，輕則被其毆傷，重則釀成人命。此等拳師與不法遊民聯爲一氣，平日則演棒弄拳，遇事則呼朋引類，任意敲詐，無惡不爲，種種情形，大爲閭閻之害。本分府職司總捕，除暴安良，責無旁貸。抵任以來，隨時訪察，著名者業已查明，不難按名拿辦；附和者現亦訪確，不忍不教而誅。除飭差密拿外，合亟出示嚴禁，爲此示仰閤屬軍民及坊店寺院暨地保人等一體知悉。爾等須知定例，結會樹黨，爲首者斬，爲從者流。至無業遊民自號拳師，以拳棒教人，惑民漁利者杖一百，流三千里。隨同學習者杖一百，徒三年。如坊店寺院容留不報，地保人等不行查拿，杖八十。國法森嚴，豈容干犯。自示之後，外來者務亟遄返故鄉，各營正業。本處者並即各自儆惕，勉爲良民。猶可予以自新，寬其既往。如敢故違，並許就地紳耆及地保人等或指名密稟，或捆送來府，以憑提案，訊明得實者嚴懲，誣靠者反坐。倘有容留之人以及不行查拿之地保，一經發覺，一併重責，决不寬貸。

水龍置備　原以衛民　紳董領管　議章率循
有備無患　利益霑均　留心經理　日久如新
一切器具　檢點認真　安放重地　禁止閑人
訪聞該廟　賭桌列陳　廢時失業　不辨昏晨
無賴聚集　爭鬧頻頻　稽查嚴禁　照會商紳
差拏懲辦　律例可遵　愚民共聽　誨爾諄諄

時序一交冬令　暵乾百物維均
檢點房燈竈火　安排積草堆薪
多備水缸儲水　防維切勿因循
時至二更以後　各當閉户息燈
諭爾居民人等　均宜一體凜遵

照得節交冬令　匪徒交迫饑寒
保甲遵時辦理　預防滋事藉端
同井各須守望　要衝添柵重闌
日則互相稽察　夜則擊柝查盤
若遇盜偷匪類　立將捆送鳴官
果得真情實迹　立時嚴辦不寬
分飭衙差地保　尤宜力竭心殫
此示各宜遵守　閭閻共慶平安

全衙　為曉諭事照得鎮東樓為郡垣名勝之區供奉
關聖　文昌　帝君聖像由來已久咸豐十一年樓燬於冦同治五年經
前處州府清　重建迄今四十餘年久未修葺傾欹剝落不稱鉅
觀且被貧民男婦棲止其間污穢尤難寓目茲本分府捐廉重修
煥然一新僱有司祝一人專司打掃並帶管樓下水閘隨時啟閉
以便蓄洩而利河渠係屬一舉兩得業已會商
府縣由三衙門每月酌給工洋以資久遠誠恐無知之徒在此騷
擾作踐毀壞堂宇褻慢
神明致負維持名勝之心合亟出示曉諭為此示仰諸色人等遵照毋
許擅入居住以及曬晾什物酗酒聚賭如有前項情事定即從嚴
提究該司祝亦毋得居留眷口豢養畜牲有妨清潔同干究懲各

本分府言出法隨，其各凜遵毋違，切切！特示。

節候瞬交冬令，燥烈之氣頻增。火燭爲禍最酷，防範更當留心。預備水缸水桶，務須僱挑滿盈。時至二更以後，各自關門息燈。諭爾居民人等，均宜一體凜遵。

照得節屆冬令，遊棍饑寒交侵。防範亟須嚴密，辦理保甲認真。各户公商守望，添設要隘柵門。日則互相稽察，夜則輪流支更。若遇偷盜匪類，立將梆鑼齊鳴。閭境兜拿協力，連贜捆送究懲。飭役隨時稽查，地保實力梭巡。此示務各遵辦，閭閻共慶安平。

水龍置備，原以衛民。紳董領管，議章率循。有備無患，利益霑均。留心經理，日久如新。一切器具，檢點認真。安放重地，禁止閑人。訪聞該廟，賭桌列陳。廢時失業，不辨昏晨。無賴聚集，爭鬧頻頻。稽查嚴禁，照會商紳。差拿懲辦，律例可遵。愚民共聽，誨爾諄諄。

時序一交冬令，暵乾百物維均。檢點房燈竈火，安排積草堆薪。多備水缸儲水，防維切勿因循。時至二更以後，各當閉户息燈。諭爾居民人等，均宜一體凜遵。

照得節交冬令，匪徒交迫饑寒。保甲遵時辦理，預防滋事藉端。同井各須守望，要衝添柵重闌。日則互相稽察，夜則擊柝查盤。若遇盜偷匪類，立將捆送鳴官。果得真情實迹，立時嚴辦不寬。分飭衙差地保，尤宜力竭心殫。此示各宜遵守，閭閻共慶平安。

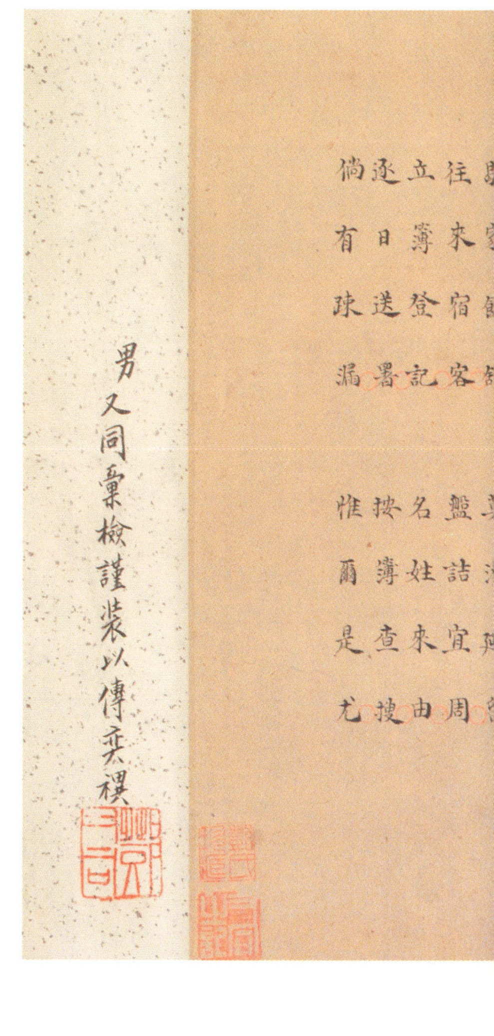
往來宿客，盤詰宜周。立簿登記，名姓來由。逐日送署，按簿查搜。倘有疏漏，惟爾是尤。

男又同彙檢謹裝以傳奕禩

（全銜）爲曉諭事　照得鎮東樓爲郡垣名勝之區　供奉關聖、文昌帝君聖像，由來已久。咸豐十一年樓燬於寇，同治五年經前處州府清　重建，迄今四十餘年，久未修葺，傾敧剝落，不稱鉅觀，且被貧民男婦棲止其間，污穢尤難寓目。兹本分府捐廉重修，焕然一新，僱有司祝一人專司打掃，並帶管樓下水閘，隨時啓閉，以便蓄洩而利河渠，係屬一舉兩得。業已會商府縣，由三衙門每月酌給工洋，以資久遠。誠恐無知之徒在此騷擾作踐，毁壞堂宇，褻慢神明，致負維持名勝之心，合亟出示曉諭。爲此示仰諸色人等遵照，毋許擅入居住，以及曬晾什物，酗酒聚賭。如有前項情事，定即從嚴提究。該司祝亦毋得居留眷口，豢養畜牲，有妨清潔，同究干懲，各宜凛遵，切切！特示。

時交冬令，匪跡沉浮。歇家飯舖，莫漫延留。往來宿客，盤詰宜周。立簿登記，名姓來由。逐日送署，按簿查搜。倘有疏漏，惟爾是尤。

**題注：**

此爲鄧本逵在寧波府知府和處州水利總捕府任上所發佈的諸項安民告示，內容涉及禁烟戒賭、保護耕牛、禁止濫捕魚蛙、防火防盜等，目的在除莠安良，保境一方。爲使文告通俗易懂，家喻户曉，改變傳統官府之公文體制，用白話韻文甚或地方俚語。鄧本逵在寧波知府等任上創辦浙江法政學堂，振興教育，保衛海防，禁絶烟賭，勸勵農桑，推行維新事業，政績昭著。

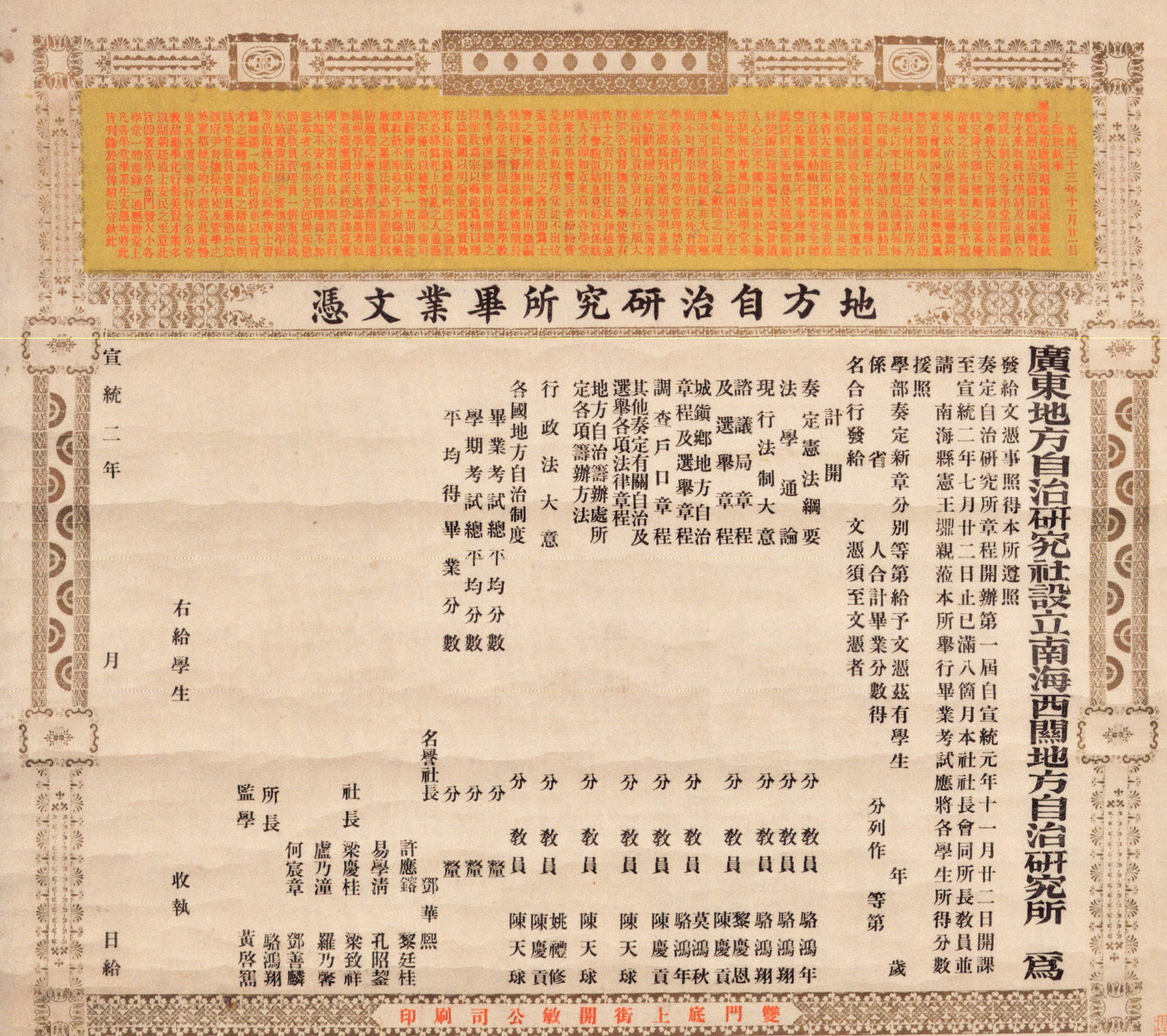

光緒三十三年十一月廿一日

# 地方自治研究所畢業文憑

廣東地方自治研究社設立南海西關地方自治研究所　爲

發給文憑事照得本所遵照

奏定自治研究所章程開辦第一屆自宣統元年十一月廿二日開課

至宣統二年七月廿二日止已滿八箇月本社社長會同所長教員並

請南海縣憲王琾親蒞本所舉行畢業考試應將各學生所得分數

援照

學部奏定新章分別等第給予文憑茲有學生　　年　　歲

係　　省　　人合計畢業分數得　　分列作　　等第

名合行發給文憑須至文憑者

計開

奏定憲法綱要　　分　教員　駱鴻年

法學通論　　分　教員　駱鴻翔

現行法制大意　　分　教員　駱鴻翔

諮議局章程及選舉章程　　分　教員　黎慶恩　陳慶貢

城鎮鄉地方自治章程及選舉章程　　分　教員　莫鴻秋　駱鴻年

調查戶口章程　　分　教員　陳慶貢

其他奏定有關自治及選舉各項法律章程　　分　教員　陳天球

地方自治籌辦處所定各項籌辦方法　　分　教員　陳天球

行政法大意　　分　教員　姚禮修　陳慶貢

各國地方自治制度　　分　教員　陳天球

畢業考試總平均分數　　分　　釐

學期考試總平均分數　　分　　釐

平均得畢業分數　　分　　釐

名譽社長　鄧華熙

社長　許應鎔　黎廷桂　易學清　孔昭鋆　梁慶桂　梁致祥　盧乃潼　羅乃馨　何宸章　鄧善麟

所長　駱鴻翔

監學　黃啓鴛

右給學生　　收執

宣統二年　　月　　日給

雙門底上街開敏公司印刷

## 清末廣東地方自治研究所畢業文憑

已裱。心：横50厘米，縱51厘米

**録 文：**

光緒三十三年十一月廿一日上諭：朕欽奉慈禧端佑康頤昭豫莊誠壽恭欽獻崇熙皇太后懿旨，國家興賢育才，采取前代學制及東西各國成法，創設各等學堂，節經諭令學務大臣等詳擬章程，奏經核定，降旨頒行，獎勵之途甚優，董戒之法亦甚備，如不准干預國家政治及離經畔道、聯盟糾衆、立會演説等事，均經懸爲厲禁。原期海内人士束身規矩，造就成材，所以勖望之者甚厚。乃比年以來，士習頗見澆漓，每每不能專心力學，勉造通儒，動思逾越範圍，干預外事，或侮辱官師，或抗違教令，悖棄聖教，擅改課程，變易衣冠，武斷鄉里，甚至本省大吏，拒而不納；國家大政，任意要求。動輒捏寫學堂全體空名，電達樞部，不考事理，肆口詆諆，以至無知愚民隨聲附和，奸徒遊匪藉端煽惑，大爲世道人心之害，不獨中國前史、本朝法制無此學風，即各國學堂亦無此等惡習。士爲四民之首，士風如此，則民俗之敝隨之，治理將不可問，欲挽頹風，非大加整飭不可。著學部通行京外有關學務各衙門將學堂管理禁令定章廣爲刊布，嚴切申明，並將考核勸戒辦法前章未有備者補行增訂，責令實力奉行。順天府尹、各省督撫及提學使皆有教士之責，乃往往任其佹越，違道干譽，貌似姑息見好，實係戕賊人才，即如近來京外各學堂糾衆生事，發電妄言者紛紛皆是，然亦有數省學堂從不出位妄爲者，是教法之善否，即爲士習之優劣所由判，確有明徵，嗣後該府尹、督撫、提學使務須於各學堂監督、提調、堂長、監學、教員等慎選器使，督飭妥辦，總之以聖教爲宗，以藝能爲輔，以理法爲範圍，以明倫愛國爲實效，若其始敢爲離經畔道之論，其究必終爲犯上作亂之人。蓋藝能不優，可以補習；智識不廣，可以觀摩。惟此根本一差，則無從挽救，故不率教必予屏除，以免敗群之累；違法律必加懲儆，以防履霜之漸。並著學部隨時選派視學官分往各處認真考察，如有廢棄讀經講經、功課荒棄、國文不習而教員不問者，品行不端，不安本分，而管理員不加懲革者，不惟學生立即屏斥懲罰，其教員、管理員一併重處，决不姑寬。倘該府尹、督撫、提學使等仍敢漫不經心，視學務士習爲緩圖，一味徇情畏事，以致育才之舉，轉爲讓[釀]亂之階。除查明該學堂教員、管理員嚴懲外，恐該府尹、督撫、提學使及管學之將軍、都統等，均不能當此重咎也。其各凛遵奉行，俾令各學堂敦品勵學，化行俗美，賢才衆多，以副朝廷造士安民之至意，此旨。即著管學各衙門暨大小各學堂一體恭録一通，懸掛堂上。凡各學堂畢業生文憑，均將此旨刊録於前，俾昭法守。

廣東地方自治研究社設立南海西關地方自治研究所　爲發給文憑事。照得本所遵照奏定自治研究所章程開辦。第一屆自宣統元年十一月廿二日開課，至宣統二年七月廿二日止，已滿八個月。本社社長會同所長、教員並請南海縣憲王塲親蒞本所舉行畢業考試，應將各學生所得分數援照學部奏定新章，分別等第，給予文憑。茲有學生　年　歲，系　省　人，合計畢業分數，得　分，列作　等第　名，合行發給　文憑，須至文憑者。

計開：

奏定憲法綱要　分　教員駱鴻年

法學通論　分　教員駱鴻翔

現行法制大意　分　教員駱鴻翔

諮議局章程及選舉章程　分　教員黎慶恩　陳慶貢

城鎮鄉地方自治章程及選舉章程　分　教員莫鴻秋　駱鴻年

調查户口章程　分　教員陳慶貢

其他奏定有關自治及選舉各項法律章程　分　教員陳天球

地方自治籌辦處所定各項籌辦方法　分　教員陳天球

行政法大意　分　教員姚禮修　陳慶貢

各國地方自治制度　分　教員陳天球

畢業考試總平均分數　分　釐

學期考試總平均分數　分　釐

平均得畢業分數　分　釐

名譽社長：鄧華熙

社長：許應鎔　易學清　梁慶桂　盧乃潼　何宸章

黎廷桂　孔昭鋆　梁致祥　羅乃馨　鄧善麟

所長：駱鴻翔

監學：黃啓寯

右給學生　收執

宣統二年　月　日給

**題注：**

在清末立憲運動中，廣州地區士紳成立了廣東地方自治研究社，考研憲政，對廣州乃至廣東全省的立憲運動和地方自治運動產生了重大影響。自光緒三十二年（1906）9月清政府發出『預備仿行憲政』上諭後，國內立憲派紛紛活動。廣州地區一些熱衷於憲政的新派士紳及廣東省法政學堂的教習共同發起，於光緒三十三年（1907）11月6日正式成立了廣東地方自治研究社（簡稱研究社）。社址設在廣州西關的文瀾書院，社長爲舉人梁慶桂，名譽社長鄧華熙。初有社員172人，其中有士紳身份者151人，約占90%，包括進士14人，舉人54人，貢生29人，生員8人，在籍官吏46人。至1909年7月發展到584人，主要成員大致可分爲三類，第一類是戊戌變法時期走上維新道路的士紳名流，如丘逢甲、梁慶桂等。丘在經歷了甲午臺灣抗日後，主張仿效日本推行立憲政治；1895年梁曾參與康有爲領導的公車上書。第二類是接受過新式教育的士紳，尤其是學法政的士紳。駱鴻年、駱鴻翔、莫鴻秋等均是光緒三十年（1904）被保送到日本學習法政，歸國後充任廣東法政學堂教習的新派士紳。第三類是地位較高的退休官員。可見，研究社是清末士紳尤其是上層士紳的政治團體。

# 1916年鄧華熙九十壽辰徵詩文啓

共2頁，其一：横26厘米，縱24.5厘米；

其二：横26厘米，縱24.5厘米

**録文：**

鄧宫保九十正壽徵詩文啓

吾粤山水以順德爲特秀，而錦屏、鳳凰、金紫諸山屏列，環繞乎龍江、龍山兩鄉間，陳獨漉、張藥房、温質坡諸名宿先後輩出，惟蕴孕深且厚，發焉愈光，不隳益彰，至於今則惟宫保鄧公應之。宫保世有清德，始以名孝廉任秋曹，嗣其家聲，旋擢臺諫，建言要政，恒見嘉納。國家官制，惟督撫能辦所轄省分之事，惟御史能言舉國之務。官御史，每願由京曹内轉外任，若府若道，非其所樂。時宫保以諳熟名法，簡放雲南大理府知府，雖遠出無少失望意，時賢卜爲大器。既之官，勤心吏事，勷成譽隆。調任首郡，途夷階升，重增眷加，旋晋監司，陳臬全滇，法平治成；開藩楚吴，上下輯和，來悦而去思。歷任安徽、貴州巡撫，綱舉目張，每注意於察吏安民，練兵興學，表見愈偉。蓋宫保才大於其官，識餘於所事，爲民興利而計及於久遠，爲國防亂而鎮之於未然。至若待人以誠，自處以約，正身率屬，穆如清風，在近世爲難數數覯也。士大夫推其心，以與天下相見，故所至人將仰焉而靡窮。宫保宦績彌綸乎數省，

保障宜鄉人之蒙其惠而樂其永年也所爲畫深入三王堂奧
復以所遊名山川潤色之性和易與之交者輒求得其手蹟聞
畫家多壽若再逾十年以百歲人爲之當有更爲藝苑生色而
倍足珍貴者　等建自治研究社於城西承　宫保教者比
平昔益密今歲清和月二十四日爲　宫保九十生辰夫以位
祿名壽備諸身前年鄉舉重逢晋崇秩子若孫又皆卓然自立
則海内之蓄道德能文章者知皆樂爲之頌爰掇其略而爲引
其端凡諸名篇敬俟編後

梁誠　盧乃潼
易學清　黄誥　謹啓
楊樞　何成浩
梁慶桂　張錫麟

瑞雲樓

被其澤者人蓋以數千百萬計，未竟其用，畫錦歸里。今鄉居又十餘年，精神强固，暇則以書畫自娱，獨有關乎全粤利害治亂者，毅然言之，爲全省保障，宜鄉人之蒙其惠而樂其永年也。所爲畫深入三王堂奥，復以所遊名山川潤色之。性和易，與之交者，輒求得其手蹟。聞畫家多壽，若再逾十年，以百歲人爲之，當有更爲藝苑生色而倍足珍貴者。　等建自治研究社於城西，承宫保教者，比平昔益密。今歲清和月二十四日爲宫保九十生辰，夫以位禄名壽備諸身，前年鄉舉，重逢晋崇，秩子若孫，又皆卓然自立，則海内之蓄道德、能文章者，知皆樂爲之頌。爰掇其略而爲引其端，凡諸名篇，敬俟編後。

梁　誠　盧乃潼
易學清　黄　誥　謹啓
楊　樞　何成浩
梁慶桂　張錫麟

**題　注：**

此爲1916年廣東地方自治研究社爲鄧華熙九十誕辰所發佈的徵詩文啓事，啓文列述鄧華熙仕宦經歷、德政善績及聲望等，邀請諸友賦詩撰文敬賀。

# 第二章　族譜輯録

本章輯録鄧華熙家族、宗族相關資料15份，其中包括《重修鄧氏四世宗碑記稿》（行草本、楷書本）、《鄧氏四世宗祠圖》、《鄧氏四世祖祠堂聯》、《鄧蕃熙覆鄧氏族人信函》、《鄧鳳書翁述『四世宗祠』史録》、《鄧華熙家族誥封情況抄録稿》（三份）、《鄧氏祖山方位表》等。在此15份資料中，除《鄧鳳書翁述『四世宗祠』史録》明確爲民國二年（1913）鳳書翁（文照）口述外，其餘資料均無具體落款，部分資料時間可根據其文内容，或參考《鄧華熙日記》、《順德鄧氏景望房家譜》和《順德龍山鄉鄧氏族譜》等相關圖書文獻推測爲晚清至民國初年，其餘資料無法確定具體時間和作者。

所有資料中，以鄧華熙故鄉順德龍山『鄧氏四世宗祠』重修相關的六份資料較有價值。其中《重修鄧氏四世宗碑記稿》（行草本、楷書本）、《鄧氏四世宗祠圖》、《鄧氏四世祖祠堂聯》等四份資料作者可能爲鄧華熙本人，因此最具史料價值。『鄧氏四世宗祠』始建於明崇禎年間，因祭祀順德龍山鄧氏家族四世祖伯善公而得名。鄧華熙30歲離開家鄉龍山赴京任職，外宦40餘年，一直對鄧氏宗族十分關心，在日記中，常有他與龍山鄧氏宗族親朋間往來的記載。光緒十二年（1886），鄧華熙赴京卓異引見前，特意攜儀、元二子回鄉謁祖。宣統二年（1910）重修『鄧氏四世宗祠』則是鄧華熙與鄧氏宗族之間最後一次重要的聯繫，年逾八旬、在宗族内德高望重的鄧華熙爲『鄧氏四世宗祠』撰寫碑記稿和祠堂對聯，這些都透露出他對鄧氏宗族一直以來的那份難以割捨的同族之情。此外，《鄧蕃熙覆鄧氏族人信函》和《鄧鳳書翁述『四世宗祠』史録》兩份資料也頗具研究價值。《鄧蕃熙覆鄧氏族人信函》明確記載了『鄧氏四世宗祠』重修動工及落成的時間和工程費用、資金來源等重要信息。《鄧鳳書翁述『四世宗祠』史録》則透露出『鄧氏四世宗祠』始建於明崇禎年間這一重要歷史信息，爲我們研究鄧華熙家族和『鄧氏四世宗祠』的歷史提供了寶貴資料。

# 《鄧氏族譜》抄稿

橫 15.6 厘米，縱 26.1 厘米

始祖鶴齡公因宋度宗咸淳九年癸酉胡妃瘋顛出南雄溺水而亡鄉人懼禍及十年甲戌正

月遂議奔逃時無船只於是潛入芴支山伐竹束簰我祖乃挈妻子共濟至廣州南海

鼎安都龍山堡塘尾排涌畢亨美坊

公終於宋末石牛牯墓碑誌存十二世孫茂春攷其碑文有宋故考妣鄧公安人之墓中間

二字似缺

二世祖敬智　其墓誌曰大元至正六年丙戌十一月廿四日奉柩合葬於尖尾巷相山今名後園

三世祖起源

四世祖伯善　以上無生終

五世祖祖興　生於大元至正二十六年丙午六月二十日
終於大明正統十二年丁卯八月十二日

**録文：**

始祖鵬程公，因宋度宗咸淳九年癸酉胡妃瘋顛出南雄溺水而亡，鄉人懼禍及，十年甲戌正月，遂議奔逃。時無船隻，於是潛入荔支山伐竹束簰，我祖乃挈妻子共濟，至廣州南海鼎安都龍山堡塘尾排涌埠亨美坊。

公終於宋末，石牛牯墓碑誌存。十二世孫茂春，考其碑文，有宋故考妣鄧公安人之墓，中間二字似缺。

二世祖敬智，其墓誌曰大元至正六年丙戌十二月廿四日奉柩合葬於尖尾巷柏山，今名後園。

三世祖起源。

四世祖伯善。以上無生終。

五世祖祖興，生於大元至正二十六年丙午六月二十日，終於大明正統十二年丁卯八月十二日。

**題注：**

據《順德龍山鄉鄧氏族譜》記載，始祖繼智公、妣廖氏合葬於金紫峰鐵爐崗；二世、三世合葬墓在金紫峰後園崗；四世祖合葬墓在金紫峰後園崗；坐向均爲坐北朝南。清明節當天先拜繼智始祖，清明節第二天拜二世、三世、四世祖。另外，從五世祖祖興公的出生時間（1366年），可推測四世祖伯善公和三世祖起源公的生活年代應在元明之際。

二十一世華熙鶴傳公諱昂之子字小赤號鶴子娶

本鄉黃星海公女繼室（再娶）南海九江鄉吳序球公女

長子肇京吳氏出 國學生光緒丙子科順天鄉試堂備 次本儀吳氏出 三善麟吳氏出

四宏京吳氏出六歲殤 女 長適陳早歿 次適黎 三適鄧早歿 四幼殤 五適許遇人不淑棄絕望念去歸事親

六適林 七幼殤 八適蔡

南陽鄧氏景望房家譜

# 《南陽鄧氏景望房家譜》載鄧華熙子嗣情况抄稿

横 13.9 厘米，縱 27.9 厘米

**録文：**

二十一世華熙，鶴儔公諱昂之子，字小赤，號鶴子，娶本鄉黄星海公女，再娶南海九江鄉吴序球公女。長子肇京，吴氏出，國學生，光緒丙子科順天鄉試堂備；次本儀，吴氏出；三善麟，吴氏出；四宏京，吴氏出，六歲殤。女：長適陳，早歿；次適黎；三適邱，早歿；四幼殤；五適許，遇人不淑，其祖婆令□，大歸事親；六適林；七幼殤；八適蔡。

南陽鄧氏景望房家譜。

**題注：**

根據此頁《南陽鄧氏景望房家譜》記載，鄧華熙字小赤，父名昂，號鶴儔，先娶本鄉黄星海公女爲妻，後再娶南海九江鄉吴序球公女。據《鄧華熙日記》記載，鄧華熙有八個女兒，分别爲長女美、次女肖、三女義、四女阿松、五女秋榮、六女（無名字）、七女阿齊、八女（無名字），與此頁《南陽鄧氏景望房家譜》所載鄧華熙女兒數量一致。此外，據《鄧華熙日記》記載，鄧華熙應有六子，名字分别是肇京、三子儀京（又名本儀，後改本逵）、四子元京（又名善麟）和六子宏京（早殤）。另外二子全書無提及，查《南陽鄧氏景望房家譜》及《順德龍山鄉鄧氏族譜》均無相關記載。

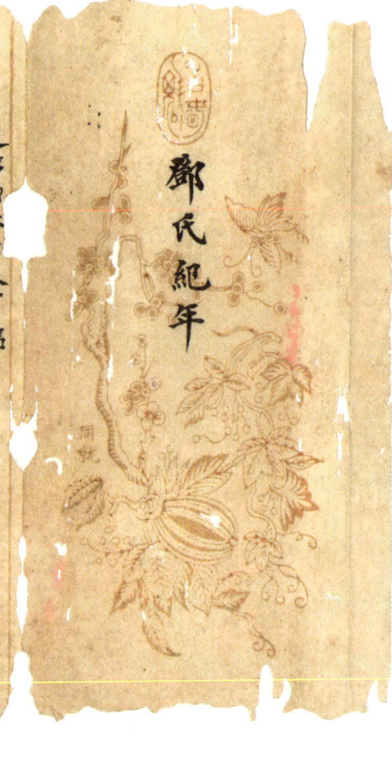


## 《鄧氏紀年》稿本

合份尺寸：横 107.8 厘米，縱 26.3 厘米

**録文：**

鄧氏紀年

走珠璣來歷故事録

宋朝咸淳九年歲次癸酉，有宮妃蘇氏貌美性淫，貪私無忌。時一夜，皇上進□□□失嗣雅樂，皇上面斥之，即黜入禁冷宮。蘇妃色慾倍加，變詐出逃，日丏夜□□本府本縣牛田坊富人黄貯萬，萬備船運糧上京，回至關口市下地方灣□□宰豬酬神叙福之際，忽見一女下船，求乞酒食，此即蘇妃，而黄貯萬不知□，觀衣雖破，貌則美，突起淫心，相誘相謔，言挑語戲，遂匿於船中，蜜［密］載回家□。後皇上敕行復取［娶］，殊不知蘇妃出逃無踪久矣。皇上怒，敕兵部尚書張英貴欽遵敕命行各府州縣，嚴查訪緝，經年無踪，乃復奏，皇上准本□□，殊不知黄貯萬同蘇妃回家，稍知消色［息］不好，即將蘇妃改姓張氏，立□寵婦，無人知覺。因其家人劉壯反主走出，揚泄根弊，傳満京都。兵部□□張英貴聞知詐作祟，恐朝廷聞知究因，敝職喪身，乃通大小官僚，蜜［密］行計□，掩却前因，僞稱廣東南雄保昌縣牛田坊有賊作亂，流害平民，冒奏一本，皇上准奏，將此地方，擇地建作□等平寇，聚兵鎮守，則國泰民安云云。時有羅貴祖姑丈裔諱輝，現在京都指揮職任，見其消息不好，即遣家人走報□。經旬日，部文批行府縣，嚴行遷徙。時保昌縣牛田坊五百姓居民、億萬之衆，莫不啼泪□□□，惟珠璣里民足一百户，互相通透，聯集相議曰：『□祖傳云南方烟瘴之地，土廣人疏，其中必有好景，大家向南而去，遇其地，崗山融結，形埶平寬，曠野所在，衆想開闢住址，仍如今日故鄉也。』議罷，唧唧嘆□斯非正道，乃人君無道，人臣不忠，君有曲法，臣有准言，在君

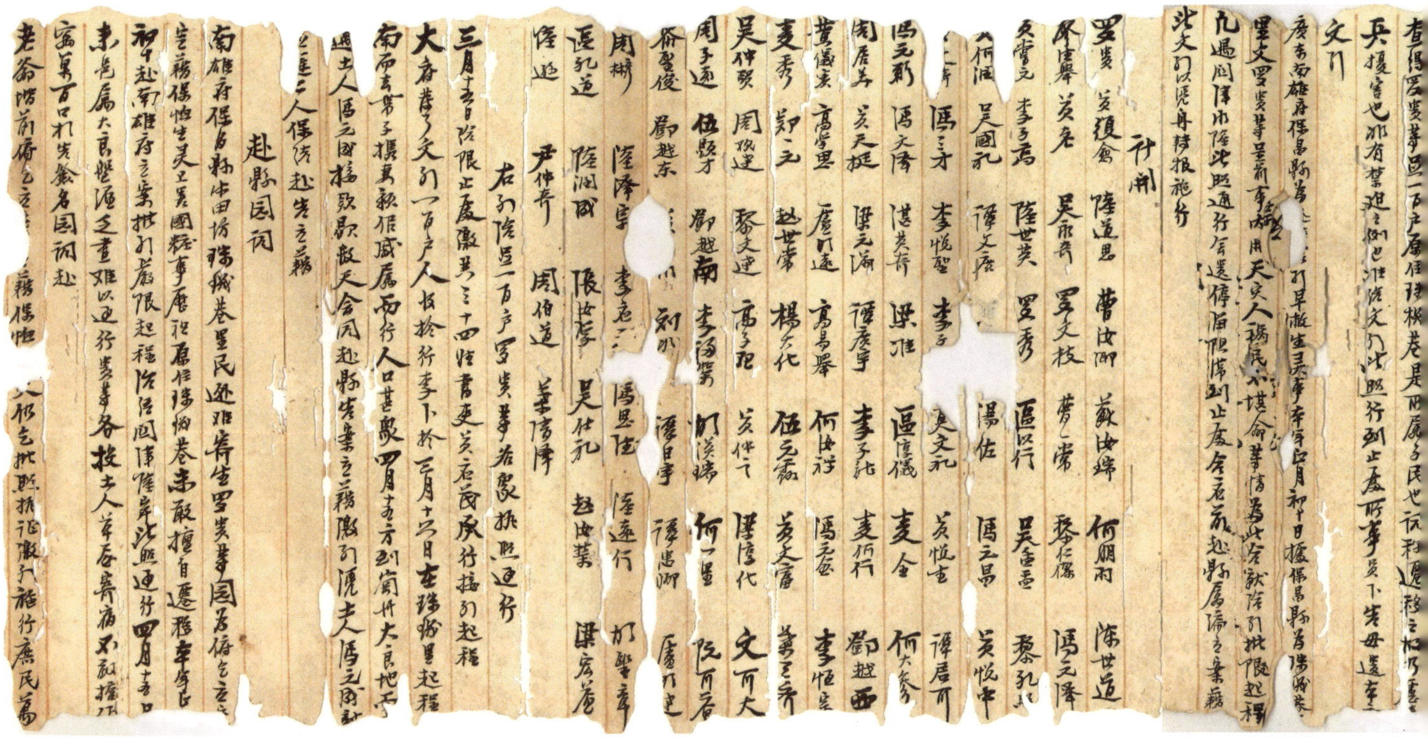

不察，在臣不諫，僞法行移，民生有賴矣。即具詞園簽，赴縣陳告，不准立案，不給民引，復赴□告，准給民引，立號編甲，陸續向南而來。

具稟人牛田坊十四圖珠璣巷里民羅貴等

因爲俯乞文引，早救生靈事。貴等歷祖僻住珠璣里，各分户籍，有丁應差，有糧赴税，別無虧缺，外無違法，向良背惡，爲因天灾地劫，民不堪命，十保四五，猶慮難周。今奉旨頒行，取土築設寨所，嚴限批行，下民莫敢不遵，□思近處無地，難以遷徙，今備簽足一百户人丁衆歷情由，赴大人階□，乞立案批給文引，經關津陸路，早得明路，遷移有地，民得安生，戴恩上□。

知府鍾文遠准給文引批語

查得羅貴等足一百户，原住珠璣巷，是所屬子民也。詞稱遷移之故，乃慮□□兵擾害也，非有禁迫之例也。准給文引此照。行到止處所事員下告，毋遺本□□文引。廣東南雄府保昌縣爲□□給引，早救生靈事。本年正月初十日，據保昌縣爲珠璣巷里文羅貴等呈前事，内開天灾人禍、民不堪命等情，爲此合就給引，批限起程，凡遇關津水陸，此照通行，無遺停留阻滯，到止處合應前赴縣屬編立案籍，□此文引，以憑再轉報施行。

計開：

羅　貴　黄復愈　陸道思　曹汝卿　蘇汝瑞　何朋雨　陳世道

廖德舉　黄　老　吴永奇　羅文枝　曹一常　黎仁傑　馮元澤

黄嘗元　李子高　陸世英　羅　秀　區以行　吴孟孟　黎孔□

黄何潤　吴國禮　譚文廣　陳世興　湯　佐　馮元昌　黄悦中

□□□　馮三才　李悦聖　李子□　莫文禮　黄悦生　譚君可

馮元彰　馮文澤　湛英奇　梁　准　區淳儀　麥　全　何大參

周居美　黄天挺　梁元滿　譚广宇　李子龍　麥何行　鄧越西

黄儀賓　高學思　盧明遠　高易舉　何汝祥　馮元金　李恒宗

麥　秀　鄭一元　趙世常　楊大化　伍元露　黄文富　葉三齊

吴仲賢　周觀達　黎文達　高子艰　黄仲言　梁淳代　文可大
周子遠　伍顯才　鄧越南　李福第　胡漢瑞　何一里　阮可益
黎聖俊　鄧越東　□□□　劉兆□　譚日宇　譚忠卿　盧明達
周　彬　陸澤宗　李應□　馮思德　陸遠行　胡聖章
區孔道　陸潤成　張汝學　吴仕禮　趙汝榮　梁宏益
陸　遜　尹仲奇　周伯道　葉清澤

右引給足一百户羅貴等各衆執照通行

三月十五日給限止處繳，共三十四姓，書吏黄應茂承行接引起程。

大府發了文引，一百户人收拾行李，卜於三月十六日在珠璣里起程□南而去，帶子携妻，親侣戚屬而行，人口甚衆。四月十五方到崗州大良地面，□遇土人馮元成接款歇數天，會同赴縣告案立籍繳引，憑土人馮元成、□□□二人保結赴告立籍。

赴縣園詞

南雄府保昌縣牛田坊珠璣巷里民逃難寄生，羅貴等園爲俯乞立案定籍，保恤生靈，上□國粧事。歷祖原住珠璣巷，未敢擅自遷移，本年正月初十赴南雄府立案批引，嚴限起程，沿經關津陸岸，此照通行。四月十五日來邑屬大良，盤纏乏盡，難以通行，貴等各投土人草屋寄宿，不敢擅作窩巢，百口相告，簽名園詞，赴老爺階前俯乞立案□籍，保恤□□，仍乞批照執證繳引施行，庶民萬……

**題注：**

該稿本記録的是明清時期珠江三角洲族群中廣泛流傳的珠璣巷移民南遷的故事，由《走珠璣來歷故事録》、《知府鍾文遠准給文引批語》和《赴縣園詞》三部分組成。稿本記載了南宋咸淳九年（1182）蘇妃出逃與富商黄貯萬相識，繼而引發珠璣巷里民避禍南遷、官方給予通關文引和到達大良後羅貴等人向官方申請立案定籍的詳細經過。稿本無落款，查《南陽鄧氏景望房家譜》和《順德龍山鄉鄧氏族譜》亦無相關記載，推測是從珠江三角洲其他鄧氏家譜中輯録而來。

其一

# 鄧華熙家族誥封等情况抄録稿

其一：横 24.8 厘米，縱 19.7 厘米

其二：大，横 6 厘米，縱 24.8 厘米；小，横 4.1 厘米，縱 14.8 厘米

其三：横 9.8 厘米，縱 25.7 厘米

## 録文：

其一

誥贈奉政大夫國學生鄧紀堂二相

順邑龍山鄉鄧平安大相

順德龍山鄉邑庠生芙溪鄧公

誥封中憲大夫先叔青瑶鄧公

貤贈奉政大夫先叔笏臣鄧公

誥贈光禄大夫顯考鶴儔鄧府君

誥贈光禄大夫顯祖考蔚堂鄧太府君

誥贈光禄大夫顯曾祖考廷潔鄧曾太府君

誥贈正一品夫人顯曾祖妣周、邱、陳氏曾太夫人

誥贈正一品夫人顯祖妣左氏太夫人

誥贈正一品夫人顯妣李氏太夫人

貤封宜人先叔母左氏太宜人

貤贈恭人先叔母黄氏太恭人

誥贈正一品夫人鄧門黄氏夫人

順德龍山鄉鄧芙溪氏大孀

誥贈宜人鄧紀堂温氏二相娘

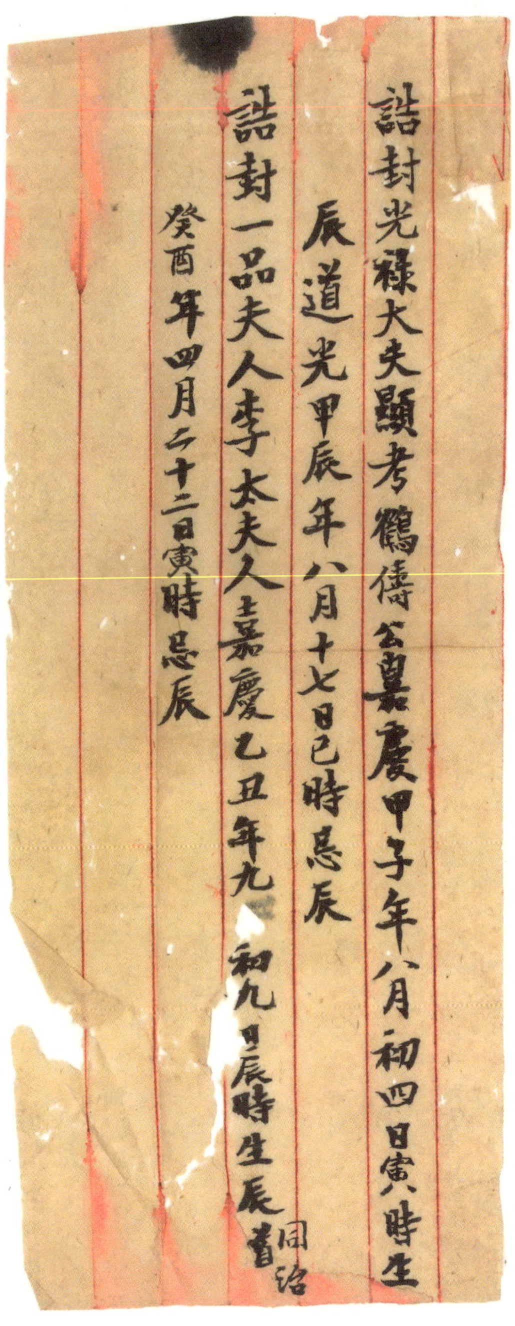
誥封光祿大夫顯考鶴儔公嘉慶甲子年八月初四日寅時生

辰道光甲辰年八月十七日巳時忌辰

誥封一品夫人李太夫人嘉慶乙丑年九[illegible]初九日辰時生辰晉

同治癸酉年四月二十二日寅時忌辰

其三

以曾孫華熙於江蘇布政使任內蒙

恩賞給三代正一品封典　晉贈曾祖考為光祿大夫

妣為正一品太夫人

又於安徽巡撫任內兼提督銜　晉贈曾考乃為建威將軍

妣為一品太夫人

祖

誥贈榮祿大夫　晉贈光祿大夫建威將軍

妣

誥贈太夫人　晉贈正一品太夫人

其二

其二

大

以曾孫華熙於江蘇布政使任內，蒙恩賞給三代正一品封典。晋贈曾祖考爲光禄大夫，曾祖妣爲正一品太夫人。

又於安徽巡撫任內兼提督銜，晋贈曾考爲建威將軍，曾妣爲一品太夫人。

小

祖：誥贈榮禄大夫，晋贈光禄大夫、建威將軍；

妣：誥贈太夫人，晋贈正一品太夫人。

其三

誥封光禄大夫顯考鶴儔公，嘉慶甲子年八月初四日寅時生辰，道光甲辰年八月十七日巳時忌辰。

誥封一品夫人李太夫人，嘉慶乙丑年九月初九日辰時生辰，同治癸酉年四月二十二日寅時忌辰。

**題注：**

鄧文瑩，鄧華熙曾祖名，字廷潔，邑增生。妻周氏、邱氏、陳氏。

鄧林，鄧華熙祖父名，字行徵，號蔚堂，嘉慶丁卯科舉人，歷官内閣中書、刑部直隸州員外郎。妻左氏。

鄧昂，鄧華熙父名，字拔儒，號鶴儔，廩貢生，韶州府乳源縣儒學訓導。妻李氏。

鄧晸，鄧華熙叔名，字搢儒，號笏臣，太學生。

鄧萁，鄧華熙叔名，字擀儒，號青瑶，議叙八品。

鄧蓉熙，鄧華熙堂弟，字伯裳，别字芙溪。

封贈是皇帝給予官員本人及其妻室、父母、祖上的榮譽稱號。在清代，封典給本人稱爲『授』，給父母等存者稱爲『封』，殁者稱爲『贈』，五品以上稱『誥』，五品以下稱『敕』。給本人的封贈可以移送給父母等長輩，稱爲『貤封』或『貤贈』。清初規定，八、九品官貤封父母，四品至七品官貤封祖父母，三品以上官貤封曾祖父母。道光朝，貤封限制放鬆。咸豐三年（1853），進一步擴大了貤封的範圍至伯叔祖父母、伯叔父母、庶母、兄嫂，並嫡堂伯叔祖父母、嫡堂伯叔父母、嫡堂兄嫂、從堂、再從堂尊長，及外曾祖父母、外祖父母、妻祖父母。

總制兩廣、江西湖廣軍務戶部尚書新建伯 王守仁
巡撫廣東地方等處 李士楨
賜進士出身知順德縣事 曾仲魁 爲

# 世德攸光

此匾係明朝所立，与清朝之人相隔甚遠，不宜錄寫。抄錄錯誤。

宋 紹聖（時未南渡，哲宗改元）資政大夫翰林院學士承旨尚書右丞 鄧潤甫
南宋 嘉定（寧宗改元年號）承事郎知浙江紹興府會稽縣事 鄧雲程
南宋 淳祐（南宋理宗年號）文林郎知南雄州保昌縣事 鄧鵬程
明 正統（英宗年號）武德將軍肇慶衛千戶指揮 鄧愷
明 嘉靖（世宗）文林郎五經博士廉州府欽州學正
陞授南京松江府華亭縣 鄧璿 有貢元扁存
明 萬曆（神宗）文林郎知吉安府吉水縣事 鄧良
明 崇禎（莊烈帝年號）中憲大夫功授北京大名府知府
原任大名府經歷知元城縣事軍功加一級 鄧觀猷
順治登仕郎惠州府龍川縣儒學教諭 鄧騰芳
順治宣威將軍高雷廉鎮右營守備掌中軍事 鄧梁初
康熙驃騎將軍福建提標左營遊擊 鄧賢
乾隆修職郎高州府化州學正前番禺高要
兩縣儒學署東莞花縣兩學印務事
聘瑞溪書院正掌教庚申舉卓異引
見賜朝衣回任候陞加一級 鄧殿邦
康熙庚子舉人乾隆任湖北宜昌府巴東縣
改授潮州府澄海縣儒學教諭 鄧明□
乾隆丙子舉人揀選知縣 鄧海
乾隆元年丙辰考取博學鴻詞第二名歲貢生 鄧蒐
等立

**鄧氏『世德攸光』功名牌匾文録**

横31.1厘米，縱25.8厘米

**録文：**

總制兩廣江西湖廣軍務户部尚書新建伯王守仁

巡撫廣東地方等處李士楨　　　　爲

賜進士出身知順德縣事曾仲魁

世德攸光

宋紹聖（時未南渡，哲宗改元）資政大夫翰林院學士承旨尚書右丞鄧潤甫；

南宋嘉定（寧宗改元年號）承事郎知浙江紹興府會稽縣事鄧雲程；

南宋淳祐（南宋理宗年號）文林郎知南雄州保昌縣事鄧鵬程；

明正統（英宗年號）武德將軍肇慶衛千户指揮鄧愷；

明嘉靖（世宗）文林郎五經博士廉州府欽州學正、陞授南京松江府華亭縣鄧瓚（有貢元匾存）；

明萬歷［曆］（神宗）文林郎知吉安府吉水縣事鄧良；

明崇禎（莊烈帝甲戌）中憲大夫功授北京大名府知府、原任大名府經歷知元城縣事軍功加一級鄧觀猷；

順治登仕郎惠州府龍川縣儒學教諭鄧騰芳；

順治宣威將軍高雷廉鎮右營守備掌中軍事鄧梁初；

康熙驃騎將軍福建提標左營遊擊鄧賢；

乾隆修職郎高州府化州學正、前番禺高要兩縣儒學、署東莞花縣兩學印務事、聘端溪書院正掌教，庚申舉卓異引見、賜朝衣，回任候陞加一級鄧殿邦；

康熙庚子舉人乾隆任湖北宜昌府巴東縣、改授潮州府澄海縣儒學教諭鄧明□；

乾隆丙子舉人揀選知縣鄧海；

乾隆元年丙辰考取博學鴻詞第二名、歲貢生鄧彪；

等立。

（此匾係明朝所立，與清朝之人相隔甚遠，不宜歸併，抄録錯誤。）

**題注：**

據《重修鄧氏四世宗碑記稿》（未定之稿）所言，在四世祖伯善公以鄧澄户自立後，鄧氏家族代有聞人出。明代王守仁（陽明）總督兩粵時，曾贈以『世德攸光』四字匾額，至今該匾仍懸挂在祠堂中。但該功名牌匾文録謬誤頗多，匾額爲王守仁（陽明）所贈，並未提到曾仲魁，李士楨任職廣東巡撫則是100多年後清康熙年間的事情，明朝官員爲清朝人立匾更是匪夷所思的事情。匾文中『此匾係明朝所立，與清朝之人相隔甚遠，不宜歸併，抄録錯誤』等語也證明這是一份抄録錯誤的功名録。

重修鄧氏四世宗碑記稿

肇祖之祠，不稱鄧氏宗祠，而額曰四世宗祠者，何也。蓋因世遠年湮，無可稽考，想是五六世後之子孫，先建祠奠安四世以上之神主，道其[illegible]也。蓋自始祖繼智公於趙宋末年，由南雄珠璣里避地，與士民一百戶，執護牌而至南海縣長安司馬寍都龍山鄉之亭子巷及螺陽一帶聚族而居，至明景泰間，始分南海地為順德縣。謹按始祖繼智公，乃鵬程公第十二子也。鵬程公江西進賢縣人，宋理宗寶慶元年考處，任南雄保昌令，暮年解組，退居珠璣巷，諸子隨之，後散居各鄉，未詳載籍，惟吾支始祖繼智公，生一子，即二世祖敬賢公，敬賢公生六子，為三世祖，長房諱仲富，字起明，自立朝壯戶，五房諱仲壽，自立進戶，四房諱仲仁，字起源者，自立為陞戶，至[illegible]間，朝壯及進戶，武職不從[illegible]役，且久居異地，經胡巡按撤，合并入陞戶，即三世起源公之子四世伯善公，將以陞戶為戶長，今因修祠而叙其源委，且欲整頓族務，為長久計，祠為闔族聚會之所，[illegible]要在合老同方，我族伯善公為益氏長，以來代有聞人，讀書嘗職，歷宋元明數百載，人[illegible]賢，豈能詳述[illegible]遺，後至有明，新建伯陽明王公文成，總督兩粵時，贈以世德[illegible]先遠四字額，[illegible]最包括，至今仍懸堂中，泊萬曆二十八年庚子，十世孫遇、允賢、[illegible]、三房擬捐金作[illegible]，不果，又[illegible]師指明四名牛軛，不利子孫，東議於神下吉，今族欣然喜躍，諏吉於乙丑年二月初六日，將四牛軛遷移，改立土墳二座，以[illegible]補救，將來等語，易牛眠之石像四隻，立馬鬣之土封二座，鋪[illegible]草面，如[illegible]年月，對青[illegible]而祭享清明，從此松茂竹苞，雲蒸霞蔚，闔族振興，近者務農，遠者服賈，人無游手，自[illegible]家有餘資[illegible]，不闕香油，科名亦漸[illegible]達，畢[illegible]之[illegible]日見[illegible]，[illegible]以來[illegible]且宦矣，然[illegible]教之而來，尚未講求，家後人益之[illegible]日趨[illegible]，壯者有合[illegible]祖之[illegible]不[illegible]，艱難[illegible]之老，[illegible]人則[illegible]，不能[illegible]而[illegible]，廣[illegible]業[illegible]大異[illegible]時，哉[illegible]夫[illegible]，[illegible]本無異[illegible]人[illegible]則[illegible]，子孫有則[illegible]興，未有人事不修而能長享者也。[illegible]四十餘年，祠內情[illegible]形，何能備悉，幸[illegible]昆仲二三有識之人，[illegible]處[illegible]難收急[illegible]補[illegible]之策，又值祠宇年深朽蝕，[illegible]將傾圮，遂[illegible]，[illegible]尺，其[illegible]棟之朽腐者易之，求其堅也，垣墻之[illegible]者[illegible]之，求其穩也，[illegible]墻[illegible]之以[illegible]，[illegible]之[illegible]，[illegible]動而明通也，[illegible]具入[illegible]，[illegible]大門[illegible]，廊洞開，先關正直門，外列墻排八字，[illegible]登青雲，右門[illegible]紫氣，庖廚置於左角，內為[illegible]牲之所，外為[illegible]公[illegible]之區，[illegible]，規模[illegible]，[illegible]

## 《重修鄧氏四世宗碑記稿》（行草本）

共6頁，其一：横24.2厘米，縱21.8厘米；其二：横23.9厘米，縱22.7厘米；其三：横24.3厘米，縱22.7厘米；其四：横24厘米，縱22.7厘米；其五：横23.9厘米，縱22.6厘米；其六：横23.5厘米，縱22.6厘米

## 《重修鄧氏四世宗碑記稿》（楷書本）

共7頁，其一：横23.3厘米，縱21厘米；其二：横23.3厘米，縱21厘米；其三：横23.3厘米，縱21厘米；其四：横23.2厘米，縱20.9厘米；其五：横23.2厘米，縱20.9厘米；其六：横23.2厘米，縱20.9厘米；其七：横23.2厘米，縱20.9厘米

重修鄧氏四世宗碑記稿
肇祖之祠。不稱鄧氏宗祠，而額曰四世宗祠者，
何也。世遠年湮，無稽考，想是五六世後之子孫，
先建祠以奠安四世以上之神主。道其實蓋自
始祖繼智公於趙宋末年，由南雄珠璣里避地
與士民一百丘，執護牌而至南海縣鼎安司馬
岀都龍山鄉之亭子巷及螺陽一帶聚族而居。
至明景泰間，始分南海地為順德縣。謹按始祖
繼智公乃鵬程公第十二子也。鵬程公江西進
賢縣人，宋理寶慶元年孝廉，任南雄保昌令。暮
年解組，退居珠璣巷，諸子隨之。後散居各鄉。未

業變圖救目前。人財漸就稀弱，即歷年數目券
冊等項，不知何手混失，至無典責。艱難之祭，辦
理茫然。今畧彙祭不偺。否極泰來，循環有定。現
逢康熙甲子，世紀更新，幸有堪輿師指明四石
牛牯不利子孫。衆議祈神卜吉，合族欣然喜躍。遂
諏於乙丑年二月初六日，將四牛牯遷移改
土墳二座，以期補救將來等語。易牛眠之石像
四尊，立馬鬣之土封二座，鋪綠草而面如半月，
對青葱而祭享清明。從此松茂竹苞，雲蒸霞蔚。
舉族振興，近者務農，遠者服賈，人無游手。自然
家有餘資，繼畧續不闕膏油，科亦漸臻發達。畢
學之後，日見蕃昌，乾嘉以來，既庶且富矣。然教

之兩字尚未講求。家給人足之餘，日趨奢侈。壯
者有食桃衣租之樂，納者不知稼穡艱難。淑造
之老人則耄期已屆，不能出而營運。諸般廢弛，
產業凋零，大異前時，幾成中落。嗟夫，治國治家
本無異理。其人存則其政舉，子孫肖則其族興。
未有人事不修而能長言者也。△△外宜四十
餘年，族內情形，何能修悉。幸得昆仲中二三有
識之人某某，大懼覆水難收，急籌補牢之策。又
值祠宇年深朽蝕，勢將傾圮，遂來省寓會商，即
議敬移主位，卜吉重修，經之營之，是尋尺。其棟
樑之朽腐者易之，求其堅也；垣墻之壯蠣者磚

起明自立朝壯戶。五房諱仲壽。自立進戶。四房
諱仲仁字赵源者。自立為澄戶。至康熙間。朝壯
及進戶式微。不供能供役。且各居異地。經胡巡
撫檄令并入澄戶。即三世祖赵源公之子四世
孙伯善公。始以澄戶為戶長。今因修祠而敘其
源委。且欲整頓族務。為久計。祠為闔族聚會之
所。出謀發慮。要在合志同方。我族伯善公為澄
戶長以來。代有聞人。寖昌寖熾。歷宋元明數百
載。人繁事賾。豈能詳述無遺。後至有明新建伯
陽明王文成公總督兩粵時。贈以世德攸光四字
匾額。語最簡括。至今仍懸堂中。洎萬曆二十八
年庚子。十世孫遇先賢莉至三房。擬捐金作蒸
嘗不果。又至萬曆二十九年有十一世孫進鸞畀
廣濟等。序言曰。吾族在昔二世祖之孫仲富兄
弟分戶。後至五世合祀而後。不久即寖失其祭。
迨九世孫倡議醵資置產。議者仍以各房貧富
不齊。訖無成。過此以往。直至康熙二十二年乙
丑。有慧祖房譜所載。明末清初。十三世孫玉林
言。自四世祖合塟於金紫峯嶺來龍土名後園崗。
立四石牛牯為墳。即四房八世之墓。今因世運
變遷。政苛法虐。奉上討松。墳樹盡被砍伐。又遭
荒旱。本房雖有百餘人。多半手藝營生。家業輕
薄。積蓄者少。無可奈何。勢迫無措。不得已將祖
塋旁艸地。建廊為左右序。可以東具入奏。可以
序齒燕毛。大門龍脊崇隆。前後簷重廊洞闢。正
直光明。門外則墻排八字。燕翼齊開。左路登青
雲。右門迎紫氣。庖廚置於左角。內為祭享治牲
之所。外為辦公領胙之區。俎豆辛規模井井。仰
瞻新廟。足振作乎後昆。回憶前型。見先人之儉
樸。從此族瞻麟角。家有驪珠。鼻祖耳孫。慶流奕
葉矣。是役也。經始於某年月日、起某年月日落
成。工料及各費數目若干、某人辦理某事、例得
書於續修族譜一事、須俟擬定章程、刊印冊
本、分派各房、僉名僉妙、俾依樣填注、送交總辦
者彙齊、事必有成。然非一手所能為辦，非計日
所能藏事。總祈撰即以模後人。是為序。

碑記為修祠而作。京國久遠。以示後人。其中要
緊勉勵語。乃為得體。方合作記宗旨。若不引用
舊文。原委不清。若過著筆。舊文又多俚俗
之語。須大加刪削。仍須一氣貫串。方可耐知。不
揣冒昧著作之人。請其參訂修飾。予不
敢謂此文之可刻石也。
舊譜有嘗不獲之處。披檢遺漏。并為題祠堂之
字。如避御諱。不敢明書。或合祀或分祭。似是指
祠堂而言。後人有指其事者。謂乾隆間曾經重修。
然無確據。
定其字孫人名數目年月日於一一填明

重修鄧氏四世宗碑記稿　未定之稿

肇祖之祠，不稱鄧氏宗祠，而顔曰四世宗祠者，何也？世遠年湮，無可稽考。想是五六世後之子孫，先建祠以奠安四世以上之神主，道其實也。蓋自始祖繼智公於趙宋末年，由南雄珠璣里避地，與士民一百户，執護牌而至南海縣鼎安司馬寧都龍山鄉之亭子巷及螺陽一帶聚族而居。至明景泰間，始分南海地爲順德縣。謹按始祖繼智公，乃鵬程公第十二子也。鵬程公江西進賢縣人，宋理宗寶慶元年孝廉，任南雄保昌令，暮年解組，退居珠璣巷，諸子隨之，後散居，未詳載籍。惟本支始祖繼智公，生一子，即二世祖敬智公也。公生六子，爲三世祖。長房諱仲富，字起明，自立朝壯户。五房諱仲壽，自立進户。四房諱仲仁、字起源者，自立爲澄户。至康熙間，朝壯及進户式微，不復能供役，且居異地。經胡巡撫檄令并入澄户，即三世祖起源公之子四世伯善公，始以澄户爲户長。今因修祠而叙其源委，且欲整頓族務，爲長久計。祠爲闔族聚會之所，出謀發慮，要在合志同方。我族伯善公爲澄户長以來，代有聞人，寖昌寖熾，歷宋元明數百載，人繁事賾，豈能詳述無遺。後至有明新建伯陽明王文成公總督兩粵時，贈以『世德攸光』四字匾額，語最簡括，至今仍懸堂中。洎萬曆二十八年庚子，十世孫遇、允賢、荆玉三房，擬捐金作蒸嘗不果。又至萬曆二十九年十一世孫進、鸞舉、廣濟等，序言曰：吾族在昔二世祖之孫仲富兄弟分户，至五世合祀而後，即寖失其祭。迨九世孫倡議釀資置産，議者仍以各房貧富不齊，訖無成議。過此以往，直至康熙二十二年乙丑，有慧祖房譜所載，明末清初，十三世孫玉樹言，自四世祖合葬於金紫峰來龍土名後園崗，立四石牛牯爲墳，即四房八世之墓。今因世運變遷，政苛法虐，奉上討松，墳樹盡被砍伐，又遭荒旱。本房雖有百餘人，多半手藝營生，積蓄者少，勢迫無措，不得已將祖業盡變，圖救目前，人財漸就稀弱。歷年數目券册，不知何手混失，至無典責。艱難之祭，辦理茫然。今略彙祭不倦，否極泰來，循環有定。現逢康熙甲子，世紀更新。幸有堪輿名師謂四石牛牯不利子孫，衆議修殿。合族欣然喜躍，遂諏吉於乙丑年二月初六日，將四石牛牯遷移，改立大土墳二座，以期補救將來等語。易牛眠之石像四尊，立馬鬣之土封二座，鋪緑草而面如半月，對青葱而祭享清明。從此舉族振興，雲蒸霞蔚。近者務農，遠者服賈，人無游手，自然家有餘資。繼晷不闕膏油，科名亦漸臻發達。畢萬之後，日見蕃昌。乾嘉以還，既庶且富矣。然教之二字，尚未講求。家給人足之餘，日趨奢侈，壯者有食税衣租之樂，少者不知稼穡艱難，創造之老成人，耄期已届，不能出而營運，諸般廢弛，産業凋零，大異前時，幾成中落。嗟夫！治國治家，本無異理，其人存則其政舉，子孫肖則其族興，未有人事不修，而能長享者也。

△△外宦四十餘年，族内情形，何能備悉，幸得昆仲中一二三有識之人某某，大懼覆水難收，急籌補牢之策，又值祠宇年深朽蝕，勢將傾圮，遂來省寓會商，即議敬移主位，卜吉重修。經之營之，是尋是尺，其棟樑之朽腐者易之，求其堅也；垣墻之牡蠣者磚

之，求其穩也。檐際瞼窗之磚砌者，屏之扇之，取其活動而明通也。灰沙堂地，改漫方磚，取其平潔也。墀旁草地，建廊爲左右序，可以樂具入奏，可以序齒燕毛。大門龍脊崇隆，前後檐重扉洞闢，正直光明。門外墻排八字，燕翼齊開。左路登青雲，右門迎紫氣。庖厨置於左角，内爲祭享治牲之所，外爲辦公頒胙之區。俎豆辛辛，規模井井，仰瞻新廟，足振作乎後昆；回憶前型，見先人之儉樸。從此族瞻麟角，家有驪珠，鼻祖耳孫，慶流奕葉矣。是役也，經始於某年月日，越某年月日落成，工料及各費數目若干，某人辦理某事，例得備書。至續修族譜一事，須俟擬定章程，刊印册本，分派各房，俾依様填注，送交總裁者彙齊，事必有成。然非一手所能爲，亦非計日能蕆事，且徯後人。是爲記。

碑記爲修祠而作，意圖久遠，以示後人。其中必帶勉勵語，乃爲得體，方合作記宗旨。若不引用舊文，原委不清，無從着筆。舊文又多俚俗之語，須大加删削，仍須一氣貫串，方可成文。不妨覓工於著作之人，請其參訂修飭，予不敢謂此文之可刻石也。舊譜有最不可解之處，搜檢迨遍，並無題及祠堂二字，如避御諱，不敢明書。或云合祀，或云合祭，似是指祠堂而言。後人有揣摩其事者，謂乾隆間曾經重修，然無確據。空某某字係人名、數目、年月日，祈一一填明。

**題注：**

兩篇《重修鄧氏四世宗祠碑記稿》皆無時間和落款，但從《鄧蕃熙覆鄧氏族人信函》中提到重修四世宗祠落成時間推測，該碑記稿的完成時間應在宣統二年（1910）前後，而從文中『外宦四十餘年』和『遂來省寓會商』等語推測碑記稿的作者應爲鄧華熙。鄧華熙從咸豐六年（1856）到京刑部任職開始，至光緒二十八年（1902）因病致仕，其在清代官場共歷時46年，官至安徽巡撫、貴州巡撫等封疆大吏，是龍山鄧氏家族的榮耀，讓他主筆重修宗祠碑記理所當然。

碑記稿認爲祠堂稱『鄧氏四世宗祠』而不是『鄧氏宗祠』的原因是『世遠年湮，無可稽考。想是五六世後之子孫，先建祠以奠安四世以上之神主，道其實也』。但據《鄧鳳書翁述『四世宗祠』史録》的口述者鄧鳳書翁所言，『鄧氏四世宗祠』名字由來是源於祭祀四世祖伯善公，不知兩種説法孰對孰錯。作者還提到此次重修是因爲宗祠『年深朽蝕，勢將傾圮』。碑記稿的内容多引自明朝以來，家族歷次修譜中譜引、序言和譜記等，從始祖繼智公珠璣巷避難南遷，到四世祖伯善公自立澄户，再到康熙年間四石牛牯還移等宗族重要事件都有提及。作者還提出了自己對四世宗祠建築結構、形制的設想和宗祠完工善後工作的各種安排。

敬覆者前奉 示委查原日鄧氏宗祠改為四世宗祠之說并按族老所言另錄呈 核

四世祠神座三層另圖呈閱前[illegible]言主位已定不能再入云云

始祖墳在鉄炉崗 金紫來龍 妣廖[illegible]合葬 坐子向午

二三世祖考妣墳在金紫來龍土名后園崗坐壬向丙 二三世妣 黃氏 盧氏 梅氏

四世祖考妣温氏墳在金紫來龍土名后園崗坐子向午

四世宗祠坐卯向酉兼（辛乙）

四世宗祠庚戌五月十八興工辛亥三月落成緣辛亥坐向不合于庚戌十二月十四陞座

又呈覽本 祠圖式一幅

修祠總理廿傳蕃熙協理十九傳錫銀 二十傳朝泰措資二十傳兆熊 廿一傳龍[illegible]

修祠連陞座約支艮伍千餘兩除由先房祖 丁众捐助千餘兩外由嘗衆積蓄及按收各姓均益三益会份湊支現未供滿[illegible]

蕃熙謹覆

# 鄧蕃熙覆鄧氏族人信函

横 20.1 厘米，縱 25.7 厘米

## 録文：

敬覆者：前承示委查原日鄧氏宗祠改爲四世宗祠之説，兹據族老所言，另録呈核。

四世祠神座三層，另圖呈覽，前□□□言主位已定，不能再入云云。

始祖墳在鐵爐崗金紫來龍，妣廖氏合葬，坐子向午。

二、三世祖考妣墳在金紫來龍，土名后園崗，坐壬向丙；二世妣黄氏、盧氏，三世妣梅氏。

四世祖考妣温氏墳在金紫來龍，土名后園崗，坐子向午。

四世宗祠坐卯向酉兼辛乙。

四世宗祠庚戌五月十八興工，辛亥三月落成。緣辛亥坐向不合，於庚戌十二月十四陞座。

又呈覽本祠圖式一幅。

修祠總理廿一傳蕃熙，協理十九傳錫錕、二十傳朝泰，措資二十傳兆熊、廿一傳綖熙。

修祠連陞座，約支銀八千餘兩，除由各房祖丁衆捐助千餘兩外，由嘗業積蓄及投收各姓均益三益會份湊支，現未供滿，□姓會□云。

蕃熙謹覆。

## 題注：

此信函爲鄧華熙從弟鄧蕃熙所寫，時間在宣統三年（1911）三月後。鄧氏四世宗祠在宣統庚戌年至辛亥年（1910—1911）間進行重修，重修工程在庚戌年五月動工，十二月陞座，辛亥年落成。本次重修工程連陞座在内共計花費 8000 餘兩白銀，除了各房捐助 1000 多兩外，其餘費用以族田（嘗業田）積蓄和本族在外姓所投的三益會（標會）的標銀支付。本次重修工程由鄧蕃熙總理，他面對當時部分族人認爲『四世宗祠』爲『鄧氏宗祠』之名所改的質疑，在此函中表示會另呈一份資料進行解釋。

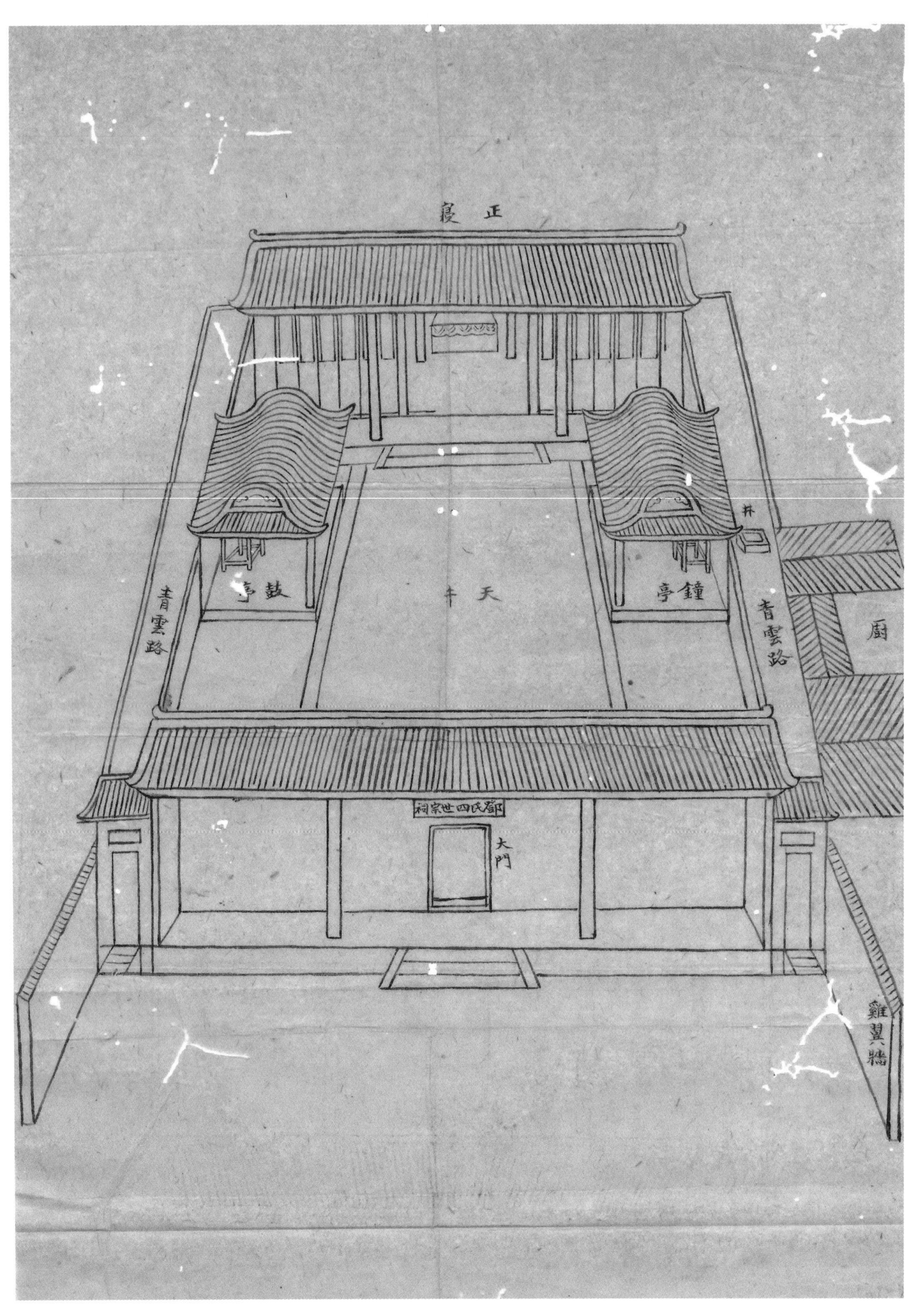
正寢
鼓亭
天井
鐘亭
井
青雲路
青雲路
廚
鄧氏四世宗祠
大門
雞翼牆

# 鄧氏四世宗祠圖

横 42.8 厘米，縱 20 厘米

**題　注：**

據《重修鄧氏四世宗碑記稿》和《鄧蕃熙覆鄧氏族人信函》中所言，鄧氏四世宗祠建於明崇禎年間，於清宣統二年（1910）五月十八動工重修，辛亥年（1911）三月落成。本次重修共花費 8000 餘兩白銀，由族人捐資、族田積累和族産對外投資收益三項支付。該圖與《重修鄧氏四世宗碑記稿》中對四世宗祠的建築功能、結構形制的設想有頗多相似之處，可能爲宣統二年『鄧氏四世宗祠』重修的設計圖。

該圖中，祠堂爲一路二進形制，屋頂爲卷棚懸山頂，大門上方懸挂『鄧氏四世宗祠』牌匾，兩側以鑊耳墻圍起。天井兩旁是側廊改建的鐘亭和鼓亭，後爲正寢。祠堂兩邊爲青雲路和厨房。

溯肇祖南雄宦裔。遷鶯卜宅螺陽。由耕讀以立初基。
其族始大。服官服賈。代有聞人。追廿一傳厚祿忝膺。
宮秩彊符。榮彰世德。
工商農士。同振家聲。
各擅所長。克儉克勤。門無游手。冀千億載先型謹守。
仰太傅東漢元勳。汗馬功逾麟閣。教子孫務營專業。

# 鄧氏四世祖祠堂聯

横15厘米，縱25.3厘米

## 録文：

溯肇祖南雄宦裔，遷鶯卜宅螺陽，由耕讀以立初基，其族始大，服官服賈，代有聞人，迨廿一傳厚禄忝膺，宮秩疆符，榮彰世德；

仰太傅東漢元勛，汗馬功逾麟閣，教子孫務營專業，各擅所長，克儉克勤，門無游手，冀千億載先型謹守，工商農士，同振家聲。

## 題注：

南雄宦裔，指鄧氏家族南遷順德始祖繼智公之父鵬程公，南宋末年，曾任南雄府保昌縣知縣。

東漢太傅，指鄧禹，是東漢開國元勛，拜大司徒，封酇侯，遷右將軍、特進，改封高密侯。

據《鄧華熙日記》宣統二年庚戌年（1910）九月初二（10月18日）的記載，鄧華熙當天擬兩副對聯，除此聯外，另一爲『四世祖祠堂聯』，內容爲：宋肇祖南雄宦裔，遷鶯安宅螺陽，從耕讀以立初基，其族始大，服官服賈，迨廿一傳，厚禄忝膺，宮秩疆符，榮彰世德；高密侯東漢元勛，汗馬冠軍爵位，教子孫務營專業，各盡所長，克儉克勤，門無游手，冀千億載，前模永守，工商農士，同振家聲。

兩副對聯除個別文字有所不同，風格接近，內容相似。根據《鄧蕃熙覆鄧氏族人信函》所言，鄧氏四世宗祠重修的動工時間在宣統庚戌年五月十八，十二月十四陞座，宣統辛亥年（1911）三月落成，從時間和內容推測，這副對聯可能是鄧華熙爲重修『鄧氏四世宗祠』所作。

始祖繼智公。乃鵬程公第十二子。鵬程公，字季九，江西進賢縣人。宋理宗寶慶
元年登虞與先雲程。並著才名。公任南雄保昌縣時。宋氣運衰微，元兵
侵日甚。不樂仕進。因遷郡外四十里。沙水村珠璣巷。山明水秀，因卜居
焉。娶陳氏。生八子。繼娶梅氏。生七子。復買一子。共十六人。公乃十二子也。故墓
碑書十二官云。鵬程公卒。葬三水烏猿坑。洞繼智公娶廖氏。公壽約
七十餘。
二世祖敬智公。於宋度宗咸淳九年。皇妃胡氏難出至南雄。鄉人匿之。
有司奉旨剿村。眾議奔逃。無緣船可渡。公率眾入荔枝山。伐竹結筏。
攜父母骸骨。挈妻子共渡。至廣州南海縣安居焉。遂以景泰立順
德。始易名龍山。故公稱主宗義士者此也。娶黃氏。生三子。繼娶盧氏。
生三子。
長房三世伯祖起明公。開朝壯戶。即今月樸房其後也。因康熙間。朝壯戶
及進戶糧少。不能當役。經通（康熙朝高）揭出示。勸收歸澄戶。籍內故為附戶。
舊日月樸祠。在一枝山房之址。或因長房。稱鄧氏宗祠亦未可知。祠因
收歸澄戶下。改稱月樸祠云。後又遷往大陳涌焉。
二房三世伯祖起堯公。子孫遷居水藤。即今貽穀堂是也。所本亦葬
后園。後子孫遷公柩往水藤安葬。今尚存祖墳在三世祖
墓右。或云二世祖实居螺陽。故其屋後址。稱后園者以此。明
捕魚為業。故稱魚巷。後易名于門巷。又改擇居水藤。故亦有三居
水藤。三居龍山云。
三房三世伯祖起舜公。遷居古粉羅水鄉。舉人逢辰其後云。
四房即三世祖起源公。名仲仁。生四世祖伯善公。伯善公始開澄戶為戶
長。所以本房建鄧氏四世宗祠。所由也。及朝壯戶進戶收歸戶下。未
易祠名。所以因避水藤款回附祖廟。亦是訛傳。水藤款入回祖廟。
乃道光時事。此祠乃崇禎時所建。即重修亦乾隆末年代。相去甚
遠。舊額尚存。並無有時二字。剷作四字之形。
五房三世叔祖起慕公。開進戶。乾隆初已失傳。或云今馬岡族即其後
也。相傳舊有倉德鄧公祠。在善甫祠左右。即其家廟也。
六房三世叔祖起思公。遷居水藤。故今水藤實傳兩房云。
四世祠坐酉向卯兼辛乙　庚戌年七月至十二月十四日重修此版　景陛
始祖考妣山名鐵井坐子向午　二三四世祖山名后園坐壬坐丙　四世子午向
癸丑由鳳書翁謄錄來此表

# 鄧鳳書翁述『四世宗祠』史録

橫 32.8 厘米，縱 24 厘米

## 録文：

始祖繼智公，乃鵬程公第十二子。鵬程公字飛九，江西進賢縣人，宋理宗寶慶元年孝廉，與兄雲程，並著才名。公任南雄保昌縣時，宋氣運衰微，元南侵日甚，不樂仕進，因愛郭外四十里沙水村珠璣巷山明水秀，因卜居焉。妣陳氏，生八子，繼娶梅氏，生七子，復買一子，共十六人，公乃十二子也，故舊碑書十二官云。鵬程公卒，葬三水烏猿飲澗。繼智公妣廖氏。公壽約七十餘。

二世祖敬智公，於宋度宗咸淳九年皇妃胡氏瘋顛，出至南雄，鄉人匿之，有司奉旨剿村，衆議奔逃，無船可渡，公率衆入荔枝山，伐竹結筏，携父母骸骨（指繼智公），挈妻子共濟，至廣州南海鼎安居焉。逮明景泰立順德，始易名龍山，故公神主寫義士者此也。妣黄氏，生三子；繼娶盧氏，生三子。

長房三世伯祖起明公，開朝壯户，即今月梅房其後也，因康熙間朝壯户及進户糧少，不能當役，經康熙朝高巡撫出示，勸收歸澄户籍内，故爲附户。舊日月梅祠，在一枝山房之址，或因長房，稱鄧氏宗祠，亦未可知。嗣因收歸澄户下，改稱月梅祠云。後又遷往大陳涌焉。

二房三世伯祖起堯公，子孫遷居水藤，即今貽穀堂是也。公本亦葬后園，後子孫遷公柩往水藤安葬，今當存祖妣在二世祖墓右，或云□世祖實居螺陽，故其屋後址，稱后園者以此。以捕魚爲業，故稱魚巷，後易名于門巷。又設肆居水藤，故六子三居水藤、三居龍山云。

三房三世伯祖起舜公，遷居古粉羅水鄉，舉人逢秋其後云。

四房即三世祖起源公，名仲仁，生四世祖伯善公，伯善公始開澄户爲户長，所以本房建鄧氏四世宗祠所由也。及朝壯户、進户收歸户下，未易祠名，所言因避水藤欲回附祖廟，亦是訛傳，水藤欲入回祖廟，乃道光時事，此祠乃崇禎時所建，即重修亦乾隆末，年代相去甚遠，舊額當存，並無有將二字釘作四字之形。

五房三世叔祖起慧公，開進户，乾隆初已失傳，或云今馬寧族，即其後也。相傳舊有食德鄧公祠，在善甫祠左右，即其家廟也。

六房三世叔祖起思公，遷居水藤，故今水藤實傳兩房云。

四世祠坐酉向卯兼辛乙，庚戌年七月至十二月十四日重修落成崇陞。

始祖考妣山名鐵爐，坐子向午。二、三、四世祖山名后園，坐壬坐丙。四世子午向。

癸丑由鳳書翁傳來口録。

## 題注：

鄧鳳書翁，名文照，鄧氏韋如祖三房十九傳孫，生於嘉庆丁巳年（1797）。

此份資料爲鄧華熙族人鄧鳳書口述『鄧氏四世宗祠』名字歷史由來的抄稿，時間爲癸丑年（1913）。時年鳳書翁已116歲高齡，應爲族中最年長之人，也是最瞭解鄧氏家族歷史之人。鳳書翁口述，南宋末年，鄧氏始祖南渡定居順德龍山，大約元明之際，二世祖敬智公所生六子分户，長房起明公和五房起慧公分别開鄧朝壯户和鄧進户，後二房、六房子孫遷水藤，三房遷古粉羅水鄉。因起明公爲長房，所以這一支所建祠堂稱鄧氏宗祠。後，四房起源公子四世祖伯善公自立鄧澄户，成爲户長。這一支在明崇禎年間建起『鄧氏四世宗祠』，這就是『鄧氏四世宗祠』名稱的由來。康熙初年，長房鄧朝壯户和鄧進户子孫因糧少，無法服役，因此附到鄧澄户下，祠堂名亦改爲『月梅祠』，但伯善公這一支族人所建的『鄧氏四世宗祠』名没有改變，一直沿用。這份資料解釋了『鄧蕃熙覆鄧氏族人信函』中關於『鄧氏宗祠』和『四世宗祠』兩個祠堂名字的疑惑。

# 鄧氏祖山方位表

横 32.2 厘米，縱 22.8 厘米

**録　文：**

鳳凰山
蔚堂曾祖山
蔚堂曾祖衣冠墓
坐丙向壬兼己亥　坐翌宿六度室宿六度
丁巳辛亥分針
左氏曾祖妣山
坐丙向壬兼己亥　坐翌宿六度室宿六度
丁巳辛亥分針
鶴儔祖考山
坐丙向壬兼己亥　坐翌宿六度室宿六度
丁巳辛亥分針
李氏祖妣山
坐丙向壬兼己亥　坐翌宿六度室宿六度
丁巳辛亥分針
黄氏山
坐丙向壬兼己亥　坐翌宿六度室宿六度
丁巳辛亥分針

**題注：**

鄧蔚堂（1781—1825），鄧華熙祖父，名鄧林，字行徵，别字蔚堂，嘉慶壬戌姚宗師歲考補邑庠生第一名，嘉慶丁卯科鄉試中式第二十一名舉人，候補内閣中書，加捐員外郎，分刑部直隸司加五級，誥授通議大夫。娶沙洲左氏爲妻。

鄧昂（1804—1844），鄧華熙父，字拔儒，號鶴儔，朱宗師科考取入順德縣學第五名邑庠生，癸未年，白宗師歲考，取一等第二名，充廩膳生員，乙酉科拔貢陪拔。娶陳村巷李氏爲妻。

黄氏，鄧華熙之妻，同治十二年五月二十四日（1873 年 6 月 18 日）去世。

根據對先人輩分的稱呼判斷，抄寫『鄧氏祖山方位表』的人可能是鄧華熙兒子鄧本儀（本逵）或鄧善麟中一人，具體時間無法確定，根據《鄧華熙日記》記載，鄧華熙母親李氏太夫人同治十二年十二月十一日（1874 年 1 月 28 日）葬於鳳凰山，可知不會早於 1874 年。根據《順德龍山鄉鄧氏族譜》記載，龍山鄧氏家族始祖繼智公、妣廖氏合葬於金紫峰鐵爐崗，二、三、四、五、六世祖葬於金紫峰后園崗，七、九、十世祖葬於大榨，八世祖葬於二榨，十一世祖葬於沙富蛟坑里肚圓，十二、十三、十四世祖葬於夾利洲，十五世祖葬於牛眠，而鄧华熙死後並没有歸葬龍山，而是葬於省城廣州白雲山麓。

# 第三章　家書往來

本章輯録鄧氏家書共31通，其中27通爲鄧華熙致其子鄧本逵之書信，其餘分別爲鄧蕃熙與鄧本逵叔侄間、鄧本逵與鄧善麟兄弟間、鄧本逵與其妹夫郎舅間的書信往來。該批書信最早始於光緒二十五年（1899，時鄧華熙73歲），一直持續至民國四年（1915，時鄧華熙89歲）。通過研究書信内容，我們可以瞭解晚清至民國初期的時政，尤其是兩廣、香港、澳門等地的局勢，還能一窺晚清重臣鄧華熙於子孫教育與家族經營方面的見解。

本章所收録書信内容除家常事理外，還涉及清末民初的一些著名歷史事件，諸如廣東各界維護西江緝捕權鬥争、廣東官紳籌備諮議局、庚戌廣州新軍武裝起義、建設象山軍港、上海票號源豐潤倒閉、浙江省禁賭、廣州辛亥『三·二九』起義、發行鐵路公債等，均散見信中。鄧華熙身爲清朝遺老，歷經時政變局，對此頗多感慨。除却談論時事外，書信中更多是鄧華熙對子孫們的關心，大至婚姻仕途，小至餐飲時令，事無巨細，俱悉心教導，展現他身爲家族長者脉脉温情的一面。

此外，信中提及多位晚清重臣、地方豪紳，有『晚清中興四大名臣』之一、洋務派代表人物張之洞；中國近代最早具有完整維新思想體系的理論家、啓蒙思想家鄭觀應；李鴻章淮系集團重要影響人物周馥；時任兩廣總督張鳴岐、廣州將軍景澧、增祺；清末廣東諮議局議長、金石書畫收藏家易學清；廣東近代著名教育家暨中醫學教育家盧乃潼等。讀者可結合本書第四章所輯友人致鄧氏家族書翰，進一步瞭解這些在中國近現代史産生了深遠影響的人物間的關係與來往。

三月初四寄諭已接到。兹閱三月廿八來字，知任家樓亦甚
便當。省費此時不必忙速來皖，自可稍遲。俟五結及海運
等了妥，撫局當然後隨時來省。到寧如皖北二麥有收，
秋間一律肅平，閱兵須先後方能交卷。收票務與前諸部
示尚未准。霞到鑄銀局，三月附鑄甚旺，每月有十萬左右。吳提
夜工小圓已通行，惟印花機少，前月致函粵東譚陸兩公借印
花器三副，現已允借，派龍丞往運回皖。談局似漸有起色。
長官進謁幾次，有無教訓之言，意向何如，此間有無詢及效
知其概耳。鄂文令京師搭銅制錢一節，浙省如何辦法，即探
明敬知大略。惟皖中商賈市上皆用毛錢，其中每串不得制錢
二成，即毛錢亦無處可得。鉅萬串恐難速辦。皖北賑務已有
八成，工夫義賑紳董亦有十餘人到彼，得添數萬義款，甚為
得力。如麥秋成熟，賑務當可先後也。此諭儀兒知之。

四月初六日

甚欲保舉將才二三人，如李南華之類，如五字無事可做，一奏奉帽頂

## 鄧華熙致鄧本逵家書（1899年）

横22.9厘米，縱22.4厘米

**録　文：**

三月初四寄諭，當已接到。玆閱三月廿八來禀，知住客棧亦甚便當省費，此時不必忙速來皖，自可稍遲，俟互結及海運等事安排妥當，然後隨時禀商酌定。如皖北二麥有收，秋間一律康平，閲兵須告竣，方能交卷股票移獎，前請部示，尚未准覆到。鑄銀局二三月附鑄甚旺，每月有十萬左右，多趕夜工。小圓已通行，惟印花機少。前月致函粤東譚、陸兩公借印花器三副，現已允借，派龍丞往運回皖，該局似漸有起色。長官進謁幾次？有無教訓之言？意向何如？此間有無詢及？欲知其概耳。部文令京餉搭解制錢一節，浙省如何辦法？即探明，欲知大略。惟皖中商賈市上皆用毛錢，其中每串不得制錢二成，即毛錢亦無處可得。鉅萬串恐難照辦。皖北賑務已有八成工夫，義賑紳董亦有十餘人到，彼得添數萬義款，甚爲得力。如麥秋成熟，賑務當可告竣也。此諭。儀兒知之。四月初六日。

甚欲保舉將才二三人，如李南華之類，如在寓無事，可做一奏章帽頭。

**題　注：**

此爲1899年鄧華熙致鄧本逵家書。時年鄧華熙任安徽巡撫，皖北歉收，信中告知其子皖北賑務事宜。

猶究厭現已動工此事既成於心乃安所費頗鉅余亦得不然

也粵垣水土近熱體質頗宜似較滬爲安適耳此論

此次由杭來信二月誤寫三月以還之牘此等

處閱係要緊要確宜事事留心

三月初一日接二月十八日自杭垣來函喜悉吾兒本無署理

處州同知取道水程乘轎至溫州換船至處州耶其路

便一路平安得如張童爲宜謹慎只候補人員無論委以何

缺便做不若在部上司最看得高吾兒所見甚是可

至院看及蒸蕩有佐雜議部曹將其記過兒前記

得知府未曉何人須知袁共濤看其人如何耳亦須

見錢而爲如係此人見上司必道同事之好而無擬忌之心

所謂爲不福果爲家有餘也到後湲光景何如詳細函說

## 鄧華熙致鄧本逵家書（1905年）

横18.7厘米，縱22.7厘米

**録　文：**

祖先廳現已動工，此事既成，於心乃安，所費頗鉅，亦不得不然也。粵垣水土近熱，體質頗宜，似較黔、滬爲安適耳。此諭。

此次由杭來信，二月誤寫三月，如遇公牘，此等處關係亦緊要，確宜事事留心。

三月初一日接二月十八日自杭垣來函，喜悉吾兒奉委署理處州同知，取道水程，乘輪至温州，換船至處州，取其妥便，一路平安。婦女孩童，各宜謹慎。凡候補人員，無論委以何缺便做，不爲巧卸，上司最看得高，吾兒所見甚是。予在皖省及蘇藩，有佐雜諉卸，曾將其記過，兒當記得。知府未曉何人，須和衷共濟，看其人如何耳。亦須見幾而爲，如係好人，見上司必道同事之好，而無嫉忌之心，所謂爲福不足，爲害有餘也。到任後光景何如，詳細函説。

**題　注：**

此爲1905年鄧華熙致鄧本逵家書。該年二月，鄧本逵被委以浙江處州同知一職，鄧華熙信中對其爲政之道予以關心指點。信中所言『祖先廳現已動工』指鄧華熙於光緒三十一年（1905）在廣州西關多寶大街（今多寶路）新建的宅居，世人稱作鄧宮保第。

## 鄧華熙致鄧本逵家書（1905年）

信封：横7.2厘米，縱15.2厘米；
信共3頁，均爲：横14.3厘米，縱24.9厘米

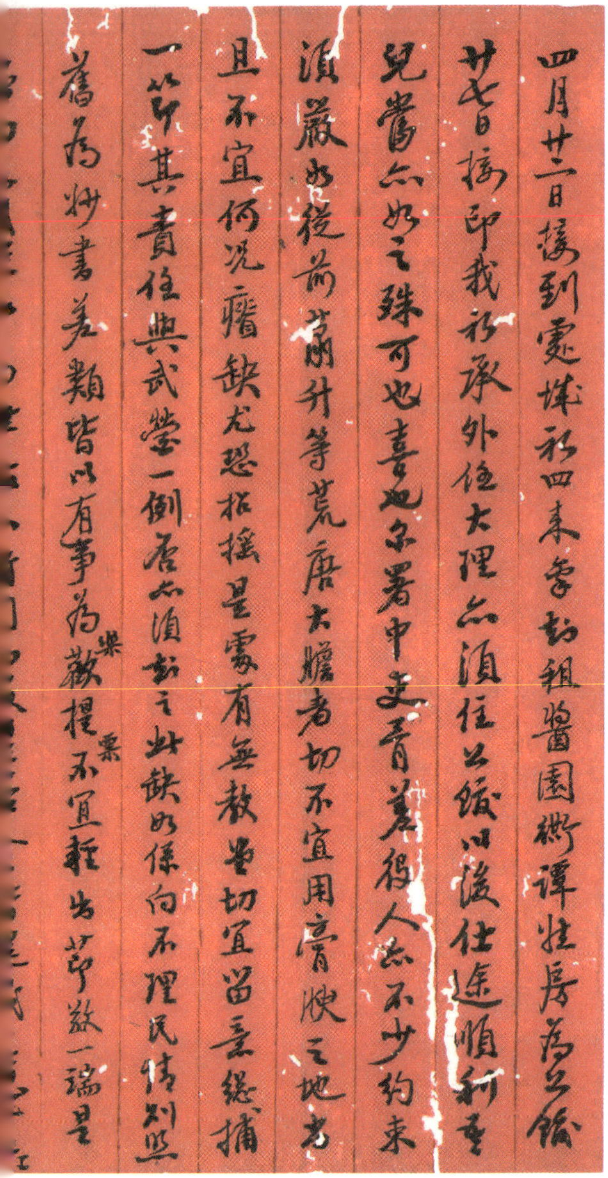

封寄逵兒領啓

### 録文：

封寄逵兒領啓

四月廿二日接到處城初四來稟，知祖醬園街譚姓房爲公館，廿七日接印。我初承外任大理，亦須住公館，以後仕途順利，吾兒當亦如之，殊可喜也。爾署中吏胥差役人亦不少，約束須嚴，如從前蕭升等荒唐大膽者，切不宜用。膏腴之地，尚且不宜，何況瘠缺，尤恐招摇。是處有無教堂，切宜留意。總捕一節，其責任與武營一例否？亦須知之。此缺如係向不理民情，則照舊爲妙，書差類皆以有事爲樂。提票不宜輕出。節敬一端，是否由各州縣作爲津貼本衙門而設？是否人人皆送？歲歲皆然？任任皆收？此須斟酌，不然可以却之，使人知世家治譜，究竟高人一著，捨微物而大有補於聲名，不可忽也。諸孫功課在乎有恒，不宜操切，萊孫更當如此。能酌量教小學體操更爲有益，拍皮球、投竹圈等件尚練習否？飽飯後更不宜就坐誦習也。俗師但知嚴而後道尊之語，是教者之拘迂也。萊孫向所習西國語言文字，要時常誦習勿忘。此處如有習西學者更好。煌煌明詔，各府州縣皆設學堂，是處能不興辦乎？祖先廳現已動工，大約六月可以告成，工料比前倍貴，不能不辦，惟期心安理得耳。入春以來，一連三閲月不晴，不能插秧。望到晴霽，今又半月不雨，烈日當空，秧苗盡槁，早造不知有幾成？盗匪之猖獗，會城外數里即遭搶擄，蔡家清明拜掃，前行者竟被褫衣，

後行者留意提防，始得幸免。似此者有數起，世事如斯，大局何堪設想！惟望年穀順成，則目前尚可耳。此諭。四月廿三日。處州信郵寄，須廿日始到。

温處在赤道之南，氣候較爲炎燠，孩童更不宜飲酒。我自南旋後，一點不能飲，香餅酒亦不敢嘗，不知冬候能少飲否耳？萊孫前時間有牙衄，今當全止，肛頭亦無毛病。未曉處中水土何如？諒相宜也。現時大章學殖中西，皆勝大萊。爾爲升斗奔馳，幼輩課程不免作輟，然學業實爲切要，將來基礎，皆在此也。

**題注：**

此爲1905年鄧華熙致次子鄧本逵（儀）家書。1905年鄧本逵（原名鄧本儀，溥儀登基後爲避諱，改名鄧本逵）赴任處州同知，鄧華熙對其上任諸事及其孫教育之事予以叮囑。信中感嘆氣候乾旱，盜匪橫行，擔心作物歉收進一步加劇時局動蕩。又介紹了自己最近的身體狀況，比剛回到廣州的時候要好，同時提醒鄧本逵要注意子女的學習。信中提到『南旋』，指鄧華熙從貴州卸任回廣州。

# 鄧華熙致鄧本逵家書（1906年）

信封右一：橫6.1厘米，縱13.4厘米；信封右二：橫7.3厘米，縱16.1厘米；信封右三：橫7.3厘米，縱14.9厘米；信封右四：橫7.3厘米，縱14.8厘米。信件：橫23.2厘米，縱22.4厘米。

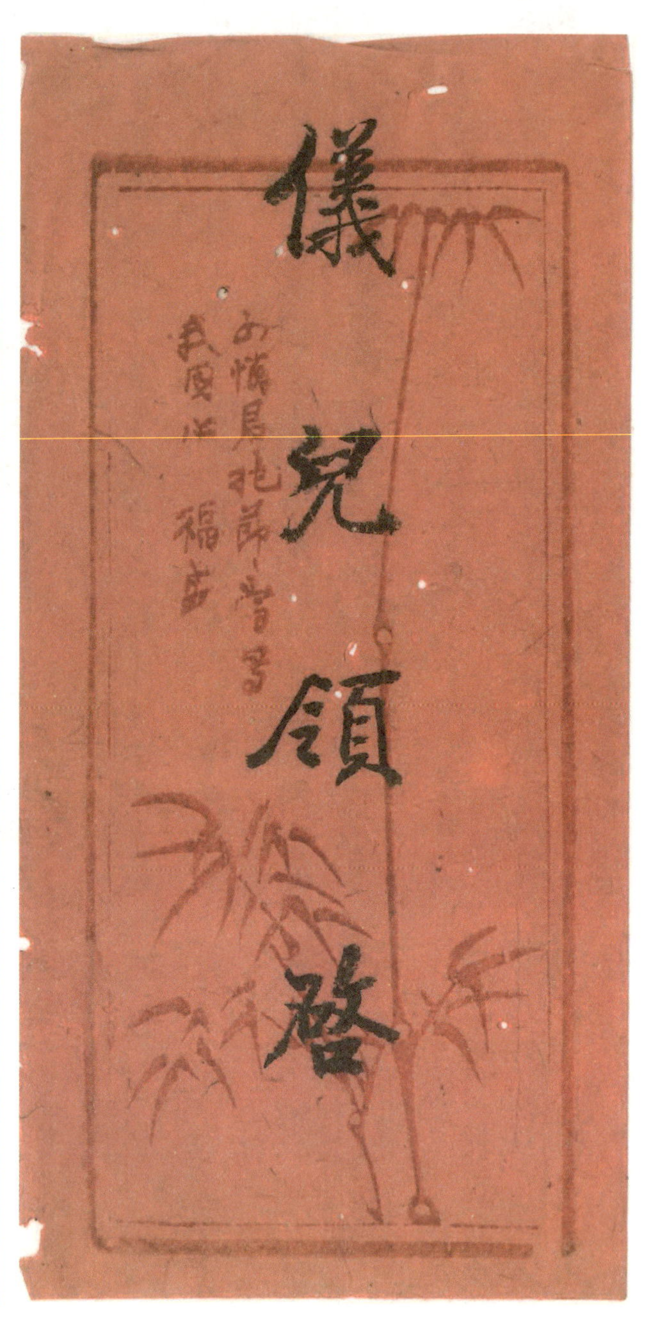


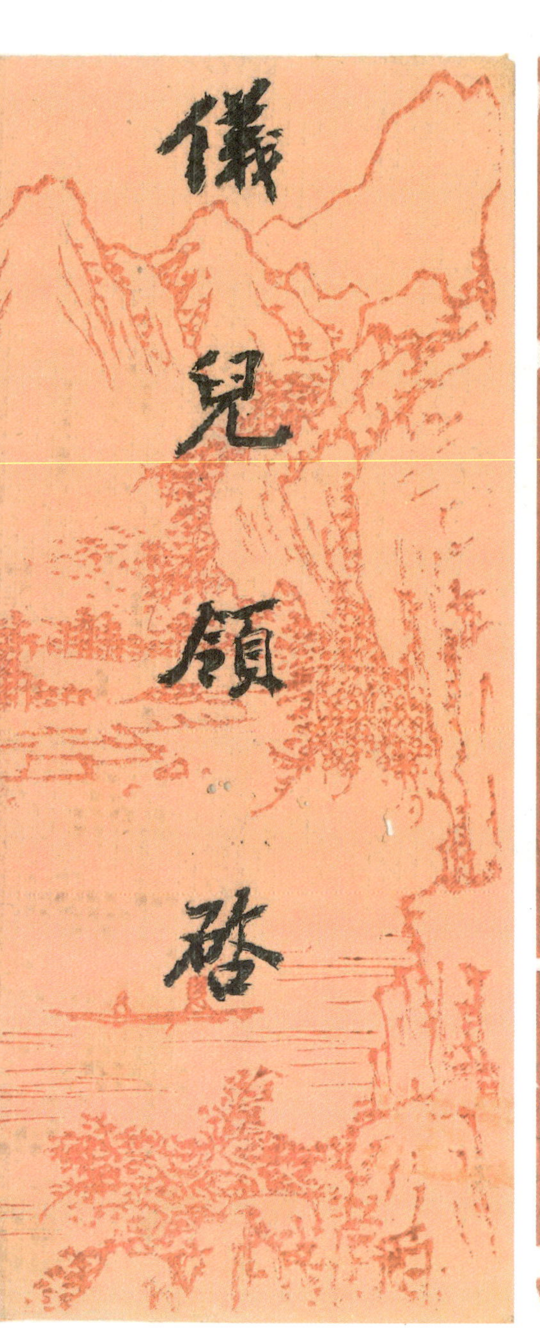

仁壽
速寄
逵兒領啓
孟秋二日

吉祥
封寄
逵兒領啓

前年知台州之缺未得補，沅保截取三項壓班之缺，且大有情面，不補亦在意中。家們多能奪標，海運差能好願否？若須北上，眷屬在省託其照料者誰人？當有相將者到時函知。韶孫四書已讀完否？在省亦勿容廢學也。章孫現入學堂，近日學堂習氣俱不甚佳，惟須擇其善者而從之。至體操及各科門徑，非學堂不能略知其概。可家居景況元兒當詳言之。沅鮮長策，亦非樂土，大局騷擾非常，幾於民不聊生，惟望官清民樂四字，此則須俟黄河之清耳。余兄弟俱添女丁，真所謂同氣連枝也。以後添男，尔理當如是矣。現余與親友七八人聯一茶會，十條日一叙，藉此消閑，以結親友之情，不至疏冷，亦家居所不可少之事。惟同局者頗難其人，年子性情甚滞，易生感觸，憶及前事，忽又悲從中來，殊不可解。看書寫字又不能久，無所消遣也。父字諭備兒知之

七月廿三日

## 録文：

儀兒領啓

儀兒領啓

封寄逵兒領啓

速寄逵兒領啓　孟秋二日

前禀知台州之缺未得補，既係截取三項壓班之缺，且大有情面，不補亦在意中，我們焉能奪標？海運差能如願否？若須北上，眷屬在省，託其照料者誰人？當有相好者，到時函知。韶孫四書已讀完否？在省亦勿容廢學也。章孫現入學堂，近日學堂習氣俱不甚佳，惟須擇其善者而效之。至體操及各科門徑，非學堂不能略知其概耳。家居景況，元兒當詳言之，既鮮長策，亦非樂土，大局騷擾非常，幾於民不聊生，惟望『官清民樂』四字，此則須俟黄河之清耳。爾兄弟俱添女丁，真所謂同氣連枝也。以後添男，亦理當如是矣。現余與親友七八人聯一茶會，十餘日一叙，藉此消閑，以結親友之情，不至疏冷，亦家居所不可少之事，惟同局者頗難其人耳。予性情甚滯，易生感觸，憶及前事，忽又悲從中來，殊不可解。看書寫字又不能久，無所消遣也。父字，諭儀兒知之。七月廿三日。

## 題注：

此爲1906年鄧華熙寄鄧本逵家書，關心鄧本逵官職升遷、孫輩學業等家事。時年四月初四(4月27日)鄧善麟得女，同年閏四月初二（5月24日）鄧本逵也得一女，故文中提及『爾兄弟俱添女丁』。信中感嘆時局動蕩，民不聊生，觸景生情。韶孫，即鄧本逵次子大韶。章孫，即鄧善麟之子大章，學名賓珍。

昨接戴少翁來信並致大樓之函未
知能得力否耳大凡得有佳差若柰
必多撓阻辭之最好如或謀用恐將來波
此無益可不慎乎現時將屆年関收
數當有起色蒸至數月諒可知其大概
唯望突過前人則尤為出色粵中因
與英人爭西江緝捕權百川沸騰不
知至於胡底名處報紙皆言論此事想
浙中必得寓目也餘事元兒詳言之教書
先生是否仍在此館授讀韶孫可有進步
當知識漸開時正宜教導趨向局能任養
吾以上海貨捐局今甚便當吾兒自調養
復元後氣體當更充盈暇時當可涉獵
政治等書以期醒豁閱古今通鑑經濟文章
皆備當字今各省報紙時事不可不流覽耳此論

# 鄧華熙致鄧本逵家書（1907年）

橫25厘米，縱20.3厘米

## 録文：

昨接戴少翁來信，并致大樹之函，未知能得力否耳？大凡得有優差，薦條必多，婉詞辭之最好，如或誤用，恐將來彼此無益，可不慎乎！現時將届年關，收數當有起色，辦至數月，諒可知其大概，唯望突過前人，則尤爲出色。粵中因與英人争西江緝捕權，百川沸騰，不知至於胡底。各處報張皆言論此事，想浙中必得寓目也。餘事元兒詳言之。教書先生是否仍在公館授讀？韶孫可有進步？當知識漸開時，正宜教導。釐局向能住眷否？如上海貨捐局則甚便當，吾兒自調養復元後，氣體當更充盈。暇時當可涉獵政治等書，以期醞釀。閲古則通鑒、經濟、文章皆備，當今則各省報張時事不可不流覽耳。此諭。長至前三日。

## 題注：

此爲1907年鄧華熙致鄧本逵家書。信中對孫子的教育十分關心，並叮囑其子也要讀書閲報。信中所提『與英人争西江緝捕權』爲1907年廣東各界維護西江緝捕權鬥争。

三月初十日接到自杭發來喜電欣悉
恩賞宮銜實深榮幸至十四日始得張安師抄
來 電諭乃知 恩旨早於初四日明發而廣報遲
十四日始知十一日長沙堯師亦有賀電來省中
須俟安師接到部文咨照方能具摺謝
恩并兒可即擬定奏稿作速寄粵以便繕寫如能
將王相奏稿抄閱尤易照辦省閣王係自行
發遞我若借用安師關防包封附其摺差代
遞似亦可行不知王處如何發遞耳速即回信
為要明日先與安帥商量如何餘事由元兒函
詳載此諭

三月十五日

# 鄧華熙致鄧本逵家書（1908年）

橫18.1厘米，縱22.4厘米

**録　文：**

三月初十日接到自杭發來喜電，欣悉恩賞宮銜，實深榮幸。至十四日始得張安帥抄來電諭，乃知恩旨早於初四日明發，而廣報館十四日始知，十一日長沙堯帥亦有賀電來省中，須俟安帥接到部文咨照，方能具摺謝恩。吾兒可即擬定奏稿，作速寄粵，以便繕寫。如能將王相奏稿抄閲，尤易照辦。前聞王係自行發遞，我若借用安帥關防包封，附其摺差代遞，似亦可行。不知王處如何發遞耳？速即回信爲要。明日先與安帥商量如何，餘事由元兒函詳載也。此諭。三月十五日。

**題　注：**

此爲1908年鄧華熙收到自己被賜太子少保銜消息後給鄧本逵的家書，商量讓鄧本逵擬定謝恩奏摺草稿，寄到廣州給鄧華熙修改後再上奏朝廷的安排。

張安帥，指時任兩廣總督張人駿（1846—1927），原字健庵，改爲千里，號安圃，晚號湛存居士。

堯帥，指時任湖南巡撫岑春蓂（1868—1944），字堯階，又字瑞陶，號馥莊。

此次　天恩高厚，泰晉崇銜，同鄉亦紳親友均為心慶，賀
幛聯滿座，賓客盈門，此孫老人樂事，亦幸事也。欣賞爾兩人壽
紅縐紬花料各一端，取各壽將來滿篡之兆。謝　恩摺已於四月
十四日偕和廣總督團防摺並發，摺稿兹寄兒看來，各稿略有
增刪，不多用。王稿山字面以免數見可寄看。俟批摺回來，擬即刊派進
前潘相國及伯寅者，查皆有此舉。現在辦差之事，未多用度，甚繁，然不
得不爾也。宋公祠公情者審各事，元兒詳啟。此諭。四月廿二日

# 鄧華熙致鄧本逵家書（1908年）

橫12厘米，縱22.6厘米

**録　文：**

此次天恩高厚，忝晋榮銜，同鄉官紳親友，均齊心慶賀，幛聯滿座，賓客盈門，此係老人樂事，亦幸事也。欣賞爾兩人棗紅紵紬袍料各一，端取爾等將來濟美之兆。謝恩摺已於四月十四日借兩廣總督關防拜發，摺稿較吾兒寄來各稿略有增删，不多用王稿字面，以免數見，即寄看，俟批摺回奉，擬即刊派，從前潘相國及伯寅尚書皆有此舉。現在酬答之事尚多，用度甚繁，然不得不爾也。采翁交情尚密，各事元兒詳叙。此諭。四月廿二日。

**題　注：**

此應爲1908年鄧華熙在受封太子少保後給鄧本逵的家書。信中喜慶之情溢於言外，鄧華熙賞賜了兩個兒子各一卷紅布料以共享聖恩。

潘相國，即潘世恩（1770—1854），初名世輔，字槐堂，號芝軒，官拜體仁閣大學士、武英殿大學士，領太子太傅銜。

伯寅尚書，即潘祖蔭（1830—1890），潘世恩之孫，字在鐘，小字鳳笙，號伯寅，亦號少棠、鄭盦。官至太子少保，光緒十六年（1890）病故，謚號文勤，贈太子太傅。

本朝定例止許立一繼室，不能再三封典。爾能今

爲庶室陳氏請封，可將爾知府本官捐四品封

典。爾母吳氏既有一品封，四品封誥既無所用，自可貤（即於協同慶存項支用）

封庶母陳氏。我不惜此小費，趁此時可加覃恩

字樣，將來遇有喜慶事，陳氏亦嘗自可榮耀，

爾亦我之榮耀，可遂我願也。我從前在京應時多逢

恩詔，必有封典，部不用捐，只須領軸。應次恩詔，

陳封父母外，豈可虛懸？遂將貤封父母，只須

領軸數金，是以樂俞。公本係族姓，爾已得四品

封典，便宜不用捐封耳。爾抗貤封庶母，爾必常

領本身妻室請軸，固請軸相連也，不加級，所費

無幾，不必惜也。達孫孫之此諭　十月十三日

## 鄧華熙致鄧本逵家書（1908年）

共2頁，其一：横12厘米，縱22.6厘米；其二：横12厘米，縱22.5厘米

**録　文：**

本朝定例，止許立一繼室，不能再三，封典亦然。今爲庶室陳氏請封，可將爾知府本官捐四品封典。爾母吴氏既有一品封，四品封誥既無所用，自可貤封庶母陳氏，我不慳此小費（即於協同慶存項支用），趁此時可加覃恩字樣，將來遇有喜慶事，陳氏衣裳，自可榮耀，亦即我之榮耀，可遂我願也。我從前在京官時，每逢恩詔，必有封典，都不用捐，衹須領軸。屢次恩詔，除封父母外，豈可虛懸，遂將貤封叔父母，衹須領軸數金，是以樂俞公本係族叔，亦已得四品封典，便宜不用捐封耳。爾既貤封庶母，亦必帶領本身妻室誥軸，因誥軸相連也。不加級，所費無幾，不必慳也。速辦速辦！此諭。十月十二日。

**題　注：**

此爲1908年鄧華熙寄鄧本逵家書，交代爲妾陳氏請封的具體操作方式。鄧華熙的妻子吴氏此前已受封一品誥命夫人，鄧華熙建議將鄧本逵的四品封典給陳氏。鄧華熙任京官時，將封典給予父母和族叔，建議鄧本逵按此盡快辦理。

樂俞公，即鄧華熙二叔。咸豐十一年（1861），鄧華熙領十年萬壽封典。由員外加一級，封正五品。父爲奉政大夫，母爲宜人。鄧華熙將本身、妻室封典贈二叔父、叔母。

十一月初三接到十月廿七郵函洎黑安西各物收到
捐封已交嘉何二公前因閱日報見捐例減半有截止
之條向歎陳氏得券恐改例減數較多過值之兒注
良急即寄函往寓係得速辦今已趕及誠幸事也此次
隆裕皇太后崇上徽號郵電現在各省督撫提鎮例有賀
表者並辦不用加賀摺現總督撫且無賀摺其餘大
員可想而知想是因賀摺事內必有
皇上安摺紅裏不合時宜是以豁免陸妻江住址何處於
唐會面人極厚道為我致意委赴台溫等處
調查物品是否親身前往臟和閱展覽會去何處
亦可一開眼界此等事當無棘手之處作遇事須謹
慎小心奔走煩勞必不免年叔瀾當即幕賓之號聯畫
寫就時遇便即寄此諭

冬至月初四日

## 鄧華熙致鄧本逵家書（1908年）

横23厘米，縱22.5厘米

**録文：**

十一月初三接到十月廿七郵函，得悉皮衣各物收到，捐封已辦，喜如何之。前因閲日報，見捐例減成有截止之條，向欲陳氏得封，恐改例成數較多，適值元兒往良，急即寄函往寧，你得速辦，今已趕及，誠幸事也。此次隆裕皇太后崇上徽號，部電現任各省督撫提鎮例有賀表者照辦，不用加賀摺。現任督撫且無賀摺，其餘大員可想而知，想是因賀摺封内必有皇上安摺紅裏，不合時宜，是以飭免。陸春江住址何處？能否會面？人極厚道，爲我致意。委赴台、温等處調查物品，是否親身前往？臘初開展覽會在何處？亦可一開眼界。此等事當無棘手之慮，惟遇事須謹慎小心，奔走煩勞，必不免耳。叔瀾當即幕賓之號，聯畫寫就時遇便即寄。此諭。冬至月初四日。

**題注：**

此爲1908年鄧華熙致鄧本逵家書，得知妾陳氏誥封已到，十分高興。同時提到光緒駕崩，可給隆裕皇太后上賀表，賀摺由於要有給皇上的請安摺，可參照各總督巡撫的操作不用上。信末囑託鄧本逵辦事須小心謹慎。

隆裕皇太后（1868—1913），葉赫那拉氏。光緒三十四年（1908），光緒帝駕崩，依宣統帝之命被尊爲隆裕皇太后，上徽號『隆裕』，史稱隆裕皇太后，是清朝最後一位皇太后。

陸春江，即陸元鼎（1839—1910），字春江，號少徐。歷任江寧知縣、江蘇布政使、漕運總督、湖南巡撫、浙江學務公所議長。

正月十八接景世兄郵寄一函來，晚另有寄杭之信否？無論有無，

垂兒出書寄一函與他云，我已將渠信寄示，便覺周到。昨晤週

警道湘帆（景世四川人，秉恩弟）函談王弟臣已於去年十一月初九日在川接

印，許久寄（無）晤字，以王與景比較，則景之性去可是平正人，類屬代公情，

究竟不同。垂兒所須另寄字函為（週折）元兒在粵中國無有來第能公劃人

至物所（六）須函知之。元兒字商家計以置宦業為穩當，亦是長久之策，

有合式者，酌量置之。為今年浙省新漲之長，言系於穫上信度之道

祠如信來可詳敘。粵省現經大吏照章延請諮議局籌議置抽此

事，頭緒紛繁，亦毫無把握，將來紳議亦難為宗旨，則其權仍在而已，

可人云亦云，不擔責任，將來有無結果，未可預料。我近日神思筋力漸不

如前，健忘尤甚，曠觀人情變幻，世局花花，毫（無）樂趣，皆由不能達（觀）所致，

惟望爾等蒸蒸日上，如春氣之蓬蓬，惟可喜耳。此諭　正月廿六日

附抄

景孫

# 鄧華熙致鄧本逵家書（1909年）

横20厘米，縱25.8厘米

## 録文：

正月十八接景世兄郵寄一函，未曉另有寄杭之信否？無論有無，吾兒亦當寄一函與他，云我已將渠信寄示，便覺周到。昨晤巡警道湘帆（秉必，四川人，秉恩弟）面談，王采臣已於去年十一月初九日在川接印，許久尚無片字。以王與景比較，則景之情長，可見平正人類，屢代交情，究竟不同，吾兒必須另寄稟函爲週到。元兒在粤中，因有東翁託交別人之物，亦須函知也。元兒稟商家計，以置實業爲穩當，亦是長久之策，有合式者，酌量置之爲妥耳。浙省新涖之長官，爾於獲上信友之道何如？信來可詳叙。粤省現經大吏照章延請諮議局籌議員紳，此事頭緒紛繁，毫無把握，好在紳議官辦爲宗旨，則其權仍在官，祗可人云亦云，不擔責任，將來有無效果，未可預料。我近日神思筋力漸不如前，健忘尤甚，曠觀人情變幻，世局茫茫，毫無樂趣，皆由不能達觀所至。惟望爾等蒸蒸日上，如春氣之蓬蓬，惟可喜耳。此諭。正月廿六日。附抄景信。

## 題注：

此爲1909年鄧華熙寄鄧本逵家書，談論與朋友王秉恩和景灃的交情，同時談及廣東諮議局成立一事。信末感嘆自己年紀老邁，反應遲鈍，寄望兒孫前程錦綉。

王秉恩（約1841—1928），清末藏書家、書法家、金石收藏家，字息存，一作雪岑、雪澄、雪丞、雪城，號茶龕。

景世兄，應爲景灃，正黃旗人，光緒三十三年（1907）年三月至三十四年（1908）十月任廣州將軍。按光緒帝和慈禧太后分別於光緒三十四年十月二十一日（1908年11月14日）、二十二日（15日）先後辭世，景灃聞訊後北上抵京吊唁。次年正月十八，鄧華熙便收到景灃將軍來信。

七月接十一月受第二電，知吾兒因恐吾人所望，遂先馳一電以慰遠懷。惟自接電後至今兩月，尚無第二函，不能不盼。即使忙迫不暇，亦何難乘隙略書數字以報平安，或詳細情形自可俟之三月經歷週詳，然後述之，固不妨遲日。行營事有幕友承辦，吾甚念念。接此信務宜即寄一函，以慰遙想。特諭

九月二十四日亥刻書

# 鄧華熙致鄧本逵家書（1909年）

橫13.6厘米，縱22.6厘米

**録文：**

七月接十一月受篆之電，知吾兒因恐老人盼望，遂先馳一電，以慰遠懷。惟自接電後至今兩月，尚無禀函，不能不盼，即使事繁不暇，亦何難乘隙略書數字，以報平安。至詳細情形，自可俟二三月經歷週詳，然後述之，固不嫌遲。日行公事，有幕友承辦否？甚念甚念！接此信，務宜即寄一函，以慰遥想。此諭。九月初二日亥刻寄。

**題注：**

此爲1909年鄧華熙寄鄧本逵家書。信中提到有兩個月没有收到鄧本逵的信，鄧華熙很是思念。當時鄧本逵在寧波任職。

今年祇接得去年臘月廿六日一函并字画食物等件
收到浙中久未來信迩來光景何如或有差事他適殊
深盼望可即寄一函以慰遠念羊城正月元旦新軍與
警兵交閧軍中革黨有欲乘機起事者幸一閧仗遁
日即受首開炸二日即開差遲一二日四境聞風燎原之勢不
堪設想矣是時西關[illegible]一兵勇且急募百名以安人心於即無
事矣吾幸也請 封之件前信云已交銀請照办誥軸向來
臘月用寶正二月定可領出現时未曉何如信係寄如元兒
現与羅寶臣之子結親以寶臣孫女配章孫其子孝廣
現在新架坡為坐賈聞其生意頗旺羅孝廬均未謀面
即今世界官商不宜偏重韶孫現已成童此後孫兒將嫁類
仍惟冀丁財貴萬萬日進三多叶吉以娛晚景斯最足
樂耳此諭

三月廿三日

# 鄧華熙致鄧本逵家書（1910年）

横20厘米，縱22.5厘米

## 録　文：

今年祇接得去年臘月廿八日一函，并字畫食物等件收到。浙中久未來信，邇來光景何如？或有差事他適？殊深盼望，可即寄一函，以慰遠念。羊城正月元旦新軍與警兵交鬨，軍中革黨有欲趁幾起事者，幸一開仗，匪目即受首，閉城二日即開。若遲一二日，四境聞風，燎原之勢不堪設想矣。是時西關無一兵勇，祇急募百名，以安人心，旋即無事，亦甚幸也。請封之件，前信云已交銀號照辦。誥軸向來臘月用寶，正二月定可領出，現時未曉何如，信便寄知。元兒現與羅寶臣之子結親，以寶臣孫女配章孫，其子孝廉，現在新架波爲坐賈，聞其生意頗旺，羅孝廉均未晤面。即今世界，官商不宜偏重。韶孫現已成童，此後孫兒婚嫁頻仍，惟冀丁財貴蒸蒸日進，三多叶吉，以娱晚景哉！最足樂耳。此諭。三月廿三日。

## 題　注：

此爲1910年鄧華熙致鄧本逵家書，提及陳氏誥封和孫子結親之事。信中所提『新軍與警兵交鬨』爲廣州新軍起義，又稱庚戌廣州新軍之役。

## 鄧華熙致鄧本逵家書（1910年）

共2頁，其一：横15.9厘米，縱22.5厘米；其二：横16.4厘米，縱22.5厘米

### 録文：

四月廿二、廿三郵函電報均接，喜甚。約計可獲幾久。桑觀察請假有無期限？有無回任之意？目下情景如何？殊難遥測。浙省知府外補幾缺，曾任實缺人員能望補否？必得補缺，路途始通。薩軍門派辦象山軍港。將來若議定，到時或有事交派，由此習熟，未嘗無補。現爾一人而握三印，事繁可知。凡事小心勤慎，必保平安。寧波本缺，是否即劉海臣有意回任否？前稟言及瓜欲求交卸，是又何意？昨閲報紙，見顔方伯已開缺，去一舊交，少一他山之助，殊令人意索也。我近來老境健忘，思慮不能週匝，鄉里省垣諸事不能擺脱，祇令元兒出而效勞，爲他人作嫁衣，殊無裨益。應酬之費，日不暇給，真覺無謂。（書至此，適得吾兒六月廿五日來稟，詳閲一切。）欲求增將軍再向中丞説項，留守到粵後，與我意見相投，常有來往。惟託留守致函説項之後，吾兒既知署缺亦藉留守之力，何以未見吾兒致

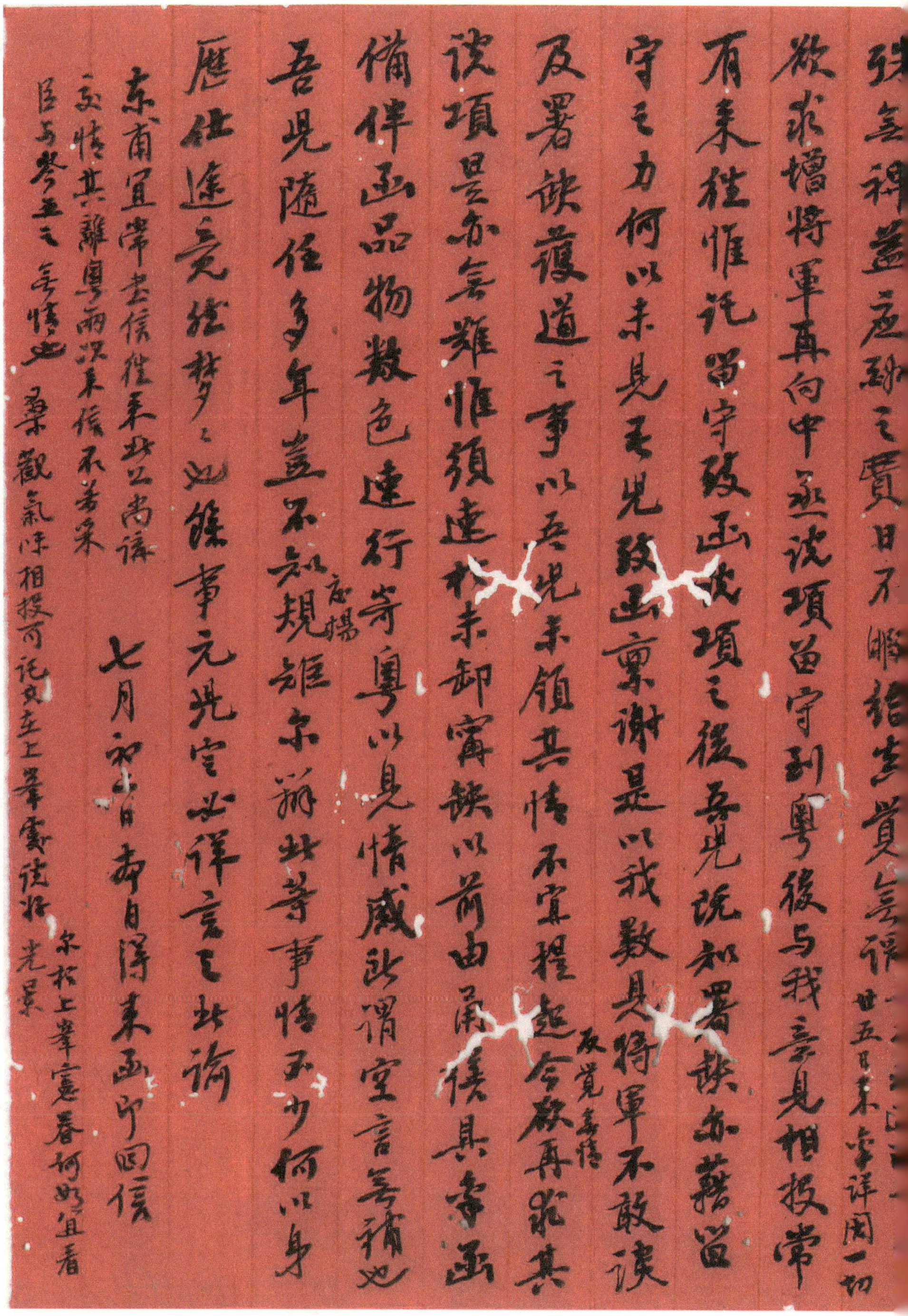

函稟謝，是以我數見將軍不敢談及署缺護道之事，以吾兒未領其情，不宜提起，反覺無情。今欲再求其説項，是亦無難，惟須速於未卸寧缺以前，由甬繕具稟函，備伴函品物數色，速行寄粵，以見情感，所謂空言無補也。吾兒隨任多年，豈不知官場規矩。爾辦此等事情不少，何以身歷仕途，竟然夢夢也。餘事元兒定必詳言之。此諭。七月初二日。本日得來函即回信。

東甫宜常書信往來，此公尚講交情，其離粵兩次來信，不若采臣與岑五之無情也。

桑觀氣味相投，可託其在上峰處説好。

爾於上峰憲春何如？宜看光景。

**題注：**

此爲1910年鄧華熙致鄧本逵家書，對其子爲官之事予以指點教導。『薩軍門派辦象山軍港』，指1909年鄧華熙奉旨協同提督薩鎮冰赴各省勘查可設軍港之地。

七月初二寄函諸事已詳，末見寄復甚盼。增將軍

情誼極其真切，無逢時節必有饋贈，爾當備浙中

土物數種，不論貴賤，是意便得，美廣[东]物產不能見

意，還須署中印封。并此諭

八月十四日

余貴對增又言爾要有年帖寄他，惟未到之言

## 鄧華熙致鄧本逵家書（1910年）

横 11.7 厘米，縱 23 厘米

**録　文：**

七月初二寄函，諸事已詳，未見禀復，甚盼。增將軍情誼極其真切，每逢時節，必有饋贈，爾當備浙中土物數種，不論貴賤，見意便得。若廣東物産不能見意，還須署中印封耳。此諭。八月十四日。

余曾對增公言，爾曾有禀帖寄他，惟未到之言。

**題　注：**

此爲鄧華熙寄鄧本逵家書。信中説時任廣州將軍增祺逢年過節都會有禮物贈送，囑託鄧本逵準備浙江的特産回贈，聊表心意。增將軍，即增祺（1851—1919），字瑞堂，伊拉里氏，滿洲鑲白旗人，宣統元年（1909）任廣州將軍，後奉旨署理兩廣總督。

九月十六接來字論及源豐潤倒閉之事，初時粵城頗覺張
皇，後藩司發卅萬以維持市面，又預備數十萬以防民搶取紙
來取現銀，以安民心，又復開鑄毫圓，市面即覺安靜。至西
幫竟不關涉，且能以數十萬合與藩庫應急，則西幫安
穩可知。在吾兒之意，欲着元兒等[illegible]擇利申附洋
幫。既西幫安然，無事自無庸他靈，惟存放既久，係以
置業為佳，而洋幫人地生疏，路途遠涉，雖[illegible]手置業，
又恐歲修難免，現項留存既少，則周轉為難，未知吾兒
有何善法耶？爾與源豐時有往來，未曉有無吃他虧。粵
中肥己受累不少。劉海臣是否須開本缺，兒乃專候
實任人員，例應到單請補，若能得此機會，即補是缺，
則道路已通，最為可喜。百協而靈，久未轉單，得息作本，
一層未留心到，吾兒可令其將近年一文一錢之數開一
總單，俾一目了然，寄回一閱。茲為德澂[illegible]孫長成，
現當擇配，總以粵省人對親為是，常見與外省對親者多
不相宜也。餘事元兒前信已詳，不贅。此諭。十月十三
增將單字函送去，其糧不收，各物後發就章一函再送，已全收。
見面時甚歡，情懷未知，暇時角中光景，不可提及別話

## 鄧華熙致鄧本逵家書（1910年）

橫 32.1 厘米，縱 21 厘米

### 録文：

九月十六接來禀，論及源豐潤倒閉之事。初時粤城頗覺張皇，後藩司發卅萬，以維持市面，又預備數十萬，以防民持官紙來取現銀，以安民心。又復開鑄毫圓，市面即覺安静。好在西幫毫不關涉，且能以數十萬金與藩庫應急，則西幫安穩可知。在吾兒之意，欲着元兒帶單據到申，轉附洋幫。旣西幫安然無事，自無庸他慮，惟存放既久，總以實業爲佳。而洋幫人地生疏，路途遠涉，難於交手置業，又恐歲脩難免。現項留存既少，則周轉爲難，未知吾兒有何善法耳。爾與源豐時有往來，未曉有無吃他虧？粤中肥官受累不少。劉海臣是否須開本缺？兒乃曾經實任人員，例應列單請補，若能得此機會，即補是缺，則道路已通，最爲可喜。百協兩處久未轉單，得息作本一層未曾辦到，吾兒可令其將近年一支一存之數開一總單，俾一目瞭然，寄回一閲，較爲清澈耳。韶孫長成，現當擇配，總以粤省人對親爲是。常見與外省對親者多不相宜也。餘事元兒前信已詳，不贅。此諭。十月十三日。

增將軍票函送去，其始不收各物，後我親筆一函再送，已全收，見面時甚領情，惟未知現時甬中光景，不可提及别話。

### 題注：

此爲 1910 年鄧華熙致鄧本逵家書。信中談及源豐潤倒閉一事，並叮囑兒子張羅孫子結親之事。源豐潤爲晚清寧波著名實業家嚴信厚在上海創辦的票號。

二月十六仲衡遞粤函件均收桂笙等觀示甚相宜現擬易
為物色閨相片新孫氣宇可愛人看見亦喜兒孟漸亦一面選擇唯
睦姻緣濃否耳蓄才讀書雖無同學比研而名師不可
無不論服賈服官總須文義粗通方能出色至將西文西語並
習則往商皆宜成童之年正當力學之時縱不走仕途則
有親友携帶出洋經商亦是一條好路也聞宗叔再立妾當不
可有子久未報弄璋之信予亦盼甚桂瑞壺翁來信已將
國帥回函寄歸來之兒已寄甫補缺有機會再對門李壯之屋以
購為宜吾粤於三月底改易戴（吳）者賭博已於三月朔一律禁
止大害既除惟善後之事頗煩一切須妥設法斷其根株不
容其萌芽再長一則急須填此餉項為數甚巨也未知直浙同鄉
諸公以為何如耳此諭

三月十七日

# 鄧華熙致鄧本逵家書（1911年）

横19.9厘米，縱22.5厘米

## 録文：

二月十八仲衡返粤，各件均收，桂宅對親不甚相宜，現擬另爲物色。閲相片，韶孫氣宇可愛，人看見亦喜，兒在浙，亦一面選擇，惟聽姻緣湊合耳。署中讀書，雖無同學比礪，而名師不可無，不論服賈服官，總須文義粗通，方能出色。若將西文西語並習，則仕商皆宜。成童之歲，正當力學之時，縱不走仕途，則有親友携帶出洋經商，亦是一條好路也。聞爾欲再立妾，當不可省，爾久未報弄璋之信，予亦盼甚。增瑞堂翁來信，已將固帥回函寄來，元兒已寄甬。補缺有機會否？對門李姓之屋以購爲宜，今定於三月底交易矣。東省賭博已於三月朔一律禁止，大害既除，惟善後之事頗煩，一則須要設法斷其根株，不容其萌芽再長；一則急求填此餉項，爲數甚巨也。未知在浙同鄉諸公以爲何如耳。此諭。三月十七日。

## 題注：

此爲1911年鄧華熙致鄧本逵家書。討論孫輩學習與未來前程，表示即使在私塾中讀書也要有名師指點，同時也要學習外文和外國知識，未來可以從商。同時，他對鄧本逵想再立妾的事情表示支持，還想繼續抱孫子。另外，他對浙江省禁止賭博表示相當高興，衹是對善後填補因爲禁賭導致的政府收入減少表示擔憂。

三月初六來函具悉，電燈已收到，惟三數日後換新炤亦無光，未知是機器已壞否耳。昨閱報紙載甬中因漁戶鬧事罷市一段，未曉何如，殊繫念。前函文提及崖僧肇事一節，信來亦均言之。為粵省城三月底至四月初三四數等日黨匪起事，幸早有風聲，即已備預，數日間已撲平，各省報章必詳載哉。惟餘黨根株未淨，風聲鶴唳，時有所聞也。現下西關一帶甚安靜。四月十二日諭

# 鄧華熙致鄧本逵家書（1911年）

橫13.6厘米，縱23厘米

**録　文：**

三月初六來禀具悉，電燈已收到，惟三數日後換新燭，亦無光，不知是機器已壞否耳？昨閲報紙，載甬中因漁户閙事罷市一段，未曉何如？殊繫。會前禀又提及廟僧肇事一節，信來亦均言之爲望。粤省城三月底至四月初三四數日，黨匪起事，幸早有風聲，即已備預，數日間已敉平，各省報章當必詳載。惟餘蘖［孽］根株未净，風聲鶴唳，時有所聞也。現下西關一帶甚安静。四月十二日諭。

**題　注：**

此爲1911年鄧華熙致鄧本逵家書，主要談及『三·二九』起義後廣州城内情況。『粤省城三月底至四月初數日，黨匪起事』，指1911年同盟會在廣州領導的起義，又稱廣州『三·二九』起義。

## 鄧華熙致鄧本逵家書（1911年）

共2頁，均爲：橫15.2厘米，縱22.5厘米

### 録文：

七月初六來禀，十六接到，備悉一切。源豐虧項准入公銷，可謂萬幸。署缺既蒙上峰挽留，不宜固却。官制方將擬改，諸事似可變通。寧府實缺，既是當行出色之人，如上峰肯將他調首府，或補或署道員，則騰出是缺，即以吾兒補寧府，亦順理成章之事，不知能如願否？吾兒相機而爲可也。三月廿九以後，萬般嚴防，猶有水提被炸之事，幸而未成，稍銼其黨鋭氣。聞諸亂黨此時暫且他顧，然根株終未能净，不得不時爲之防，衹有香港最爲近便避地之計。吾兒所云經濟難，人手少，此則實在情形也。明年新方制發表，改補則不防，改署則頗費躊躕耳。吾兒遠宦，瞬已四年，亟思趨庭歡對，知爾誠心，惟宦途機會難逢，大吏既已另眼相看，自必

且東旋，則於前程無礙。若別欲他適，則人地生疏，不如駕輕就熟，吾兒當細酌之。即如元兒在省得一印刷紙局差，事極煩瑣，不過八十辛金，無甚滋味，不同從前分有花紅，元兒必詳述之。存款一節，現存不如實業，現存則權究在人，實業則物權皆在己，天長地久，天不變地亦不變，惟在子孫能守，則穩當不移。當今時勢，更以實業爲宜，惟在物業須求穩妥。現有官田欲購，元兒正在與密友商量，事若有成，當必詳細函知。餘事元兒縷述耳。此諭。七月十八日。

**題注：**

此爲1911年鄧華熙致鄧本逵家書。信中主要叮囑鄧本逵宦途機遇難逢，務必抓住眼下機會，並告誡其子當今時事變幻莫測，存款不如置辦實業。

# 鄧華熙致鄧本逵家書（1911 年後）

共 2 頁，均爲：横 13.5 厘米，縱 22.9 厘米

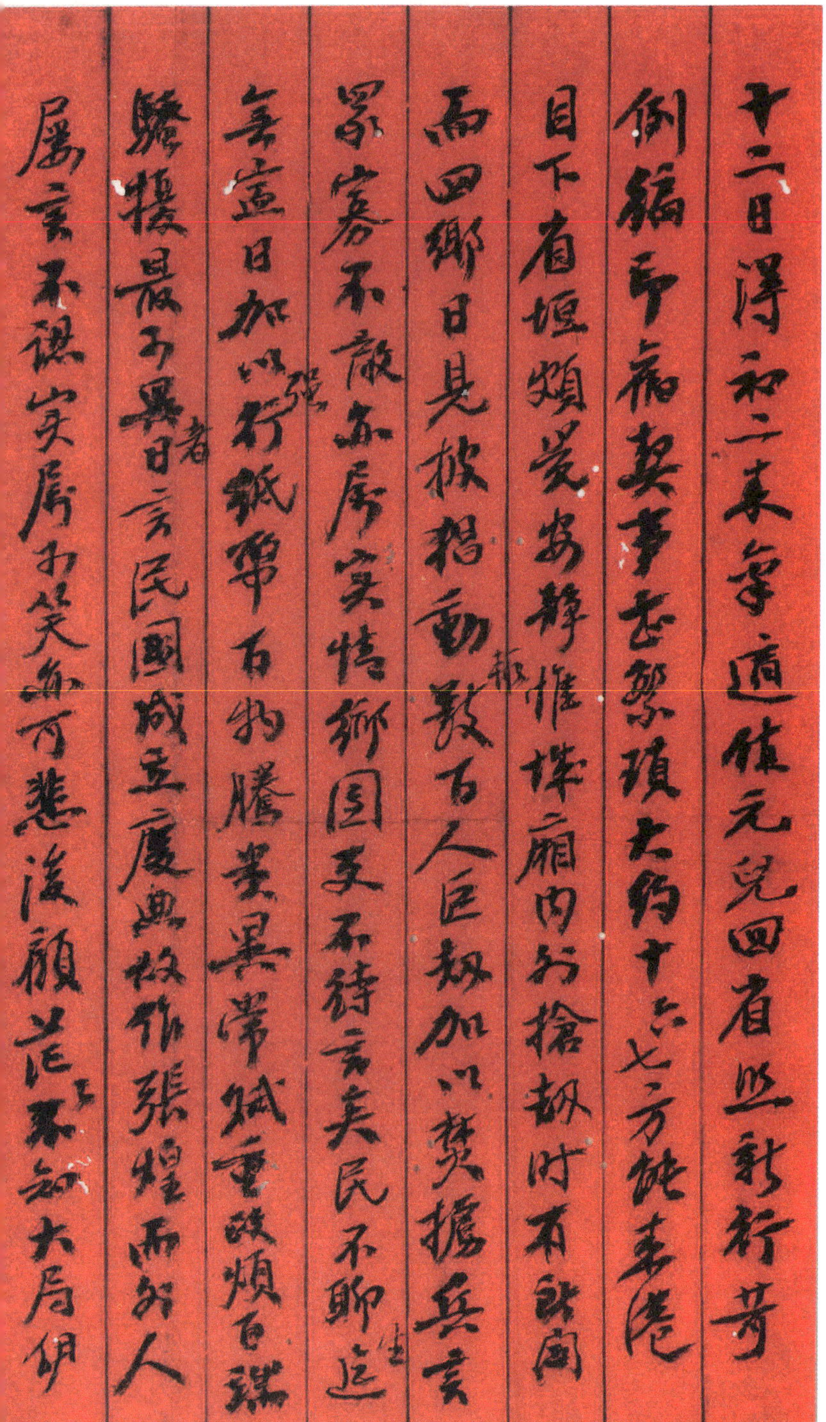

十二日得初二來禀，適值元兒回省，照新行苛例編印舊契，事甚繁瑣，大約十六七方能來港。目下省垣頗覺安静，惟城廂内外搶劫時有所聞，而四鄉日見披猖，動輒數百人巨劫，加以焚擄，兵言衆寡不敵，亦屬實情，鄉團更不待言矣。民不聊生，迄無寧日，加以强行紙幣，百物騰貴異常，賦重政煩，百端騷擾。最可異者，日言民國成立，慶典故作張煌，而外人屢言不認，實屬可笑亦可悲。復顧茫茫，不知大局伊

## 録文：

十二日得初二來禀，適值元兒回省，照新行苛例編印舊契，事甚繁瑣，大約十六七方能來港。目下省垣頗覺安静，惟城廂内外搶劫時有所聞，而四鄉日見披猖，動輒數百人巨劫，加以焚擄。兵言衆寡不敵，亦屬實情，鄉團更不待言矣。民不聊生，迄無寧日，加以强行紙幣，百物騰貴異常，賦重政煩，百端騷擾。最可異者，日言民國成立，慶典故作張煌，而外人屢言不認，實屬可笑亦可悲。復顧茫茫，不知大局伊于胡底耳。香港、澳門亦時有搶劫，因散勇游匪太多，勢所必至，遍無浄土，回省亦費躊躕，想滬上尚爲較勝耳。長春當已全愈回寓，來

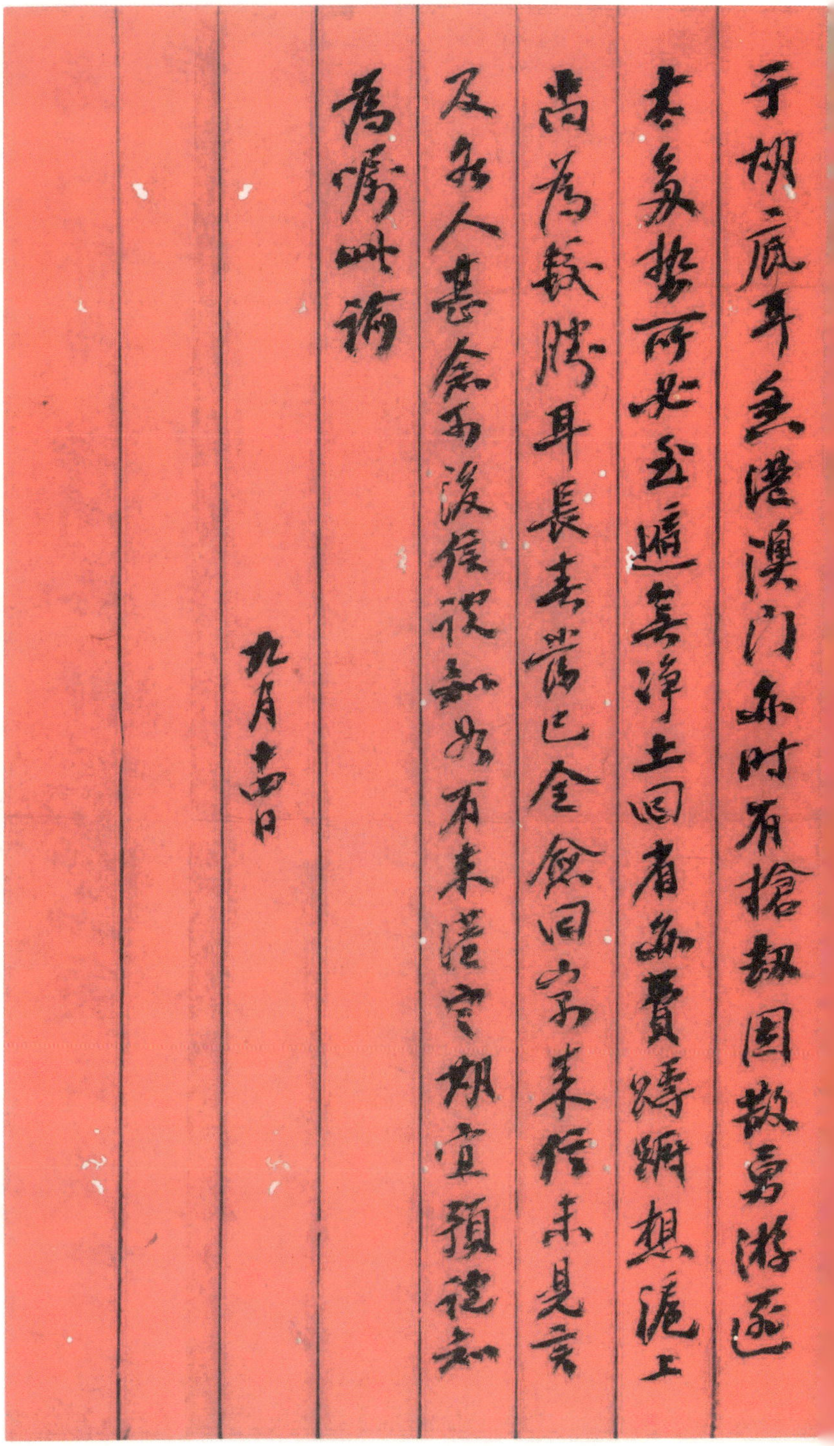

信未見言及 各人甚念可後信説知。如有來港定期，宜預説知爲囑。此諭。九月十四日。

**題注：**

此爲鄧華熙從香港寄給鄧本逵的家書。信中描述民國初期廣州市郊動蕩的時局，經常有數百人的劫匪進行劫掠，連軍隊都無法控制，更没法依賴本土民團。加上民國初年政府濫發紙幣，物價飛漲，百姓生活艱難。香港和澳門也時常發生搶劫，到處都不得安寧。

新春以天氣晴明，連風和暢，可卜人壽年豐。來字知悉。泥工開此天氣和平尉去土膩研仲衡來云，知尔家遂失內助，大凡坤宮逢魁，自有定數，可以自解。惟閏星時適遇鄰居回祿，憫急可知，惟遇險而夷。此後當百凡逢吉耳。粵垣民軍續漸安揮精散歸農，大局粗安，惟匪徒仍有藉端搶劫，日日聞之，此撲目前之患，未能放心。回看振維亦以綑手脚。憲已痊善，庸遠念。餘事元兒信詳叙。此諭

正月廿二日

## 鄧華熙致鄧本逵家書（1912 年後）

横 12.3 厘米，縱 22.5 厘米

**録　文：**

新春香江天氣晴明，恵風和暢，可卜人壽年豐。來稟亦知滬上同此天氣和平，慰甚。去臘許仲衡來言，知爾遽失内助，大凡坤宫逢剋，自有定數，可以自解。惟聞是時適遇鄰居回禄，愀急可知。惟遇險而夷，此後當百凡逢吉耳。粤垣民軍續漸安插，稍散歸農，大局粗安，惟匪徒仍有藉端搶劫，日日聞之，此誠目前之患，未能放心回省居住者以此。予脚患已痊，無庸遠念，餘事元兒信詳叙。此諭。正月廿二日。

**題　注：**

此爲居住在香港時鄧華熙安慰鄧本逵的家書。前一年十二月從許仲衡處得知鄧本逵妻子許氏過世，鄧華熙安慰鄧本逵生死自有定數。同時提到廣東政局初步穩定下來，但仍聽聞每天都有劫匪搶劫，未敢回廣州居住。

舊臘廿二來字具悉新歲港地安靜如常前年五月
間電車事略有風潮今已安然復舊來函言及雌
雄一節非賭檀郎話謝言渠與翼子喬輝均甚習
熟然未嘗稍藉招呼圖謀不外杜工部老人結交
數語彼於賭時面探其情形並能陽見本係古
之學者之流似須再約為覓室藏作長安之游殊無
語耳沙田之件元光言園館及地堂亦晒場一切有原不須深
築自成一小園外只有坦三畝未築現想佃可得四百租
息亦覺相宜元光去信查築均毋庸費事往看但憑
紅契可以交易將來寄糧歸鄧姓戶口便得其以置業
膳於現務行辦妥於事理至合宜約之對親之事由
元光函詳此諭

癸丑新正初四日

# 鄧華熙致鄧本逵家書（1913年）

横24.7厘米，縱22.5厘米

**録　文：**

舊臘廿二日來稟具悉。新歲港地安静如常。前冬至月，因電車事，略有風潮，今已安然復舊。來函言及雌雄一節，昨晤檀郎喆嗣，言渠與翼子喬梓均甚習熟，然未嘗稍藉招呼，總不外杜工部世人結交數語，或於晤時面探其情形。至龍陽君本係古之學者一流，似須再酌。若憑空欲作長安之游，殊無謂耳。沙田之件，元兒言園館及地堂（即曬場），一切原有，不須添築，自成一小園，外祇有坦三畝未築，現發佃，可得四百租息，亦覺相宜。元兒云信在樂均，無庸費事往看，但憑紅契可以交易，將來割糧歸鄧姓户口便清楚，以置業勝於現存行號較妥，於事理甚合，宜酌之。對親之事，由元兒函詳。此諭。癸丑新正初四日。

**題　注：**

此爲1913年鄧華熙致鄧本逵家書。武昌起義後，鄧華熙携同家眷到香港避難，其子鄧本逵卸寧紹道職後到上海暫住。信中鄧華熙再次提到置業勝過存款。信中所提紅契，即清朝『官契』。

接七月初六來稟並各信及瑞齋所寄各物均
已收到。實甫寄若函畫意擬畫法長比伊弟雅
乃天淵之異，緣懷踐念現穗城甥妥榮將簡明傳
單寫紙寄閱，目下不過如是，未可遽[此]定言於昨
龍子錄郭情電訊甫會語子暨易蘭重擇川梁
中山許公旌看塞意似欲以所商解經下情形務未
放心。種道昨同蘭兒等回鄉屬岸若數人請其揀
擇以資助理。用者能之衆，擬列入本兄弟之名單，我
是領袖岸若之人，懇賜子弟為鄉之請，無可
辭也。若一與識得友為妥，蓋而[害]損古語云內舉
不避親，顧其風雨為今昔，想辭之餘事元兄信釋
並示費此諭

七月十六日

## 鄧華熙致鄧本逵家書（1913年）

横27厘米，縱22.9厘米

**録　文：**

接七月初六來稟，前各信及陶齋所寄食物均已收到，容日當答函，其意摯，其情長，比伊弟侄有天淵之異，深堪致念。現穗城粗安，兹將簡明傳單數紙寄閱，目下不過如是，未可遽望言旋。昨龍子誠都督電託商會轉請予暨易蘭池、盧梓川、梁小山諸公旋省，其意似欲有所商，然現下情形猶未放心徑返。昨同蘭池等回信並舉薦數人聽其揀擇，以資助理，用否聽之。衆欲列入爾兄弟之名，第我是領袖舉薦之人，恐貽子弟爲卿之誚，祇可聽［罷］之。若一有譏彈，反爲無益而有損，古語云内舉不避親，顧世風日落，今昔懸殊也。餘事元兒信詳，兹不贅。此諭。七月十六日。

**題　注：**

此爲1913年鄧華熙致鄧本逵家書。信中所提陶齋、龍子誠、易蘭池、盧梓川、梁小山分别指鄭觀應、龍濟光、易學清、盧乃潼、梁慶桂，皆當時粤中名流。

中秋握別來字備悉一切所擬晋省
之游時當秋高氣爽時候相宜正合行
李雖不多亦須擬一健僕所費無幾路上
更為妥當滬寓中來同作者照料更
放心矣即元兒禮祥孫朋義光正叔子均
此諭

中秋手

# 鄧華熙致鄧本逵家書（1913年）

橫12.3厘米，縱22.5厘米

**録　文：**

中秋接閱來禀，備悉一切，所擬晋省之游，時當秋高氣爽，時候相宜。兩人行李雖不多，須携一健僕，所費無幾，路上更爲妥當。滬寓中有同住者照料更放心。各事元兒信詳。行期若定，函知可也。此諭。中秋夕。

**題　注：**

此爲1913年鄧華熙致鄧本逵家書，談論了鄧本逵赴山西的計劃，建議秋天出行，帶上僕人，留人在上海照顧孩子，更爲妥當。

十月初九日得振甲郵來李以西晉數千里之遙而

八日安抵滬寓雅三章已悉舉其快要書仍其之些

頌書視為甘蔗之尾以自開解可也光景漸經營

一業免為游手之民也須身歷其境見識而為但

恃八行推薦即朋友推良馬之來意此為事後判看

無濟于也各事元光信詳我擬月底還看現時當道

無殊盛後見還言盛儀也此諭

十月初十日

# 鄧華熙致鄧本逵家書（1913 年）

横 12 厘米，縱 22.6 厘米

**録　文：**

十月初九日得接申郵來禀，以西晋數千里之遥，而八日安抵滬寓，雖辛勞已極，幸其快妥，喜何如之。此項當視爲甘蔗之尾，以自開解可也。兒意欲經營一業，免爲游手之民，必須身歷其境，見幾而爲，但恃八行推薦，即期弓旌良馬之來，無此易事。俟到省熟商可也。各事元兒信詳，我擬月底還省，現時當道亦殊望復見漢官威儀也。此諭。十月初十日。

**題　注：**

此家書是 1913 年鄧華熙對鄧本逵從山西歸來所致家書的覆函。信中鄧華熙建議鄧本逵經營一項事業，以免時局日益惡化而更加艱難。

## 鄧華熙致鄧本逵家書（1914年）

共2頁，均爲：橫12厘米，縱22.6厘米

### 録文：

二月廿六日得接十八京寄一稟，備悉。壽田又肯轉託周、朱二君，似非泛泛之交。周既屬同鄉，尤宜接洽，朱亦須得晤爲是。二月初，羊石言旋，似乎安靖，長堤一帶比港之石塘咀更爲熱鬧，皮面可觀。然若輩野心未息，多方百計，遍設機關，省垣破獲甚多，而一鷄死一鷄鳴，所以現尚誡嚴，人心勉强息慰，如立巖墻之下，時時察看光景何如，是爲最要。王立軒等舊業，聞已借有鉅款，已立草合同，果爾，誠爲好音，京中有此音信否？查明寄知。爾駐長安，並無伴侶，時廑遠懷，然雇僕人亦未必可靠。未曉何建標能到京否？滬寓無

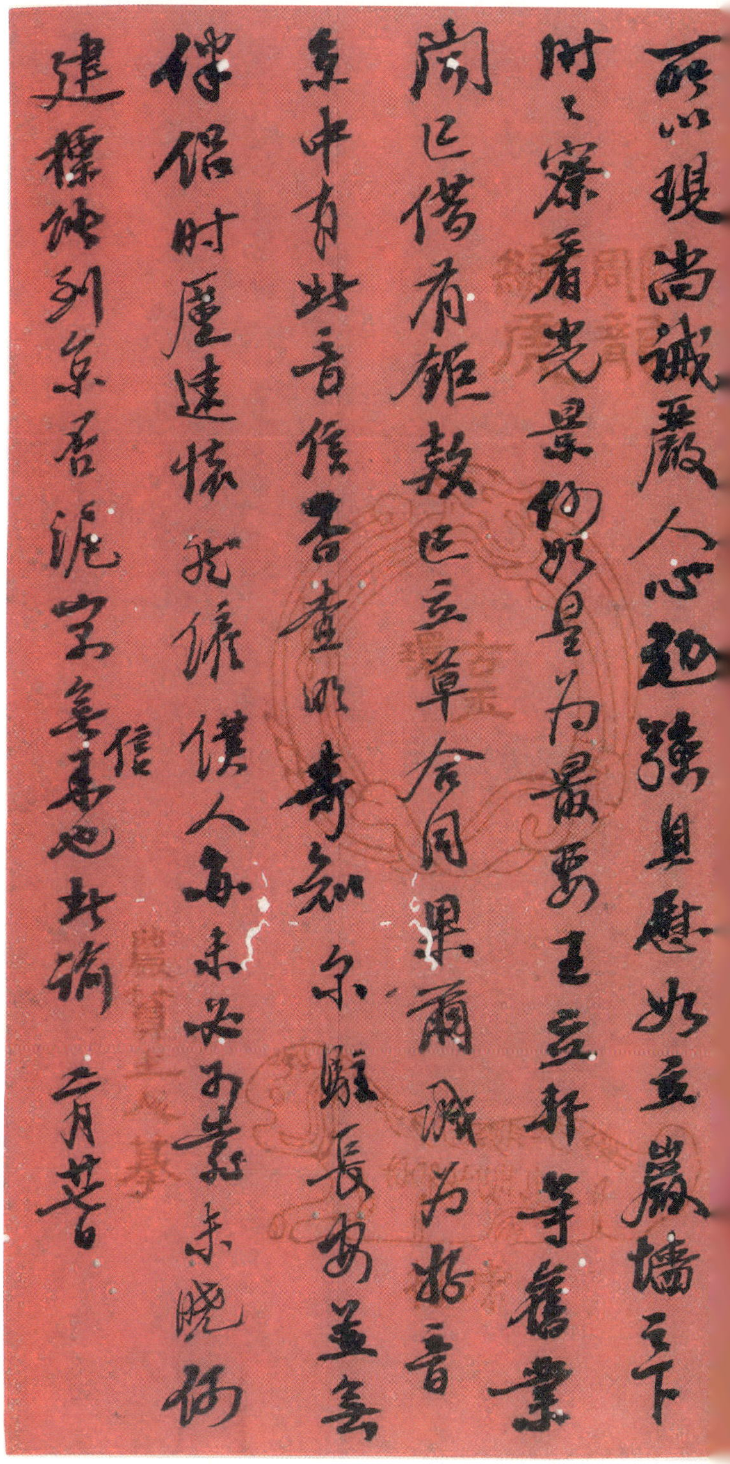

信來也。此諭。二月廿七日。

**題注：**

此爲1914年鄧華熙致鄧本逵家書。鄧本逵該年去山西平遥協同慶追賬，鄧華熙關心他路途遥遠，無人陪伴，催問何建標何時能到京，盡快與他會合。周、朱二君分別指周馥、朱壽鏞。

# 鄧華熙致鄧本逵家書（1914年）

共2頁，其一：横13.7厘米，縱25.5厘米；其二：横13.7厘米，縱25.6厘米

## 録文：

舊曆六月十三日得初四所寄稟函，備悉一切，梁公之函稿已照寫愚弟頓首蓋章，託季翁轉寄矣。其善人已應允，再囑其續漸加增，更上一層樓，緩步當有可望。爾現在既有差事，是已出爲民國效力，雖未授職，亦是在官人員，與五弟在局，事同一例，將來八月大總統壽日，同事者如有列名稱祝等事，吾兒必要從衆而行，爲異日授職之階，前程方有可望，地位各自不同，如我者解組在未有民國之前，大清未禪之先，大臣受恩深重，不亡［忘］舊主，不仕新朝，自是正理，爾等品秩尚微，後途似賴，與大臣有手足腹心之交感者相去天淵，若學雅人高自位置，除非絕意世事，杜門却掃，有餘財以享閑福，潔一身以望太平，此真難能而可貴，如馮小驤

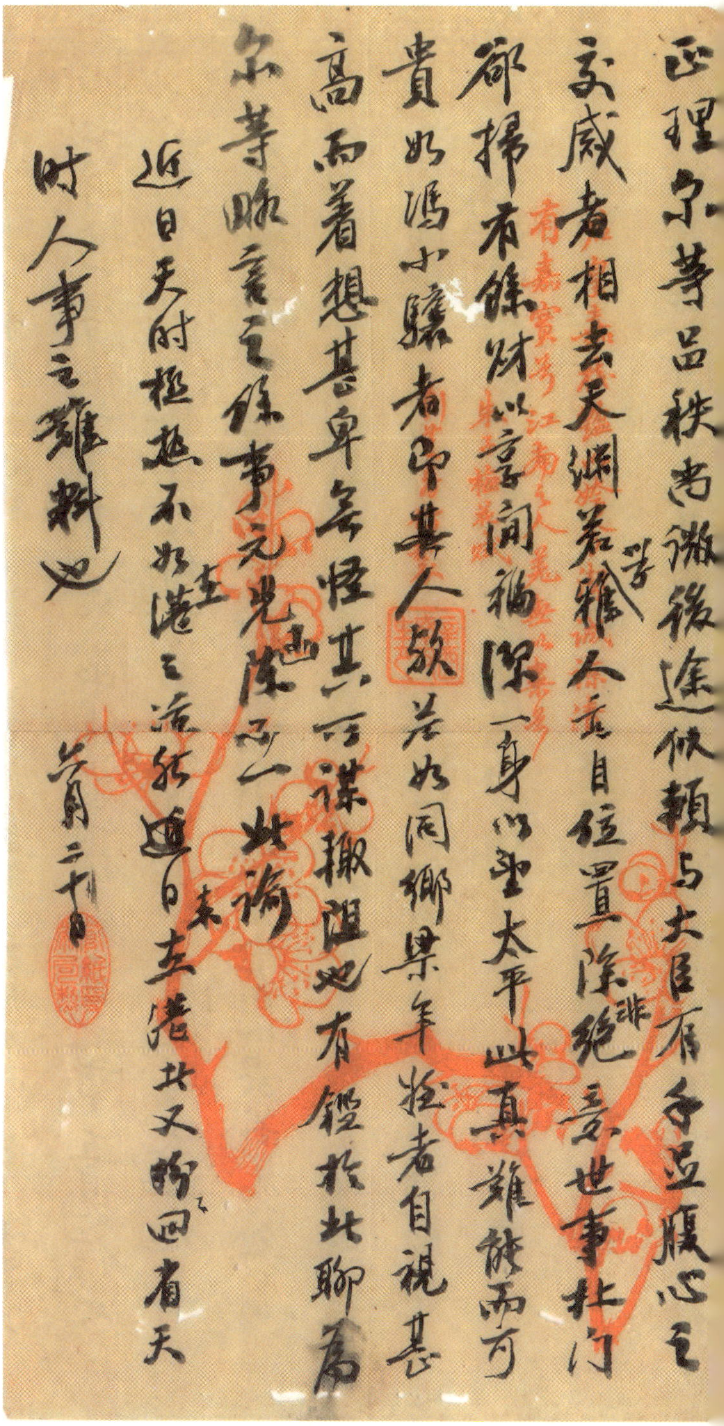

者　即其人歟，若如同鄉梁年侄者，自視甚高，而着想甚卑，無怪其所謀輒阻也。有鑒於此，聊爲爾等略言之。餘事元兒函陳，不一。此諭。

近日天時極熱，不如在港之適然。日來在港者又盼盼回省，天時人事之難料也。六月二十日。

**題　注：**

此爲1914年鄧華熙致鄧本逵家書，爲鄧本逵工作之事提出建議。信中鄧華熙感嘆自己受清朝恩寵，不想在民國政府任職，同時建議鄧本逵在大總統生日的時候隨同事們一起去祝壽，這樣纔能在未來謀得一官半職，不要自視清高、好高騖遠，要踏踏實實謀生活。

# 鄧華熙致鄧本逵家書（1914 年後）

共 2 頁，其一：橫 13.7 厘米，縱 25.6 厘米；其二：橫 13.6 厘米，縱 25.6 厘米

## 録　文：

七月廿一得接七月十二來函，備悉一切。野畜之事，五兒信言之甚詳，無庸贅說，大約其事亦易了，任其控告天王地王人王，斷不能强我認爲所生也。爾在都中，長安不易久居。鮎魚上竹竿，固難寸進；若守株待兔，恐兔亦無緣。如無結實可靠之親朋，單身在京，不過升斗之微，而舉目無親，弱媳幼孩，遠離滬上，我一念及，寢饋難安，但看光景何如。如申江有可靠之差，則亦可將就。不然，帶眷回粵，一則不用屋租，於爨之分合更易商量，屋亦分合有餘也。最好於冬春之間携眷東旋，實足慰老人之願慕，樂一堂慶，最樂何如之。吾兒以爲然乎？至於區額做法，照信較爲慎重。此諭遠兒知之。

如回信，交六女面達。

七月廿二日。

眼矇，陳氏代筆。

宜耐至正二月，乃定東旋行止，如已定日元旋，不必先與人商量，至生阻礙。最好得

回本缺。

**題注：**

此爲鄧華熙致鄧本逵家書，擔心他一個人在北京無依無靠，勸他到上海謀一官半職，或回廣東發展，一家團聚。

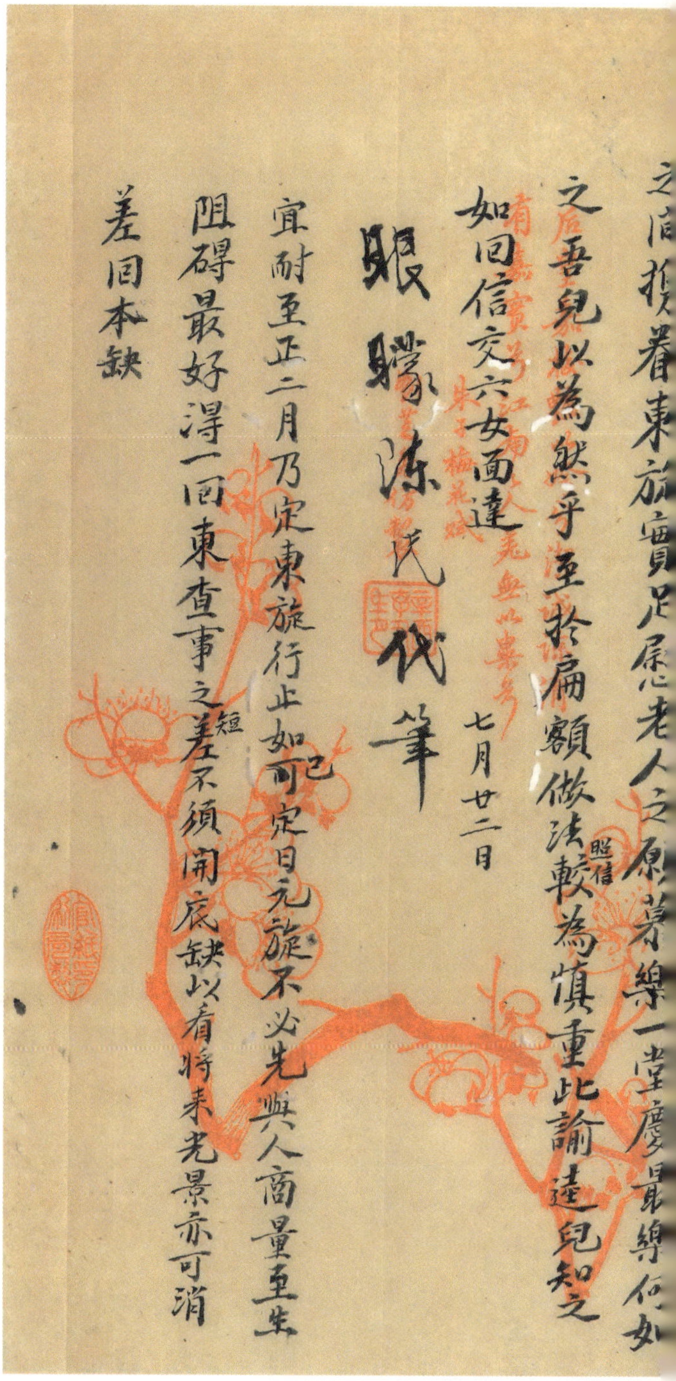

客歲臘月面晤冠亭得悉吾
姪現在蘇城侍奉杖履賑捐差事早已辦完
并得悉吾
姪媳封一節備置翎帽各件吾聞之喜而不寐
恭拜國恩榮膺誥命鄉里寒儒一端之
大慶矣予年近六十自前歲二月鬚髮漸白
筋力衰頹步履艱于跋涉鄉中燕飲夜深回
舍屢欲扶杖而行記曰六十杖于鄉予屆暮
年知古人之語為不虛也吾
姪為叢涉江候補未曉何時入京引見趁此
年富力強龐士元展其驥足正在此時將來補
縣令升知州大展猷為山川出雲為作霖雨予
拭目俟之專此并詢
近好
用甫賢姪青覽
叔心田手啟 正月初十日

# 鄧蕃熙致鄧本逵家書（時間不詳）

共2頁：横12.5厘米，縱24.1厘米；横12.4厘米，縱24.1厘米

## 録 文：

客歲臘月面晤冠亨，得悉吾侄現在蘇城侍奉杖履，賑捐差事，早已辦完，并得悉吾侄貤封一節，備置翎帽各件，吾聞之，喜而不寐，恭拜國恩，榮膺誥命，鄉里寒儒一端之大慶矣。予年近六十，自前歲二月鬢髪漸白，筋力衰頽，步履艱於跋涉，鄉中燕飲，夜後回舍，屢欲扶杖而行。《記》曰：六十杖於鄉。予届暮年，知古人之語爲不虚也。吾侄分發浙江候補，未曉何時入京引見？趁此年富力强，龐士元展其驥足，正在此時。將來補縣令升知州，大展猷爲，山川出雲，若作霖雨，予拭目俟之。專此，并詢近好。用甫賢侄青覽。叔心田手啓。正月初十日。

## 題 注：

此爲鄧蕃熙致鄧本逵家書，信中提及鄧本逵得貤封一事，表達驚喜之情與感謝之意。按清代之制，官員所受封贈除給與父母、祖父母外，亦可給與伯叔、叔祖等近親屬。

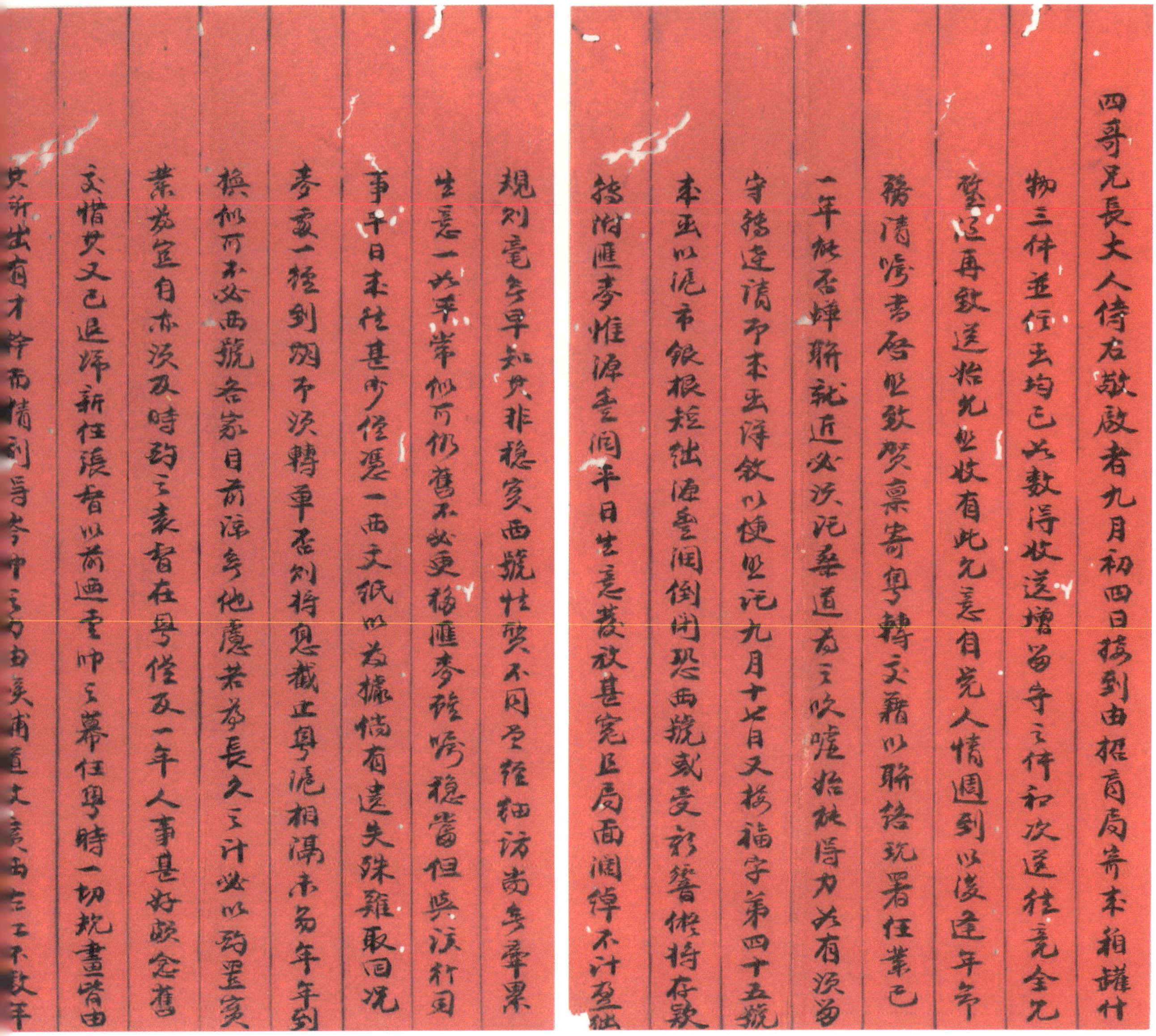

# 鄧善麟致鄧本逵家書（1910年）

共4頁，均爲：橫13.5厘米，縱23.1厘米

## 録　文：

四哥兄長大人侍右，敬啓者：九月初四日接到由招商局寄來箱罐什物三件並信函，均已如數得收。送增留守之件，初次送往，竟全允璧還，再致送，始允照收，有此允意，自覺人情週到。以後逢年節，務請囑書啓照致賀稟，寄粵轉交，藉以聯絡。現署任業已一年，能否蟬聯？就近必須託桑道爲之吹噓，始能得力。如有須留守轉達，請即來函詳叙，以便照託。九月十七日又接福字第四十五號來函，以滬市銀根短絀，源豐潤倒閉，恐西號或受影響，擬將存款轉附匯麥。惟源豐潤平日生意發放甚寬，且局面闊綽，不計盈絀，規則毫無，早知其非穩實。西號性質不同，曾經細訪，尚無牽累，生意一如平常，似可仍舊，不必更移。匯麥雖囑穩當，但與該行司事平日來往甚少，僅憑一西文紙以爲據，倘有遺失殊難取回，況麥處一經到期，即須轉單，否則將息截止。粵滬相隔未易，年年到换似可不必，西號各家目前諒無他慮，若爲長久之計，必以酌置實業爲宜，自亦須及時酌之。袁督在粵僅及一年，人事甚好，頗念舊交，惜其又已退歸。新任張督，以前乃雲帥之幕，任粵時一切規畫皆由其所出，有才

凡粵人之在西省候補者多半賦閑無一委用今其來粵以前曾預路
事者皆不滿於懷前途與我們向無來往但與雲帥有深交諒有所
託必能信從將來出都必道經滬上擬請
兄長就近切實預託雲帥轉達囑其到粵必酌量委元以相當事務請
由署代寫一名條轉交如託雲帥時請向其達明元一向有新市局差
事後因該局停辦遂改派鹽務之事現因節省經費裁減俾其知一向
均有委事如欲派給並非特創自易相從也署中公事繁冗恐不
記憶務請留意圖之倘能將消息達到務祈函復自可託人由
粵再爲推薦也粵中本年雨水頗少早晚造均欠收成米糧日
加騰貴所幸市間生意安穩如常天時亦甚和平也肅上敬請
崇安
五弟 元謹肅 十月初二日 升字第四十四號
敬請
四嫂 淑安
二娘 大姐 順此問好
附寄呈增留守回信一件

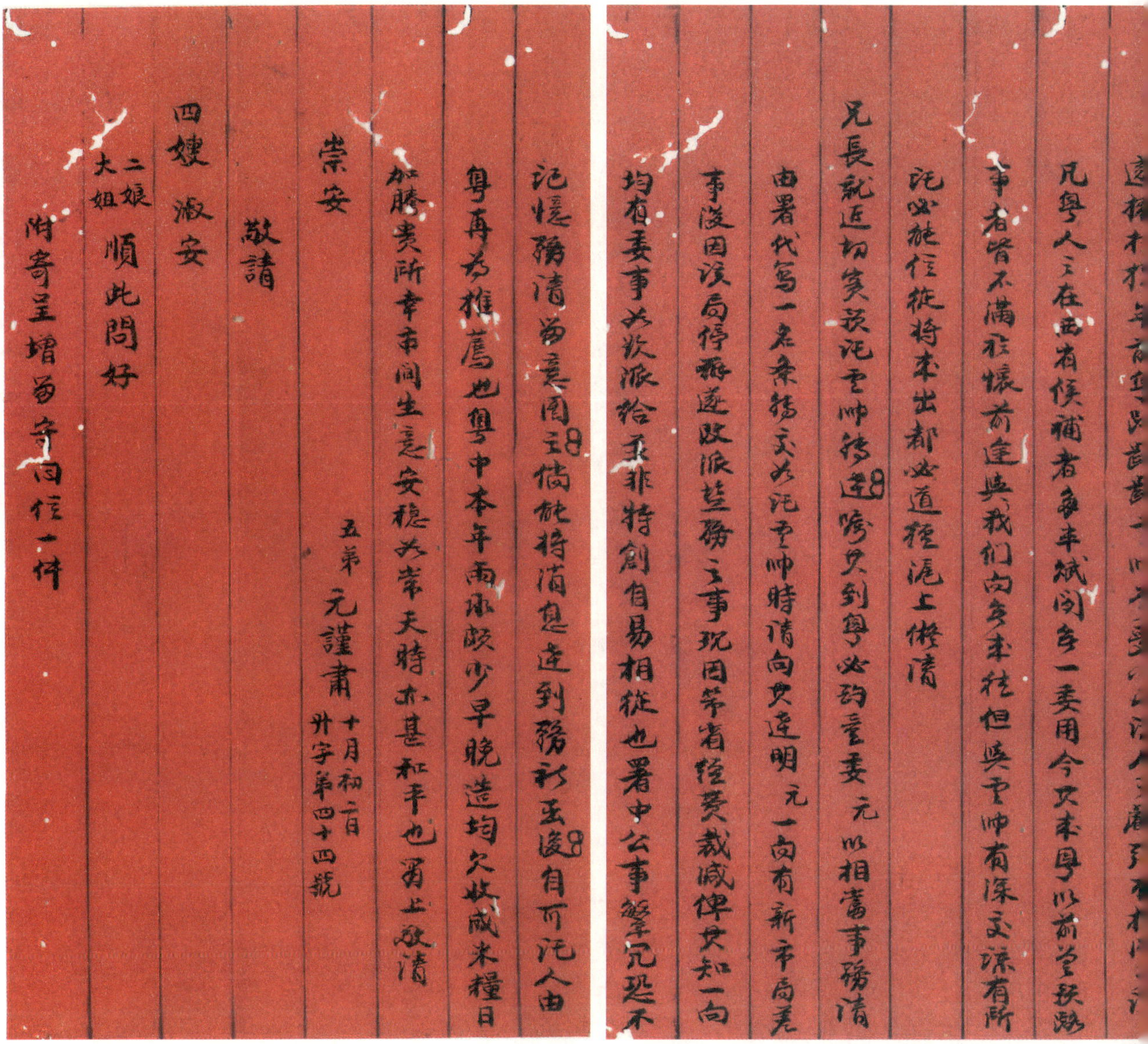

不數年，遂擢桂撫，年前粵路齟齬，雲帥曾受小山諸人之虧，張有相關之誼。凡粵人之在西省候補者，多半賦閑，無一委用。今其來粵，以前曾預路事者，皆不滿於懷，前途與我們向無來往，但與雲帥有深交，諒有所託，必能信從。將來出都，必道經滬上，擬請兄長就近切實預託雲帥轉達，囑其到粵，必酌量委元以相當事務。請由署代寫一名條轉交，如託雲帥時，請向其達明：元一向有新市局差事，後因該局停辦，遂改派鹽務之事。現因節省經費裁減，俾其知一向均有委事，如欲派給，並非特創，自易相從也。署中公事繁冗，恐不記憶，務請留意圖之。倘能將消息達到，務祈函復，自可託人由粵再爲推薦也。粵中本年雨水頗少，早晚造均欠收成，米糧日加騰貴，所幸市間生意安穩如常，天時亦甚和平也。拜上，敬請崇安。

五弟元謹肅。十月初二日，升字第四十四號。

敬請四嫂淑安。

二娘、大姐順此問好。

附寄呈增留守回信一件。

**題注：**

此爲1910年鄧善麟致其兄長鄧本逵家書，委託鄧本逵爲其委派官職之事說項。

## 鄧善麟致鄧本逵家書（1911 年後）

共 3 頁，均爲：橫 14.6 厘米，縱 24.6 厘米

### 録文：

四哥兄長大人侍右，敬啓者：廿三日梁壽田到港，接到福字第五號函並帽盒畫帖，均已得收。廿六日又接到第六號函，祇悉一是。港間近日西紙價值日貴，如換雙單毫水銀，每百可加七五零。向來每近年底均係如此，須至來春三月後，始能漸平也。淅省鐵路公債票利銀雖覺略厚，擬以四年歸還，期限亦不爲太遠，但中國鐵路除京漢、京奉等處可以獲利外，若粵之潮汕、廣九、新寧均已竣工，無一不受虧折。杭甬之路雖屬債票，自於公司不負責任，惟恐該路生意設未能暢旺，自顧開支尚虞不給，對於債票本利，從何別籌的款以應付？章程雖善，亦恐託諸空言。公衆之事，權操自人，殊無切實把握也。未識洋人購此項票能否踴躍，諒一時亦未能售罄，請俟到港後再爲面酌，從長籌算爲宜。粵中契税之事，期限雖有六個月，但每繳一契，頗需時日，始能換回，自不得不

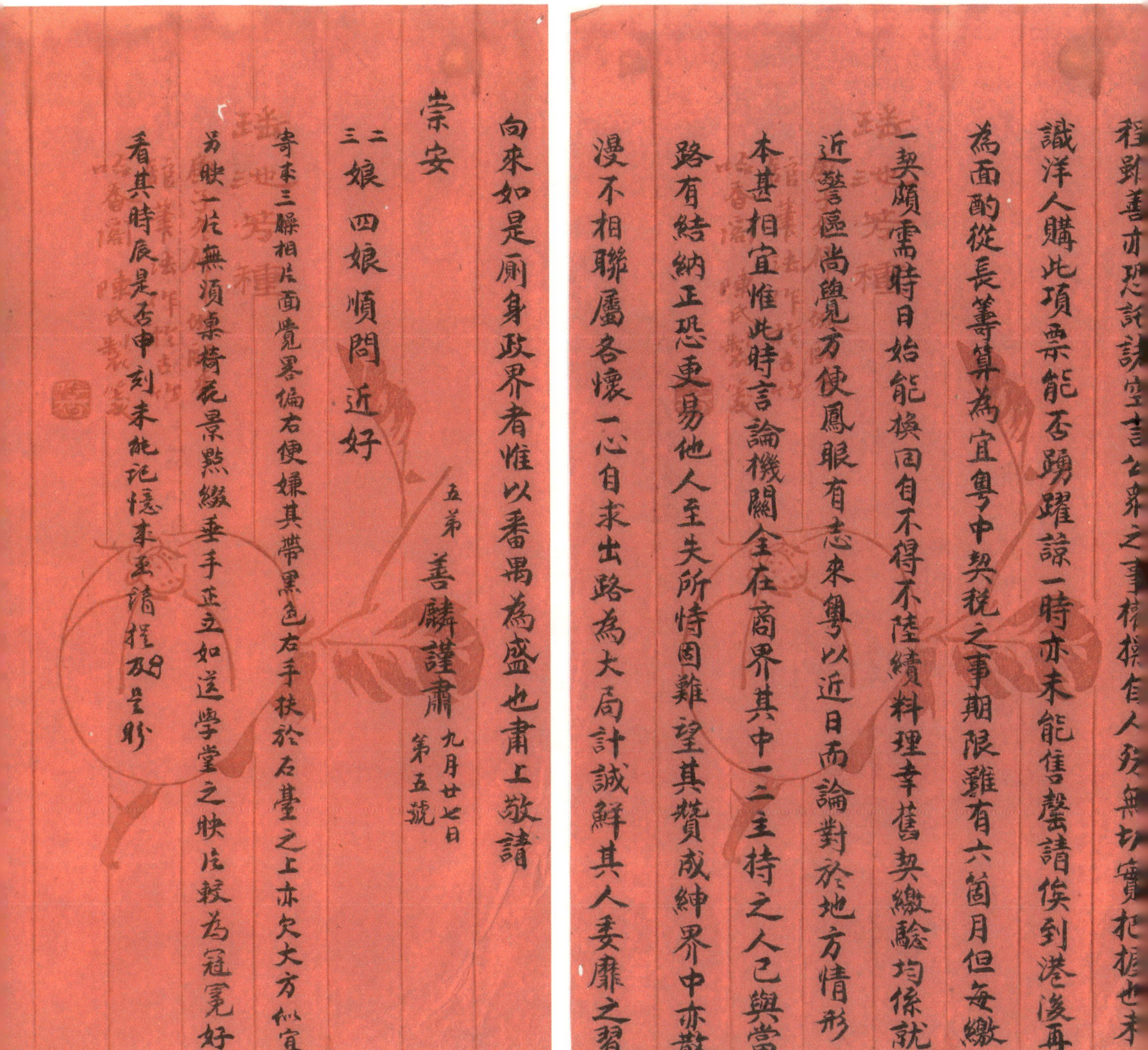

就近警區，尚覺方便。鳳眼有志來粵，以近日而論，對於地方情形，本甚相宜，惟此時言論機關全在商界，其中一二主持之人，已與當路有結納，正恐更易他人，至失所恃，固難望其贊成，紳界中亦散漫不相聯屬，各懷一心，自求出路。爲大局計，誠鮮其人，委靡之習，向來如是。厠身政界者，惟以番禺爲盛也。肅上，敬請崇安。

五弟善麟謹肅。九月廿七日，第五號。

二娘、三娘、四娘順問近好。

寄來三□相片，面覺略偏右，便嫌其帶黑色，右手扶於石臺之上，亦欠大方。似宜另映一片，無須桌椅花景點綴，垂手正立，如送學堂之映片，較爲冠冕好看。其時辰是否申刻，未能記憶。來函請提及，是盼。

**題注：**

此爲鄧善麟致其兄長鄧本逵家書，主要談及購買鐵路公債等事，請鄧本逵到港後再當面商量。

# 鄧本逵妹夫禄衎致鄧本逵家書（1915年）

共3頁，均爲：横12.5厘米，縱23.3厘米

四哥内兄大人台鑒敬肅者別久思深遥維
興居多祜動定咸宜至為頌慰前奉
覆札至性至情溢於言表迴環捧誦欽佩莫名附上
尊公宮保岳丈大人安稟當飭小女妥為面呈矣 令弟五哥榮長航政政躬
鮮暇而弟兩月來適因姊氏猝患中風劇症年老孀居須人調護趕即携醫旋
里胗治僕僕往來致疏趨謁殊抱歉也頃 令妹轉述
姨娘面示明歲恭逢

## 録文：

四哥内兄大人台鑒：敬肅者，別久思深，遥維興居多祜，動定咸宜，至爲頌慰。前奉覆札，至性至情，溢於言表。迴環捧誦，欽佩莫名。附上尊公宫保岳丈大人安稟，當飭小女妥爲面呈矣。令弟五哥榮長航政，政躬鮮暇，而弟兩月來，適因姊氏猝患中風劇症，年老孀居，須人調護，趕即携醫，旋里胗治，僕僕往來，致疏趨謁，殊抱歉也。頃令妹轉述姨娘面示，明歲恭逢尊公九十榮壽，欲得名公鉅卿暨旅京同鄉製屏慶祝，迭囑函致台端，徵求壽序等語，萊彩承歡，當必樂於從事。兹奉尊公發寄竹報乙函，謹附郵速遞，請爲察收。令郎體氣想甚强壯，聞前偶覺乳滯，諒早經復元，至爲系念，便祈示悉。如嫂夫人有再索得男之喜，敬先預賀。長女、次女本年已從學公益女校，耻不若人，故能稍獲進益，不爲惡習所誘。粵中自重陽節後，朔風洊至，寒氣侵人，爲近年所罕見。北

順時珍衛，是所切禱。臨穎神馳，專肅，敬叩台安，虔頌旅祺。令妹附筆請安，妹婿禄衔謹拜上，妾女輩隨叩，九月廿二日。

再者，近年令妹屢患經信不調，月餘不止，恐其久漏，思得阿膠治之，然後温補，乃能收效。蓋婦科以調經爲緊要關鍵，聞是藥以都門者稱地道上品。兹附上五元大洋中央銀紙乙張，敬祈公暇就近代購遠年舊正阿膠寄下，俾得應用。瑣費清操，不勝感禱之至。肅懇，再叩鈞祺。衔再謹啓。

**題注：**

此爲1915年鄧本逵的妹夫寄給鄧本逵的家書，叙述爲慶賀鄧華熙九十大壽，和衆多旅京同鄉製作屏風慶祝之事。宫保，指太子少保。鄧華熙於光緒三十四年（1908）加太子少保銜。

# 第四章　友人書翰

本章選輯友人書信凡39人77通，其中絶大部分爲致鄧華熙者，計34人73通；其次爲致鄧華熙曾祖父、祖父函各一通，康有爲致鄧華熙家屬慰問函一通。致函者大多爲晚清政要人物或時賢名流，發函時間大多不能確指，然率在晚清至民國初年，致鄧華熙本人者多在其任江蘇布政使、安徽巡撫、貴州巡撫期間，以及逝世前，尤以光緒年間居多。鄧華熙宦海一生，轉徙多地，歷官多種，交際頗廣，與其交友者，或爲上級下屬，或爲門生故吏，或爲親戚舊雨，無論親疏貴賤，一體通信相詢，鴻雁魚書，情愫繫之。致信者以時人書時事，率多真實可靠，且多係私人交往而書，致函者較能坦蕩地抒發其真情實感，可更多地反映作者之性情和風格，或談國家大計，或言地方政局，或聊私人情誼，內容豐富，絶大部分並未見諸作者本人文集或其他著作中，無疑爲珍貴的第一手文獻材料。

李鴻章與其兄李瀚章同時馳騁於晚清政壇，位高權重，涉事甚多，影響亦甚大。李瀚章膺任多地封疆大吏，忠心耿耿，其在信中談及自己致仕後尚需爲朝廷分憂，勸辦昭信股票事宜。李鴻章則在信中歷舉其兄李瀚章之功勛政績，懇請鄧氏上奏請頒謚號，期榮家世。李經羲是李鴻章之侄，長期在西南諸省任職，其信中言及桂、滇、川等處會匪遊勇起事叛亂事件，以及官軍圍剿之艱難情狀。中國西南諸省及壤鄰的越南、緬甸一直是英法兩國侵染的地區，兩國爲争奪這些地區勢力範圍而紛争不休，雲南巡撫黄槐森在信中也表明自己對西南邊陲局勢的看法和應對措施。盛宣懷是洋務運動踐行者，從事實業建設，頗著成效，其信中所及蕪湖電局，即其創辦洋務諸項之一。翁同龢是晚清支持維新變法的高官，張之洞更是洋務運動的踐行者，兩人在信函中皆對鄧氏在安徽巡撫任上的革新舉措寄以厚望，表示欽佩。實際上鄧華熙在任安徽巡撫時期，主持諸多實務活動，成績卓著，故而工部尚書徐樹銘致信表達敬佩和慰藉之懷。同是身爲尚書的徐郙和錢應溥都不約而同地在信中談及德國武力强租膠州灣事件，對於當時列强環伺覬覦劫掠的情況深表驚恐和憂慮，並對朝廷每事被動應對的窘況感到無助和無奈。近代以來，隨着西方列强對中國軍事政治侵略的深入，各國在華傳教活動也愈演愈烈，致使清廷難以應付，同是身爲封疆大吏的劉坤一和王之春均在信中談及處理教會事件的意見及對待洋教士的態度。中法戰争和中日戰争俱是晚清對中國影響最巨的事件，諸信函中嘗有涉及之：戴罪雲南的唐炯致信鄧氏表達自己的苦悶與無奈之情，鄧則回函予以寬慰。而同爲抗法將領的馮子材也致信恭賀鄧氏升遷。粤籍同鄉李文田在信中對在中日戰争中指揮失據的吴大澂深表驚悚，而身爲主帥之一的吴大澂所致鄧氏信函本書亦有收録。陝甘總督陶模致函鄧氏，對安徽巡撫鄧華熙接濟援助甘肅表示感激。本書輯録袁昶和梁鼎芬致鄧氏信函手札最夥。袁昶係鄧華熙的門生，在總理衙門任職，所致鄧氏信函多講述國家所發生的大事以及對於時局的看法，頗有家國情懷。梁鼎芬爲鄧氏粤籍同鄉，兩家情誼篤厚，辛亥後梁氏以遺老自居，在鄧氏逝後嘗上奏表爲其請謚號，鄧氏後人對梁鼎芬尤爲感激尊崇，蒐羅梁氏書畫手迹，築閣而庋藏之，曰尊芬閣。在封建官場，官員們免不了要應對各種要求，特别是相互舉薦關照提拔親朋世舊、門生故吏等，其實這也是許多人爲官爲吏的途徑之一，故本書所輯信函涉及此類内容者殊多，其中工部侍郎楊頤向鄧氏所推薦的林灝深、林炳章二人是林則徐的曾孫，雖科場得意，仍因身無餘資而難以支拄，由是嘆道『伏念文忠公爲一代名臣，而清望素著，不欲以籝金遺之後人』，希望鄧能在江蘇任上『優加培植，早爲位置善地』。康有爲與鄧華熙爲忘年之交，康氏致函鄧氏，題詩索畫，藉表孤臣忠藎之情。鄧廷潔和鄧蔚堂分别是鄧華熙的曾祖父、祖父，鑒於年代久遠，其事迹不甚詳，從兩信中可知鄧華熙的曾祖父和祖父都曾在京任職。本書所輯信函數量衆多，内容豐富，以上所述，僅舉其犖犖大端，若謂晚清歷史有如一條大河，波瀾壯闊，則此一幀幀書翰有如一簇簇浪花，伸手可掬，亦可假以窺覘往迹之一斑，有俟讀者探賾索隱，發掘研究。

# 李瀚章致鄧華熙信札

合本：横 16.7 厘米，縱 31.3 厘米

**録文：**

筱赤仁兄大公祖老夫子大人閣下：前復寸緘，諒登籤記，翹瞻泰宇，時切私衷。敬維斗山望重，鎖鑰勛高。德輝播兩皖而遥，福曜叶三台之照。臨風企慕，抃頌奚如。弟寂守鄉園，無狀可述，日前張曼農觀察到盧勸辦昭信股票，弟受恩深重，竭力籌借，誼不容辭。奈年來食指日繁，艱窘萬狀。計甲午歲粵省善後局籌辦軍需，無款支發，弟曾竭廉俸所餘暫墊應用，除陸續支撥外，約尚有存。詳細情形，曼農觀察素所深悉，諒稟一切。現專函致譚文帥、張安普方伯、續村都轉，俟此款撥到，弟即儘力赴局解繳。特此縷呈，伏乞鑒原。肅泐，虔叩勛綏，統祈光照不備。通家治愚弟李瀚章頓首。

**題注：**

李瀚章（1821—1894），字筱泉，晚年自號鈍叟，謚勤恪，安徽合肥人，李鴻章胞兄。歷任江西吉南贛寧道、廣東督糧道、按察使、布政使、湖南巡撫、江

詢甲午歲粵省善後局籌辦軍需無款支發　曾
竭廉俸所餘暫墊應用除陸續支撥外約尚有存
詳細情形曼農觀察素所深悉諒稟一切現專函致
譚文帥張安普方伯績村都轉俟此款撥到弟即儘
力赴局解繳特此縷呈伏乞
鑒原肅泐虔敂
勛綏統祈
光照不備　通家治愚弟李瀚章頓首

蘇巡撫、湖廣總督、浙江巡撫、四川總督、兩廣總督等。

李瀚章致鄧華熙此信札時，已致仕返皖，而鄧氏正在安徽布政使任上。信中所提『昭信股票』，是清政府發行的第一種近代公債，實爲應付甲午戰敗賠款而發行，在户部設昭信局，各省設昭信分局主持其事。昭信股票以田賦、鹽税擔保，勸誡朝野大小現任候補官員踴躍認購，許諾一人應募一萬兩以上者封贈官銜，然而民間應者寥寥，所募無多，至戊戌變法時停辦。清廷鑒於李瀚章曾兩任粵督，頗有影響力，故請他出力勸辦昭信股票，但他深知粵地財力也是『艱窘萬狀』，特別是甲午後海防軍費開支劇增，致使『籌辦軍需，無款支發』，祇能奉命勉强籌辦而已。函中提到朝官張曼農專程赴廬（安徽安慶府）『勸辦』昭信股票事宜，正是其時朝廷財政支絀境況的反映。

# 李鴻章致鄧華熙信札

合本：横 16.5 厘米，縱 32 厘米

筱赤仁兄大公祖大人閣下：頃奉
惠函，知前泐一緘已登
籤覽。江淮暘雨應節，可卜豐收，
歲星所臨，桑梓蒙福，曷勝懽頌。昨接家信，
知家兄因患瘡癬，久治不愈，勢已瀕危，
身後各事應預為料理。將來遺摺即
由舍姪等繕就呈乞
尊處代遞，敬求

椽筆闡揚 家兄於咸豐三年在湖南
善化縣任內經 曾文正公奏調隨營綜
理糧餉營務屢同前敵轉戰江楚各省
積功洊擢江西贛南道調補廣東督糧道
專辦後路釐餉歷升藩臬擢任湖南巡撫
調補浙江巡撫升授湖廣總督調補四川總
督旋回湖廣原任丁憂服闋補漕運總督
調兩廣總督因病請開缺二十一年三月奉

旨允准回籍調理 家兄氣體素健遇有任使
不辭勞瘁不避艱險在營多年積受暑
濕後又在粵久染毒熱鬱為瘡癬頻歲
舉發茲以年衰氣血虧損遂至沉綿 家兄
敭歷四十餘年六任督撫資閥政事官績具
詳而其聲績大起心力交瘁則以軍務為
最著方 文正治兵湘鄂以及進規江皖一帶
其時徧地皆賊蹂躪幾無完土孤軍特起

與方張之冦相搏事機不順迭瀕於危家
兄崎嶇其間無役不從無事不綜於艱難
困苦之際悉心贊畫為　文正所倚重同時
諸將吏莫之或先其後在贛在粵辦理釐
金集款鉅萬以濟軍食及撫湘南越境防
剿黔苗籌調兵餉遂集成功自起家牧令
迄於建節與兵事實相終始為東南軍務
大局所關非尋常平進馴至封疆者可比其

事見於　文正公奏牘書函者更僕難數弟
久在軍中身親目驗故知之至深舍姪等呈
造履歷未能詳悉也兩次在粵尤承
珂鄉賢士大夫知愛一切事績
台端諒能具詳倘蒙
俯賜表揚上陳
天聽則闔家感戢非可言罄專肅布懇敬頌
勛祺不宣　治愚弟李鴻章頓首　八月初六日

## 録文：

筱赤仁兄大公祖大人閣下：頃奉惠函，知前汹一緘，已登籤覽。江淮暘雨應節，可卜豐收。歲星所臨，桑梓蒙福，曷勝慰頌。昨接家信，知家兄因患瘡癬，久治不愈，勢已瀕危，身後各事，應預爲料理。將來遺摺，即由舍侄等繕就，呈乞尊處代遞，敬求椽筆闡揚。家兄於咸豐三年在湖南善化縣任内，經曾文正公奏調隨營綜理糧餉營務，屢同前敵，轉戰江楚各省，積功洊擢江西贛南道，調補廣東督糧道，專辦後路釐餉。歷升藩臬，擢任湖南巡撫，調補浙江巡撫，升授湖廣總督，調補四川總督，旋回湖廣原任。丁憂服闋，補漕運總督，調兩廣總督，因病請開缺，二十一年三月奉旨允准回籍調理。家兄氣體素健，遇有任使，不辭勞瘁，不避艱險，在營多年，積受暑濕。後又在粤，久染毒熱，鬱爲瘡癬，頻歲舉發。兹以年衰，氣血虧損，遂至沉綿。家兄敭歷四十餘年，六任督撫，資閲政事，官牘具詳，而其聲績大起，心力交瘁，則以軍務爲最著。方文正治兵湘鄂，以及進規江皖一帶，其時遍地皆賊，蹂躪幾無完土，孤軍特起，與方張之寇相搏，事機不順，迭瀕於危。家兄崎嶇其間，無役不從，無事不綜，於艱難困苦之際，悉心贊畫，爲文正所倚重，同時諸將吏莫之或先。其後在贛在粤辦理釐金，集款鉅萬，以濟軍食。及撫湘南，越境防剿黔苗，籌調兵餉，遂集成功。自起家牧令，迄於建節，與兵事實相終始，爲東南軍務大局所關，非尋常平進馴至封疆者可比，其事見於文正公奏牘書函者，更僕難數。弟久在軍中，身親目驗，故知之至深。舍侄等呈造履歷，未能詳悉也。兩次在粤，尤承珂鄉賢士大夫知愛。一切事績，台端諒能具詳。倘蒙俯賜表揚，上陳天聽，則闔家感戢，非可言罄。專肅布懇，敬頌勛祺不宣。治愚弟李鴻章頓首。八月初六日。

## 題注：

李鴻章（1823—1901），字少荃，安徽合肥人，道光進士。歷任江蘇巡撫、兩江總督、直隸總督兼北洋大臣。卒謚文忠，著有《李文忠公全集》。

李鴻章是李瀚章的二弟，經李瀚章援引推薦入曾國藩幕府。在李瀚章病故前，李鴻章專門致鄧華熙此信，歷數其兄的種種『政績』，懇請鄧上奏皇帝，爲李瀚章請謚號。李鴻章在函中强調李瀚章『兩次在粤，尤承珂鄉賢士大夫知愛。一切事績，台端諒能具詳』，認爲『非尋常平進馴至封疆者可比』。李瀚章卒後贈謚『勤恪』，鄧氏或有助益。

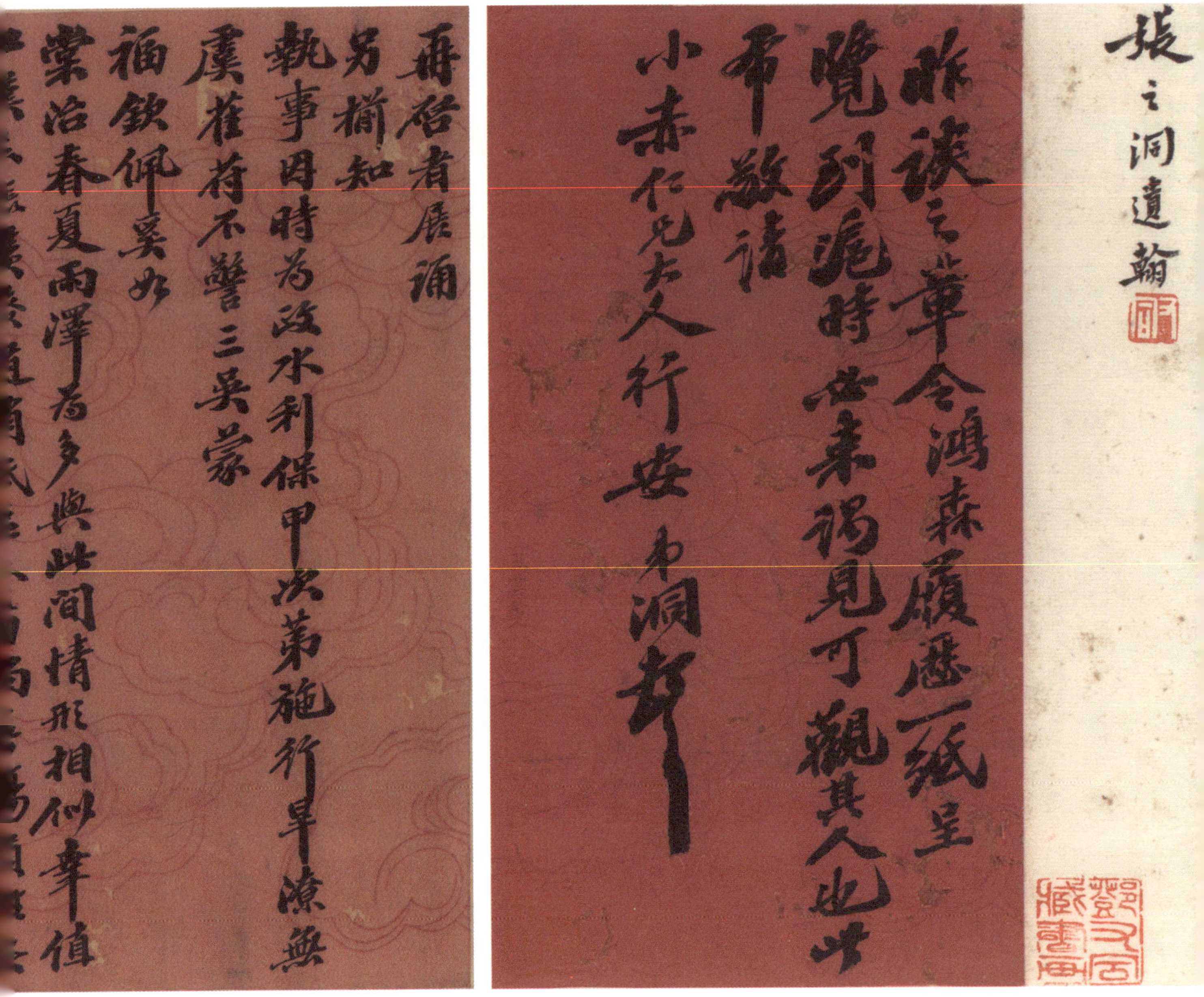

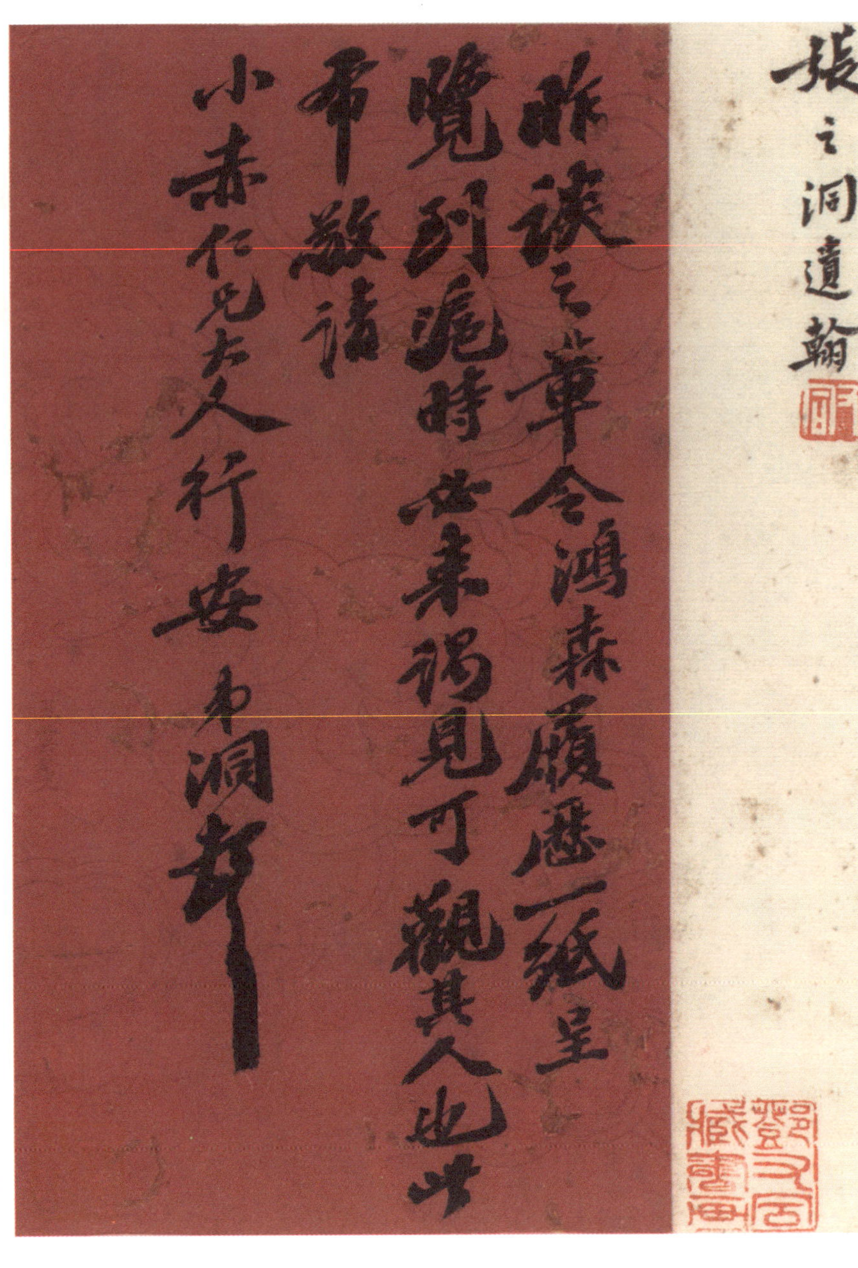


# 張之洞致鄧華熙信札

合本：横 21.3 厘米，縱 32.1 厘米

## 録文：

昨談之章令鴻森履歷一紙呈覽，到滬時必來謁見，可觀其人也。此布，敬請小赤仁兄大人行安。弟洞頓首。

再啓者：展誦另箋，知執事因時爲政，水利保甲，次第施行。旱潦無虞，萑苻不警，三吴蒙福，欽佩奚如。棠治春夏雨澤爲多，與此間情形相似。幸值江漢未漲，積潦隨消，低區禾苗尚無傷損。惟茶市適當其時，不免減色。近則雨暘時若，農望爲孚，轄境乂安，堪慰雅念。再請台安。弟洞又頓。

再啓者：承屬一節業已照辦，當將台銜移咨甘肅矣。章令鴻森向在上海當差，年久資深，雖應補名次在前，而出缺無多，可否量材委任？先以百里試之，該令必能盡心民事，不負所學也。載頌台安。弟又及。

為孚轄境，又安堪慰
雅念。耑請
台安。弟洞又頓

再啓者，承
屬一節，業已照辦，當將
台銜移咨甘肅矣。章令鴻森向在上海當差，年
久資深，雖應補名次在前，而出缺無多，可否
量材委任，先以百里試之，該令必能盡心民事，
不負所學也。載頌
台安。弟又及

**題注：**

張之洞（1833—1909），字孝達，一字香濤，號壺公、無競居士，直隸南皮（今屬河北）人。道光進士，先後任兩廣、兩江、湖廣總督等，光緒末年爲軍機大臣、體仁閣大學士。卒謚文襄，著有《張文襄公全集》。

張之洞致鄧華熙此信時，值鄧在安徽巡撫任上，而張時任湖廣總督。作爲督、撫一級的封疆大吏，保境安民是頭等大事，風調雨順、灾亂不起實爲孚望，故信中對鄧氏治皖而能『旱潦無虞，萑苻不警，三吴蒙福』表示欽佩。信中另有向鄧幕舉薦人才、懇求栽培録用之私請。又據《鄧華熙日記》，光緒二十一年（1895）正月初四日，鄧華熙曾拜謁兩江總督張之洞，時鄧在江蘇布政使任上。

# 翁同龢致鄧華熙信札（五通）

合本：横 22.3 厘米，縱 33 厘米

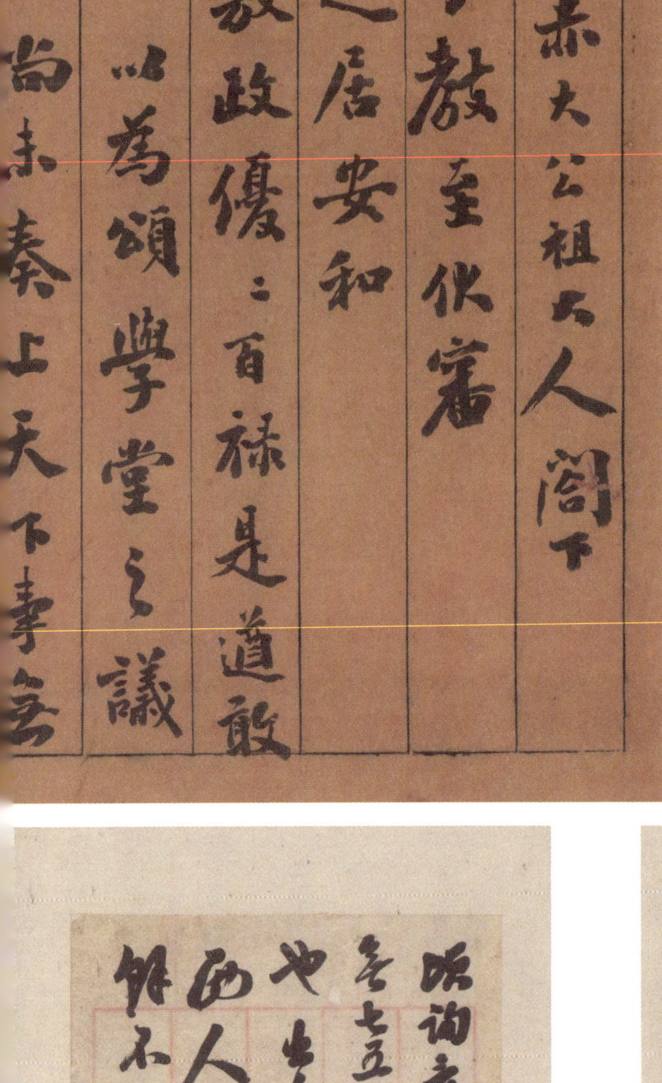

小赤大公祖大人閣下
手教至伏審
起居安和
敷政優優百祿是遒敢
以爲頌學堂之議
尚未奏上天下事無

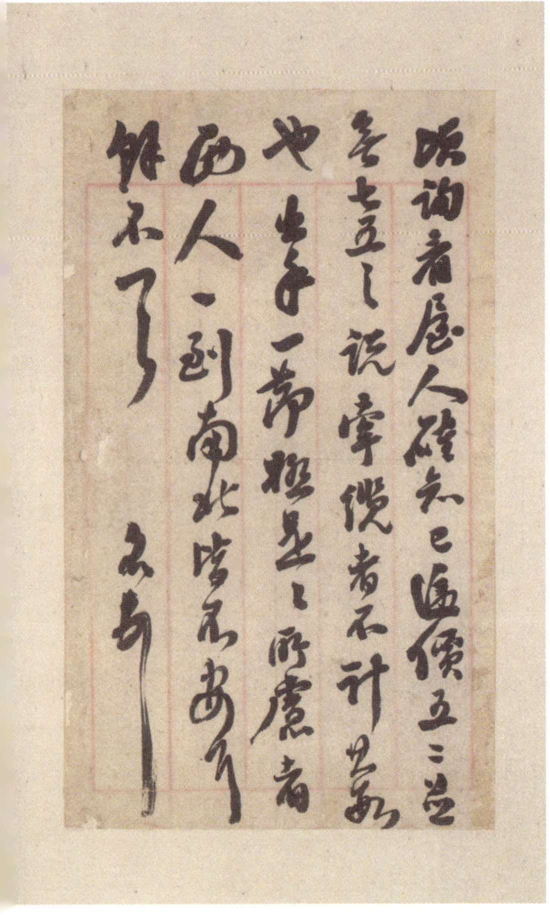

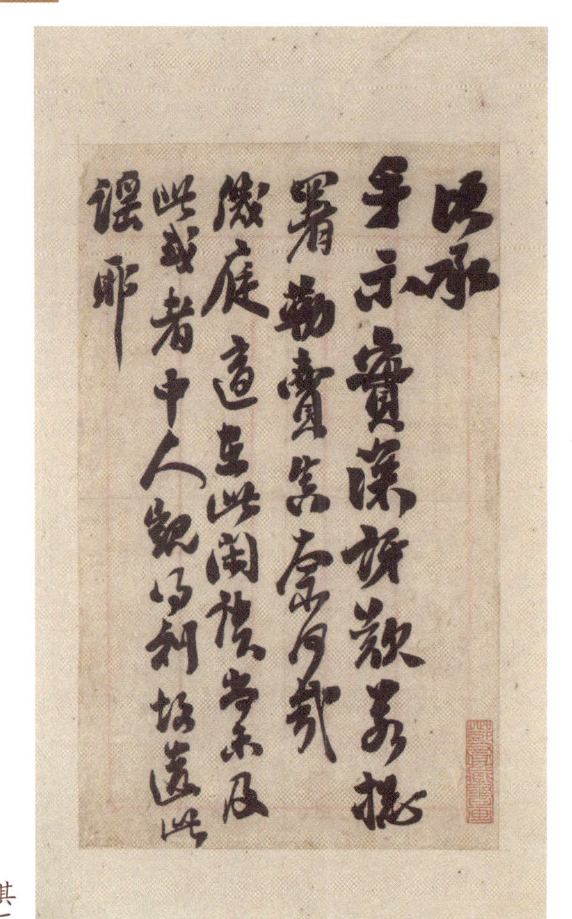

其二

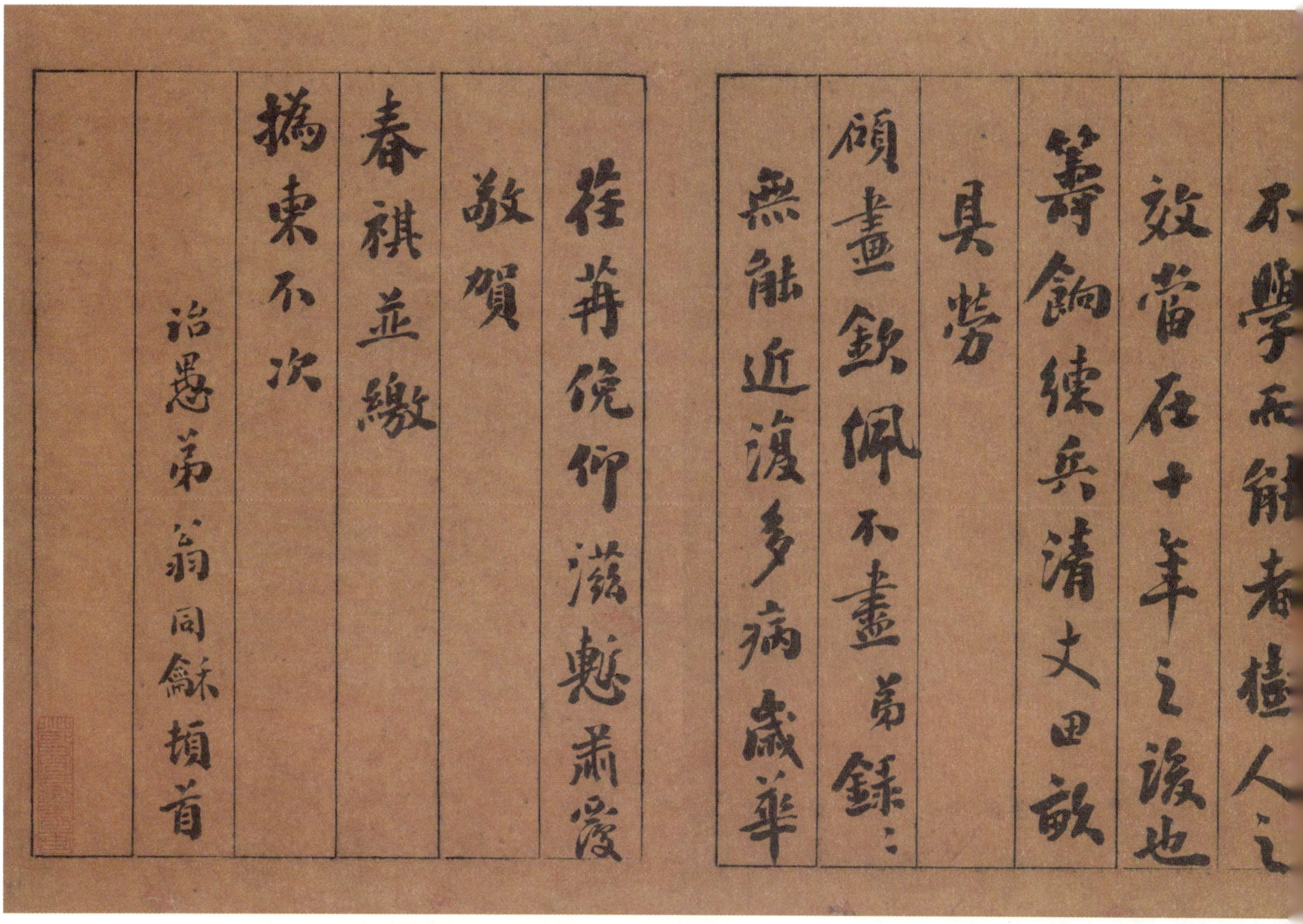

不學而能者樵人之
效當在十年之後也
籌餉練兵清丈田畝
具勞
碩畫欽佩不盡弟碌碌
無能近復多病歲華
荏苒俛仰滋慙肅泐
敬賀
春祺並繳
撝束不次
治愚弟翁同龢頓首

其一

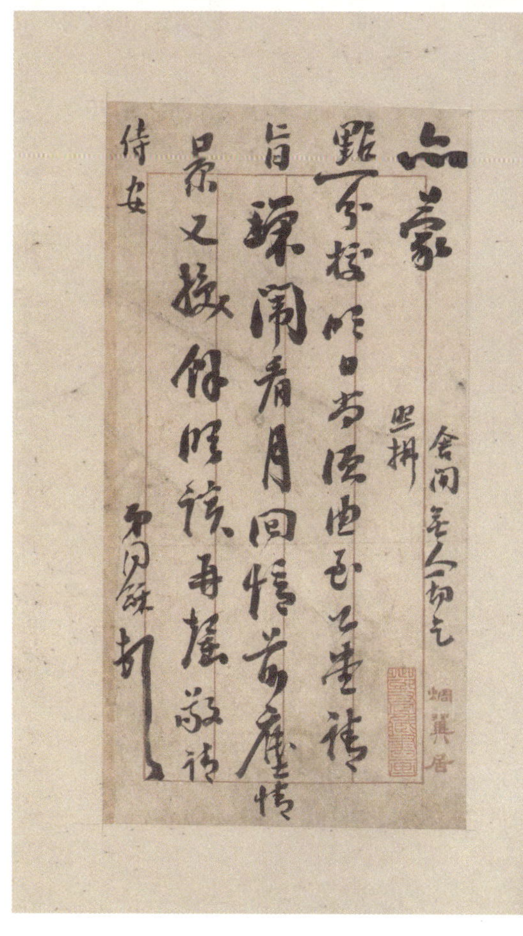

其五

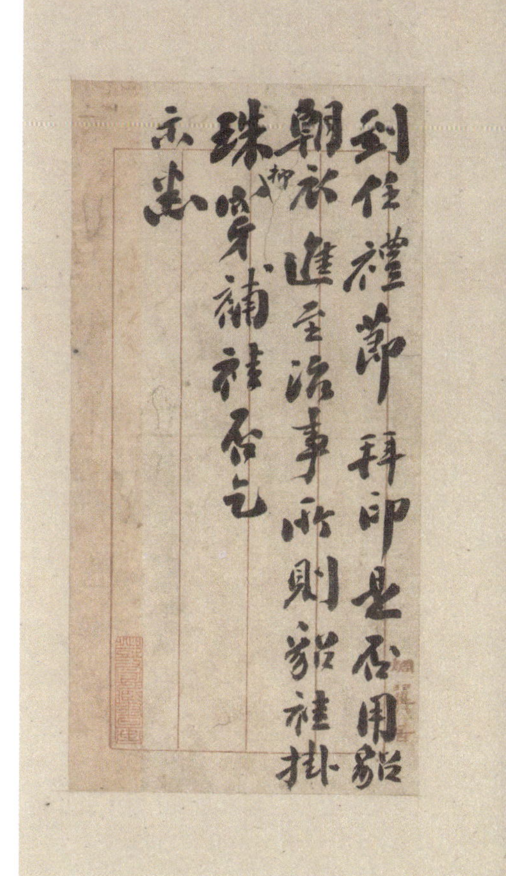

其四

## 録文：

其一

小赤大公祖大人閣下：手教至，伏審起居安和，敷政優優，百禄是遒，敢以爲頌。學堂之議尚未奏上。天下事無不學而能者，樹人之效當在十年之後也。籌餉練兵、清丈田畝，具勞碩畫，欽佩不盡。弟録録［碌碌］無能，近復多病，歲華荏苒，俯仰滋慚。肅覆，敬賀春祺，並繳撝柬不次。治愚弟翁同龢頓首。

其二

頃承手示，實深訝嘆，若總署勒責，真奈何哉！箴庭適在此，閑談尚未及此，或者中人覬得利，故造此謡耶？

其三

頃詢看屋人，確知已遞價五二，並無七五之説，牽纜者不計其數也。出手一節極是極是。所慮者西人一到，南北皆不安耳。餘不一一。名頓首。

其四

到任禮節，拜印是否用貂朝衣？進至治事所則貂褂掛珠？抑穿補褂否？乞示悉。

其五

亦蒙點分校，明日尚須由至公堂請旨。璅闈看月，回憶前塵，情景又换。餘晤談再罄，敬請侍安。弟同龢頓首。（舍間無人，一切乞照拂）

## 題注：

翁同龢（1830—1904），字聲甫，號叔平，江蘇常熟人。咸豐狀元，光緒帝師傅。歷任户部尚書、充總理衙門行走、協辦大學士等。卒謚文恭，著有《翁文恭公日記》《瓶廬詩文稿》。

翁同龢致鄧華熙書札五通，撰寫時間推測當在1895年之後舉國咸趨『維新』之際。信函中的『學堂之議』乃當時維新變法措施之一。翁氏『天下事無不學而能者，樹人之效當在十年之後也』之謂，顯係受維新思想之感染。對於鄧華熙在安徽巡撫任上『籌餉練兵、清丈田畝』之治措表示欽佩。他認爲造成三千年未有之大變局的主因是西人入華，故稱『西人一到，南北皆不安耳』。

# 趙光致鄧華熙信札（二通）

合本：橫 21.1 厘米，縱 32.8 厘米

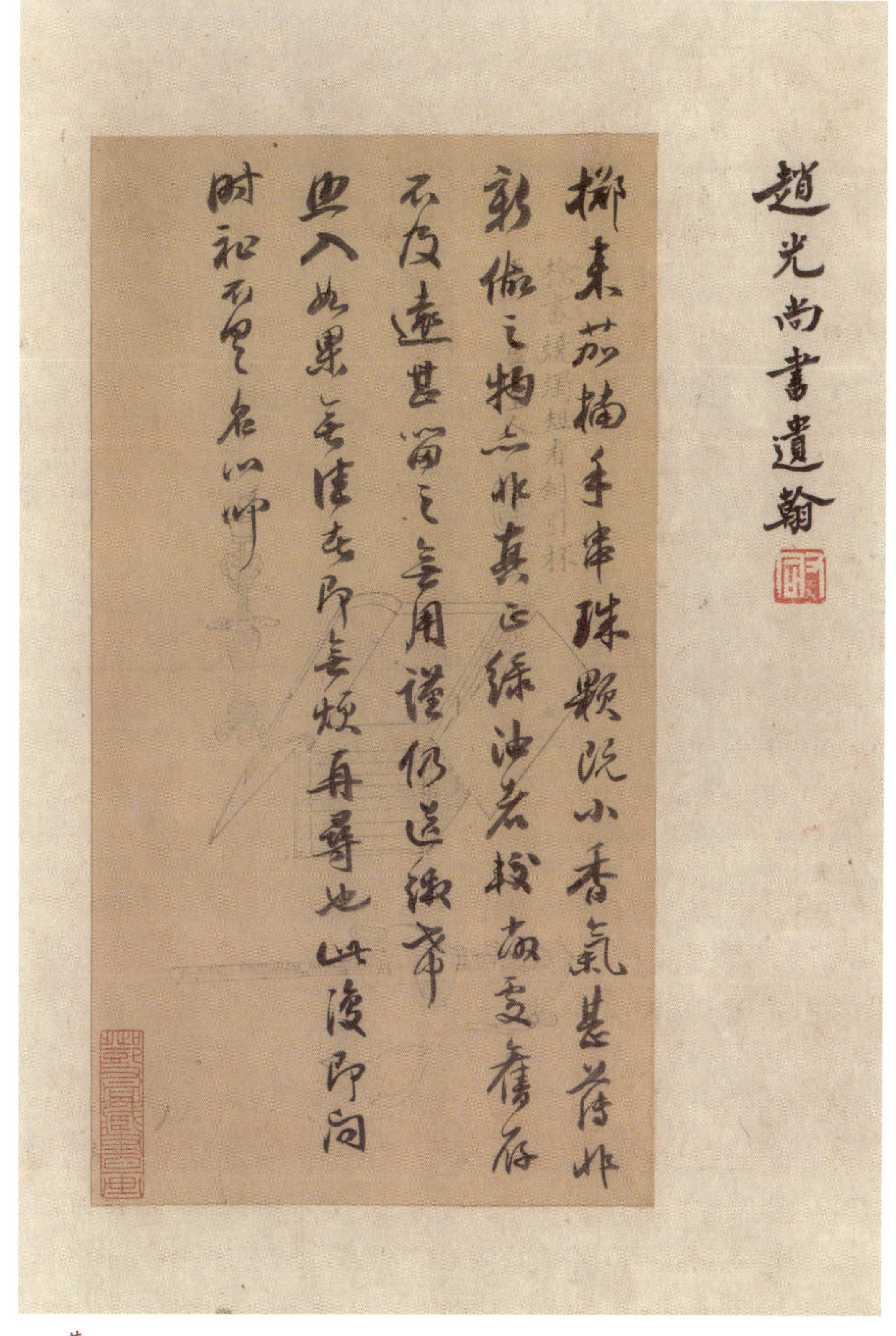

其一

来字已悉
榔玉香串去子诚如
所言颗粒雖大香味极薄且闻有霉气
庭厚李纸俟有緑油佳者寄
代购一串刻日胶泄黑白妙矣静贻耳
小亦贤弟阁下光弟

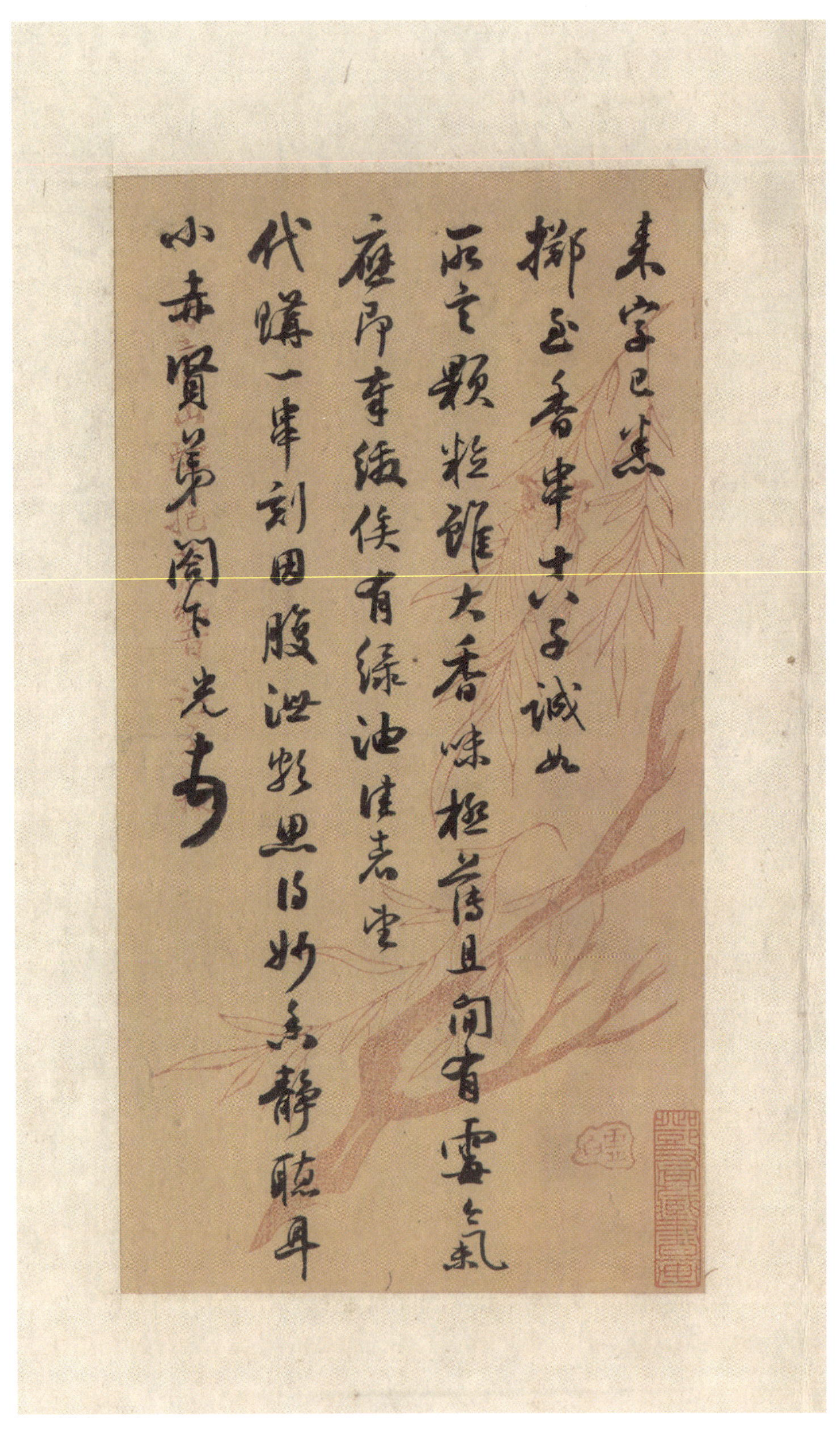

其二

## 録文：

其一

擲來茄楠手串，珠顆既小，香氣甚薄，非新做之物，亦非真正緑油者，較敝處舊存，不及遠甚，留之無用，謹仍送繳，希照入。如果無佳者，即無煩再尋也。此復，即問時祉不具。名心叩。

其二

來字已悉，擲至香串十八子，誠如所言，顆粒雖大，香味極薄，且間有霉氣，應即奉繳。俟有緑油佳者，望代購一串。刻因腹泄，欲思得妙香静聽耳。小赤賢弟閣下。光頓首。

## 題注：

趙光（1797—1865），字蓉舫，號退庵，雲南昆明人。嘉慶進士，累官至刑部尚書。卒謚文恪，著有《趙文恪自訂年譜》。

此二函對鄧氏所饋贈珠串手信表示答謝並陳己見。趙光爲朝廷高官，鄧氏在京所拜謁衆官之中，趙氏必居之，故而敬贈禮品手信，合乎情誼。據《鄧華熙日記》載，咸豐六年（1856）底鄧氏到京任刑部行走，次年四月初一日至大司寇趙光府邸做客。咸豐十年（1860）七月十一日，『本衙門趙大司寇（按：指趙光）、周相國祖培、賈相國楨、陳冢宰孚恩派在外城巡防處辦事。』

徐郙尚書遺翰

其一

# 徐郙致鄧華熙信札（五通）

合本：横19.7厘米，縦29厘米

## 録文：

其一

小赤仁兄大公祖世大人閣下：前肅謝啓，計達典籤。辰下敬惟福與時臻，潭祺迪吉爲頌。弟逐隊趨公，無善可述。幸京中尚形安謐，入夏以來連得透雨，秋收必豐。意人虚聲恫喝，浙省戒嚴。該夷詭譎多端，不敢遽爲戎首，兵輪來往，并未滋擾地方，而閭閻已騷然矣。剛相南行，意欲開闢利源，兼杜中飽。特恐積重難返，無濟於事耳。皖省兵灾之後，幸得大公祖大人撫恤周詳，民心悦服。當今要務，惟以收拾人心爲先也。鱗鴻有便，尚祈時惠南鍼，是所至禱。專肅，敬請午安。治世愚弟徐郙頓首拜。

其二

## 其二

小赤仁兄大公祖大人閣下：秋間世兄來京，接讀手書，備承藻飾關垂，感銘心版，本擬即日奉復，因入闈匆促，比撤棘，又復感受濕邪，臂痛至今未愈，魚鴻遲滯，職是之由，想知己決不見責也。京華如常，惟錢貴銀賤，百物仍不落價，米珠之慨，較昔年爲尤甚矣。德國横逆之施，殊出意外，譯署諸公竭力敷衍，風聞漸就平妥，惟讓膠後，尚欲易一口岸，則猶未定也。時事如斯，真屬苟延殘喘，而冒爲清流者仍復口出大言，謂不如以干戈相見，以朝廷爲孤注，而自居正人，利害顛危，全所不計，可勝浩嘆！京中天時尚暖，未得雪澤，頗有小病痛，今日大風增寒，而雪意仍杳然也。草此申謝，敬頌勛安，并問冠亨近好。治世愚弟鄘頓首。

敬再啓：陳牧先覲辱蒙推愛，權篆泗州，來稟感激憲恩，直冷骨髓。惟泗州瀕湖瘠區，著名苦累，該牧勤勤懇懇，不敢存京兆之心，還望終始成全之。幸甚，專此申謝，敬頌勛安。弟謹又啓。

旬宣怨聲載道，嘖嘖人言，風聞有引退之意，則皖民之幸也。近日所謂假道學者，往往如此。

其三

小赤老兄大公祖大人閣下：用甫世兄來，交到手書，敬諗公私順適，潭第凝麻，蘭玉森森，後先濟美，美賀奚如。皖中藩臬均量移他省，以後公事當可順手，惟丈田一事，公私交怨，且并無成效可觀，徒滋紛擾，似可趁此歇手，必可頌聲交作也。朝事求治太速，急功近利之小人乘機而起，鼓其邪說，聳動聽聞，大都剽竊浮詞，危言駭世，九重頗受其愚，且恐釀成宮闈之隱患，幸近日同人設法，假以報館事權，早離京闕，免致邪說紛來，亦國家之福也。弟尸居高位，無補時艱，亦欲抗詞論説，奈其鋒甚鋭，姑待其自斂，大約其敗，亦不遠矣。蒿目時艱，憂心如擣，知己何以教之？草此布復，敬頌勛安。治世小弟鄣頓首。

敬再啓者：陳牧先覲蒙恩逾格，感泐同深，該員頗自愛，兼感殊施，於地方應辦事宜，竭力補苴，不以瘠區而急思自肥之計，側聞頗有賠墊多金，刻本缺已擬補有人，若即日交卸，無以彌補虧項，情甚可憐，或緩至冬間交卸，或續委一差，[illegible]

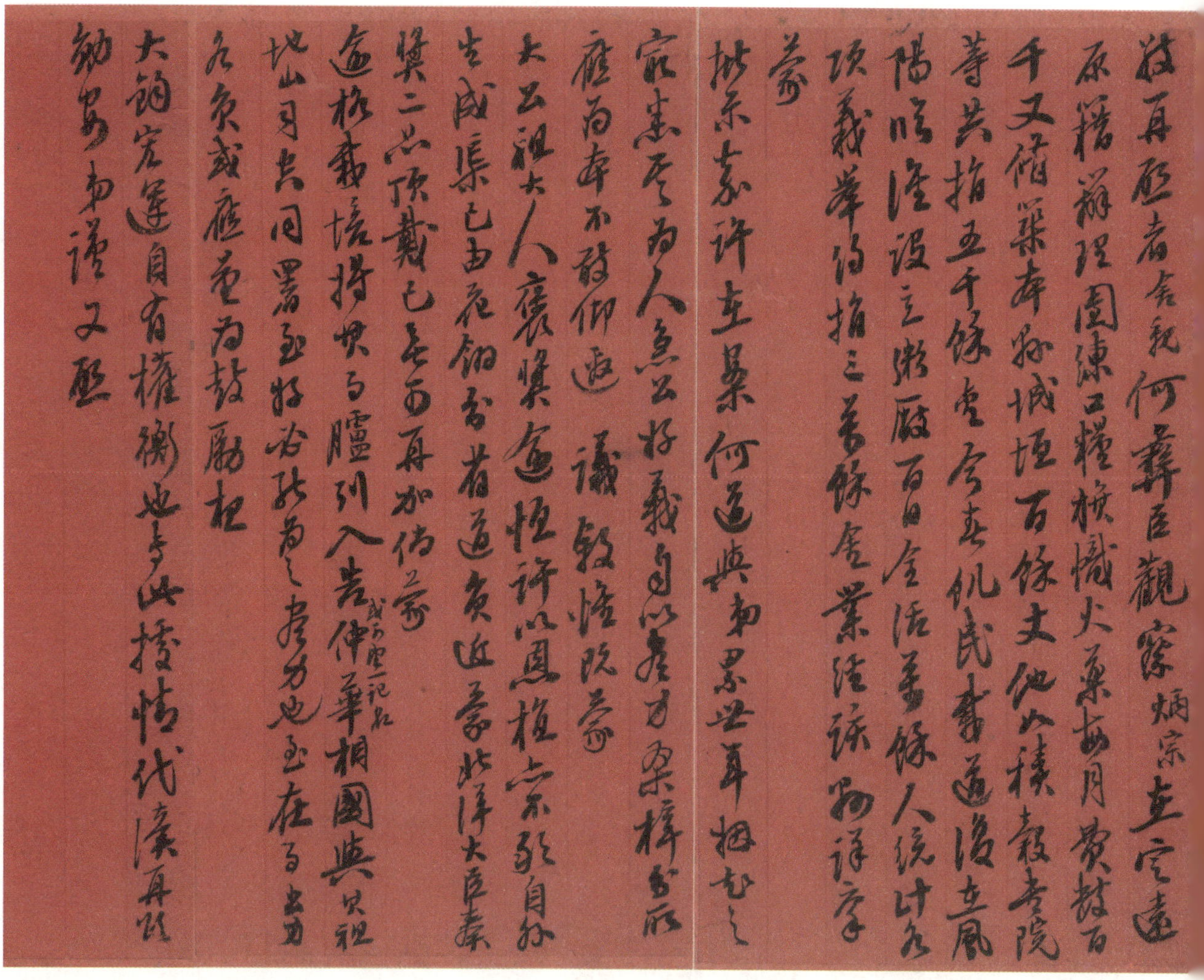

其三

[illegible]

敬再啓者：舍親何彝臣觀察炳宗在定遠原籍辦理團練，口糧、旗幟、火藥每月費數百千，又修築本縣城垣百餘丈，他如積穀、書院等共捐五千餘金。今春饑民載道，復在鳳陽、臨淮設立粥廠，百日全活萬餘人。統計各項義舉，約捐三萬餘金，業經該縣詳禀，蒙批示嘉許在案。何道與弟累世年姻，知之最悉，其爲人急公好義，自以盡力桑梓，分所應爲，本不敢仰邀議叙，惟既蒙大公祖大人褒獎逾恒，許以恩植，亦不敢自外生成，渠已由花翎分省道員，近蒙北洋大臣奏獎二品頂戴，已無可再加，倘蒙逾格栽培，將其事臚列入告，或可望記一名。仲華相國與其祖地山司空同署至好，必能爲之盡力也。至在事出力各員，或應量爲鼓勵，想大鈞宏運，自有權衡也。專此，據情代瀆，再頌勛安。弟謹又啓。

徐郙尚書遺翰

其四

小赤仁兄大公祖大人閣下：昨肅賀緘，計已達覽，敬惟蓋猷茂著，指晉兼圻，竹馬兒童，日望使君之戾止也。弟趨公逐隊，鮮淑可陳，裁兵之議，廷臣屢以爲言，司農仰屋而嗟，亦視此首屈一指，奈時勢所迫，亦有窒礙難行之處，徒令疆臣束手彌縫敷衍於一時，此亦與丈量等事，其議論誠足動人，而諸多牽制，流弊無窮，不如其已也。惟償款又將到期，尚無眉目，此則大可慮耳。南鴻有便，尚乞時惠南鍼，以匡不逮，幸甚。專肅，敬頌勛安。治愚弟徐郙頓首上，乞恕不莊。

敬再啓者：門人李大令家澍、陳直刺先覲

其四

才實在可用。陳牧則向在甘隴制幕辦理摺奏，屢權劇邑，知甘事將僨，改指皖中，去甘未三月，軍事即起，其才識過人，此其驗也；寫作尤爲精美，筆足以達其所見，洵幹才也。兩君皆賞識有年，公入都時，即欲相告，恐公冗無暇及此，兹特專函奉上。弟非妄作曹邱者，伏乞賜以温霽，一覘其才，當知弟言之非謬也。專肅，敬頌勛安。弟謹又啓。

敬再啓者：新選昭文李令鵬飛由庶常散館，告近簽掣此缺，親老家貧，亟思迎養，務祈推愛栽植，俾得早赴新任，感同身受。專肅，再頌勛安。弟謹又啓。

梁小山慶桂昨亦有書來，光景萬分狼狽，皮衣皆歸質庫，待救孔殷。望大公祖憐而早位置也。弟又拜。

其五

其五

小赤仁兄大公祖大人閣下：闊別芝儀，瞬將一載，每思雅度，如渴如饑，敬惟政祉增綏爲頌。軍書旁午，深愧素餐，乃荷聖恩，俾司戎政，悚惶無既，深盼教言。兹有前任鹽城令方道濟甫補缺，即奉諱去官，現仍回蘇，以曾任實缺人員，聞省章例可得委署，且有酌委勞績。該令與弟有葭莩之戚，懇爲緩言，可否推愛，伏候尊裁。倭奴要求無已，譯署爭辯，迄無定議；川閩教案叠起，何以弭之？專肅，敬頌勛安。

治愚小弟名正肅。

**題注：**

徐郙（1838—1907），字壽蘅，號頌閣，江蘇嘉定人。同治狀元，歷官安徽學政、江西學政、左都御史、兵部尚書、禮部尚書等職，拜協辦大學士，世稱徐相國。

在第一封信裏，徐郙談到了意大利派遣軍艦悍然駛進長江下游之事，這在當時引起了中外較大反響。在第二封信中提到了德國强租膠州灣事件，並就鄧華熙在皖任上所施治理戰亂後局面之舉措表示贊同。其餘信函多是向鄧府推薦才彦爲人説項事宜，其中所提『梁小山慶桂』，即番禺梁慶桂，光緒舉人，歷任内閣中書、侍讀，身爲京官，尚且『光景萬分狼狽』，需典當過活。

其一

# 劉坤一致鄧華熙信札（二通）

合本：横 16.7 厘米，縦 31.3 厘米

## 録文：

其一

筱帥仁兄大人閣下：頃奉惠箋，備聆種切。敬審簡閲宣勤，輝增露冕，想見蜺旌莅止，吏肅民安，角射分屯，威揚閫外，軍容壯盛，紀律嚴明，内訌不萌，外侮不作，匪獨棠疆倚爲保障，即鄰境亦受福蔭多矣，企頌無量。承示在途接閲安慶洋務局來電，有英國教士在考場散書齟齬一節，業經已允暫爲停送。現由執事還署設法勸止，以免釀事，誠爲扼要之圖。彼族情懷叵測，輒乘罅隙，藉端生事，惟有預先防範，時其籠絡而已。差輪仰資利涉，藉壯行旌，遠辱齒芬，益深顔汗。謙稱有礙體制，萬不敢當，以後幸勿再施爲禱。專肅祇復，敬請勛安。惟希愛照不儩。愚弟劉坤一頓首。

其二

筱帥仁兄大人閣下：前復蕪函，計登籤記。敬維宏猷遠播，愷澤覃敷，無任頌仰。啓者，太平府陳守文騄樸誠勤幹，爲守兼優，早邀賞拔，兩司注考均稱其能。上届鄉試，該守充當提調來寧，時弟接談數次，詢以吏治民生，稔知爲賢二千石。惟是琴鶴清操，負累頗重，太平著名瘠苦，彌補無期，時勢方艱，循良難得，敢懇我公俯賜體恤，曲予成全，遇有機緣，量移一缺，俾免身家之念，得以專意從公，庶可竟其設施，是亦鼓舞人才之道也。專肅布達，祇請勛安。諸惟亮察不備。愚弟劉坤一頓首。

籤記敬維
宏猷遠播
愷澤覃敷無任頌仰啓者太平府陳守文騄樸誠
勤幹為守兼優早邀
賞拔兩司註考均稱其能上屆鄉試該守充當提調
來甯時弟接談數次詢以吏治民生稔知為賢二
千石惟是琴鶴清操負累頗重太平首名缺
苦彌補無期時勢方艱循良難得敢懇我
公俯賜體恤曲予成全遇有機緣量移一缺俾免
身家之念得以專意從公庶可竟其設施是
亦鼓舞人才之道也專肅布達祇請
勛安諸惟
亮詧不備
愚弟劉坤一頓首

其二

## 題注：

劉坤一（1830—1902），字峴莊，湖南新寧人。廩生出身。歷官廣西布政使、江西巡撫、兩江總督兼南洋通商大臣。加贈太傅，卒謚『忠誠』。有《劉坤一遺集》傳世。

此爲劉坤一在兩江總督任上致安徽巡撫鄧華熙信函。第一封信談及對此前安慶教案的處理意見及對待洋教士的態度。就此安慶教案的處置意見即是『設法勸止，以免釀事，誠爲扼要之圖』，因爲『彼族情懷叵測，輒乘罅隙，藉端生事，惟有預先防範，時其籠絡而已』。第二封信是向鄧所託人事安置等事宜。又據《鄧華熙日記》載，光緒二十二年（1896）七月鄧補授安徽巡撫，九月十一日入京，十四日入朝覲見光緒帝，答蘇州洋務及江陰教案情狀。光緒二十五年（1899）十一月初一日，『準吏部咨安徽渦陽土匪一律肅清，欽奉諭旨辦理當爲迅速，劉坤一等著交部從優議叙。欽此。等因。應請將兩江總督劉坤一、安徽巡撫鄧華熙、河南巡撫裕長均照從優議叙，例各給予加一級、記録二次。恭候命下，光緒二十五年八月初五日題。』

其一

## 戴鴻慈致鄧華熙等人信札（四通）

尺寸不一，已裱。心，最大，橫 18.5 厘米，縱 29 厘米；最小，橫 12.5 厘米，縱 22 厘米

**録　文：**

其一

小赤尊兄大人閣下：日前曾肅寸緘，恭賀節禧，忽奉惠緘，展誦欣悉，宣猷布化，績著優優，大江南北，莫不頌召棠依周樾焉。敬佩敬佩！竊謂大法小廉，猶分著其切重者，實非廉無以爲法。閣下位重旬宣，而持己一如儒素，故能衾影無怍，公私裕如，則所以率屬者，可知下所師也，民之福也。另字謹收藏。此復，即請勛安。慎餘。弟鴻慈頓首。四月廿九日。

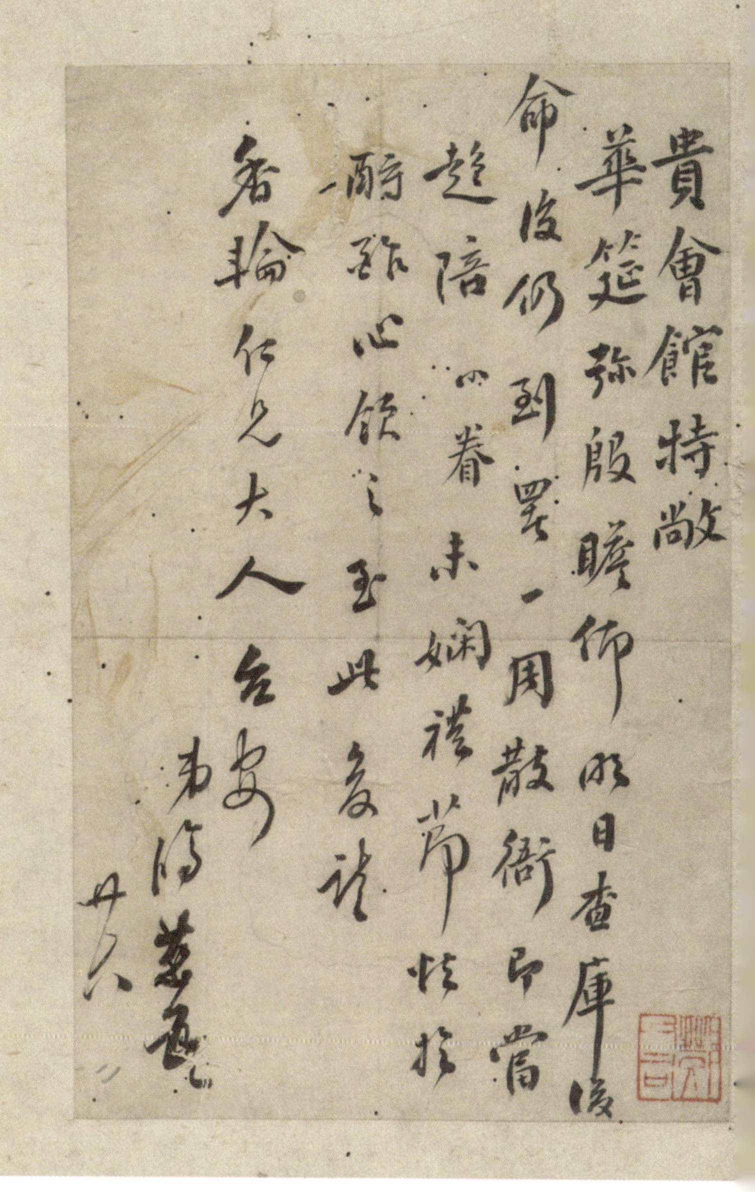

其二

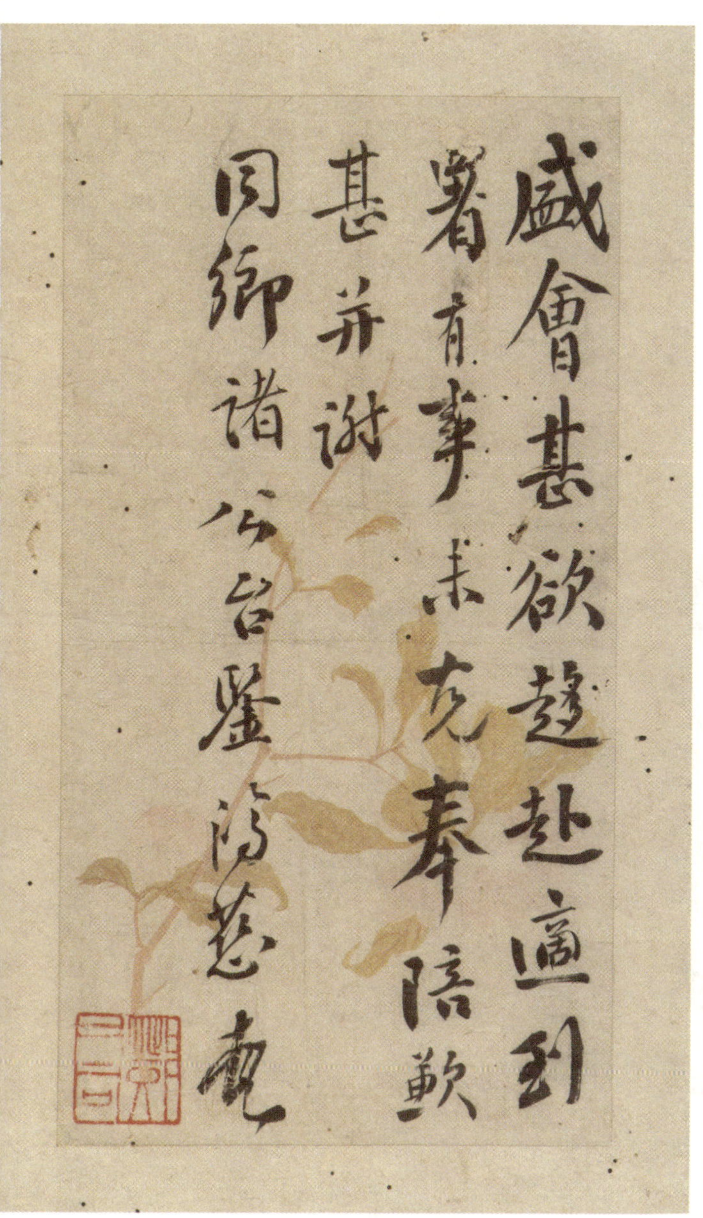

其三

其二

貴會館特敞華筵，彌殷瞻仰，明日查庫復命後，仍到署一周，散衙即當趨陪。小眷未嫻禮節，怯於酧酢，心領之至。此復，請香輪仁兄大人台安。弟鴻慈頓首。廿六。

其三

盛會甚欲趨赴，適到署有事，未克奉陪，歉甚，并謝同鄉諸公台鑒。鴻慈頓首。

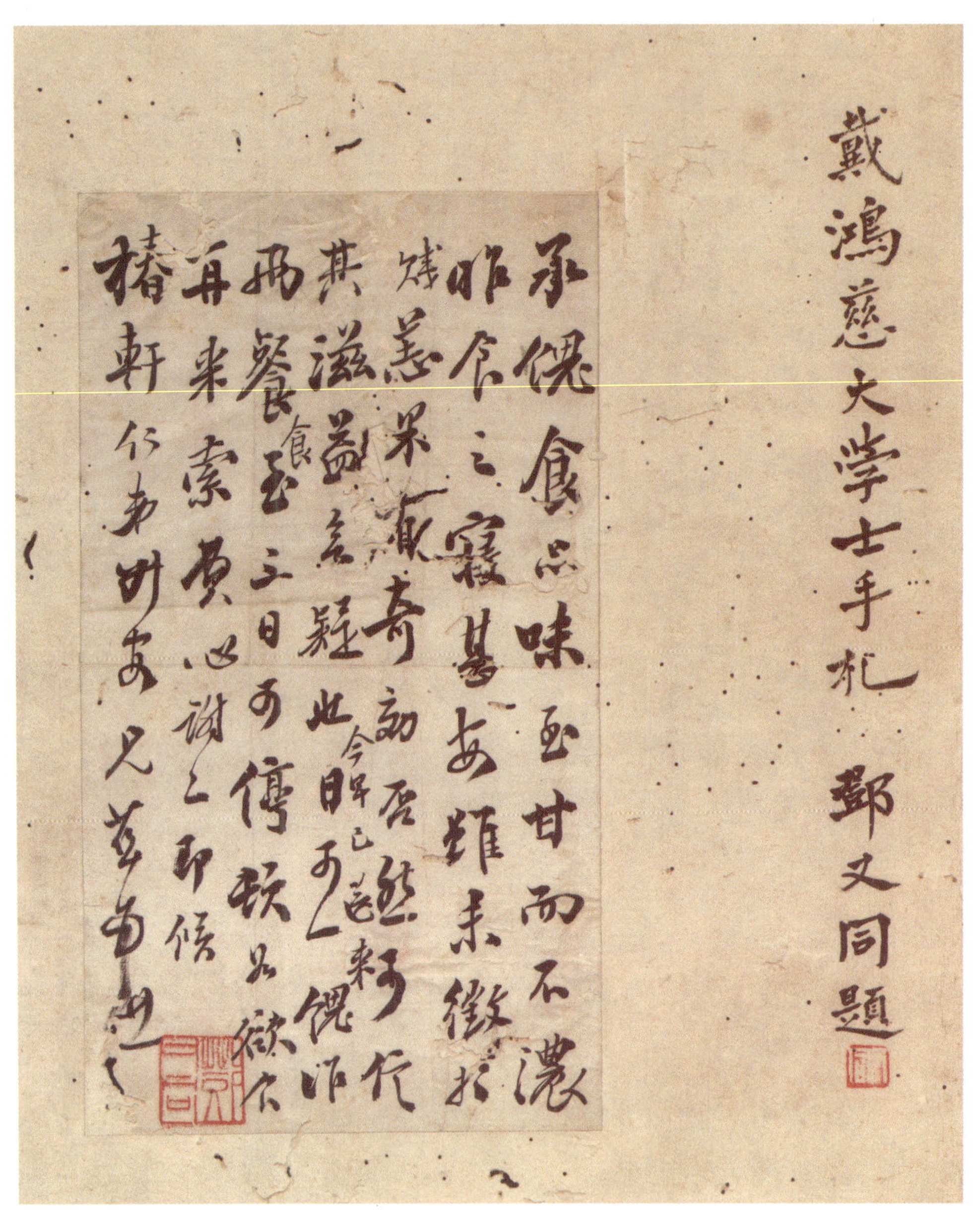

戴鴻慈大學士手札　鄧文同題

承餽食品，味至甘而不濃，非食之寢甚安，雖未徵於烤羔果亦奇効，居然其滋益無疑也。今日已再餽，兩餐（食）至三日可傳矣，且欲再再來索，貴必謝之，即信。椿軒仁弟叫安，兄慈頓首。

其四

其四

承餽食品，味至甘而不濃。昨食之，寢甚安，雖未徵於賤恙果有奇效否，然可信其滋益無疑也。今早已送來，日可一餽，作兩餐食，至三日可停頓，如欲食，再來索。費心，謝謝。即候椿軒仁弟升安。兄慈頓首。廿一。

**題注：**

戴鴻慈（1853—1910），字光孺，號少懷，廣東南海人。光緒進士，授翰林院編修，歷任禮部侍郎、户部侍郎、法部尚書、軍機處行走及協辦大學士等職。1905年，清政府爲應對蓬勃興起的立憲呼聲，特簡親賞大臣赴歐美考察政治，即著名的『五大臣出洋』，户部右侍郎戴鴻慈爲五大臣之一，著有《出使九國日記》。

第一封信即是戴替朋友託請貇鄧『代求恩植，早飭履新』。信中提及有一位朱姓準補常熟官職，但未赴任，尚在候補，這種情況在清代尤其是晚清時期極多，稱作『候補官』。第二封信是年節賀信，時鄧在安徽巡撫任上。戴鴻慈與鄧氏爲粵中同鄉，又曾在京同朝爲官，私交甚篤。據《鄧華熙日記》載，光緒二十二年（1896）九月，鄧華熙赴任安徽巡撫前，進京述職並拜會在京衆僚友，其中詳記二十三日『午刻，赴劉通參恩溥、張閣學英麟、李京兆丞鴻逵之宴，在席者爲楊容浦少司馬、戴閣學少懷』二十四日『至戴學士少懷寓所小坐』在封建官場，官員們免不了要應對各種要求，特别是相互舉薦關照提拔親朋世舊、門生故吏等，其實這也是許多人爲官爲吏的途徑之一。

李經羲總督翰墨

護帥大公祖大人節右：近讀
崇階蕃養府膺兩當
感佈情款殷眷山野屢棄之人實不敢
當隆禮優謝何極臣誰
褆躬益祜政肅風清以時
節宣至符頌頌頃接粵西及滇南太原
來電桂省匪事日棘署提督馬鎮盛治
六月十七親攻匪寨中槍陣亡全軍震殞（六年戊戌[illegible]）
四川東南及省城會匪全起勢不可遏兵
多不肯進剿言官言之撫藩列任往往
於從故桑帥解任雲帥有速往之命
滇匪此時可伏三角者來一帶瘴重之地
兵往相抵而不能進剿此皆近事
帥昔之所聞不再冒瀆敬以達
聽再近有急函寄太原省城
昌處托遞較省文為速可否
兄賜印片交封交來弁帶回繳遞伏乞
鈞酌是荷手肅布臆敬叩
勛綏
鑒不宣　治晚生李經羲頓啓

# 李經羲致鄧華熙信札

合本：横 21.1 厘米，縱 32.8 厘米

## 録　文：

筱帥大公祖大人節右：近託棠陰，藉養疴疾，兩蒙盛餞，情款殷拳。山野廢弃之人，實不敢當隆禮。愧謝何極！邇維禔躬益祜，政肅風清，以時節宣，至符頌慰。頃接粤西及濟南、太原來電，桂省匪事日棘，署提督馬鎮盛治六月十七親攻匪寨，中槍陣亡（十八午後氣絶），全軍覆歿。四川、東南及省城會匪全起，勢不可遏，兵多不肯進剿，言官言之於前，列使論之於後，故樂帥解任，雲帥有速往之命。滇匪此時尚伏三角、者桑一帶，瘴重之地，兵徒相抵而不能進剿。此皆近事，我帥當已有所聞。不辭冒瀆，敬以達聽。再近有急函寄太原省城，尊處排遞較常文爲速，可否見賜印行文封，交來弁帶回緘遞，伏乞鈞酌是荷。手肅布臆，敬叩勛綏。惟鑒不宣。

治晚生李經羲頓啓。

## 題　注：

李經羲（1860—1925），字仲山，號悔庵，安徽合肥人，李鴻章之侄。歷官四川永寧道，湖南鹽糧道、按察使，福建、雲南布政使，廣西、雲南巡撫及雲貴總督。辛亥後，歷任政治會議議長、參政院參政、審計院院長、國務總理兼財政總長等職。著有《武備雜志》及《民權素》等。

此爲李經羲任雲南布政使期間致鄧華熙信函，信中言及近來桂、滇、川等處會匪游勇起事叛亂事件，以及官軍圍剿之艱難情狀。信中提及有急件寄往山西太原，考慮到鄧處的函件『排遞』較一般文件快速，故請鄧氏關照優先『排遞』，因此希望使用鄧處印行的文件封套，乞交『來弁』帶回。

# 盛宣懷致鄧華熙信札（二通）

合本：横 16.7 厘米，縦 31.3 厘米

## 録文：

其一

赤帥中丞大公祖大人閣下：京圻于役，久闊深情。歇浦甫還，睠懷高誼。祗以公私填委，簡牘罕通，而夢縈心輪，實無日不神馳左右也。辰下敬維勛隆柱石，福庇封圻。爲雨爲霖，敷六皖撫綏之化；一心一德，邀九重倚畀之恩。指顧黄扉，心縈丹篆。王令詒善，夙隸仁帡，恪恭將事。昨據鄭陶齋觀察述及，仰承推愛栽植，派委釐差，同深感激。宣懷惟有諄諭該令，謹飭當差，不負厚德。蕪湖電局當已遵屬另行委員接辦矣。耑肅鳴謝，敬請勛安。惟祈鑒察不一。治教弟盛宣懷頓首。

其一

其二

其二

小赤中丞大公祖大人閣下：自役工程，久違光霽。頃奉惠翰，猥荷注存。敬惟都府勛高，節樓政肅。鎖鑰重中江之寄，絲綸邀魏闕之榮。引企榋輝，定符藻頌。日前世兄道出滬濱，惠臨握晤，言談舉止，敦厚老成，一見而知爲偉器。仰見我公詩禮所傳，嘉貽載遠，無任欽企。肅復，敬請鈞安。諸惟亮鑒不備。治愚弟盛宣懷頓首。

**題注：**

盛宣懷（1844—1916），字杏蓀，號愚齋，江蘇常州人。長期從事興辦洋務實業，卓具成績。著有《愚齋存稿》及《盛宣懷未刊信稿》。

盛宣懷是晚清著名的洋務踐行者，以官員身份從事實業建設，舉凡鐵路、電報、輪船、礦務、學校等均有參與經營，而往往頗著成效。此致鄧華熙信函言有『敷六皖撫綏之化』之語，可知鄧時在安徽巡撫任上。信中還提及『蕪湖電局』，按洋務運動时期李鴻章委派盛宣懷舉辦電報事業，統籌全國各地的電綫電纜的鋪設及建立電報局，則『蕪湖電局』即屬其一。信中另有向鄧幕舉薦人才懇求栽培録用之私請。

其一

# 錢應溥致鄧華熙信札（二通）

合本：横 20.1 厘米，縱 31.7 厘米

## 録 文：

其一

納楹主人賜鑒：奉到十月二十九日手函，詳悉壹是。鳳、潁、泗三屬被災，吾弟竭力賑濟，民人必應感激。撥漕雖未照準，已奉旨令户部撥給銀八萬兩，自可分别散放，亦出自閣下力奏也。弟銷假後精神略好，而記性日壞一日。時事之難則日甚一日，真不得了。現在小秋方伯已莅任否？此君與鄙人最相好，兼有姻誼，幸居貴屬，當可同事共濟。通省要件，吾弟得有幫助，想亦謂然。兹聞來差即須起程，怱怱手泐，即請勛安。言不盡意。葆慎頓首。十一月十八日。合署均頌。

其二

納楹主人惠鑒：十一月十九日交摺差帶去一信，何日接到？頃奉十一月廿一日手示，極承垂注，感不勝言。弟於二十日假滿後勉力入直，患恙略愈，惟晚間總不能安睡，飯食亦少，此總由愁悶所致。德事至今未能定規，膠澳迄不退兵。若竟占據，各國必紛紛來占海口，如何得了！此弟所以悶極也。承囑借藥力以補血氣之不足，此真至理名言。汪君

其二

《醫林纂要》一部亦已拜領，嗣後儘可錄用也。此次來翰，知收到十一月初七日信。惟十月十八日曾有一函（亦交來差）未經提及，諒不至遺失，祈賜知爲幸。冗甚草泐，敬請勛安不盡。閑静頓首。十二月初七日。

## 題注：

錢應溥（1824—1902），字子密，別署葆真老人、閑静老人，浙江嘉興人。歷官左都御史，轉工部尚書，卒謚恭勤。著有《葆真老人日記》。

第一封信稱安徽鳳陽、潁州、泗州（三地均在淮河流域）遭遇水災，安徽巡撫鄧華熙奏請朝廷撥漕糧賑灾，未被照准，錢應溥奉旨令户部撥銀八萬兩給鄧『分別散放』，以解燃眉之急。第二封信講述德國占據膠州灣事件，指的是在 1897 年 11 月 13 日，三艘德國軍艦在未照會清政府的情况下悍然駛進往山東膠州灣，强行登陸並占領了青島。這就是震動中外的膠州灣事件。錢擔心『德事至今未能定規，膠澳迄不退兵。若竟占據，各國必紛紛來占海口』，憂感國事，所以悶極，以致發出『時事之難則日甚一日，真不得了』之感喟。又據《鄧華熙日記》載，光緒二十六年（1900）二月奉旨調補貴州巡撫，四月廿五日抵京，四月廿八日覲見慈禧太后和光緒帝，叩答皖北賑灾及民情事宜。五月初六日至錢應溥寓所拜訪會談。

# 陶模致鄧華熙信札

合本：横 16.7 厘米，縱 31.3 厘米

## 録文：

小赤仁兄大人閣下：久疏箋問，延企云勞。祇維勛福並隆，德威廣布，爲祝無量。甘省協餉屢承貴處接濟，俾不至仰屋興嗟，高誼隆情，曷勝感謝！此次解餉委員葉丞炳章到甘遵繳銀兩，一切悉臻妥協。該員冒暑遄征，值大雨時行，道途泥淖。又當裁撤營勇之際，伏莽滋多，竟能不避艱險，奔波數千里之遥，其奉職耐勞，洵爲不可多得。可否量予培植，示以鼓勵之處，出自鈞裁。舍親試用縣丞勞洪章，到皖一年，有信託爲説項，竊維用人行政自有權衡，非局外所敢妄瀆，亦不敢謬懷奢望。附呈銜條一紙，可否便中屬首府縣，進而教之，幸甚。弟巖疆承乏，壹是如恒，惟庫款支絀，辦理新政無從著手，加以才疏力薾，深費偩張，倘蒙訓誨時頒，俾得有所遵循，實爲至幸。肅此，祇請勛安。諸惟愛照。愚弟陶模頓首。六月二十三日。

量予培植示以鼓勵之處出自
鈞裁舍親試用縣丞勞洪章到皖一年有信託
為説項竊維用人行政自有
權衡非局外所敢妄瀆亦不敢謬懷奢望附呈
銜條一紙可否便中
屬首府縣進而教之幸甚弟巖疆承乏壹是如
恆惟庫款支絀辦理新政無從著手加以才
疏力薾深費侜張倘蒙
訓誨時頒俾得有所遵循實為至幸肅此祇請
勛安諸惟
愛照
愚弟陶模頓首 六月二十三日

**題注：**

陶模（1835—1902），字方之，一字子方，浙江秀水（今嘉興）人。同治進士，歷官秦州知州、甘肅按察使、直隸按察使、陝西巡撫、陝甘總督、兩廣總督，卒謚勤肅。著有《陶勤肅公奏議遺稿》。

從信文揆知此時鄧華熙在安徽巡撫任上，而致函者陶模時任陝甘總督。清末新政（又稱庚子新政、庚子後新政）是清朝末年的一場經濟和政治體制改革運動，清廷力圖在軍事、官制、法律、商業、教育和社會方面進行一系列系統性改革，但國力積弱，許多封疆大吏雖傾心『新政』，大多空有實行新政之心，却無新政之力。陝甘區域雖大，但財力困頓，故陶模所謂『惟庫款支絀，辦理新政無從著手』，乃屬實情。此次能得到安徽省的『協餉』接濟銀兩，陶特致函表示感謝。史載鄧華熙撫皖期間，積極推動洋務和新政，對當地的政治、教育、經濟、軍事諸務均有所革新，甚或以財力、人力援助偏遠內地省份，支援甘肅即是一例。

# 李文田致鄧華熙信札

合本：横 19.7 厘米，縱 29 厘米

**録文：**

去歲奉接手書，正思裁答，會台旌移節，故以前語爲罷論耳。大率彼意不過因辦事維艱，而同志甚難，思欲同舟共濟，不致彼此掣肘，多牽制於事，亦應爾緣道遠，亦未盡所云也。比日想春祺懋集，百凡如意。中峰穩練端正之材，雖稍近拘執，然正己率下，亦最堪共事之器，萬不至爲同寅之累也。吉三廉訪忽有出缺之信，同鄉外任又弱一個，星臺亦内調，計其年已杖國，恐亦不耐北地，所望封圻勛業者，惟執事與植廷矣。手肅，敬賀春禧，諸惟遠鑒不宣。

愚弟田再頓首。

再啓者：敝門人吴令成周，人素謹飭，任崇五載，官聲平穩，公事無誤，客春調補雲間首邑，給咨送部引見。該令氣體向非强壯，繁劇之區，不敢必其勝任愉快。還祈因材器使，酌予位置，該令戴德無既矣。又及。

再者：都下光景如恒，惟防務益難鬆懈。吴清卿中丞自謂能軍，未及交綏，一敗塗地，幾於掣動大局，殊駭物聽。旋任楚南，似愧見江東子弟矣。會試舉人，今歲吾粤新科到不及半，亦以江浙人多不敢來之故也。北人來者十之七八，自外楚北、江西從陸來者尚多耳。知

**題注：**

李文田（1834—1895），字畬光，號若農，廣東順德人。咸豐進士，官至禮部右侍郎。學問淵博，金石碑帖、書籍版本之源流，皆得要旨。致仕歸里後，主講廣州鳳山書院、應元書院。著有《宗伯詩文集》《和林金石録》《元秘史注》《元史地名考》《朔方備乘札記》等。

從信文揆知當撰於光緒二十一年（1895）中日甲午戰爭中國戰敗之後，其時鄧華熙正在江蘇布政使任上。時任京官的李文田在信中講述了北京的一些情況：『都下光景如恒，惟防務益難鬆懈。吴清卿中丞自謂能軍，未及交綏，一敗塗地，幾於掣動大局，殊駭物聽。』吴清卿即吴大澂，中日甲午之戰爆發，曾率湘軍北上，駐山海關，後出關作戰，由於缺乏謀略，指揮失措，致使中方陸軍大敗，丟城弃地，京畿震動。又説因受中日戰爭的影響，是年赴京會試者少了許多，『會試舉人，今歲吾粤新科到不及半，亦以江浙人多不敢來之故也』。李爲粤人，故特關注粤籍考生。但正是在這次會試之前，發生了清末著名的『公車上書』事件，首倡者爲粤籍生員康有爲、梁啓超等。

# 黄槐森致鄧華熙信札

合本：横 21.3 厘米，縱 32.1 厘米

## 録文：

敬再啓者：前閲邸抄，欣悉榮陞皖撫，俟聞入京，想履新當在秋冬之間。滇省僻遠，信息較遲，又以弟六月杪抵任，諸事紛集，有稽箋賀，歉仄良深。遥企新猷懋布，禔祉蕃膺，凡屬枌榆，同深雀躍。弟以滇南邊界介於强雄，時加防範，猶恐眈眈逐逐，慾壑無厭。現雖分界早有定圖，而見利則蒙混以逞，殊多狡詐。幸錫帥胸有定見，不肯稍爲遷就耳。弟舊屬趙次珊廉訪精明廉幹，任事認真，當早邀賞鑒。又現任寧國府桂瑛，前在川者，道任與之同城相處兩年，素知其廉明公正，結案甚多，閭閻感之，至今猶稱道不衰。時弟以禮去官，眷戀不捨，遂執弟子禮，亦以其才可造就也。想在寧國府於民情必信其愜洽，聞於所屬州縣案情延而不結者，每不憚提案審結，或不免爲屬員所忌。尤望閣下推愛，時加訓誨，俾成有用之材，盼甚感甚。潘作卿爲弟門人，才能肆應，想早在洞鑒中，無煩贅叙。手肅，載請鈞安，並賀年禧。餘惟心照不備。

## 題注

黄槐森（1834—1902），字作鑾，號植庭，廣東香山（今中山）人。同治進士，歷任貴州按察使、巡撫，廣西布政使、巡撫，雲南巡撫等。致仕歸里後，掌教粤秀書院。

此爲黄槐森在雲南巡撫任上致安徽巡撫鄧華熙的信函，表明自己對西南邊陲局勢的看法。中國西南諸省及壤鄰的越南、緬甸一直是英法兩國侵染的地區，兩國爲争奪這些地區勢力範圍而紛争不休，清廷各地封疆大吏置身其間疲於應付，黄認爲『滇南邊界介於强雄，時加防範，猶恐耽耽逐逐，欲壑無厭』，對列强不敢掉以輕心，因爲列强從來不遵法度，唯利是圖，『雖分界早有定圖，而見利則蒙混以逞，殊多狡詐』。

# 袁昶致鄧華熙信札（七通）

合本：横18.4厘米，縱32厘米

## 録文：

其一

中丞夫子大人鈞座：前月望日、廿二再上寸箋，計徹籤几。初五摺弁來都，奉到十月廿一日手諭，敬已誦悉，拜并汾之新命，舉述職之上儀，日内當奉綸音，騶從北上，計在漕艘春泛時矣。粤嶠廣州灣界事雖已由蘇子熙畫押，而土練互鬥案未了，法使要挾無理，需索多端。山東大刀會、紅拳會與教民勢成水火，毓佐臣奉召來京，以袁慰亭署東撫。諸異族眈眈江海，動輒以兵艦挾制，疆吏日不暇給。晉祠蒲阪與諸海口遠，轉爲嫏嬛福地，尤可爲吾師慶也。童米孫大令寶善樸廉勤幹，牧令中不可多得之才，久隸帡宇，受知有素，可否優賜栽培，俾得以一官一邑自效。此君存心篤實，斷不敢有幸提挈之恩。許令惟

其一

委辦支應局文案及昭信股票　趙公勤慎，才具亦極開展，久在鈞慈洞鑒之中，倘蒙逾格裁成，賜以委署，必能不負賞拔隆慈也。冒昧瀆陳，伏乞霽鑒。附呈新刊一册，冀備公餘撫掌之資。另一册希賜交顧楞青兄爲幸。署事每日以日力之半支持，棘手殊多，惟希教益良規，用當韋弦之佩。肅上，叩請鈞安。門人滙簃叩。仲冬初七日二更。

帥憲大人鈞座敬稟者昨安臬司奉到
督憲養電德因兗州教案兵船突據膠澳等因密函轉行到道奉
此職道查兗州滋陽十餘年前德國安主教因在城內買民屋擬
構教堂紳民聚集多人洶洶攔阻德教士頗受窘辱光緒十三四
年德公使巴蘭德偕安主教至總署嘵嘵堅請清結此案安主教
以必在滋陽曲阜建堂傳教及該處道府平素不加禮貌往拜不
見又不答拜爲辭前東撫 福少帥因陛見到譯署職道其時兼
充總辦章京隨同 堂憲少帥與巴使安主教詳議滋陽教堂准
其建造至曲阜係
孔林地面向設有衍聖公五經博士等官守護闕里尊崇聖教紳民之心
種種執理阻閡須禁止教士萬不可冒昧輕往恐滋事端巴蘭德
安主教往返辯論數次帖然無詞事已就範此職道從前所經歷
情形也今事隔十年忽又生波想係兗州百姓別生枝節咎在地
方道府牧令不能事前消弭維嚶之故抑係德人覬圖利便借端
生事蓄謀已久一旦猝發意圖要挾取償聞德人有索閩省一海

其二

帥憲大人鈞座：敬稟者，昨安臬司奉到督憲養電，德因兗州教案，兵船突據膠澳等因，密函轉行到道。奉此，職道查兗州滋陽十餘年前，德國安主教因在城内買民屋擬構教堂，紳民聚集多人，汹汹攔阻，德教士頗受窘辱。光緒十三四年，德公使巴蘭德偕安主教至總署，嘵嘵堅請清結此案，安主教以必在滋陽、曲阜建堂傳教，及該處道府平素不加禮貌，往拜不見，又不答拜爲辭。前東撫福少帥因陛見到譯署，職道其時兼充總辦章京，隨同堂憲少帥與巴使、安主教詳議滋陽教堂，准其建造。至曲阜係孔林地面，向設有衍聖公、五經博士等官守護闕里，尊崇聖教，紳民之心，種種執理阻閡，須禁止教士，萬不可冒昧輕往，恐滋事端。巴蘭德、安主教往返辯論數次，帖然無詞，事已就範。此職道從前所經歷情形也。今事隔十年，

地圖內紅黑兩色別之皖蘇係法國人傳教之地圖內用黃色各分茅蕝絕不相
蒙職道曾從巴蘭德借繪各國劃地傳教一圖以六色塗別之今
將此圖呈備
查考皖南地面甯池徽太廣各州縣除英人耶蘇教外皆法主教倪
懷綸分派法司鐸傳教之地絕無一德國教堂亦從無一柏林教
士除遵
飭隨時接見主教司鐸羈縻防護隱令約束教民明禁游民滋事並
密飭各府州一體懍遵外理合稟陳恭請
鈞安伏希
誨鑒職道昶謹稟 十月二十八日
計呈描繪各國分省傳教圖一張

其二

咎在地方道府牧令不能事前消弭維妻之故，抑係德人覬圖利便，借端生事，蓄謀已久，一旦猝發，意圖要挾取償。聞德人有索閩省一海岸屯兵之説，此事第費總署及使臣筆舌，尚無難收束耳。至各國天主教士傳教中華，各有分省界限，山東係德、義兩國人傳教之地（圖内紅、黑兩色别之），皖、蘇係法國人傳教之地（圖内用黄色），各分茅蕝，絶不相蒙。職道曾從巴蘭德借繪各國劃地傳教一圖，以六色塗别之，今將此圖呈備查考。皖南地面寧、池、徽、太、廣各州縣，除英人耶蘇教外，皆法主教倪懷綸分派法司鐸傳教之地，絶無一德國教堂，亦從無一柏林教士，除遵飭隨時接見主教司鐸羈縻防護，隱令約束教民，明禁游民滋事，并密飭各府州一體懍遵外，理合稟陳，恭請鈞安，伏希誨鑒。職道昶謹稟。十月二十八日。計呈描繪各國分省傳教圖一張。

其三

職道袁昶謹稟帥憲大人鈞座：敬稟者，本年十月初四日奉到鈞札，頒發農學報，飭各牧令勸民講求植物學，相其土宜，種藝茶果樹木，以裨小民生計等因。十六日又奉鈞札，所有地方防營練軍嚴課盜案與州縣一律考校功過等因。奉此，仰見培養種殖以厚民生，即所以富國本；訓練勁旅以靖萑苻，即所以捍外患。其課功切而近，其防患微而遠。課功近，則生聚教訓，保境内安居輸賦之甿，事以分肈而易舉；防患遠，則籌糈敵愾，樹一方建威消萌之勢，責以督勵而愈專。循繹再三，莫名欽服。竊惟近日時局，自口岸林立，洋貨浸消，内地土貨，如植茶、繅絲、瓷器、布枲，以及銅鐵、竹木、器用，工作惰而物質窳，大半爲外洋運來之貨，工巧價廉，浸奪華民生計。至吸食鴉片之毒害，不特官士兵勇三等人沉湎不返，即農桑工作轉移執事之民亦莫不薰染惡習，錮蔽人心。溯自乾隆詔書重申景陵滋生人丁永不加賦之諭，會計直省民數，有四萬萬丁口之多，然生聚而不能教訓，烟癮毒痛，性耽懶惰，不勤則匱，無以自贍身家，流爲匪徒，所在囂然，家尠蓋藏，户無畜積，朝廷無可用之士，南畝無力耕之農，營有不戢易嘩不諳步伐之弁勇，市有不務本富依附洋估射利之奸商，雖有四萬萬丁，惰窳無用者，不止居其大半，

此民生之所以日窮國勢之所以日弱也而爲之牧令者又但務
催科朘民膏血不知所以養之教之察地力之所出扶民隱之所
病聯守望以防暴客講鄉約以導愚頑遂致本計空虛政治苟且
粉飾禁令補苴考成將領則手不能畫輿地形勢未嘗由學堂出
身牧令則目不習　國朝掌故令甲靦然以科目自詡冗員猥多
吏治叢瓅內憂未已外患方乘此久在
大憲孜孜求治蒿目時艱力求補救之中者也聞曩者
前撫憲英公裕公治皖日皖南牧令以開墾汙萊嚴治會匪爲吏
課皖北州縣以緝拏盜賊搏擊豪强爲考成其時民生富於今日
吏治亦清於今日皖北長吏率一月之中帶勇丁民壯周歷四鄉
訪緝盜賊者動有兼旬從不敢深居簡出日以追比糧胥地保爲
事近聞潁亳鳳壽牧令多縱盜諱案不報亦不能用姚瑩聯莊之
成法收其梟桀馴彼野性平時不聯絡武弁暗儲指蹤功狗之材
一旦盜案猝發何由購求嚮導得其死力遇案必破以靖奸萌以
近事言之前盱眙吳署令乃斌治客民械鬥爭沙地之案稟請鳳
陽道府發馬兵數十人爲助脅以威猛旋得息事馮護道乃責其
喜事操切是於前人治蜀尚嚴之理尚少體會宣城龍令賡言平
時與鎮軍游擊從不登堂修寅僚酬酢之禮向例巡兵月支津貼
油燭一概刻尅不發以致盜覬官存多銀之錢店乘間猝發鎮軍

其三（之一）

所以養之教之，察地力之所出，扶民隱之所病，聯守望以防暴客，講鄉約以導愚頑，遂致本計空虛，政治苟且，粉飾禁令，補苴考成。將領則手不能畫輿地形勢，未嘗由學堂出身；牧令則目不習國朝掌故令甲，靦然以科目自詡。冗員猥多，吏治叢瓅，內憂未已，外患方乘，此久在大憲孜孜求治，蒿目時艱，力求補救之中者也。聞曩者前撫憲英公、裕公治皖日，皖南牧令以開墾污萊、嚴治會匪爲吏課，皖北州縣以緝拿盜賊、搏擊豪强爲考成。其時民生富於今日，吏治亦清於今日。皖北長吏率一月之中，帶勇丁民壯周歷四鄉，訪緝盜賊者，動有兼旬，從不敢深居簡出，日以追比糧胥地保爲事。近聞潁、亳、鳳、壽牧令多縱盜諱案不報，亦不能用姚瑩聯莊之成法，收其梟桀，馴彼野性，平時不聯絡武弁，暗儲指蹤功狗之材，一旦盜案猝發，何由購求嚮導，得其死力，遇案必破，以靖奸萌？以近事言之，前盱眙吳署令乃斌治客民械鬥爭沙地之案，稟請鳳陽道府發馬兵數十人爲助，脅以威猛，旋得息事，馮護道乃責其喜事操切，是於前人治蜀尚嚴之理尚少體會。宣城龍令賡言平時與鎮軍、游擊從不登堂修寅僚酬酢之禮，向例巡兵月支津貼油燭一概刻尅不發，以致盜覬官存多銀之錢店，乘間猝發，鎮軍立派兵勇百餘名分頭急捕，獲盜四名，而宣城令僅派有疲弱三四差役隨同協捕。比五年中，廣德一州刦案有二十餘起，獲案寥寥。該州牧屢易其人，視爲傳舍，職道函牘催緝，派弁協拿，該前任州牧空言搪塞，若罔聞知。故平時守令文飾催科，掉弄筆墨，欺罔上官，或止知飾治學校，修葺志乘，以爲美觀，弋時譽而置盜賊課於不顧，視武弁若路人，此皆不知治體者也。天下安，注意相；天下危，注意將。將相和調，則士豫附。處今日危弱之勢，而猶雅步從容，如木偶人，蹈前明重文輕武、崇科目卑行伍之惡習，不鑒明之所以亡國由此，而餘風至今未已，真風痺不知痛癢之人也。憲意有鑒於此，通飭各練軍防營，申明治盜功過，要在地方文武一體協力治盜，方足以清奸宄之源，行團防之實。綠營不足恃，則恃練軍；州縣民壯捕役不足恃，則恃防營。又屢奉功令，以各行省遣散營勇太多，沿江城鎮散勇尤多，逗留生事，令各處舉行團練，竊以爲髮捻甫平時，所在團練圩主林立，多有劣紳土豪抗糧拒捕，擄人勒贖，種種事情，其法利一而害百，故曾文正公以不辦團爲善政，蓋以其易聚難散，每患囂然不靖故也。今即舉辦，亦未易講求盡善，且現在公私困乏，團練之費必出自民間，練總必係本地紳監，尤恐豪紳劣監藉此斂費，反爲民生出一害。竊謂紳民之情懈涣，團練未易猝辦，莫若略師姚氏瑩治臺日聯莊編甲之法，用守望相助之意，團而不練，以助保甲聲勢，而責成州縣略解私囊，出其所得火耗平餘十分之二三，每縣請選補役民壯，優給工食，又係二十名，、

其三（之二）

汛哨協同緝捕，無事如有事時提防，有事如無事時鎮靜，則盜賊自當衰息，而良民亦藉安枕，此制治於無形，不必赫赫之功者也。而其平日教民養民之道，端在勸樹茶桑漆棉柏柘果蓏，講求植物之學、物土之宜，以資本計，以厚民生，民富則有樂其恒産之心，民勤則有男耕女桑之業，如是而可免飢寒，不憂水旱，又修築圩堤，開治塘堰，以興水利而防水患，使民習畚鍤知田功土工之利已，實爲小民保衛身家，民間少一游惰，地方即多一善良，清盗之源，莫要於此，此皆憲台之所以多方誥誡治具首先及之者也。職道前曾面禀大府，乞重刻徐氏光啓《農政全書》《欽定授時通考》二書，最有裨農事。明季陳給諫子龍曾有校補《農政全書》刪繁舉要本，訪求未之得。兹恪遵憲意，謹先以所刊《齊民要術》《農桑輯要》各三百部呈備憲台，頒發各州縣勸農之用。近刻叢書新增《醫家太素》一種，并以附呈。職道自愧無吏才，知識短淺，於職分之所當爲，未能盡其千一，敢貢戇愚，惟希裁擇而訓示焉。除具詳外，手肅寸禀，恭叩鈞安。職道昶謹禀。十月二十一日。

其四

憲台大人鈞座：敬禀者，前荷光風煦物，賜以廉泉，當即具禀泥謝，王城如海，人事薪勞，轉瞚已届晚春，時跂龍門，倍殷蟻慕。伏惟愷澤遍於芀陂，勛名勒於灊嶽，入咸一德，出督八州，仰戴帡慈，曷勝欽服。門吏渥叨栽植，久荷陶甄，前月杪蒙恩補授光卿，飲水思源，此皆由前此陸內相薦章汲引之力，冰兢倍切，蚉負滋慚。惟時局艱辛，不知培植國淵，將來隕越時虞，能否

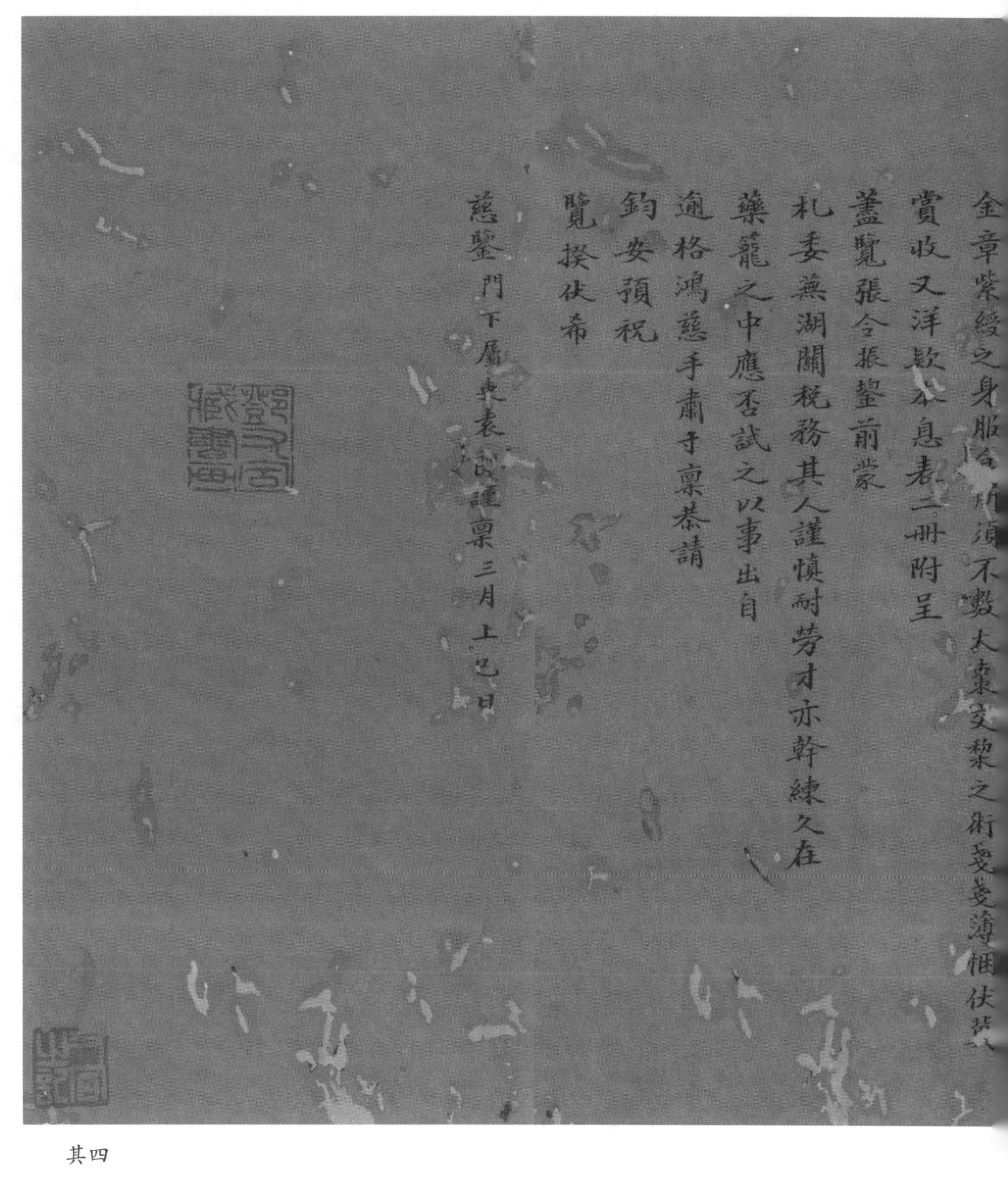
金章紫綬之身服食所須不數火棗交梨之術戔戔薄悃伏冀
賞收又洋款本息表二册附呈
蓋覽張令振鋆前蒙
札委蕪湖關稅務其人謹慎耐勞才亦幹練久在
藥籠之中應否試之以事出自
逾格鴻慈手肅寸稟恭請
鈞安預祝
覽揆伏希
慈鑒門下屬吏袁昶謹稟三月上巳日

其四

辰，欲捧北海之樽，上祝南山之壽。茲乘張大令振鋆解餉南還之便，託呈荷包兩匣、燕菜四盒。買絲欲綉，親繫金章紫綬之身；服食所須，不數火棗交梨之術。戔戔薄悃，伏冀賞收。又洋款本息表二册附呈蓋覽。張令振鋆前蒙札委蕪湖關稅務，其人謹慎耐勞，才亦幹練，久在藥籠之中，應否試之以事？出自逾格鴻慈。手肅寸稟，恭請鈞安。預祝覽揆，伏希慈鑒。門下屬吏袁昶謹稟。三月上巳日。

其五

敬稟者：十月十八日奉到初三日賜諭，當即稟復，交原弁藉呈，計已上徹鈞覽。玆際歲琯更新，銘椒覓句，恭維我憲台大人龕濟匡時，指撝定策，臺盡登春，士皆芘夏，合三祖八公黃童白叟之倫，咸隸慈幈。蠉飛蠕動，莫不欣欣向榮，沐日月之化理，况在弱植小草，夙荷陶甄，有不飲水思源、五體投地者哉！渦匪因比年荒歉煽亂，盜兵潢池，經我仁憲布置勁旅三面兜圍，又令郭鎮添募三營，令同歸德、徐州兩鎮合力剿剿。雄師所到，諒可指日蕩平，膚功迭奏。雉河集新設之渦陽縣，本係咸同間捻匪出沒老巢，易叛難服，平時須得心地廉明而手段爽辣之牧令治之，方不致牙蘖萌生。從前西林英公常收其桀黠，交皖北道營務差遣，潛消反側，亦是良法。門吏聞蒙城人在籍記名總兵李南華，其人知兵得士心可用，應否飭鎮道一面剿賊，一面訪求土豪魁傑曾在軍營效力之人，收召駕馭用之，其餘脅從自然解散。此

其五

敏公撫皖亦優禮之，其人年已七十，尚有雄心，可令盧守假以空名，禮舉團練總紳。竊以治皖北，宜收其豪傑，使爲我用，與治皖南異；任用牧令，須用老練精明有威望智計者，不宜用循行數墨之吏，恐終釀患。想我仁憲襟抱豁達，□術撫綏，而以威權弭盜，精誠所格，文武必能用命也。門吏前荷栽成，涉歷京秩，愧無報稱，仰答涓埃。前於九月十五澹如邸曾傳懿旨，垂詢釐金外銷如何杜絶中飽一事，門吏在外目睹民窮商困、公私匱乏情形，力言各省外銷皆係地方要需，並無私用。至釐局委員司事間有侵蝕，一經發覺，立即撤懲。治釐之弊，視常關弊孔較少，近年實因半税單盛行，故洋税旺收，釐金減色，此盈彼絀，物理消息之常，並非有外銷侵蝕之故，蓋恐近日有憸人劉學詢獻策有使渠整頓釐金，每年可增多三千萬之邪説，恐官家爲其所惑也。情芘仁宇，拉雜叩陳，手肅寸稟，敬賀新禧，叩請鈞誨。門下屬吏袁昶謹肅。十二月十一日。

再，近奉疆圻皆兼譯署大臣之旨，東三省將軍皆專摺謝恩，川中余鑾案，奎帥、王藩司來電已剿撫辦竣，可慰藎懷，謹以附聞。

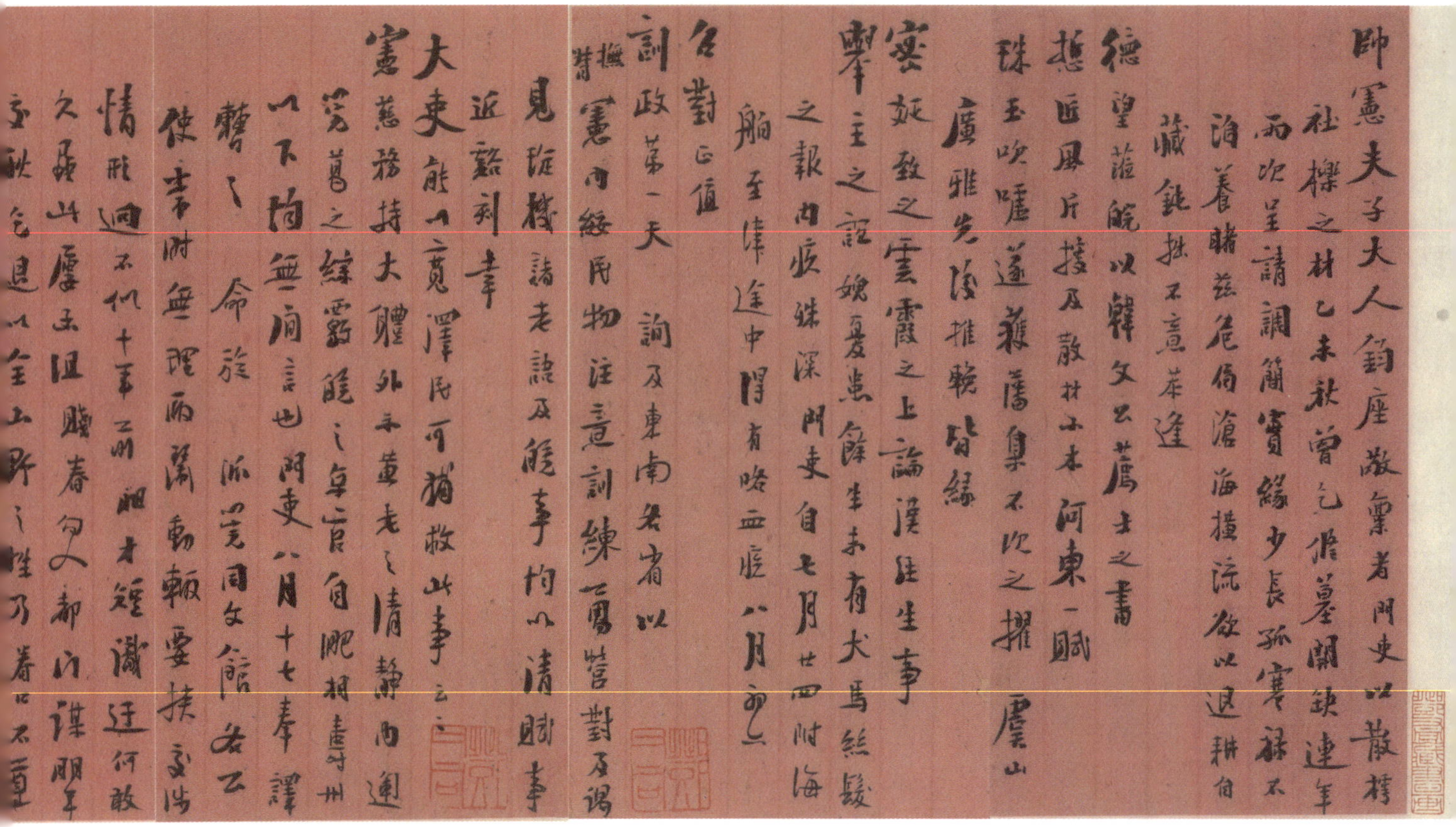

其六

帥憲夫子大人鈞座：敬稟者，門吏以散樗社櫟之材，乙未秋曾乞修墓開缺，連年兩次呈請調簡，實緣少長孤寒，禄不洎養，睹兹危局，滄海横流，欲以退耕，自藏鈍拙，不意恭逢德望蒞皖，以韓文公薦士之書，抵匠風斤，搜及散材小木，河東一賦，珠玉吹噓，遂獲藩臬不次之擢，虞山、廣雅先後推輓，皆緣密疏致之雲霞之上，論漢經生事舉主之誼。愧憂患餘生，未有犬馬絲髮之報，内疚殊深。門吏自七月廿四附海舶至津，途中得有咯血疾。八月初六召對，正值訓政第一天，詢及東南各省，以撫督憲内綏民物、注意訓練勇營對，及謁見璇璣諸老，語及皖事，均以清賦事近谿刻，幸大吏能以寬澤民，可補救此事云云。憲慈務持大體，外示黄老之清静，内運管葛之綜覈，皖之京官，自淝相、壽州以下，均無間言也。門吏八月十七奉譯曹之命，旋派管同文館，各公使常時無理取鬧，動輒要挾，交涉情形迴不似十年前。袒才短識迂，何敢久蝨比，屢函阻幾眷勿

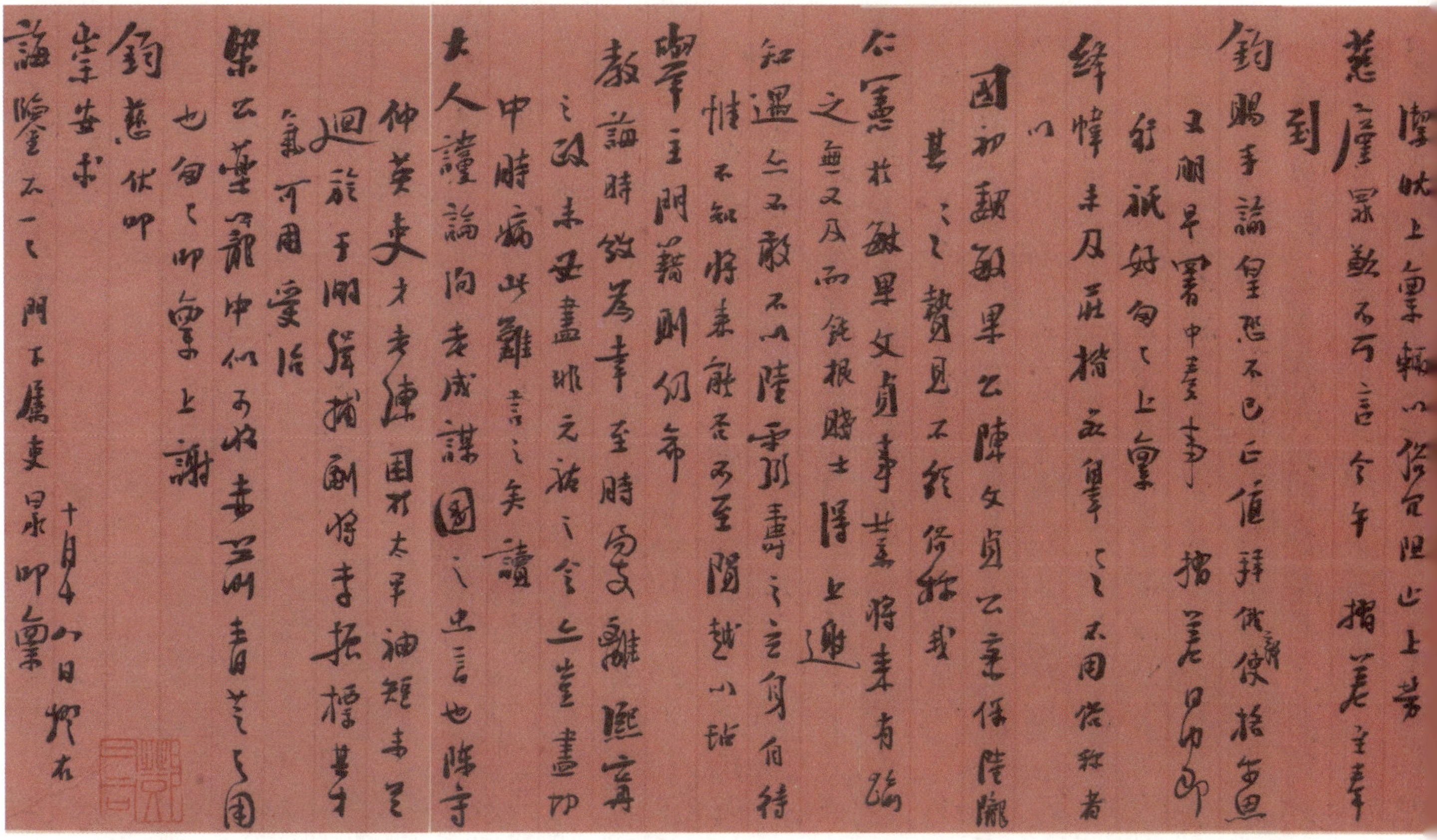

其六

乃眷口不遵諄囑，貿貿然陸續來都，又值譯署無一日可乞休沐，人事紛集，遂致屢欲潔忱上稟，輒以俗冗阻止，上勞慈廑，罪歉不可言。今午摺差至，奉到鈞賜手諭，皇恐不已，正值拜俄新使格爾思，又明早署中奏事，摺差日内即行，衹好匆匆上稟絳幃，未及莊楷，死罪死罪。不用俗稱者，以國初魏敏果公、陳文貞公親保陸隴其，隴其贄見，不從俗稱。我仁憲於敏果、文貞事業，將來有逾之無不及，而鈍根賤士得上邀知遇，亦不敢不以陸靈壽之立身自待，惟不知將來能否不至隕越，以玷舉主門籍，則仍希教誨時頒爲幸。至時局支離，熙寧之政未必盡非，元祐之令亦豈盡切中時病，此難言之矣。讀大人讜論，洵老成謀國之忠言也。陳守仲英吏才老練，困於太平，袖短未足回旋。于湖緝捕副將李振標，其才氣可用，受治梁公藥籠中，似可收赤箭青芝之用也。匆匆叩稟，上謝鈞慈，伏叩崇安，求誨鑒，不一一。門下屬吏昶叩稟。十月十八日燈右。

憲台大人鈞座敬稟者上年臘月十二日肅稟叩賀
鈞禧計蒙
慈鑒二月初八日奉到
鈞諭並敘賜廉泉五十韻酺池黃九拜
潞國之醇醪孫復諸生遺
范公之刀布望風祇領皇汗實深伏惟
棱威所被靖盜弄於潢池
德澤覃敷登菑黎於衽席
獷義滂仁無施勿屆猶復
大裘絖被念范丹之飯甑將塵
緩帶雍容知鄭虔之青氈最冷遠銜
瓊粟祇益赬顏門吏久叨栽植沐
韓昌黎薦士之書未有涓塵副
陸內相知人之鑒肅丹叩　謝恭請
鈞安祇頌
茵馮無任欽企門下屬吏袁祀謹稟

其七

其七

憲台大人鈞座：敬稟者，上年臘月十二日肅稟叩賀鈞禧，計蒙慈鑒。二月初八日奉到鈞諭，並頒賜廉泉五十韻。餔池黄九，拜潞國之醇醪；孫復諸生，遺范公之刀布。望風祗領，皇汗實深。伏惟棱威所被，靖盗弄於潢池；德澤覃敷，登蒕黎於衽席。彍義滂仁，無施勿届。猶復大裘枕被，念范丹之飯甑將塵；緩帶雍容，知鄭虔之青氊最冷。遠銜瓊粟，祗益頳顔。門吏久叨栽植，沐韓昌黎薦士之書；未有涓塵，副陸内相知人之鑒。肅丹叩謝，恭請鈞安。祇頌茵憑，無任欽企。門下屬吏袁昶謹稟。

**題注：**

袁昶（1846—1900），字爽秋，浙江桐廬人。光緒進士，由户部主事轉總理衙門章京，辦外交事務多年。戊戌變法時，由徐用儀保薦，以太常寺卿在總理衙門行走。光緒二十六年（1900）義和團運動興起，力主鎮壓。八國聯軍進犯大沽，朝議和戰，他與徐用儀、許景澄、立山、聯元等反對圍攻使館，被殺。至庚子議和後，追賜謚『忠節』。著有《漸西村舍集》《安般簃集》《亂中日記殘稿》等。

袁昶與鄧華熙交誼甚篤，袁嘗以門生屬吏身份屢屢致函鄧氏，談論家國事宜，追述師生情誼。鄧氏在安徽巡撫任上，即曾保薦時任安徽寧池太廣道的袁昶留心時務，才堪大用，既而擢升陝西按察使、江寧按察使，後又調入京城，在總理衙門行走。袁氏在朝在野，均悉心留意和研究時局，尤關心中外交涉事務。上述信中即談及法國强租廣州灣（湛江）情況，當時處理廣州灣事件的是廣西提督蘇元春（字子熙），他於1899年11月奉命與法國使臣簽訂《廣州灣租借條約》，將廣州灣租予法國，租期99年。袁昶仍然擔憂『法使要挾，無理需索多端』。信中還提到山東義和拳與教會之情况，爲應付日益嚴重的中國民衆與洋教會的矛盾，在列强干涉下，朝廷不得不將對拳民主撫爲主的山東巡撫毓賢（字佐臣）調離，改换以剿爲主的袁世凱（字慰亭）。袁昶在信中回憶其當年（光緒十三四年）處理山東兖州教案的情况。事隔十多年，德國又以德州教案爲藉口，武力占據膠州灣，使清廷極其被動。爲了更好地瞭解各國在華傳教勢力範圍，袁昶特向德國駐華公使巴蘭德借繪了各國劃地傳教一圖，不同國家之傳教範圍分别以不同色彩標識之，並告知鄧：『皖、蘇係法國人傳教之地（圖内用黄色）。』在處置洋教案時，袁昶提醒鄧氏『遵飭隨時接見主教司鐸羈縻防護，隱令約束教民，明禁游民滋事，並密飭各府州一體懔遵。』自義和團起事以來，袁昶清晰地意識到，若招撫義和團以抗衡列强，則將給列强以武裝入侵的借口，僅憑義和團是不足以抵御列强的，兵釁一開，大清社稷必危，而百姓又遭塗炭。因而袁昶冒死上奏，亟言『釁不可開，縱容亂民，禍至不可收拾，他日内訌外患，相隨而至，國何以堪！』結果此舉觸怒了以慈禧太后爲主的主撫派，袁昶等主剿的部分官吏被處死。而隨後事態的發展，即如袁氏所料。另外，袁昶對於鄧氏在安徽巡撫任上凡勸農桑、辦團練、操新軍、緝游匪諸舉極爲稱贊，謂之『厚民生而富國本』。另據《鄧華熙日記》載，光緒二十四年（1898）初，鄧氏支持蕪湖道袁昶召邀皖商創辦了安徽第一家獨立的近代民辦航運企業——泰昌輪船公司。

王之春巡抚翰墨

# 王之春致鄧華熙信札

合本：横 21.1 厘米，縱 32.8 厘米

**録　文：**

小赤仁兄方伯大人閣下：接奉惠書並尊刻《公門果報録》一百册，浣誦之下，藉諳勛猷益懋，景祜恒綏，翼爲敷五教之文，心簡篤九重之眷，即膺疆寄，曷罄軒蘉。吏胥惟利是圖，辣手忍心，大小衙門，如出一轍，繩以法令，誠不如導以善緣。閣下關切舊游，不忘化導，仁心仁術，鄂中人士受賜良多，容當分給各衙門吏胥傳觀，俾曉然於作善降祥、不善降殃之信而有懲〔徵〕，將害□□禆益良不少矣。弟薪勞無補，乏善足陳，惟於去秋得《自歷言》一編，簡要不煩，於居官之法頗能詳盡，當經印發各州縣，以爲治理之助，玆特寄呈百册，務乞頒發各屬，是爲至禱。復謝，祗請台安。諸惟藎照不具。愚弟王之春頓首。

敬再啓者：前奉還雲，正擬裁答，旋聞移節三吴，從此召伯甘棠，遍樹南國，而帝心有簡，封圻亦指顧間事，慶幸莫名。夏□□賞優差，且有位置之意，感篆同深，惟是福曜當頭，倏爾移照，是又不得不爲該員惜耳。西關戲園議雖成，尚未開設擇地，是否妥協？地方官理宜詳慎，辱承諄囑，將來總當思患而預防之，以副廑懷。肅復布謝，載請台安。弟之春又頓首。

敬再啓者：此間諸臻静謐，乘此籌備倉穀，舉行課吏，俾補政事之未逮。鹿鹿年餘，尚多闕失，措施之鈍，大概可知。前此叔耘星使將及瓜期，謬

以不才薦代，並寓書香帥就近敦促。聞信之餘，十分惶悚，因亟稟懇北洋設法力辭，始獲邀免，覆書有改屬胡雲湄廉使之説，大約歲晚可定。知注並陳，再頌勛祺。之春又頓首。

**題注：**

王之春（1842—1906），字椒生，又字芍棠，號芍塘居士，湖南清泉（今衡陽）人。歷任山西巡撫、安徽巡撫、廣西巡撫。曾出訪日本、俄羅斯、德國、法國，多次向朝廷上書言自强新政。誥授光禄大夫、建威將軍。著有《國朝柔遠記》（後改《中外通始末記》）、《王船山年譜》《瀛海危言》等。

王之春於光緒二十三年（1897）調任四川布政使，此爲王之春在甫就四川布政使任上致鄧華熙信函，言及赴任途中經鄂，與張之洞（香帥）寅僚會晤，再經皖地，因行程匆忙而未得拜謁鄧，特此申歉。信中王之春所舉薦之人，特別强調其『辦理教案，頗有膽識』。公認教會案最爲棘手難辦，因『彼族情懷叵測，輒乘罅隙，藉端生事，惟有預先防範，時其籠絡而已』，可知當時辦理教案情況妥善與否，是衡量提拔各級官員的重要標準，故妥善辦理教案，方能『於地方不無裨益』。王之春於光緒二十五年（1899）底調任安徽巡撫，是鄧華熙的繼任者。據《鄧華熙日記》載，光緒二十六年（1900）四月前，鄧華熙奉旨調補貴州巡撫，交卸安徽巡撫關防。四月初六日啓程赴京，王之春中丞率同文武官員及日本教習官共一百七十餘人送行。同書載於五月十六日（啓程赴貴州前）接受慈禧太后、光緒帝召見，叩答義和團和洋教處置事宜。

# 楊頤致鄧華熙信札

合本：横 21.3 厘米，縱 32.1 厘米

## 録文：

筱翁仁兄大人執事：別逾十年，邂逅此地，忻慰積私。惟倏又言別，殊難爲懷耳。辰維起居納祜，至以爲祝。聞貴署紀綱之僕因事遣去數人，玆有顧竹城舊僕柳貞（竹城少君函薦來此），高紫峰中丞舊僕黄裕（此人亦曾隨高廉道及孫駕航，似無荒謬）來此求薦，姑給與一函，俾其叩謁，可否留署試用之，察其可否，然後酌量去留。抑或貴署人浮於事，無可位置，則明告之，聽其自謀如何？至同鄉奉檄來此，宦況極苦者頗多，如龍普霖、凌汝賢等皆甚可軫念。其公事明白者如朱文熙、吕守儒，皆筆墨尚能擅長。至於性情醇謹如林步瀛、凌松年諸人，亦皆堪節取。古人云大匠之門無棄材，弟不過就管見所及，言其大略，想大君子自有權衡，亦毋待妄贊一詞也。匆匆泐此，祗請台安，統惟亮照不具。鄉愚弟楊頤頓首。初十巳刻。

再有懇者：今年會試，福建進士內有林瀾深、林炳章兩人，填榜時稽其履歷，知並爲林文忠公曾孫，群相嗟嘆，謂明德之後必有達人，於此可信。惟林瀾深榜前返里，而林炳章則殿試二甲，復試、朝考均列一等，今得館選，年僅十七，且其性情醇篤，丰姿清粹，同人皆目爲大器，近請假出京。弟細詢之，則其尊人（官名鈞澤）作令蘇垣，南行省覲，然後歸家略張羅旅費，始能回京等語。聞林令聽鼓數年，毫無佳況，將來其少君入都供職，再須挹注，更難支拄。伏念文忠公爲一代名臣，而清望素著，不欲以籯金遺之後人。今其子孫克自振拔，

# 楊頤侍郎遺翰

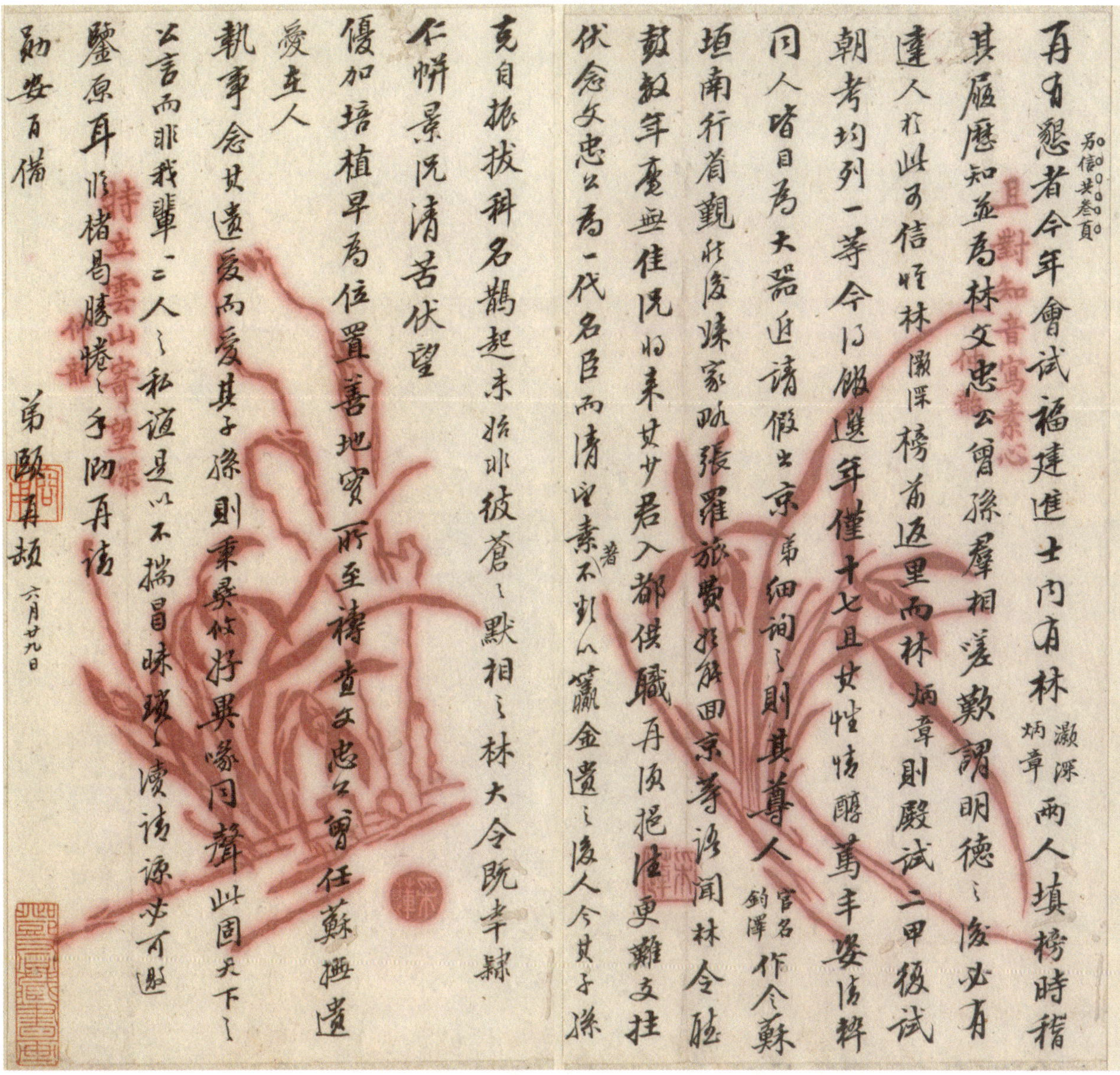

隸仁恲，景況清苦，伏望優加培植，早爲位置善地，實所至禱。查文忠公曾任蘇撫，遺愛在人，執事念其遺愛而愛其子孫，則秉彝攸好，異喙同聲，此固天下之公言，而非我輩一二人之私誼。是以不揣冒昧，瑣瑣瀆請，諒必可邀鑒原耳。臨楮曷勝惓惓。手泐，再請勛安百備。弟頤再頓。六月廿九日。

**題　注：**

楊頤（1824—1899），字子異，號蔗農，廣東茂名人。同治進士，數任鄉試、會試考官及奉天、江蘇學政。官至兵部左侍郎，兼署工部左侍郎。著有《現稼堂詩鈔》，總纂《高州府志》《茂名縣志》等。

楊頤致鄧華熙此信除了依例寒暄問候外，還替人託請舉薦。此信推薦的二人境況甚爲感人，其所推薦的林灝深、林炳章二人是林則徐的曾孫，其中年僅十七歲的林炳章『殿試二甲，復試、朝考均列一等』，但由於身無餘資，要『歸家略張羅旅費，始能回京』。其父林鈞澤雖在江南任縣令，但仍『毫無佳況，將來其少君入都供職，再須挹注，更難支拄』，由是楊感嘆道『伏念文忠公爲一代名臣，而清望素著，不欲以籯金遺之後人』，希望鄧能在江蘇任上『優加培植，早爲位置善地』。林則徐爲一代名臣，履職多地，頗有政績，謂其『遺愛在人』云，誠非佞言。

筱帥仁兄大人閣下江淮接壤時企
鴻儀歲月如流彌懷
雅教敬維
藎猷日茂
鼎祉雲高引領
吉暉傾心抃頌弟如恒挽粟祇益勞薪幸公
務順平河流順軌堪慰
廑系現得有山東木瓜四担色香俱美足供
清玩外上白麥麪四担計四包白菜四百
顆醬十礶紫蘇薑二礶莖藍二礶白菜二
礶芥菜頭二礶辣椒二礶此係南中微物
皆日用之所需特派炮船差弁送呈戔戔
之敬即希
哂存耑肅佈達祇請
勛安諸維
澄照不莊
愚弟松椿頓首

# 松椿致鄧華熙信札

合本：横 16.7 厘米，縱 31.3 厘米

## 録文：

筱帥仁兄大人閣下：江淮接壤，時企鴻儀，歲月如流，彌懷雅教。敬維蓋猷日茂，鼎祉雲高，引領吉暉，傾心抃頌。弟如恒挽粟，祇益勞薪。幸公務順平，河流順軌，堪慰廑系。現得有山東木瓜四擔，色香俱美，足供清玩。外上白麥麵四擔，計四包，白菜四百顆、醬十罐、紫蘇薑二罐、茎藍二罐、白菜二罐、芥菜頭二罐、辣椒二罐。此係南中微物，皆日用之所需，特派炮船差弁送呈。戔戔之敬，即希哂存。耑肅布達，祇請勛安。諸維澄照不莊。愚弟松椿頓首。

## 題注：

松椿（？—1911），字峻峰，滿洲鑲藍旗人。生員出身，累遷至直隸布政使，擢漕運總督。

據《鄧華熙日記》載，光緒二十年（1894）八月至十二月，漕運總督松椿晋京祝嘏慈禧太后六十壽辰，由江蘇布政使署理漕運總督，松椿回任後，鄧氏隨即回到江蘇布政使任上。其中詳記八月二十六日，『舟抵青江浦，漕帥松峻峰率淮揚鎮道及文武在東門外接官亭迎迓。登堂小坐，相見後即回船。隨即進城答拜松帥及鎮道舒總戎』。此松椿致鄧華熙信函除照例寒暄慰問外，還列明了贈送給鄧的日常蔬食，謙稱是『南中微物』，可據此推測松椿此時當在漕運總督任上，而鄧此時署安徽巡撫（故稱『筱帥』）。信中列舉的『山東木瓜』，是指北方木瓜，也稱宣木瓜，不宜鮮食，可供清玩，而作爲水果食用的木瓜是産於華南及雲南等地的番木瓜。

其一

# 俞樾致鄧華熙信札（五通）

尺寸不小，已裱。心，最大：横23.5厘米，縱25.5厘米；最小：横12.5厘米，縱22.5厘米

## 録文：

其一

小赤中丞尊兄大人閣下：前肅謝箋，定塵簽掌。辰惟金風應律，玉帳延禧。旌旆生兩皖之光，節鉞儲三江之望。遥瞻轅戟，莫罄軒㦗。弟年垂八十，精力愈衰，今年浙中詁經講席又虚。劉景帥兩次來書，請再主斯席，弟薦汪柳門侍郎自代。自顧衰慵，不敢再爲馮婦也。素承關愛，始以附及。兹因敝門下童米孫大令之便，手肅，敬請勛安。統惟惠鑒不宣。愚弟俞樾頓首。

其二

其二

小赤尊兄大人閣下：臘鼓聲中，歲將新矣，伏維台候萬福。弟杜門伏案，無狀可陳，聞尊處有委員赴江陰提漕總一差，弟有内侄姚巡檢祖詒，人頗老成可恃，日來閑住敝寓，如蒙賞派，必當勤慎從公也。附上名條，敬求裁定。手肅，虔請台安。伏惟惠鑒不宣。愚弟俞樾頓首。臘月廿三日。

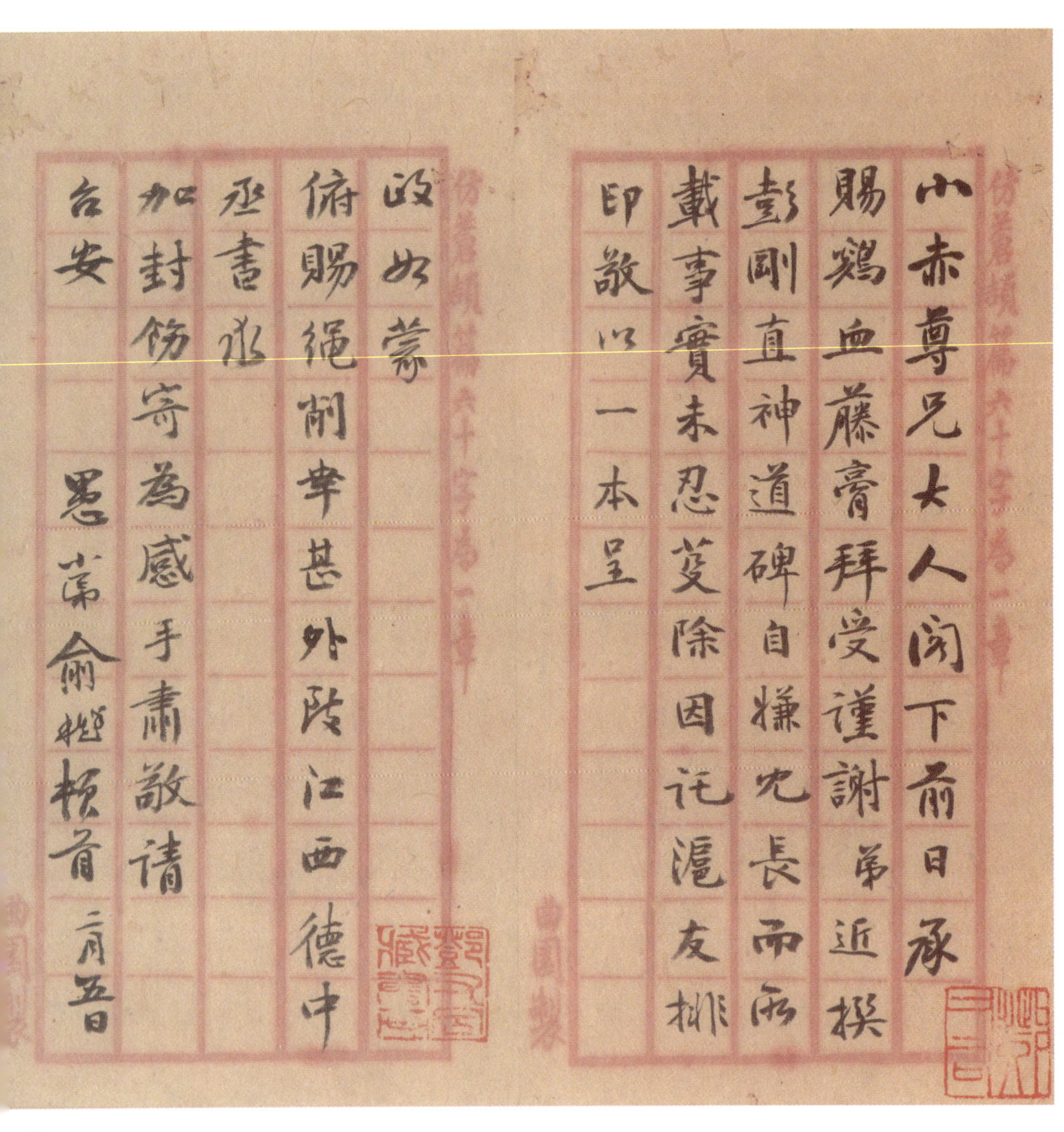
小赤尊兄大人閣下前日承
賜雞血藤膏拜受謹謝　弟近撰
彭剛直神道碑自嫌冗長而所
載事實未忍芟除因託滬友排
印敬以一本呈
政如蒙
俯賜繩削幸甚外附江西德中
丞書求
加封飭寄為感手肅敬請
台安　愚弟俞樾頓首　二月五日

其三

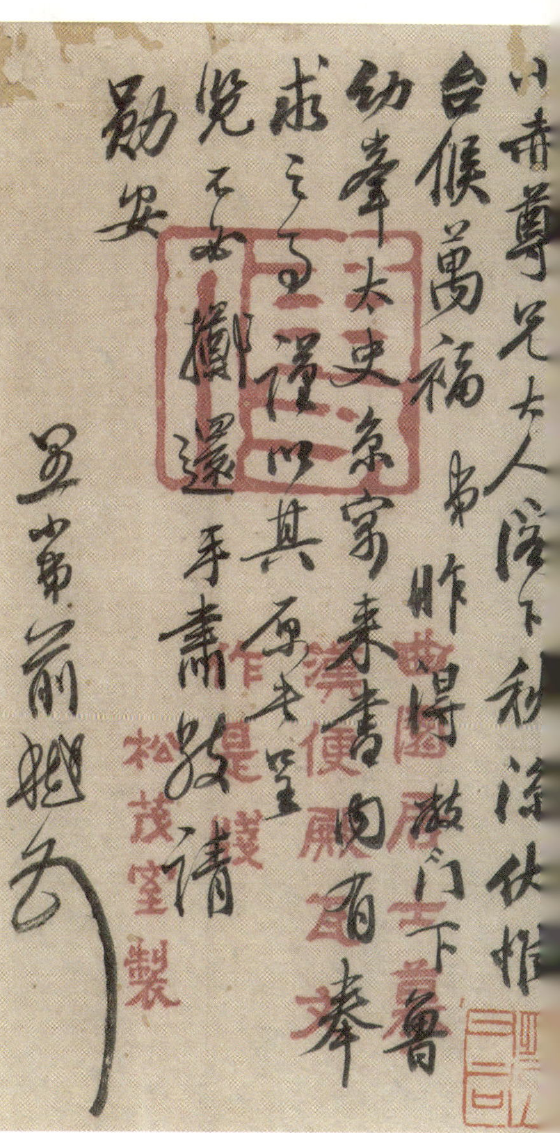
小赤尊兄大人閣下秋涼伏惟
台候萬福　弟昨得敝門下魯
幼峰太史京寓來書内有奉
求之事謹以其原書呈
覽不必擲還手肅敬請
勛安
愚弟俞樾頓首

其四

其三

小赤尊兄大人閣下：前日承賜鷄血藤膏，拜受謹謝！弟近撰彭剛直神道碑，自嫌冗長，而所載事實未忍芟除，因託滬友排印，敬以一本呈政，如蒙俯賜繩削，幸甚！外致江西德中丞書，求加封飭寄爲感。手肅，敬請台安。愚小弟俞樾頓首。二月五日。

其四

小赤尊兄大人閣下：秋涼，伏惟台候萬福。弟昨得敝門下魯幼峰太史京寓來書，内有奉求之事，謹以其原書呈覽，不必擲還。手肅，敬請勛安。愚弟俞樾頓首。

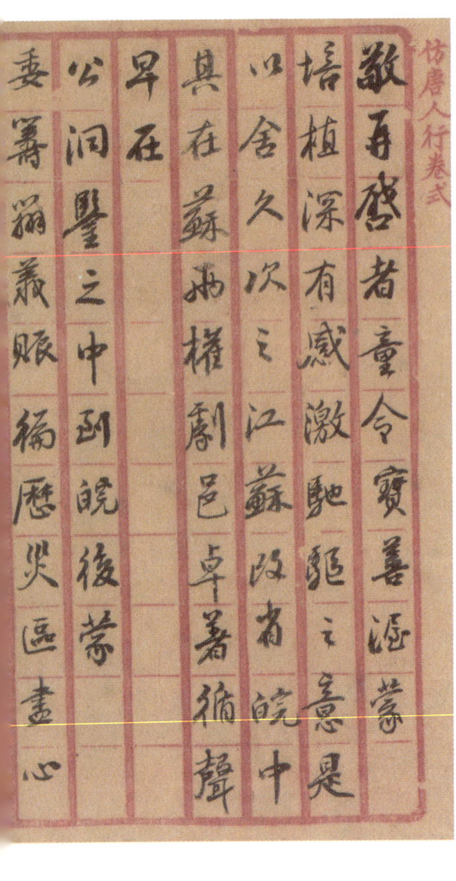

其五

小赤仁兄大人閣下：昨上一箋，定塵青照。今日由貴署交來舍親姚縣□祖順委札一道，具徵推愛之深，莫名感佩。惟姚舍親已爲於江寧瑞方伯處謀得一小差使，已於十八日稟辭赴金陵矣。謹將尊札代繳台端，伏求查銷爲幸。俟舍親明歲回蘇，再令其詣轅叩謝，并求賞差使也。手肅布謝，敬請台安。愚弟俞樾頓首。

臘月廿四日。

敬再啓者：童令寶善渥蒙培植，深有感激馳驅之意，是以捨久次之江蘇，改省皖中，其在蘇兩權劇邑，卓著循聲，早在公洞鑒之中。到皖後，蒙委籌辦義賑，遍歷災區，盡心盡力，不辭勞瘁，兩皖雖不乏吏才，如此辦事結實，通達治體，諒亦不可多得。現在病愈回皖，必蒙賞委一缺，俾得宣布德意。該令有母年逾七十，須得便地，藉可近養。以十年追隨之舊吏，想必能鑒此下忱也。樾謹再啓。

謹再啓者：姚舍親所遺之差，見有敝同鄉王從九作厚，人頗謹飭，而境則奇窘，幾有飢餓不能出門户之勢，可否即將王從九賞派，出自憲恩。該從九胞伯與公同年，雖雲泥之隔，不敢論世誼，然其人實王比部之胞侄也，敬以附聞。姚舍親之父名六吉，敝親家也，亦辛亥浙江舉人，箓便附及。手肅，敬請勛安。弟樾謹再啓。

外附呈名條一紙。

其五

## 題注：

俞樾（1821—1907），字蔭甫，號曲園，浙江德清人。道光進士，授翰林編修，任河南學政。晚年講學杭州詁經精舍。治經、子、小學，學術精研，著述豐碩，撰有《群經平議》《諸子平議》《古書疑義舉例》等。所撰各書，總稱《春在堂全書》。

俞樾爲晚清樸學大師，罷官後移居蘇州，講學著述四十餘載，門徒衆多，頗有聲望，信中談及自己年老力邁，還再度被邀請主持杭州詁經精舍（書院），他自感『自顧衰慵』，遂推薦門生汪柳門侍郎代爲接任行職。汪柳門即汪鳴鑾，杭州人，進士出身，曾歷任鄉試、會試考官，以及多省學政，累官至吏部侍郎，因在中日甲午戰争後，支持光緒皇帝，成爲『帝黨』要員，遂遭慈禧所忌而革職，旋南還講學杭州詁經精舍、敷文書院等。信中俞樾談及嘗爲當代政要權臣彭玉麟（卒謚剛直）撰寫神道碑，自覺不滿意，而將所擬碑文寄給鄧華熙請求修潤。已上數信均不署具年，推測當寫於 1895 至 1896 年鄧任職江蘇布政使期間。

潘衍桐太史遺牘　鄧又同題

# 潘衍桐致鄧華熙信札

尺寸不小，已裱。心，最大：橫12.5厘米，縱23厘米；最小：橫12.8厘米，縱23厘米

**録　文：**

小赤仁兄世大人閣下：頃聞鵲報，欣悉量移吴會，管領湖山，爲之狂喜。茲又得七月望日手誨，知鄂中甚不易處，一轉移間，兩得其所，足見朝廷用人大有深意，亦徵我公之福澤正未艾也。從此疆圻揚歷，聞譽日隆，忝託至交，歡忭奚似。廣州試期伊邇，遬聽佳音，喆嗣如果聯鑣，幸爲飛示，以慰鄙忱。《滇繫》一書，隨時惠寄。弟於初三日出巡金、台、温、處四郡，長至前始返杭州，從容郵寄，亦不嫌遲。此時近接芳鄰，消息數日可達。如有賜函，仍寄省署，時時有包封寄至考棚耳。茲有懇者，敝通家沈令唐，乙酉浙闈所得士也，以教習知縣分發來蘇，照例晋謁，務乞推愛，予以差使。其人沉實不浮，尚是讀書本色，大君子量材器使，必有以玉成之矣。敝僕擬於冬間飭令赴轅聽候差遣，此間局面想當較勝鄂渚，臨時仍望察其才具驅使之也。手復，祗頌大喜，敬請台安不宣。世小弟衍桐頓首。

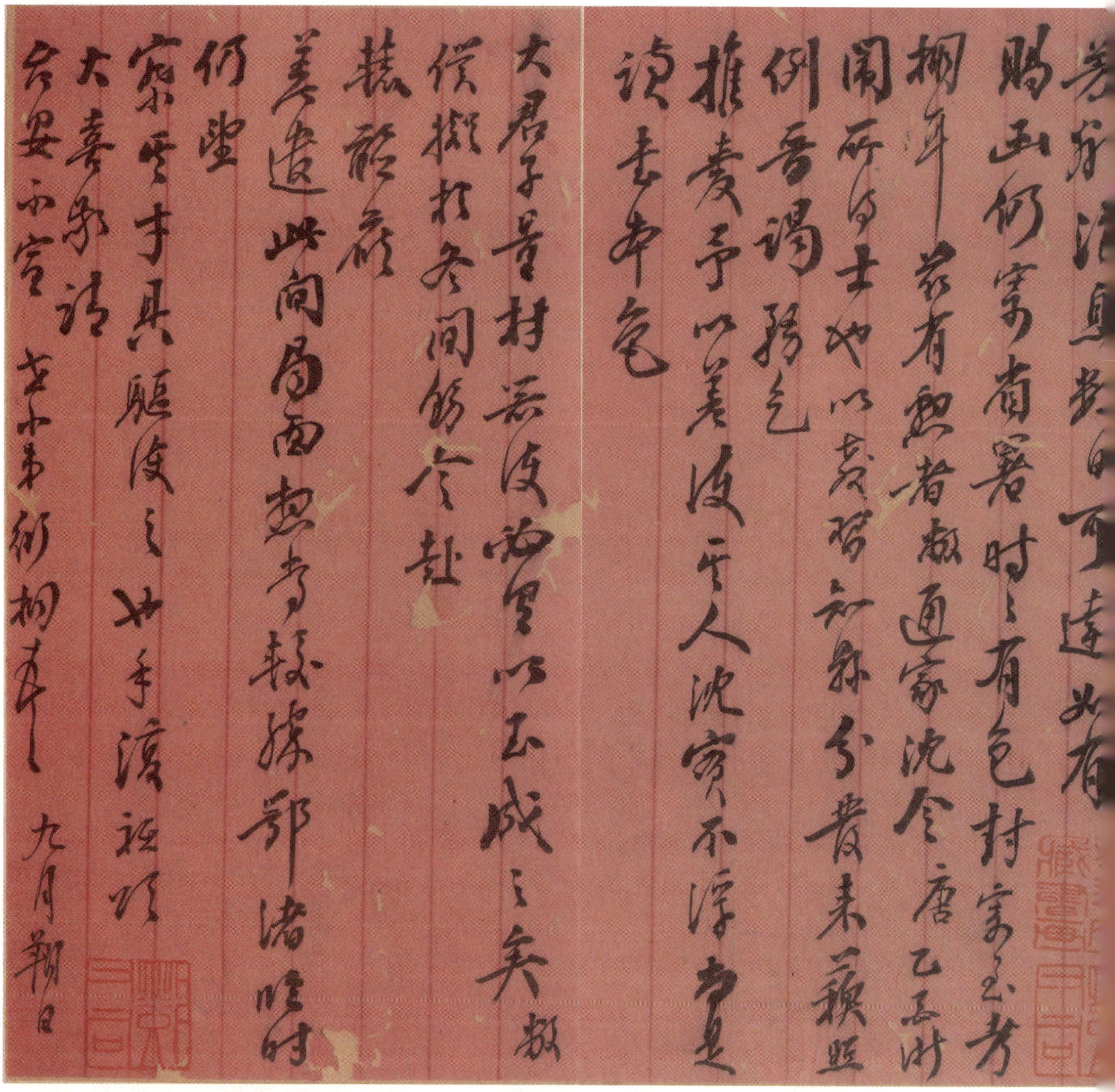

**題注：**

潘衍桐（1841—1899），字奉廷，號嶧琴，廣東南海人。同治進士，歷任國史館纂修、越華書院主講、陝西副考官、國字監司業、文淵閣校理、翰林院侍講學士、侍讀學士、浙江督學等職。著有《兩浙輶軒續録》《爾雅正郭》《緝雅堂詩話》《拙餘堂詩文集》等。

潘衍桐致鄧華熙此信時，恰值鄧由湖北布政使改任江蘇布政使，潘聞訊『爲之狂喜』，因此前曾得鄧信（即信中所謂『手誨』），透露出『鄂中甚不易處』之情况，轉而量移蘇中，是知朝廷用人『大有深意』。推測潘此時正督學浙江，故有『出巡金（金華）、台（台州）、温（温州）、處（處州）四郡』之舉。

小赤仁兄年大人左右屢承
雅注均關懸趨處娩何似緣半月前忽患牙
痛百方調理日内略瘥昨日出門謁客驟被風吹
自夜達晨左齦疼腫不得已將
大柬奉繳手啓備述歉忱致請
台安并謝不盡
年愚弟　𦹴
初四辰刻

馮展如中丞遺翰

# 馮譽驥致鄧華熙信札

合本：横 19.7 厘米，縱 29 厘米

**録　文：**

小赤仁兄年大人左右：屡承雅召，均闕趨赴，感愧何似。緣半月前忽患牙痛，百方調理，日内略瘳。昨因出門謁客，驟被風吹，自夜達晨，左齶疼腫，不得已將大柬奉繳。手啓，備述歉忱，敬請台安，并謝不盡。年愚弟譽驥頓首。初四辰刻。

**題　注：**

馮譽驥（1822—1884），字仲良，號展如，廣東高要人。道光進士，歷官山東學政、湖北學政、吏部左侍郎、陝西巡撫。致仕後，客居揚州至卒。著有《緑伽南館詩鈔》《顯至堂文鈔》。

此信爲馮譽驥因故未能赴鄧華熙之邀請而表示歉意。推測馮、鄧俱在京供職，鄧擬邀請在京粤籍官僚聚會而發出請柬。當時在京粤籍人士如李文田、戴鴻慈、楊頤、黄槐森、許應騤、姚禮泰、潘衍桐、馮譽驥等都做過翰林，多與鄧氏有交往。

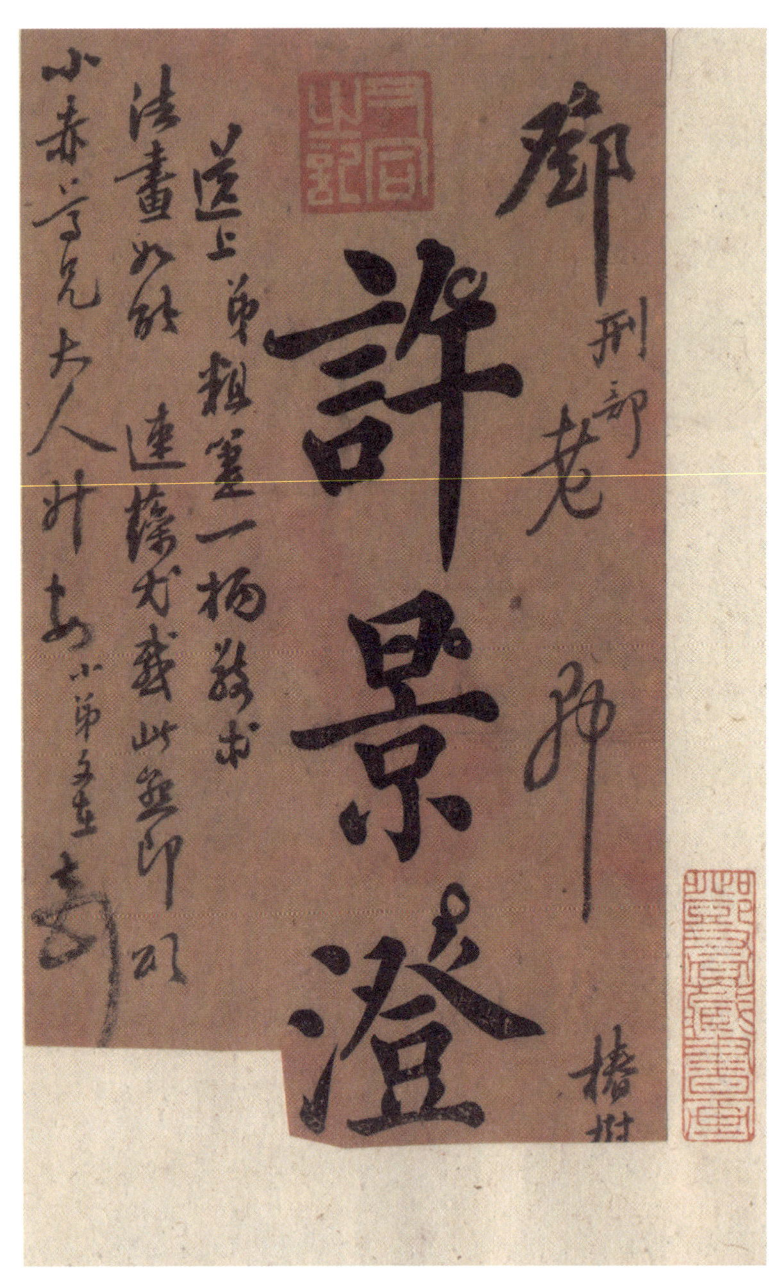

## 王文在致鄧華熙信札

已裱。心：横 8.7 厘米，縱 14.5 厘米

**録　文：**

鄧刑部老爺椿樹：送上弟粗箑一柄，敬求法畫，如能速藻尤感。此懇，即頌小赤尊兄大人升安。小弟文在頓首。

**題　注：**

王文在（1834—1889），字念堂，號杏塢，山西稷山人。同治進士，欽點翰林院編修。

此信爲王文在以扇面一幅向鄧華熙求畫。王文在探花及第，文章書法名冠海内，而猶且向鄧索求畫作，一是惺惺相惜，二是鄧在京時確有畫名，即今所遺鄧氏法畫數幅可知也。按鄧於同治六年（1867）十二月補刑部郎中缺，八年（1869）七月揀選雲南大理知府，則此索畫之函當寫於此期間。椿樹，鄧華熙齋名椿樹堂，舊時常以書齋名指代其人。

此信札寫在一張印刷的名片（名刺）上。晚清民初時期，京津地區官場文人圈内流行一種書寫風習，即在别人名片空白處寫信札，信札内容與名片所印之人名無涉，故而書寫者往往會在名片的人名上塗畫圓圈以示。

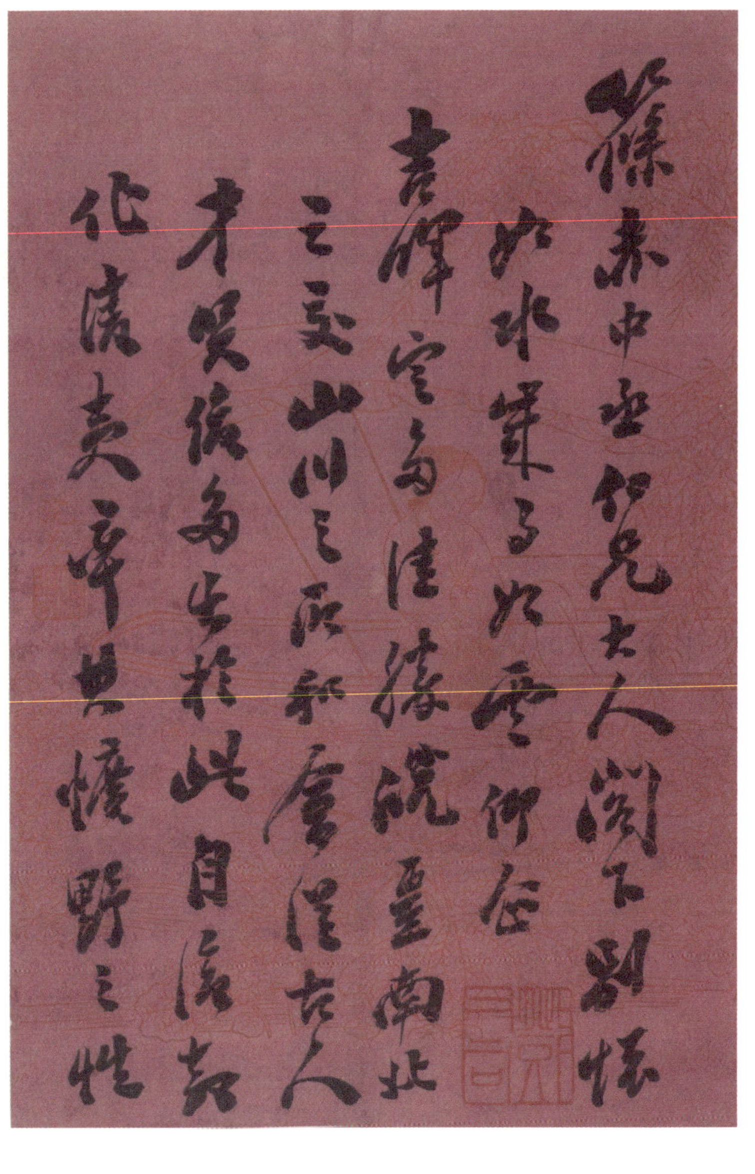

筱赤中丞仁兄大人閣下别懷
如水歲月如雲仰企
吉暉定多佳勝皖疆南北
之交山川之所和會從古人
才賢俊多出於此自後教
化凌夷率其獷野之性

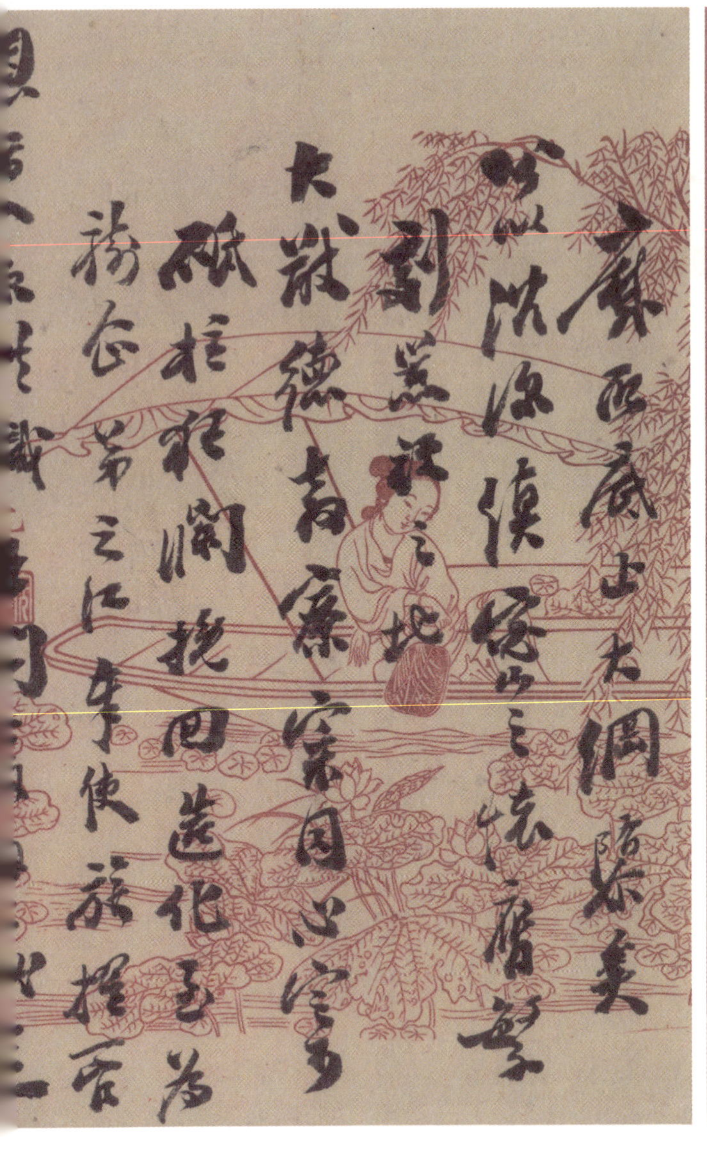

靡所底止大綱隳矣
公以沉深縝密之懷膺繁
劇囂頑之地大猷德教寮
寀同心定可砥柱狂瀾
挽回造化至爲
禱企弟之江奉使旋擢

# 徐樹銘致鄧華熙信札

合本：横 22 厘米，縱 32.6 厘米

**録文：**

筱赤中丞仁兄大人閣下：别懷如水，歲月如雲，仰企吉暉，定多佳勝。皖疆南北之交，山川之所和會，從古人才賢俊多出於此。自後教化凌夷，率其獷野之性，靡所底止，大綱隳矣。公以沉深縝密之懷，膺繁劇囂頑之地，大猷德教，寮寀同心，定可砥柱狂瀾，挽回造化，至爲禱企。弟之江奉使，旋擢一官，恩旨入京供職，出闈後匆匆就道。華堯峰同年猶子鄂樓大令，勤能明幹，到皖以來，歷涉勤苦，查究訊獄，辦理鄉甲，翕然秩如，恩憲裁成，同深感泐。年力正富，親年八十有九，循例奬勵，以慰老老懷，不能不敬望我公種此功德。肅泐，再請勛安。小兒懋立以舍弟新選江南監道，迴避改指陝西。附達，以慰仁廑。弟謹又啓。

**題注：**

徐樹銘（1824—1900），字壽蘅（恒），號伯徽、徽園，湖南長沙人。道光進士，歷官園詩集》《約園志》《浙江紀事詩》《浙江校士録》等。

徐氏致鄧華熙此信時，當適鄧莅任安徽巡撫不久，故於鄧寄予殷切期望，『公以沉深縝密之懷，膺繁劇囂頑之地，大猷德教，寮寀同心，定可砥柱狂瀾，挽回造化，至爲禱企』。實際上鄧華熙在任安徽巡撫時期，主持諸多實務活動，成績卓著，如積極推行維新變法詔令，推廣《時務報》，籌辦求是學堂與安徽武備學堂，以德國操法改革軍隊教習，創辦鑄幣廠，設立安徽商務總局，通過購買《農學報》及刊印《齊民要術》等大力傳播農業技術知識等，被康有爲推爲全國督撫之典範。可知徐氏久經官場，慧眼識珠。信中『之江』，即指浙江，光緒十五年（1889），徐樹銘授工部右侍郎。歷充順天、浙江鄉試正副考官，會試總裁。據《鄧華熙日記》載，光緒二十二年（1896）九月十九日，『巳時進城，謁恭、禮二王。酉初赴徐少司馬壽蘅之宴』。

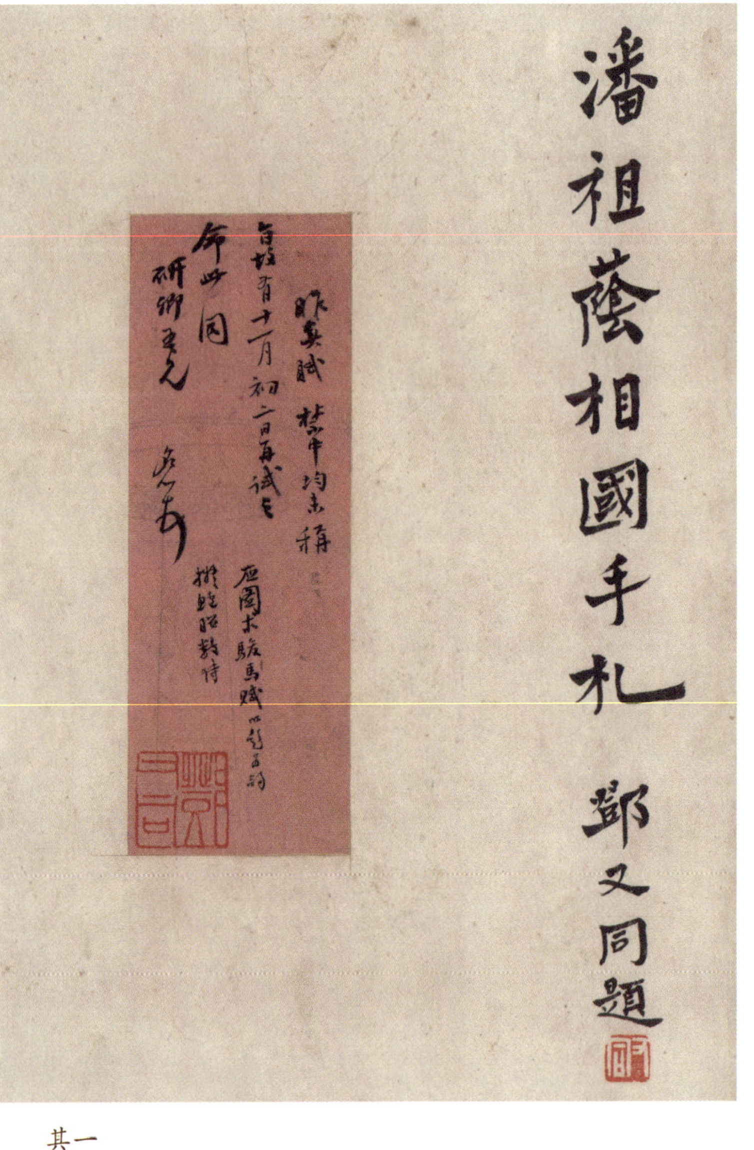


其一

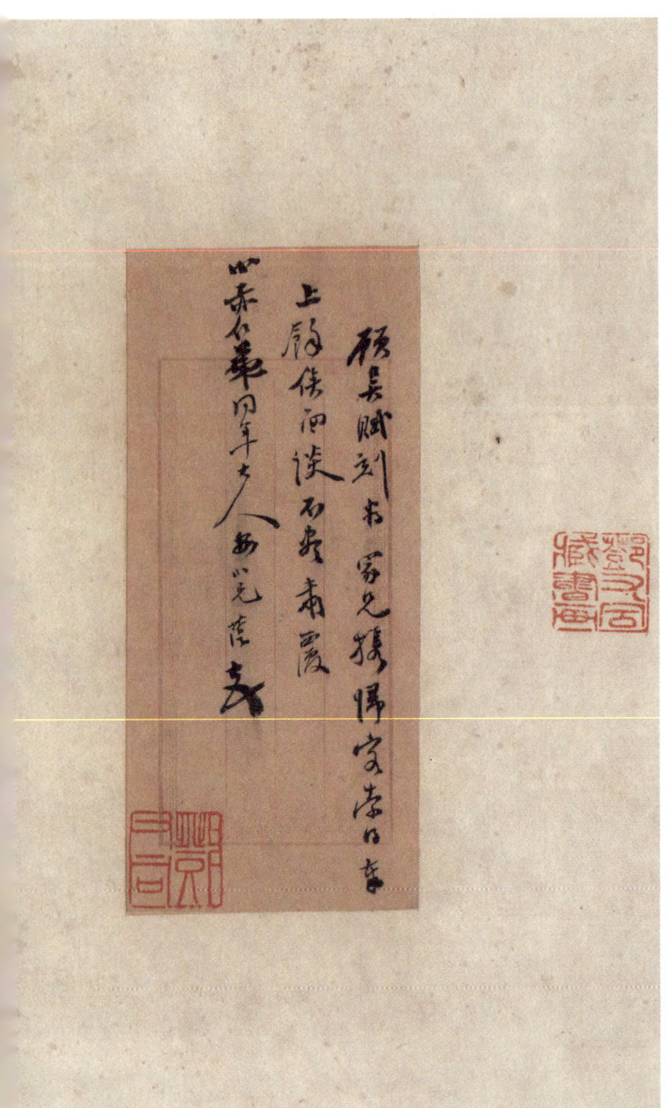

其二

## 潘祖蔭致鄧華熙信札（四通，含致李研卿一通）

合本：横21.1厘米，縱32.8厘米

**録文：**

其一

昨奏賦禁中，均未稱旨，故有十一月初二日再試之命。此聞，研卿吾兄。名心頓首。（應圖求駿馬賦。以題爲韻。擬鮑照數詩。）

其二

顧吴賦刻爲家兄携歸，容索得奉上，餘俟面談，不盡。肅覆小赤仁弟同年大人安。小兄蔭頓首。

其三

日前飽飫郇厨，莫名感泐。楹帖五十副，敬求大筆代揮并署賤名（前已面求，定恕其唐突），感泐之至，容再走謝。敬頌小赤仁棣同年大人升安。劣兄潘祖蔭頓首。

其四

許久不晤，甚念甚念。臘屐歸來，衣袖間定不少白雲繚繞，倘有游山佳句，祈賜讀爲荷。外件（卷册計十件）敬求費神代揮。屢瀆，惶恐無既。肅頌小赤仁弟同年大人箸安。兄蔭頓首。

## 潘祖蔭相國遺翰

其四

其三

**題注：**

潘祖蔭（1830—1890），字東鏞，號伯寅、鄭庵，江蘇吴縣（今蘇州）人，大學士潘世恩之孫，内閣侍讀潘曾綬之子。咸豐二年（1852）探花，授編修。數掌文衡殿試，在南書房近40年。光緒間官至工部尚書，軍機大臣，加太子太保銜。卒謚文勤。著有《鄭庵所藏印泥》《功順堂叢書》《攀古樓彝器款識》等。

潘祖蔭自光緒元年（1875）後，一直官職擢升，身居朝中高位。按《鄧華熙日記》載，光緒四年（1878）五月初四日，鄧携家眷啓程赴雲南上任。據此推測以上潘所寫數信札當在光緒四年五月之前，其間鄧在京謀官攝職。又同書載鄧於同治十二年（1873）七月丁憂返粤，於光緒元年（1875）二月到京，信中所謂『臘屐歸來，衣袖間定不少白雲繚繞』云，應指此自粤返京之事。

潘祖蔭出身於江南書香世家，學問書法俱佳，而又屢請鄧代爲揮毫，乞求墨迹，可見鄧之法書丹青已在京中廣爲官僚大夫所認可。鄧亦善寫詩，此於《鄧華熙日記》中常見之，故潘氏函曰『倘有游山佳句，祈賜讀爲荷』。第一封信所寄之人『研卿』，爲鄧華熙母舅李研卿（又作『硯卿』），籍貫廣東佛山，祖居佛山東横街，生平事迹不詳，嘗在京任官。據《鄧華熙日記》載，咸豐七年（1857）正月元旦，『寅刻，隨同潘夫子伯寅、母舅研卿進太和殿。朝賀畢，往各處拜年』。『二十二日，寅刻，進圓明園送硯卿舅引見，奉硃批，著發往河南委用。』是年鄧華熙三十一歲，甫入仕途。

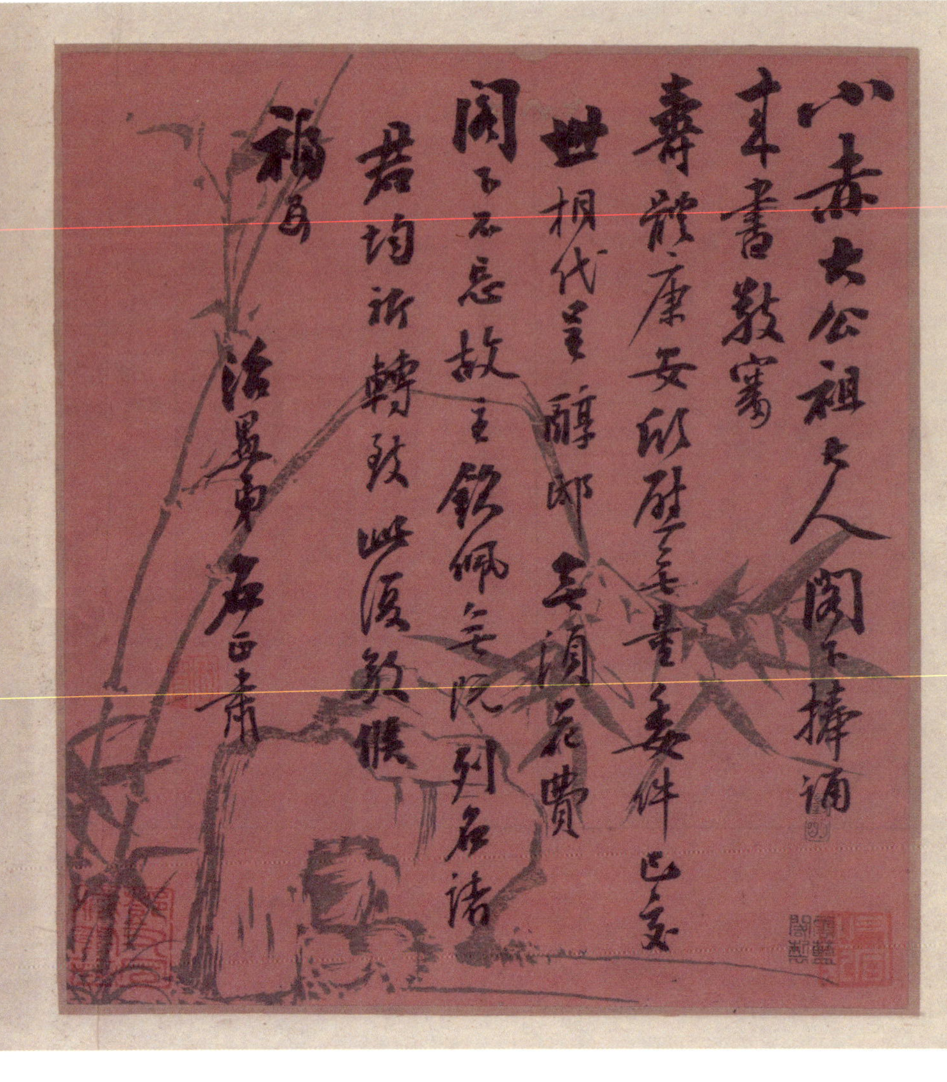

# 陸潤庠致鄧華熙信札（二通）

合本：横21.3厘米，縱32.1厘米

## 録文：

其一

小赤大公祖大人閣下：捧誦來書，敬審壽體康安，欣慰無量。委件已交世相代呈醇邸，無須花費。閣下不忘故主，欽佩無既。列名諸君，均祈轉致。此復，敬候福安。治愚弟名正肅。

再有啓者：敝門生江蘇候令鄭學書心地明白，舉止安詳，弟夙所器重。此次隨班祝嘏晋京，均臻妥善。據稱屢次委以勸振，亦無貽誤，是非仰被甄陶，曷克臻此！實深感荷。惟聞該令滬寓春間遘灾，景况更窘，家累益艱，幸依仁宇，務希推情照拂，逾格栽培，賞委優差，公私皆益。且該令係正途出身，倘與以書局一席，俾得及時自效，尤爲相宜，尚乞從速位置。培植深恩，奚翅身荷。續泐，載頌勛綏不盡。弟升又啓。附呈名條二紙，即希愛察。十月廿四日。

甄陶甚昌克臻此實深感荷惟聞
該令滬鹿廬春間遭災景況更窘家累益
艱幸仗
仁宇務希
推情照拂俯格栽培
賞委優差公私皆益且該令係正途出身
倘蒙以書局一席俾得及時自效尤為相宜
尚乞
從速佈置
惟祗深恩奚翅身荷續沙載頌
勳綏不盡
附呈名條二紙即布
愛譽
　　　弟卅又頓
十月廿曾

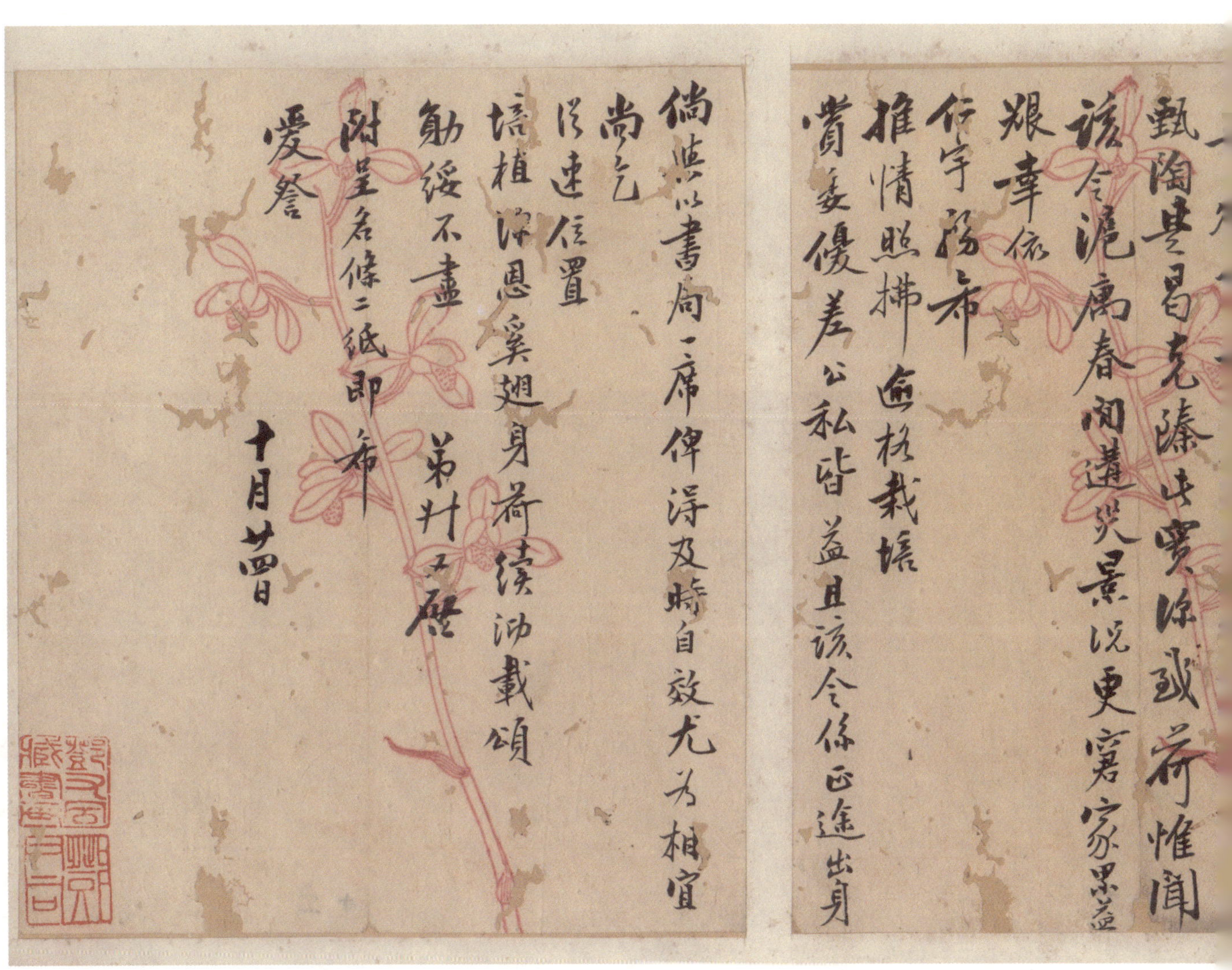

其一

仲秋雒誦
環章彌深銘刻近諗
縈調山左傳來鵲報倍愜驩忱敬維
小赤仁兄大公祖大人棨戟翔禨
鼎祠篤祜
雲山三晉
慰霓望於河汾
雨露九重拜
霞綸於
殿陛引詹
梼采莫罄葵衷　弟秘省趨承水衡權貳視八
飄之晷度駒隙虛馳緬
閩嶠之祥輝魚牋籍達専肅布臆敬賀
榮禧祇請
台安惟祈
融照不備　　治愚弟陸潤庠頓首
敬再啓者小門生英山陸令士奎肅承
許以垂青蒞當
湯節星移如失慈父可否
推愛於啓節之前量予調優倘荷
成全所感不孫駱僕也再請
台安

其二

其二

仲秋雒誦環章，彌深銘刻。近諗榮調山左，傳來鵲報，倍愜歡忱。敬維小赤仁兄大公祖大人棨戟翔禨，鼎裀篤祜。雲山三晋，慰霓望於河汾；雨露九重，拜霞綸於殿陛。引詹樳采，莫罄葵衷。弟秘省趨承，水衡權貳。視八磚之晷度，駒隙虛馳；緬雙纛之祥輝，魚箋藉達。專肅布臆，敬賀榮禧，祇請台安，惟祈融照不備。治愚弟陸潤庠頓首。

敬再啓者：小門生英山陸令士奎，前承許以垂青。茲當簜節星移，如失慈父。可否推愛，於啓節之前量予調優，倘荷成全，所感不殊躬被也。再請台安。弟名正肅。

**題　注：**

陸潤庠（1841—1915），字鳳石，號固叟，江蘇元和（今蘇州）人。同治十三年（1874）狀元。歷任修撰，鄉試、會試主考官，山東學政，國子監祭酒。以母疾歸蘇州，總辦蘇州商務，創辦蘇綸紗廠、蘇經絲廠。後任工部尚書、吏部尚書，參預政務大臣，東閣大學士。宣統三年（1911）皇族内閣成立時，任弼德院院長。辛亥後，留清毓慶宮爲溥儀師傅，授太保。民國四年（1915）卒，贈太子太傅，謚文端。著有《陸文端公集》。

從信文看，此二信札均寫於鄧華熙赴任山西巡撫前夕。按鄧從未實際到任山西巡撫。鄧於光緒二十二年（1896）至二十六年（1900）任安徽巡撫，其間光緒二十五年（1899）十月接旨調補山西巡撫，然而並未起程赴任，十一月仍留在安徽肅清盗賊。光緒二十六年（1900）二月，鄧仍身在安徽，接到調補貴州巡撫的電諭，四月初五交卸安徽巡撫關防，旋即晋京接受慈禧太后和光緒帝召見，然後啓程赴黔。陸潤庠於光緒二十四年（1898）再度任國子監祭酒，不久署理工部侍郎。寫寄此二信時，陸氏其人應在北京。信中提及的醇邸，是指北京醇親王府。和碩醇親王是宣宗成皇帝脉下宗支，清代後期鐵帽子王之一，始祖爲宣宗成皇帝第七子奕譞。按時間推算，此時的醇親王應是愛新覺羅·載灃。鄧華熙與陸潤庠交情甚篤，陸去世後，鄧爲之撰《挽陸太傅鳳石相國》：『朝夕輔宸躬，宏濟艱難，受遺保傅宫中，孰識危心苦志；啓沃成臺德，生逢憂患，得見先王天上，依然就日瞻雲。』

姚禮泰太史遺翰

## 姚禮泰致鄧華熙信札

合本：橫 19.7 厘米，縱 29 厘米

### 録文：

小赤仁兄姻大人閣下：前由嶧琴前輩處交到手書，並承嘉貺，謝謝！祗維聲華鵲起，景福鴻昌，指顧鵾飛，不勝鵠跂。弟旅進旅退，碌碌無長，惟幸兩字平安，足抒珠記耳。宜良一案，前曾代託郭君辦理，伊與章君同辦貴省之事，尚非節外生枝。迨禄豐一案到内，弟適訪聞郭君不甚可靠，章君又過於顢頇。因囑上屆經承，現已交替之沈采彰代爲詳查，始知兩案均歸章君經手，共議潤筆二百金，扣除上項已付五十兩之外，希再覓寄百五十金即可完結。底稿兩件，先行呈覽，即祈查照。嶧琴奉使出都，交來銀三百二十兩，並囑購各物單一紙，現爲買齊寄上，另開清單，統望察入。下餘銀兩存候撥用可也。手泐奉復，即請勛安。弟姚禮泰頓首。

再者：譚叔裕觀察爲弟同年至好，初授外任，恐有未諳。閣下誼篤恭桑，尚望隨時關愛，高情所被，心感同之。此布。再頌台祺。弟又頓首。

### 題注：

姚禮泰，字樫甫，號叔來，廣東番禺人。同治十三年（1874）進士，受翰林院編修。

況。從『禄豐』地名推知案件應發生在雲南，且收信人鄧華熙時在雲南履職。清代政府行政，以錢糧、刑名兩項爲基礎。刑名主要指與讞獄相關的政務。在地方，刑名事務有内地直省與邊疆地區兩種管理體制，其中直省由州縣、府（道）、按察司、督撫組成；邊疆地區則根據各自情況由理刑章京、駐防將軍等組成。二者都以『同級集權、縱向監督』爲基本運作特點，每一級的權責高度統一。相比之下，中央刑名體制的安排要複雜一些，有資格參與刑名的衙門和官員很多，其中刑部之權獨重，具有『天下刑名之總匯』的地位。清代刑部按省分司，各掌其省的刑獄，共18司，雲南司即其一。每司除掌本省（區）刑獄外，兼掌在京各機關有關公事。刑部審案中，有京師及各地移送的案件，信札所提及的兩個案件即由雲南送達。按，鄧華熙於光緒四年（1878）至光緒十二年（1886）期間在雲南任職，初署大理知府，繼署雲南（昆明）知府。光緒十年（1884）六月十二日，制軍岑彦卿、中丞張月卿奏請，調補雲南知府，考語爲『老成穩練，辦事實心』，信中所及此兩案均經鄧華熙辦理。

其一

## 吴大澂致鄧華熙信札（二通）

合本：横19.7厘米，縱29厘米

### 録文：

其一

小赤仁兄大公祖大人閣下：賤軀久病，就醫孟河，昨始旋里，尚未能走謁台端爲歉。兹啓者：蘇郡府學徐教官係弟甲子鄉榜同年至好，前次調署常郡，知係憲恩格外成全之意，刻聞蘇府沈教官汝奎奉諱開缺，可否仍令徐教授鳳鳴調回本任之處？出自栽培逾格，感同身受。手泐布懇，敬請勛安，惟祈鑒察不具。治愚弟制吴大澂頓首。十月二十日。

其二

小赤仁兄大公祖大人閣下：碌碌久未詣譚，舍弟歸時，詢悉起居多祜，慰如所頌。兹有畫友許子振深於脉理，與中丞亦係舊交，前懇中丞派入醫局，意甚關切。惟該局向由尊處主裁，可否懇賜檄委，望於銜參時再爲一提，感甚感甚。名條附呈台覽。手泐，敬請勛安。治愚弟制吴大澂頓首。臘月望日。

### 題注：

吴大澂（1835—1902），字止敬、清卿，號恒軒、白雲山樵、二田居士等，江蘇吴縣（今蘇州）人。同治七年（1868）進士，授翰林院編修。歷官陝甘學政，

其二

河南、河北道員，太僕寺卿，廣東、湖南巡撫。先後參左宗棠西行大營，隨吉林將軍銘安辦理邊防，會辦北洋軍務，與俄使會勘邊界，據理争回被侵之暉春黑頂子地區。甲午之役，自請率軍赴遼抗日，兵敗被革職。後主講龍門書院。精於金石之學，兼長刻印，亦善書畫，爲著名金石學家。著有《説文古籀補》《字説》《古玉圖説》《愙齋詩文集》《毛公鼎釋文》等。

二信函均係吳大澂向鄧華熙舉薦人員託請説項之辭。其中所舉蘇郡府學教官徐某某，乃吳氏同治三年（1864）鄉試同年好友。所舉許子振，乃蘇州著名畫家，擅畫山水，兼擅醫術，嘗撰《應驗奇方》《自求齋戒嚴指南》等。二信不署具年，推測應在鄧華熙任職江蘇布政使期間。按，光緒二十一年（1895）初，中日戰事起，吳大澂領軍出關入遼禦敵，因戰事失利而被清廷撤職交部議處。旋革職留任，尋命開缺。光緒二十四年（1898），復降旨革職，永不叙用。此後，他爲生計所迫，曾任上海龍門書院山長，授徒自給，又變賣個人所藏字畫、碑帖、古銅器以補日用。光緒二十八年（1902）辭世，時年68歲。又據《鄧華熙日記》載，光緒十六年（1890）八月鄧華熙調授江蘇布政使，光緒二十年（1894）七月任江蘇布政使署漕運總督，光緒二十三年（1897）七月補授安徽巡撫。此時正值吳大澂被開缺回籍期間。

其一

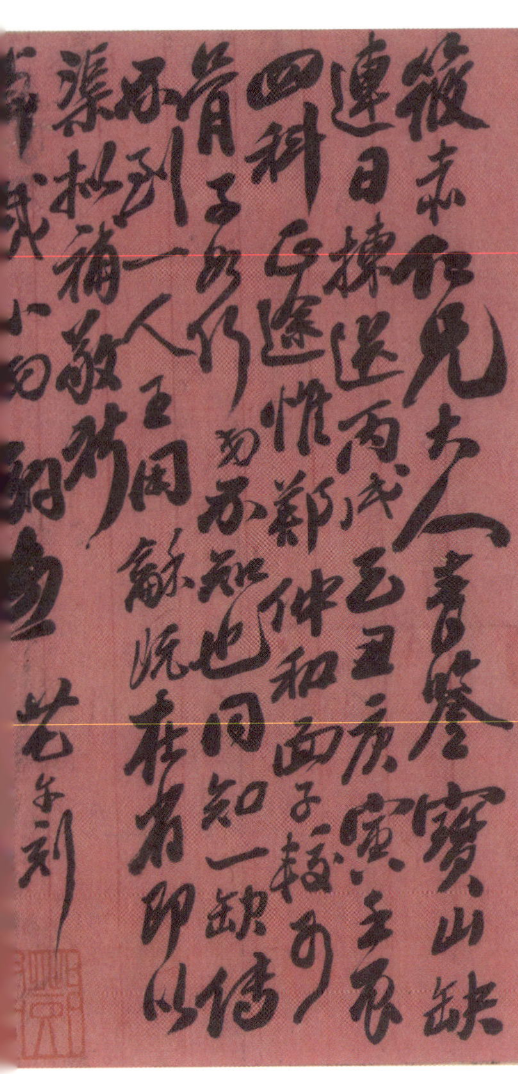

其二

# 趙舒翹致鄧華熙信札（八通）

合本：横 21.1 厘米，縱 32.8 厘米

## 録　文：

其一

筱翁仁兄大人青鑒：昨助巨資助刻《雙池先生全書》，賢者樂善重學之懷，於此又見一斑，佩甚。前日課州縣兩題，諸作均未説到中肯處，弟略批數語，聊盡勸勉寅僚微意，公如以爲然，祈與學治館照録一通，期共相質證焉。手此，敬頌台安。

小弟翹頓首。

其二

筱赤仁兄大人青鑒：寶山缺連日揀選丙戌、己丑、庚寅、壬辰四科正途，惟鄭仲和面子較可，骨子如何，弟不知也。同知一缺傳不到一人，王用龢既在省，即以

其三

其四

其三

手示誦悉，張令係暫時代理，既據王令稟請，似可照委。吉都護借款過鉅，現值支絀之際，請兄酌核，不必盡如人意也。新送上海劉縣丞以教官推升，迢遥數千里，携眷至此，可否飭到任之處，亦請酌奪。手此，復頌台安。弟翹頓首。

其四

来示誦悉，沈余遺書已刻成，慰甚。弟處需百部，連史紙祇要十部，餘皆用毛太紙，價省而出印多，嗣後課士課吏，前數名給獎一部，以廣流傳，而挽頹俗，公必以爲然也。手此，敬頌台安。弟翹頓首。

鄧大人。

其五

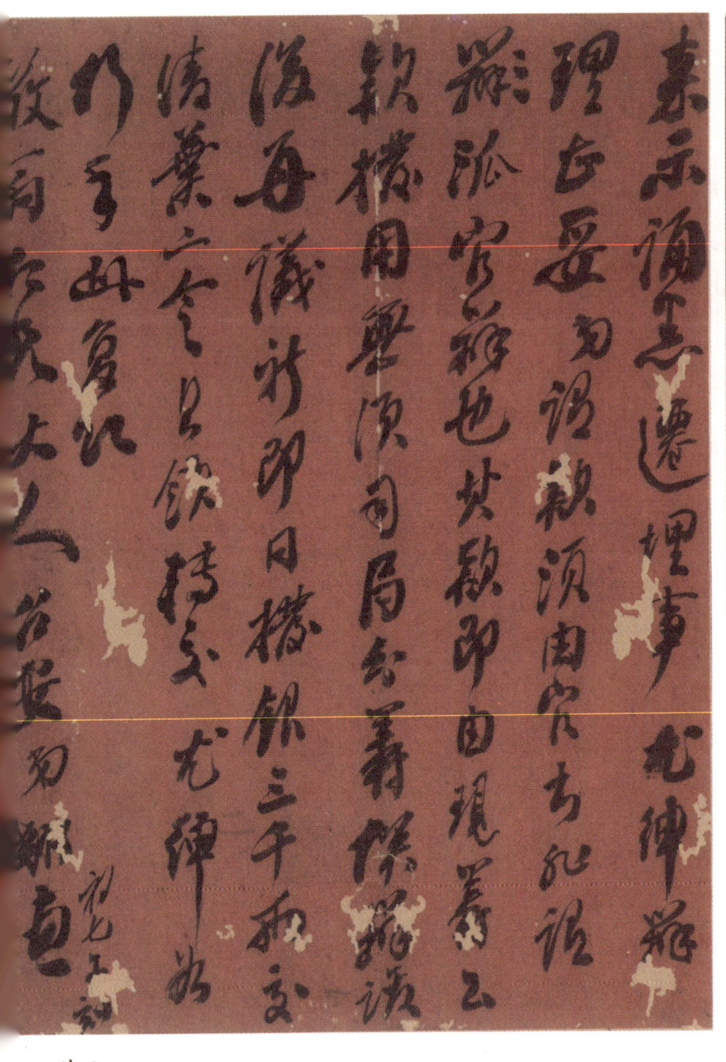
其六

其五

手示誦悉，鏡宇捐刻《雙池先生遺書》亦收到。至來示以附儲撥助之舉，具見大君子爲善必成盛意，第刻書非江蘇事，不可動江蘇款，以存界限。如此地書局將來多刻一部書，似尚可行。筱翁仁兄大人。弟翹頓首。票帶回。

其六

來示誦悉。遷埋事，尤紳辦理甚妥。弟謂款須由官出，非謂派官辦也，其款即由現籌公款撥用，無須司局分籌，俟辦竣後再議。祈即日撥銀三千兩，交凌、葉二令具領轉交尤紳，如何？手此，復頌筱翁仁兄大人台安。弟翹頓首。初七午刻。

其七

筱翁仁兄大人青鑒：頃閱到文，有鎮江府彦守告病公事。該守辦事尚嚴明，未審因何請告，尊處有所聞否？希理問。張兆棨亦有稟湖北乞賑事，均作何辦理？祈示知爲荷。手此，敬頌新祉。小弟翹頓首。廿六未刻。

其八

前有文達冰案，勘估丹陽河工，如未委員，祈即飭委賴令豐熙，此人辦此事頗相宜也。筱翁仁兄大人。弟翹頓首。十二日午刻。

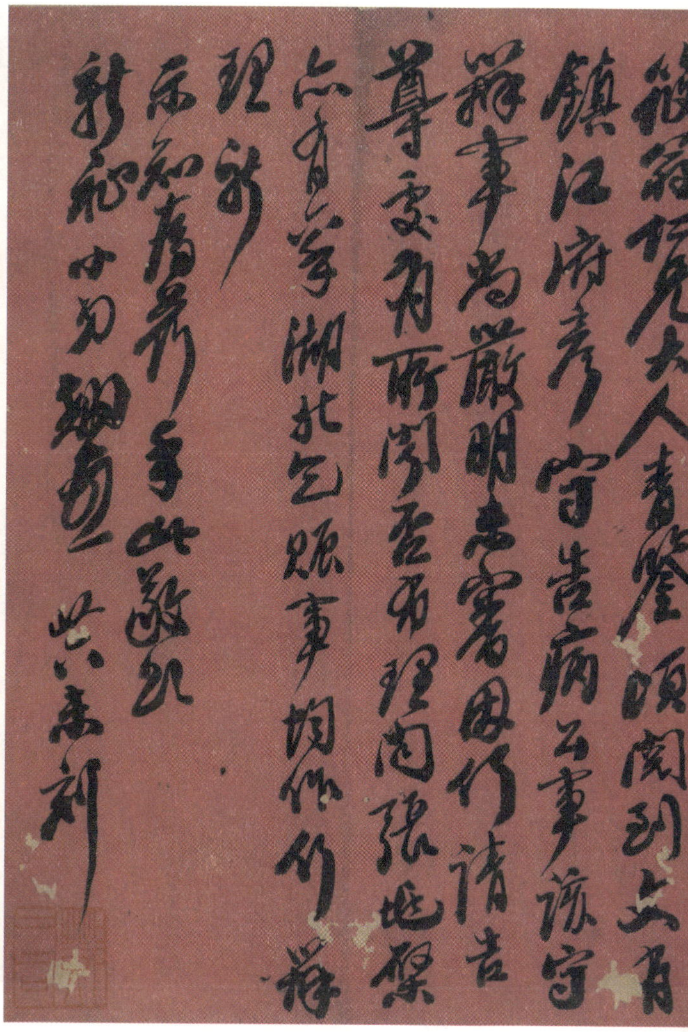

其七

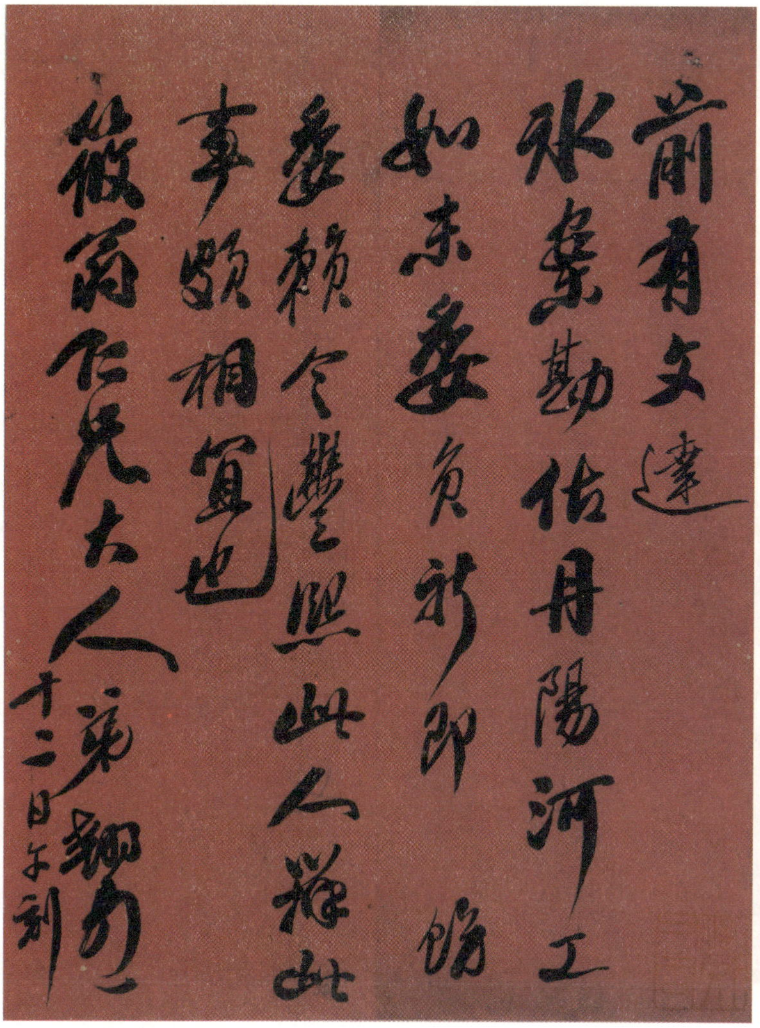

其八

## 題注：

趙舒翹（1848—1901），字展如，號琴舫、慎齋，陝西長安（今西安）人。同治十三年（1874）進士。授刑部主事。歷任刑部員外郎，湖廣司郎中，安徽鳳陽知府，浙江温處道，浙江布政使，江蘇巡撫，刑部尚書。1899年爲總理衙門大臣，繼任軍機大臣兼管順天府（今北京）府尹。1900年義和團運動興起，附和慈禧太后，主張利用義和團抗洋。八國聯軍陷京後，隨慈禧太后西逃。後被列强指爲禍首之一，被令自殺。著有《提勞備考》。

以上數信均不署具年，推測當寫於鄧華熙任江蘇布政使（後兼署漕運總督）期間（1890年8月至1896年7月前）。按趙舒翹於光緒二十一年（1895）升任江蘇巡撫，光緒二十三年（1897）内召入京，任刑部左侍郎兼禮部左侍郎，次年晋升爲刑部尚書。此時兩人同在江蘇攝職。信中兩次談及刻印《雙池先生全書》事宜，雙池先生，即清康乾時期東南名儒汪紱（1692—1759），初名烜，字燦人，號雙池，徽州婺源（今屬江西）人。博綜儒經，著述頗富，以宋五子爲歸，旁及百氏九流，其書自比於致知格物之學，於天地人倫、飛潛動植、陰陽鬼神之故，皆各有説，爲學林推崇。從信中知鄧華熙在江蘇任上嘗捐款助刻《雙池先生全書》。

## 徐琪致鄧華熙信札

合本：横21.1厘米，縱32.8厘米

**録　文：**

筱赤仁兄世大人閣下：日昨奉訪未值，惟勛福多綏，新年介祉爲頌。弟定於今晚下船，明日啓行，至杭一轉，二月初當擬到此，今日未知尊處何時得暇，當擬趨談。茲附上微物數種，乞哂存。再，弟現擬借輪船一隻拖至杭州，刻已函達中丞，尚祈飭局將派定管駕至寓一轉，以便接洽，費神感甚。此泐，敬請台安，諸維朗照。通家世愚弟徐琪頓首。十三。令郎均此。

敬再肅者：弟栗六從公，刻無片暇。今夏四月，小女于歸曾慕陶奉常爲室，諸叨平善，出閣之五日，而小婿即擢宗丞，皆託鴻福，知關廑注，用以附聞。茲有舍親趙直牧煦前在敝省，屢任煩劇，極有政聲，刻下分發皖中，近隸仁幈，更深欣幸。惟該直牧久著清操，家況頗窘，亦知量材而使，必有善處之地，尤望推情，格外試以優沃之區，庶獲展其平日所長，兼免賦出門之窶，則以後寸進，無非出自栽培。弟因深知其才大心細，迥超流俗，且伊與君和通侯及小婿均係至親，弟又屬在葭莩之末，是以敢爲一言。昔人舉其所知，固不以親近爲嫌也。夙叨摯愛，用敢縷陳，諸費清神，感泐不盡。令郎在署，想俱安適，前承惠函，知一路平順，甚深欣慰。刻因匆匆，未及另復，均此道候不盡。再請台安，統惟垂照。弟琪謹又肅。令郎均此。

**題注：**

徐琪（1849—1918），字玉可、花農，號俞樓，浙江仁和（今杭州）人。光緒六年（1880）進士，授翰林編修，出任山西鄉試副考官，光緒十七年（1891），出任廣東學使。三年任滿回京，官至兵部侍郎、南書房行走。後來遭彈劾免職。民國三年（1915），爲袁世凱政府參政。著有《玉可盦詞存》《雲麾碑陰先翰詩》《留雲集》《南齋日記》《粵東葺勝記》《日邊酬唱集》《蘇海餘波》等。

此信當寫於鄧華熙任安徽巡撫期間，是時徐琪擬向鄧借輪船一隻行水路到杭州，請求鄧提供方便。信中提及徐琪女婿曾慕陶，字廣漢，湖南湘鄉人，爲曾國藩之弟曾國荃的孫子，世襲伯爵，光禄寺卿（即信中『宗丞』）。此外意欲向鄧舉薦人員，理由是所薦之人『久著清操』，但『家況頗窘』，希望調一個『優沃之區』改善處境。舊時官僚相互間的舉薦、關照、提拔親朋世友、門生故吏等乃尋常之情事，徐氏此函亦當爲尋常一例。據《鄧華熙日記》載，光緒二十一年（1895）重陽日，『接徐花農太史來函，言及徐少司馬壽恒樹銘因應詔保薦人才，以余名密登薦剡』。光緒二十二年（1896）九月二十二日，『申刻，赴徐花農太史之席，席設蘇州會館』。鄧華熙赴任安徽巡撫之前，進京述職並拜會在京諸僚友，徐琪（花農）即其一。

時更
鳳紀數蓂莢之迭周遠隔
鴻儀拈椒花而作頌恭維
小赤仁兄大人履端紀慶
泰始凝祥
喜回燕寢之春
釐延皖水渥荷
龍光之寵
節領兼圻
北闕承
恩南雲晉祝弟羈縻爨子承乏卝人媿鼓鑄之無裨冰
淵時懍驚歲月之易逝雲樹神馳專肅祗賀
年禧敬請
勛安惟希
雅照不具
愚弟唐炯頓首

# 唐炯致鄧華熙信札

合本：横16.7厘米，縱31.3厘米

## 録文：

時更鳳紀，數蓂莢之迭周；遠隔鴻儀，拈椒花而作頌。恭維小赤仁兄大人履端紀慶，泰始凝祥。喜回燕寢之春，鰲延皖水；渥荷龍光之寵，節領兼圻。北闕承恩，南雲晋祝。弟羈縻爨子，承乏卝人。愧鼓鑄之無裨，冰淵時懔；驚歲月之易逝，雲樹神馳。專肅，祗賀年禧。敬請勛安，惟希雅照不具。愚弟唐炯頓首。

## 題注：

唐炯（1829—1909），字鄂生，號成山老人，貴州遵義人。道光舉人，官至雲南巡撫，曾率滇軍參加中法戰争，因擅自逃回被逮問，戍雲南，後責成督辦雲南礦務。著有《成山廬稿》《四川官運鹽案類編》《援黔録》等。

據《鄧華熙日記》載，光緒八年（1882）七月二十四日，雲南布政使唐炯出閲邊防，經本省督撫奏明，由雲南府知府鄧華熙代行蕃司事務。光緒九年（1883）三月初六日，布政使唐炯奉旨出視邊防，再次由雲南府知府鄧華熙代行藩司事務。中法戰争起，面對法寇入侵，唐炯臨陣畏懼，首戰失利，導致法軍直入北寧，清軍極爲被動，由是朝野嘩然，慈禧下令將唐炯和徐延旭撤職查辦，唐炯入獄，判處斬監候，後被赦免歸鄉。光緒十三年（1887）復官，赴雲南督辦礦務，前後達15年。光緒二十四年（1908），加太子少保銜。宣統元年（1909），病逝於貴陽。信中古文『卝』，同『礦』字，《周禮·地官》：『卝人』，鄭玄注：『卝之言礦也，金玉未成器曰礦』。信中自稱『羈縻爨子，承乏卝人』者，正指被貶責成督辦礦務之事。信中稱鄧華熙『喜回燕寢之春，鰲延皖水；渥荷龍光之寵，節領兼圻』，是知此時鄧已在安徽巡撫任上。

小赤大哥世大人閣下拜別○芝輝瞬將兩月每思○鴻範相隔三秋更於頻行
時承蒙○厚賜感何可言敬維○順時納祜○履祉吉羊為頌現在貴省情
形如何自必安謐如常頗系鄙念滿擬到京即為奉候祇以冬月初七
晚抵都初八日請安當即叩謁梓宮跪仰蟾幃哀痛無地幸蒙慈旨著
灃穿孝百日臣下之心藉可少慰是以問候較遲前過澆滬時島　令世
兄相見當將委件面交弟手今已轉送均皆逐件交清知關廑念一併布
聞近日京中尚未見雪現已奉旨設坛祈請廣州時令若何務望隨時
珍攝是足禱專肅鳴謝並請頤安諸維愛照不既並候闔潭請吉

世小弟景灃頓首

附杭州信內

# 景澧致鄧華熙信札

横 17.5 厘米，縱 26 厘米

**録文：**

小赤大哥世大人閣下：拜别芝輝，瞬將兩月，每思鴻範，相隔三秋。更於頻行時，承蒙厚賜，感何可言！敬維順時納祜，履祉吉羊爲頌。現在貴省情形如何？自必安謐如常，頗繫鄙念。滿擬到京，即爲奉候，祇以冬月初七晚抵都，初八日請安，當即叩謁梓宮，跪仰幨幃，哀痛無地，幸蒙慈旨，著澧穿孝百日，臣下之心，藉可少慰，是以問候較遲。前過滬時，與令世兄相見，當將委件面交弟手，今已轉送，均皆逐件交清，知關廑念，一併布聞。近日京中尚未見雪，現已奉旨設壇祈請。廣州時令若何？務望隨時珍攝是禱。專肅鳴謝！並請頤安。諸維愛照不既，並候闔潭請吉。世小弟景澧頓首。

附杭州信内。

**題注：**

景澧，滿洲正黄旗人，光緒三十三年（1907）三月至三十四年（1908）十月任廣州將軍，其間險遭革命黨人刺殺。信中説自己『以冬月初七晚抵都，初八日請安，當即叩謁梓宮，跪仰幨幃，哀痛無地』云，是指於是年底抵京城吊謁光緒帝及慈禧太后，並遵裕隆太后懿旨戴縗吊孝百日，以盡臣忠。按光緒帝和慈禧太后分别於光緒三十四年十月二十一日（1908 年 11 月 14 日）、二十二日（15 日）先後辭世，廣州將軍景澧聞訊後北上抵京吊唁。此信即寫於抵京後不久，故有『現在貴省情形如何』之問。時鄧華熙致仕居粤，與粤中諸官僚一道在廣府學宫明倫堂設案北向祭奠。從信中知景澧赴京，途經上海，晤見鄧華熙之子鄧本逵（用甫）並交付所託之件。

花開桂窟金風乍
清節之香草秀蘭階玉露表
仁恩之澤恭維
小赤仁兄中丞大人勳烈秋高
心懷月朗
慰閭閻之仰望寶鏡磨秋
致海宇之澄清
芝綸沛澤南樓坐論風流不讓前賢
緬褱嘉月旦久推
名相翹瞻
瑞靄頌叶清風弟忝綰兵符又逢秋節講防秋之令典華
里無塵仰
如月之升華五雲助采虔修霞箋恭賀
秋禧敬請
台安諸希
朗照不宣
鄉愚弟馮子材頓首

# 馮子材致鄧華熙信札

合本：橫 16.7 厘米，縱 31.3 厘米

**録　文：**

花開桂窟，金風□清節之香；草秀蘭階，玉露表仁恩之澤。恭維小赤仁兄中丞大人勛烈秋高，心懷月朗。慰閭閻之仰望，寶鏡磨秋；致海宇之澄清，芝綸沛澤。南樓坐論，風流不讓前賢；北闕褒嘉，月旦久推名相。翹瞻瑞靄，頌叶清風。弟忝綰兵符，又逢秋節。講防秋之令典，萬里無塵；仰如月之升華，五雲助采。虔修霞簡，恭賀秋禧。敬請台安，諸希朗照不宣。鄉愚弟馮子材頓首。

**題　注：**

馮子材（1818—1903），字南幹，號萃亭，廣東欽州（今廣西欽州）人。行伍出身，早年參加鎮壓太平軍，升至廣西提督。光緒八年（1882）退職。1894 年法國侵略軍進犯滇桂邊境時，以廣東高雷欽廉四府團練督辦，參加抗戰。次年二月，任廣東關外軍務幫辦，在當地人民支持下，率部在鎮南關（今友誼關）、諒山大敗法軍，授雲南提督。甲午戰爭間奉調駐守鎮江，官終貴州提督，累官至太子少保。1903 年應兩廣總督岑春煊邀，助辦團練，却突然病危，不久即去世，享年 86 歲，謚號勇毅，清廷准予建祠。

在晚清諸多軍事將領中，馮子材可謂戎馬一生，多地掌兵，防御外侮，《清史稿》評曰：『子材軀幹不逾中人，而朱顔鶴發，健捷雖少壯弗如。生平不解作欺人語，發餉躬自監視，偶稍短，即罪司軍糈者。治軍四十餘年，寒素如故。言及國梁，輒涔涔泪下，人皆稱爲良將云。』馮子材自 1870 年察覺到法國覬覦中越邊境的野心，一直到 1900 年的 30 年間，無論是在鎮南關戰場上與法軍兵戎相見，抑或是在中法劃界、海南島平亂、督辦欽廉防務，乃至甲午戰爭、庚子事變等各種軍事行動中，他心中的抗法情結一天都没有釋懷，顯示了一個處處以國家社稷爲重、寸土不讓捍衛祖國河山的民族英雄的本色。

其一

## 梁鼎芬致鄧華熙親友信札及諭旨文録（四通）

尺寸不一，已裱。心，最大：横12.5厘米，縱23厘米；最小：横12.4厘米，縱22.5厘米

### 録文：

其一

鄧宫保今年九十，可喜之至。來京日已與世中堂徐侍郎談及，又與陳師傅談及，又面告邸座，均甚稱美。待奉到後，即先電告。今又函問，得後飛告。春來作何，有看花否？一冬無雪，自來未有之奇事也。信到，祭品到必遲，近寄物尤難也。一切并布，二哥安好。芬頓首。

其二

鄧和簡公挽聯作成奉寄，請兄代交，并慰其孤。因住處記不準，故以爲託也。小山二哥、長明同覽。期鼎芬頓首。十二日。

其三

鄧巡撫遺摺十五日代遞，十六日奉到諭旨一道，恭録寄粤，請告其孤，即日敬焚之和簡公靈前，耆臣有知，定銜感於地下矣。專肅拜上。小山二兄閣讀、鄧世兄同覽，長明吾侄同念。期鼎芬再拜。宣統九年閏二月二十三日。

其四

宣統九年閏二月十六日欽奉諭旨，前貴州巡撫鄧華熙持躬謹慎，練達老成，由部曹洊擢封圻，

鄧巡撫遺摺十五日代遞，十六日奉到

諭旨一道，恭錄寄粵，請告其孤，即日敬焚之

和簡公靈前

耆臣有知，定銜感於地下矣。專肅，拜上

小山二兄閣讀　期鼎芬再拜

鄧世兄同覽

長明吾姪同念

宣統九年閏二月二十三日

其三

宣統九年閏二月十六日欽奉

諭旨：前貴州巡撫鄧華熙持躬謹慎，練達老成，由部曹洊擢封圻，宣力有年，克勤厥職。茲聞溘逝，軫惜殊深，著加恩予謚和簡，應得卹典，該衙門察例具奏，以示篤念耆臣至意。欽此

其四

示篤念耆臣至意。欽此。

## 題注：

梁鼎芬（1859—1919），字星海，一字伯烈，號節庵，廣東番禺人。光緒六年（1880）進士，授編修。累官湖北按察使，署布政使。歷主豐湖、端溪、廣雅書院。後在焦山海西庵讀書十年，復爲兩湖學堂監督。因奏劾袁世凱，受飭，遂引疾歸里。1911年，復起爲廣東宣撫使。清亡，充崇陵種樹大臣，命在毓慶宫行走。年六十一卒。其家祠顔曰『歲寒堂』，謚文忠。工詩善文，世人多寶之。平生文字多散佚，門人輯其詩文成《梁文忠公文存》六卷行世。

梁鼎芬爲鄧華熙粵籍同鄉，兩家情誼篤厚，辛亥後梁氏以遺老自居，在鄧氏逝後嘗上奏表爲其請謚號『和簡』（按，梁鼎芬還爲粵中同鄉摯友李文田上書請謚號『文誠』），鄧氏後人對梁鼎芬尤爲感激尊崇，蒐羅梁氏書畫手迹，築閣而庋藏之，曰尊芬閣。第一封信寫於民國五年（1916）初春，是年底鄧華熙去世。信中所謂陳師傅者，即晚清名臣陳寶琛，清室遜位後仍追奉末帝溥儀，人尊帝師。第二封信爲鄧華熙去世後，『朝廷』因梁鼎芬之疏請，爲鄧華熙頒封謚號『和簡』，故後世稱鄧曰『鄧和簡』或『鄧和簡公』。梁鼎芬以藎臣遺老自居，不奉中華民國新曆，從信中『宣統九年』（實際爲中華民國六年，1917年）之謂即可知之。

嶺南耆舊賸靈光，大叔同逢覩海桑。欲乞西南新畫本，尚留淚點灑 先皇。

宮保談及景皇事，欷下淚，小生倍戚戚也。

奉呈

小參宮保文丈乞賜畫 康有為

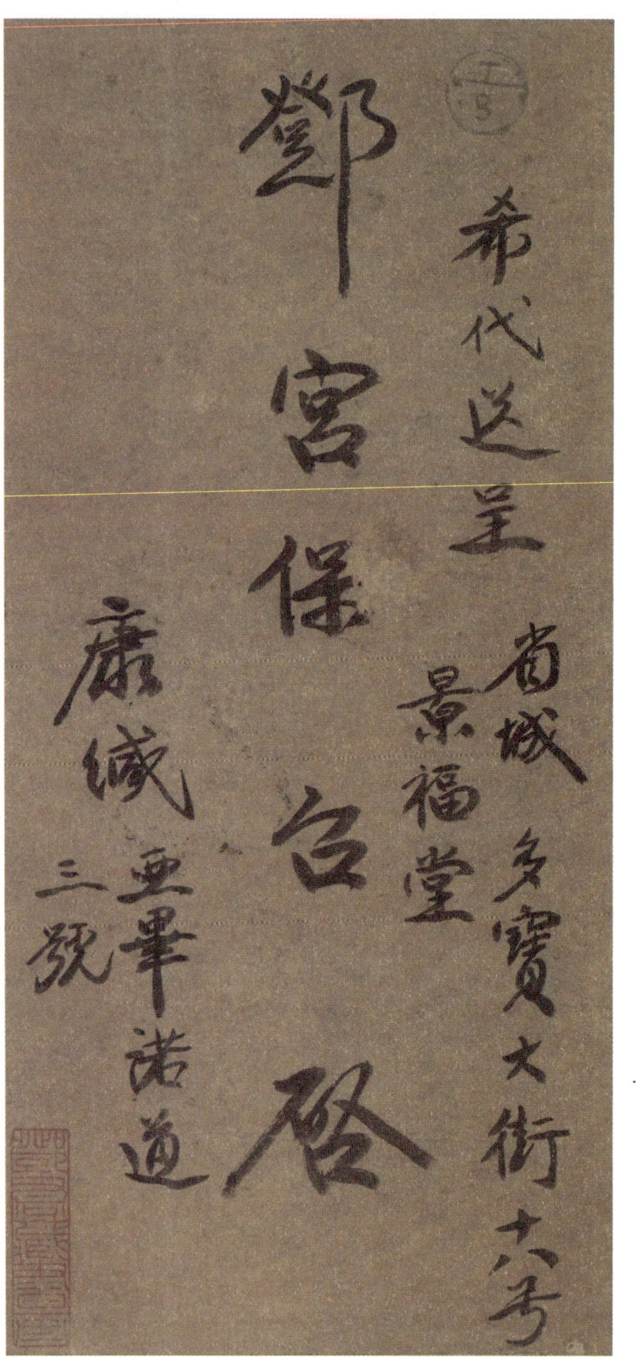
鄧宮保台啟

希代送呈 省城多寶大街十六號 景福堂

康緘 亞畢諾道三號

# 康有爲致鄧華熙信札

尺寸不一，已裱。心，右頁：横10厘米，縱22厘米；左頁：横11.2厘米，縱22厘米

## 録文：

希代送呈省城多寶大街十八號景福堂

鄧宫保　台啓

康緘　亞畢諾道三號

嶠南耆舊剩靈光，大劫同逢睹海桑。欲乞所南新畫本，老臣泪點灑先皇。（宫保談及景皇事輒下泪，小生倍感傷也。）

奉呈小赤宫保丈並乞賜畫。康有爲。

## 題注：

康有爲（1858—1927），又名祖詒，字方廈，號長素，又號更生，廣東南海人。早年受知於廣東名儒朱次琦，重經世致用之學。後傾向於改良思想。光緒十四年（1888）入京應試，並上書請求變法，未遂，乃返粤講學。1895年，與梁啓超聯合在京舉人發起『公車上書』。同年中進士，授工部主事，未就。在京創辦《中外紀聞》，組織强學會，出版《强學報》。1898年其變法主張爲光緒帝所接納，獲召見，被封爲總理衙門章京上行走，促成百日維新。變法失敗後，流亡國外，組織保皇會，鼓吹立憲。1917年參與張勛復辟，後告失敗。病逝於青島。學識淹博，著述甚豐，有《新學僞經考》《孔子改制考》《大同書》《戊戌奏稿》《康南海先生詩集》等。

康有爲與鄧華熙的關係非同一般，兩人不僅是粤籍同鄉，政治主張也多相同，於公於私，均情誼篤。1898年6月，康有爲在代江南道監察御史李盛鐸草擬的《請明賞罰以行實政摺》中，稱贊當時全國督撫行新政有成效者計有：陳寶箴、張之洞、鹿傳霖、廖壽豐、鄧華熙五人。1913年自海外流亡多年的康有爲返回香港，將其母親及弟靈柩安葬家鄉，事畢再回香港。其時鄧華熙亦在香港小住，與康氏多次會晤。鄧返穗後，康致函鄧以詩求畫，即上述信札。信中謂『宫保談及景皇事輒下泪，小生倍感傷也』，並將鄧華熙比擬南宋遺民畫家鄭思肖（號所南）。時清室已亡，同是以清朝遺老自居的鄧、康勢必惺惺相惜，鄧接信後繪《伯牙鼓琴圖》相贈，用酬知音。時鄧華熙居住在廣州西關多寶大街景福堂（人稱『鄧宫保第』，現已不存，今荔灣區多寶路幼兒園即爲景福堂後花園）。景福堂建成於1906年初，鄧華熙與家眷在此居住至1911年10月，旋恐受武昌起義風暴波及而遷居香港暫住。康有爲此時暫居香港亞畢諾道三號（今香港中環亞畢諾道），1909至1911年間，康有爲同女兒康同薇在此居住。

## 康有爲致鄧華熙眷屬慰問函

已裱。裱：横70.5厘米，縱32.7厘米

**録　文：**

奉訃驚聞尊公溘逝，爲之哀悼。楚庭耆舊，不得捧杖受誨，當有同傷。在尊公九十上壽爲完人，夫何憾。望世兄節哀順變，以襄大事。鄙人猥蒙尊公之惠愛，盼睞有加，無以爲報，其有文字之役，則後死者之責也。惟所命。敬唁孝履不宣。康有爲頓。十二月廿四日。附呈挽詩另賻儀，由港交。

尊公之惠愛盼睞有加
無以爲報惟有文字之
役公後死者之責也
惟祈
命敬叩
孝履 不宣 康有爲頓
十二月廿四日
附呈挽詩另賻儀 由港發

**題注：**

1916年11月24日鄧華熙病逝於廣州，次月康有爲由香港向鄧華熙家屬寄來唁文、挽聯悼詞及賻儀，以示慰問並希節哀順變。函中自謂『猥蒙尊公之惠愛，盼睞有加，無以爲報』。其實鄧華熙確實有恩於康氏，早在康、梁在京鼓動維新變法時，鄧華熙即表示同情與支持；民國甫立，鄧華熙即積極聯合粵中縉紳請求廣東政府發還戊戌變法後被清政府抄没的康氏家產，又請求加發官產作爲康氏流亡多年損失的賠償。

榴花襯紫明郎廨　冪天綿蔚紛鋪張雲徽湘筧交鋌爵笙歌如佛
人堵牆仲華伊昔之文章一冑都雋鳴騁庠璇霄咫尺看騰驤陸
飫有子旅鞋常清黔豪學傳青湘翻龍蹻者綺衣場兩里戴德如圭
璋森森玉樹超群行手擬丹桂香天香西蜀奏遂刑祿禪通達　聖人
開壽觴錫以皇誥珠輝煌繁以九乾金玉滿堂是時鼓子栖　帝鄉欣覲
景福洵足稱卷轉鞠胞犀躋　堂珠騰扔奇頳琳琅京都名人多以書帖稱祝　伊予不
覺言之長　恨昔未接至使光一見公于華堂再見之于里第　輝紆綵幸何日忘良辰此際愚
南荒黃蕉丹荔羅芬芳　惜無引滿共之芬　我送京師賦　拍眾壽

酌以大斗致壽康
己卯交泰後一日欣逢
廷璨老伯大人榮慶　合兩蔚生香郎承諸尊好厚值開筵
稱祝余適留日下裁賦柏梁一章為
壽
愚侄晉光輔漁璜頓稿

# 褚光輔致鄧廷潔信札

已裱。心均爲：横12厘米，縱24.5厘米

## 録　文：

榴花艴赫明粉廊，冪天綉罽紛鋪張。雲璈湘瑟交鏗鏘，笙歌如沸人堵墻。仲華伊昔工文章，一黌聲雋鳴膠庠。璇霄咫尺看騰驤，墮鈴有子能軼常。綺齡家學傳青緗，翩然矯首辭名場。珂里載德如圭璋，森森玉樹超輩行。手掇丹桂分天香，西曹奏績刑稱祥。適逢聖人開壽觴，錫以覃誥殊輝煌，飫以九乾金玉漿。是時賤子栖帝鄉，欣睹景福洵無疆。㮣耩鞠跽群躋堂，珠聯妙句傾琳琅（京都名流多以堂帖稱祝）。伊予不覺言之長，憶昔再接至德光（一見公於羊城，再謁公於里第）。粹然器宇何日忘，良辰此際思南荒。黄蕉丹荔羅芬芳，怡然引滿鬢尚蒼。我從京邸賦柏梁，酌以大斗歌壽康。

己卯交泰後一日，欣逢廷潔老伯大人榮慶，令嗣蔚堂省郎，承諸寅好厚誼，開筵稱祝，余適留日下，敬賦柏梁一章爲壽，愚侄褚光輔漁璜拜稿。

## 題　注：

褚光輔，字漁璜，其他事迹不詳，信中自稱『愚侄』，及栖『帝鄉』，思『南荒』，疑是粤籍在京爲官者。此信爲一首柏梁體七言祝壽詩，並叙述賦詩之緣由。據香港鄧氏族譜及《鄧華熙鄉試硃卷》，鄧廷潔名鄧文瑩，字廷潔，爲鄧華熙曾祖父，秀才出身，由於年代久遠，其事迹不甚詳，從此詩推測，其本人曾隨子鄧蔚堂（鄧華熙祖父）在北京爲官。『柏梁體』又稱『柏梁臺體』『柏梁臺詩』，一般古體詩衹要求雙句押韻，近體詩則多是首句入韻，隔句押韻，這種詩每句七言，都押平聲韻，全篇不换韻。柏梁體是七言詩的先河。據説漢武帝築柏梁臺，與群臣聯句賦詩，句句用韻，所以這種詩稱爲柏梁體。

許乃濟太史遺翰致先高祖蔚堂公者

蔚堂賢弟閣下：自戊寅聯襟珠江，十餘年來備叨
雅愛，遠違
芝采，殊切蒹思。比維
履祉懋臻，
潭祺駢集，而凡佳勝，定協頌忱。大令郎夙擅文名，
今科秋賦，自可操券，計偕北上，
閣下亦有意同行，俾長安故人重得摧襟送抱，
耶。
呈樣令弟閔之調補蒼梧，
中丞奏令弟回

僻補繇局，康莊展驥，得此騰驤，不次恪升，足見深居
吉堂核其速通。二兄（原任江蘇海州牧，上年六月逝世）、五舍弟（現任甘肅敦煌，今年正月逝世）
之變，心緒甚惡，肝氣大復，不任，今夏始合，秋初
恩特階通政，不可書人間堪藏，且拙荊羅
錦悵，閱廣肇一帶，夏間宵亮，聽自西而東來，云於晚禾
尚是大損否？年初數川而騰性耶？
白安暨 賢郎文福，維
鑒不宣

愚兄許乃濟頓首

# 許乃濟致鄧蔚堂信札

合本：横 21.1 厘米，縱 32.8 厘米

## 録　文：

蔚堂賢弟閣下：自戊寅聯轡珠江，十餘年來，備叨雅愛，遠違芝采，彌切葵思。比維履祉懋臻，潭祺駢集，百凡佳勝，定協頌忱。大令郎夙擅文名，今科秋賦自可操券，計偕北上，閣下亦有意同行，俾長安故人重得推襟送抱否耶？星槎令弟聞已調補蒼梧，中丞奏令專司緝捕總局，康莊展驥，從此騰驤不次，忭慰尤深。濟去冬抵京，連遇二先兄（原任江蘇海州牧，上年六月逝世）、五舍弟（現任甘肅敦煌令，今年正月逝世）之變，心緒惡劣，體氣亦復不佳，今夏始愈。秋初蒙恩，轉階通政，公事尚簡，堪藏迂拙，足釋錦懷。聞廣肇一帶夏間有飛蝗自西而東，未知於晚禾尚無大損否？手泐數行布臆，順頌台安，暨賢郎文福，維鑒不宣。愚兄降功許乃濟頓首。孟冬月朔。

## 題　注：

許乃濟（1777—1839），字叔舟，號青士，浙江錢塘（今杭州）人。嘉慶十四年（1809）進士，散館授編修，歷任山東道監察御史、給事中、廣東按察使、太常寺卿、光禄寺卿等職。曾多次上書要求革除弊政。但在 1836 年，却奏請弛禁鴉片，遭到黄爵滋、林則徐等禁烟派的激烈反對和抨擊。道光十八年（1838）秋，許乃濟因主張弛禁而被降職，次年卒。著有《求己齋詩集》《二許集》《許太常奏稿》。

許乃濟此信稱『自戊寅聯轡珠江』，其時當在嘉慶二十三年（戊寅年，1818），時許官任廣東按察使，故有珠江聯轡之誼。信中所指『令郎』，應爲鄧華熙父鄧鶴儔，秀才出身。許離粤多年，尚念及故地粤中民生，則有『聞廣肇一帶夏間有飛蝗自西而東，未知於晚禾尚無大損否？』之關詢，正所謂士大夫居廟堂之高則憂其民者。

用甫四哥大人閣下：頃接十七日晉來

手示，敬悉種種。藉稔

履祉亨嘉，

百凡安勝為祝。弟鎮日舒閑，無善可述。

尊婢入廣肇院後，尚無別項變動，或者醫緣順手，得以逐漸就痊

耳。德葡戰事，澳地雖居轄下，但商民一切均幸安堵如故，知

注附聞。此請

台安

愚世弟鄭思賢頓首 二月廿二日

# 鄭思賢致鄧本逵信札

横 12.6 厘米，縱 24.2 厘米

## 録文：

用甫四哥大人閣下：頃接十七日發來手示，敬悉種種，藉稔履祉亨嘉，百凡安勝爲祝。弟鎮日舒閑，無善可述。尊婢入廣肇院後，尚無別項變動，或者醫緣順手，得以逐漸就痊耳。德葡戰事，澳地雖居轄下，但商民一切均幸安堵如故。知注附聞，此請台安。愚世弟鄭思賢頓首。二月廿二日。

## 題注：

致信者鄭思賢生平事迹不詳，收信人用甫爲鄧華熙三子鄧本逵，原名鄧本儀，同治元年（1862）出生於北京，宣統元年（1909）因溥儀即帝位，奉旨避諱，更名本逵。早年一直跟隨父親鄧華熙佐辦事務，頗得治理，曾任浙江寧波紹興道臺，任内力主禁烟戒賭，致力農桑及工商副業。辛亥革命後，鄧本逵和平移交政權，百姓夾道歡呼，咸稱『賢良太守』。民國後曾任職於廣東航運局，亦能詩書字畫。1937 年病逝於廣州西關祖居。信中提及『德葡戰事』，是指在第一次世界大戰中德國與葡萄牙的戰事。葡萄牙是屬於協約國中的一員。1915 年 1 月，葡萄牙國會投票通過與英國和法國結盟，但並没有直接參加對德作戰，衹是對英國陸軍和海軍給予協助。1916 年 3 月 9 日，德國向葡萄牙宣戰，同年，葡萄牙派出了一隻 367 人的遠征部隊赴法國前綫參戰，但整個戰事規模都不大，且很快結束。遠在遠東的澳門也未受到影響，故曰『商民一切均幸安堵如故』。

毓生老姪台青覽：月初接誦

環章，藉悉購業之原，暫還緩商，要情照悉。惟就

是也。

四世宗祠碑文之件，前數月承

宮保命查照。節子此次返鄉，擬節備查莊，將情形并繪

圖寄呈，幸祈轉呈鈞求

宮保一爲費神，俾得永久團族厚幸。近日

台從未便來謁，諒因貴冗無所晚暇，

談爲歉，統留後叙，謹此順頌

大安

樹亭上言

十月九日

上

## □椒亭致鄧毓生信札

横13.1厘米，縱24厘米

**録　文：**

毓生老侄台青電：月初接誦環章，藉悉購業一層暫從緩商等情，當如囑就是。至四世宗祠碑文之件，前數月承宫保命查各節，予此次返鄉，按節備查，兹將情形并繪圖寄呈，幸祈轉呈，敬求宫保一爲費神，俾傳永久，闔族厚幸。近日台從未便來禪，諒因貴冗，至不克晤談爲歉，統留後叙。謹此，順候大安。椒亭上言。十月十九日。

**題　注：**

致信者椒亭疑姓鄧，生平事迹不詳。收信人毓生爲鄧華熙四子鄧毓生（又名鄧善麟），同治二年（1863）八月出生。鄧毓生信奉風水，1916年華熙公逝後，一直爲尋覓葬父墓地奔波，以致廣州近郊民衆及『山中』（介紹買墓地者）無不知其爲父覓尋墓地之事，甚至被推舉爲『廣東墳山公所所長』。1933年，於廣州遠郊尋覓山墳時爲賊人所擄，後託人輾轉贖回。後一年終於在廣州白雲山下錦衣嶺尋到理想墓地，便將棺椁移葬。從停柩福如山莊到入土爲安，爲時達18年，花費數萬銀元。信中所述『四世宗祠』者，即崇祀鄧氏第四世祖善伯公，據現存《重修鄧氏四世宗祠碑記稿》言：『肇祖之祠，不稱鄧氏宗祠，而顏曰四世宗祠者，何也？世遠年湮，無可考稽。想是五六世後之子孫，先建祠以奠安四世以上之神主。』『我族伯善公爲澄户長以來，代有聞人，寖昌寖熾。』可知四世祖鄧伯善公在族中備受尊崇，故當修祠刻碑以志。按，鄧華熙於光緒三十四年（1908）正月加太子少保銜，世人尊稱『鄧宫保』。

# 第五章　諭旨表奏

本章收録諭旨一封、鄧華熙上奏慈禧太后奏摺四件、上光緒皇帝奏摺三件及請安摺六件、上隆裕太后請安帖兩件。這些奏摺有常見的請安、謝恩摺，也有報告重大事件的内容，反映了鄧華熙在擔任湖北布政使、江蘇布政使、貴州巡撫等任上，以及致仕後的一些政治活動，還見證了多宗晚清時期的大事件。

如光緒二十六年（1900）鄧華熙上慈禧太后奏摺和『己亥建儲』有關。1898年『戊戌變法』失敗後，清朝實際掌權人爲慈禧太后，爲了防範和制約光緒帝，慈禧册立端郡王載漪的兒子溥儁爲光緒繼嗣。此事導致頑固派上臺，抑制改革鼎新浪潮，且頑固派代表載漪等還推動了義和團在京發展，影響了政局的轉變。時鄧華熙爲安徽巡撫，照例上了賀表，雖不一定是鄧華熙真實政見的體現，但也反映了清代晚期的政治運作情况。光緒二十七年（1901）鄧華熙上慈禧太后、光緒皇帝奏摺，其内容爲鄧華熙在貴州巡撫任上奏剿廣西、雲南、貴州邊境匪徒過程，並請派粤軍參與剿匪，反映了清末廣西會黨在西南地區的活動情况。

鄧華熙的政治活動，在其表奏裏也有體現。清初地方大臣上奏權比較小，僅限於總督、提督等大臣，雍正朝開始，地方布政使、按察使等均有上奏之權，故廣州博物館所藏的奏摺是從鄧華熙擔任湖北布政使開始的。重臣致仕後，仍可借地方督撫的渠道上奏，鄧華熙在光緒三十四年（1908）被恩賞太子太保後，借兩廣總督張人駿的關防上了謝恩奏摺。這些聖諭旨和表奏的收發途徑，亦反映了清代的政治運作機制。

為咨行事光緒二十年十月二十二日准
兵部火票遞到
兵部咨職方司案呈内閣抄出光緒二十年十月初一日奉
上諭朕欽奉
慈禧端佑康頤昭豫莊誠壽恭欽獻崇熙皇太后懿旨本年六旬慶辰皇帝率
天下臣民臚歡祝嘏前經特沛恩綸延釐中外茲當慶典届期著加恩賞
賚所有近支王公及王公蒙古王公御前行走乾清門行走御前侍衛大
學士各部院尚書左都御史各省將軍都統總督廵撫提督著各賞大壽
字一張大緞二疋帽緯一匣各部院侍郎内閣學士副都統各省總兵
布政使左副都御史宗人府府丞通政使司通政使大理寺卿詹事府詹
事各省按察使著各賞壽字一方小緞二疋帽緯一匣以示行慶施惠
至意欽此欽遵到部相應恭録

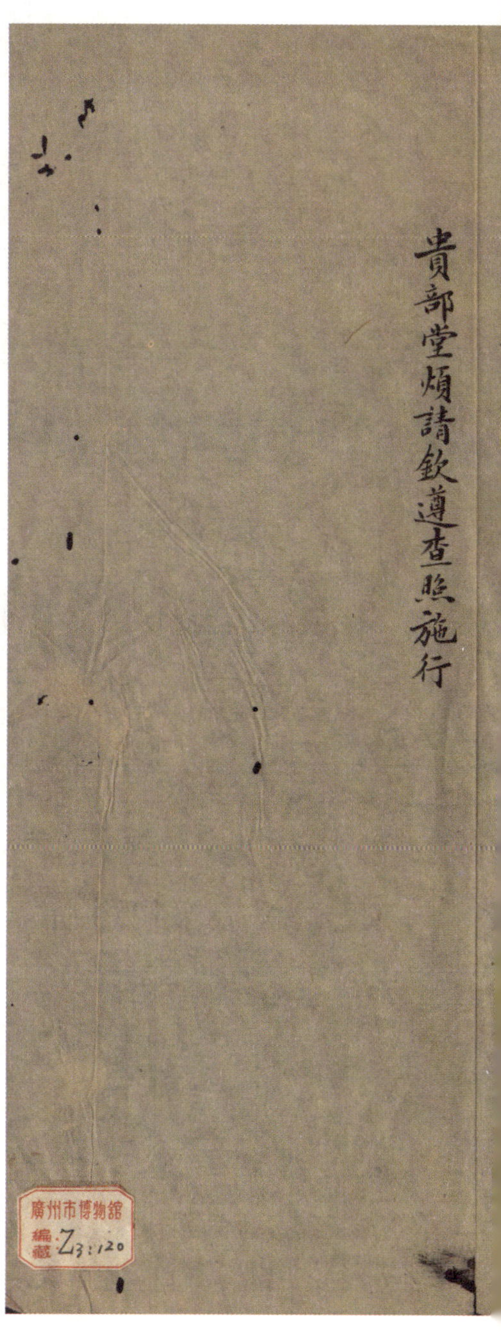


# 光緒二十年兵部發慈禧太后六旬壽辰施惠諭旨

横40.5厘米，縱27.3厘米

**録　文：**

爲咨行事。光緒二十年十月二十二日，准兵部火票遞到，兵部咨職方司案呈内閣抄出，光緒二十年十月初一日奉上諭，朕欽奉慈禧端佑康頤昭豫莊誠壽恭欽獻崇熙皇太后懿旨，本年六旬慶辰，皇帝率天下臣民臚歡祝嘏，前經特沛恩綸，延釐中外，兹當慶典届期，著加恩賞賚。所有近支王公及王公、蒙古王公、御前行走、乾清門行走、御前侍衛、大學士、各部院尚書、左都御史、各省將軍、都統、總督、巡撫、提督，著各賞大壽字一張、大緞二疋、帽緯一匣；各部院侍郎、内閣學士、副都統、各省總兵、布政使、左副都御史、宗人府府丞、通政使司通政使、大理寺卿、詹事府詹事、各省按察使，著各賞壽字一方、小緞二疋、帽緯一匣，以示行慶施惠至意。欽此欽遵到部。相應恭録諭旨，行文該撫查照可也。等因到本部院，准此，除火票另案飭發，並分别咨行外，相應咨會，爲此合咨貴部堂，煩請欽遵查照施行。

**題　注：**

此爲光緒二十年（1894）十月二十二日爲慶賀慈禧太后六十大壽所發諭旨，時鄧華熙在江蘇布政使任上，並署理漕運總督。

皇太后六旬慶辰蒙
賞壽字一方小緞二疋帽緯一匣應恭摺叩謝
皇太后
皇上
天恩茲抄錄謝摺式附送並將此次摺首應聲敘緣由
擬就祈照擬摺稿爲荷

# 光緒二十年鄧華熙慶賀慈禧太后六旬壽辰奏摺封面手稿

横 18.7 厘米，縱 22 厘米

**録　文：**

皇太后六旬慶辰，蒙賞壽字一方、小緞二疋、帽緯一匣，應恭摺叩謝皇太后、皇上天恩，兹抄録謝摺式附送，並將此次摺首應聲叙緣由擬就，祈照擬摺稿爲荷。

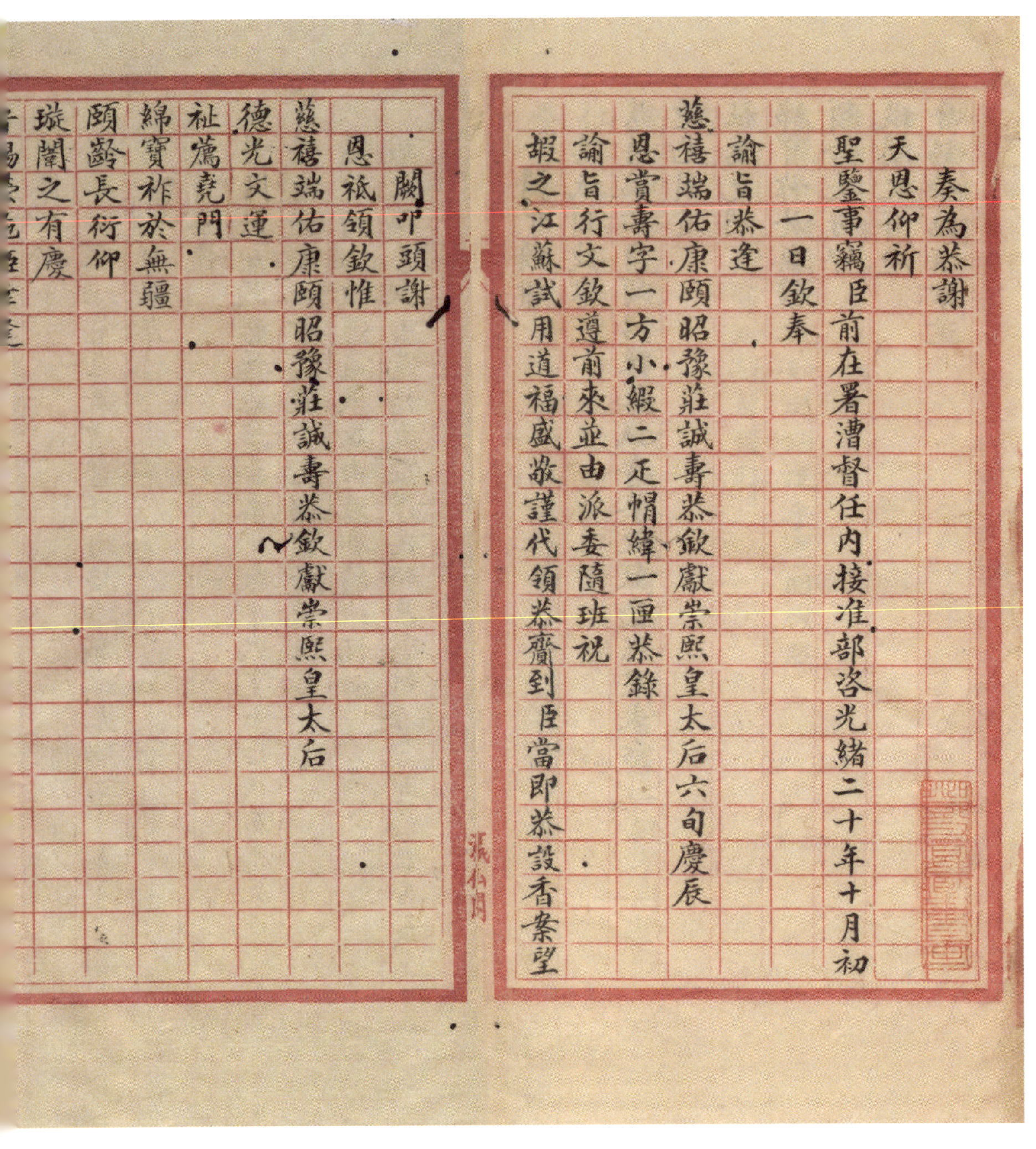
奏為恭謝
天恩仰祈
聖鑒事竊臣前在署漕督任内接准部咨光緒二十年十月初
一日欽奉
諭旨恭逢
慈禧端佑康頤昭豫莊誠壽恭欽獻崇熙皇太后六旬慶辰
恩賞壽字一方小緞二疋帽緯一匣恭錄
諭旨行文欽遵前來並由派委隨班祝
嘏之江蘇試用道福盛敬謹代領恭賚到臣當即恭設香案望
闕叩頭謝
恩祗領欽惟
慈禧端佑康頤昭豫莊誠壽恭欽獻崇熙皇太后
德光文運
祉薦堯門
綿寶祚於無疆
頤齡長衍仰
璇闈之有慶

## 光緒二十年鄧華熙受領慈禧六旬慶辰賜禮謝恩摺稿

合本：横 11 厘米，縱 23.5 厘米

**録　文：**

奏爲恭謝天恩，仰祈聖鑒事。竊臣前在署漕督任内接准部咨光緒二十年十月初一日欽奉諭旨，恭逢慈禧端佑康頤昭豫莊誠壽恭欽獻崇熙皇太后六旬慶辰，恩賞壽字一方、小緞二疋、帽緯一匣，恭録諭旨行文，欽遵前來，並由派委隨班祝嘏之江蘇試用道福盛敬謹代領恭賚到，臣當即恭設香案，望闕叩頭謝恩祗領，欽惟慈禧端佑康頤昭豫莊誠壽恭欽獻崇熙皇太后德光文運，祉薦堯門。

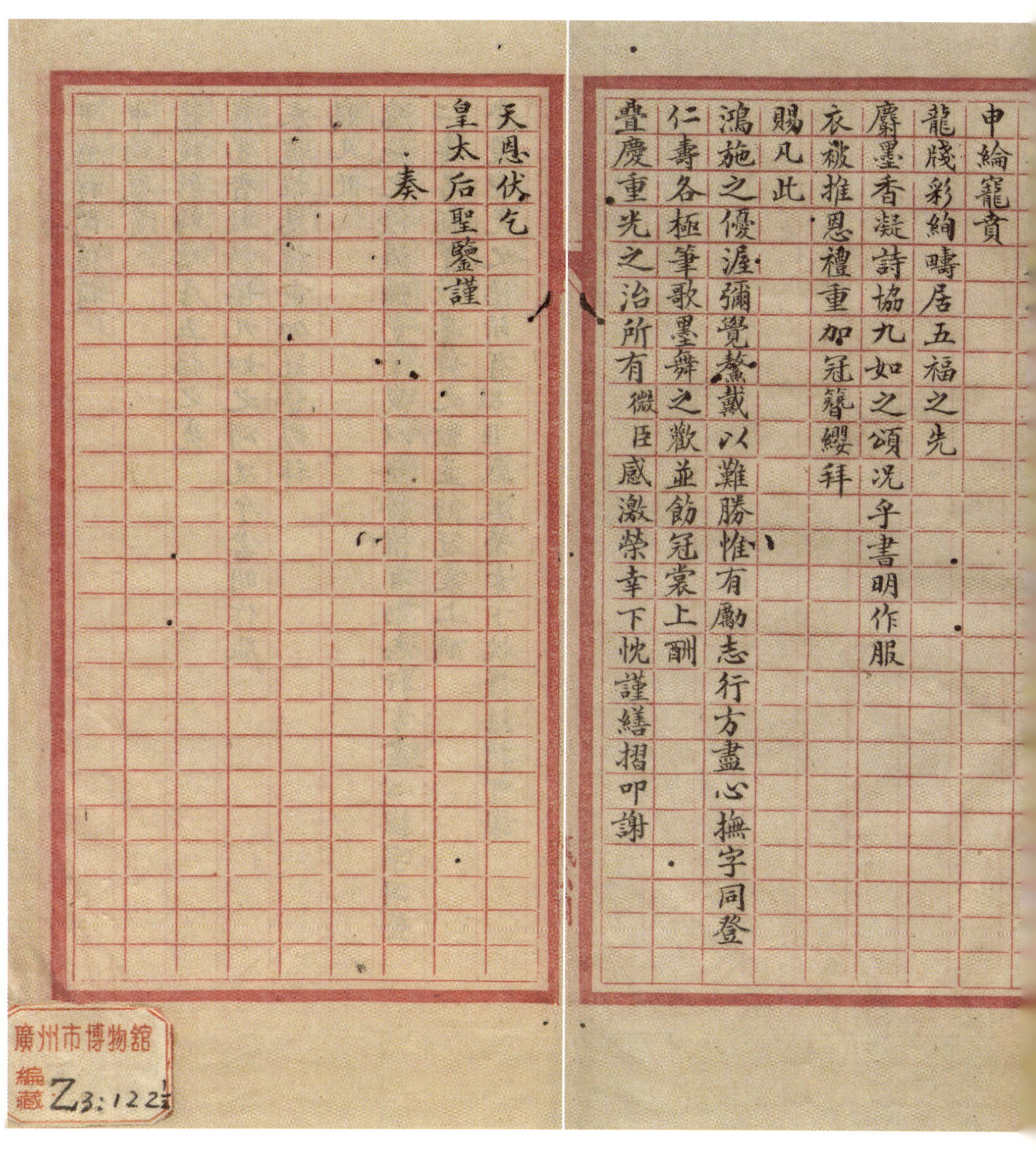
申綸寵賁
龍牋彩絢疇居五福之先
麝墨香凝詩協九如之頌況予書明作服
衣被推恩禮重加冠簪纓拜
賜凡此
鴻施之優渥彌覺鰲戴以難勝惟有勵志行方盡心撫字同登
仁壽各極筆歌墨舞之歡並飭冠裳上酬
疊慶重光之治所有微臣感激榮幸下忱謹繕摺叩謝
天恩伏乞
皇太后聖鑒謹
奏



綿寶祚於無疆　頤齡長衍　介璇闈之有慶，晋錫榮施。臣幸逢甲籙祥開，猥荷申綸寵賁。龍箋彩絢，疇居五福之先；麝墨香凝，詩協九如之頌。況乎書明作服，衣被推恩，禮重加冠，簪纓拜賜。凡此鴻施之優渥，彌覺鰲戴以難勝，惟有勵志行方，盡心撫字，同登仁壽，各極筆歌墨舞之歡；並飭冠裳，上酬疊慶重光之治。所有微臣，感激榮幸下忱，謹繕摺叩謝天恩，伏乞皇太后聖鑒。謹奏。

# 光緒二十六年鄧華熙上慈禧太后奏摺

合本：横 22.2 厘米，縱 31.7 厘米

## 録文：

頭品頂戴調補山西巡撫安徽巡撫臣鄧華熙跪奏，爲恭賀天喜，仰祈聖鑒事。

竊臣恭閲電傳邸鈔，光緒二十五年十二月二十四日奉上諭：朕自冲齡，入承大統，上年以來，氣體違和，敬念祖宗締造之艱，深恐弗克負荷，追維入繼之初，恭奉皇太后懿旨，俟朕生有皇子，即承繼穆宗毅皇帝爲嗣，關繫至爲重大，憂思及此，叩懇聖慈於近支宗室中慎簡賢良，爲穆宗毅皇帝立嗣，再四懇求，始蒙俯允，以多羅端郡王載漪之子溥儁爲穆宗毅皇帝之子，以綿統緒等因，欽此。

鳳綸宣布，皃藻臚歡，欽惟皇太后德厚坤元，治光泰運。璇宫宣訓，施母教而式擴鴻圖；寶册敷文，裕孫謀而喜賡燕翼。温詔秉承夫慈命，擇親藩篤慶之賢；元良教育於英年，綿列聖遞傳之緒。先帝神安於天上，鴻祚綿長；下民望愜於寰中，蛾忱傾向。臣忝膺疆寄，欣際時和，欽皇嗣之延庥，享天心之丕應，奉彝訓而昭聰聽，萬斯年之繩武肇基；演福疇以驗會歸，五者備而休徵咸叙。所有微臣歡忭下忱，謹繕摺叩賀天喜，伏乞皇太后聖鑒。謹奏。

光緒二十六年正月初六日。

（硃批）知道了。

立繼是國家大事，詔示天下，各行省督撫跪奏恭承。斯爲和簡公撫皖時奏摺，雖其後以義和拳事變更，伏讀之餘，暨恭玩御筆硃批，仰見當日

教育於英年縣
列聖遞傳之緒
先帝神安於天上
鴻祚綿長下民望恆於寰中蟻忱傾向臣本膺疆寄欣
際時和欽
皇嗣之延庥享
天心之至應也
彝訓而昭聰聽萬斯年之纘武肇基演
福祚以驗會歸五者備此以徵咸敘所有懽抃下忱
謹繕摺叩賀
天喜伏乞
皇太后聖鑒謹
奏
知道了
光緒二十六年正月　契　日

立繼是國家大事
詔示天下各行省督撫疏奏恭承斯爲
和簡公撫皖時奏摺雖具後以義和拳
事變更伏讀之餘暨恭玩
御筆硃批仰見當日敬天尊祖勤民之意矣
庚辰夏南海任元熙敬跋于九龍旅次

**題注：**

此爲光緒二十六年（1900）正月初六日鄧華熙爲光緒皇帝選定繼嗣事所上奏摺，時鄧華熙爲安徽巡撫。1898年『戊戌變法』失敗後，光緒被慈禧太后幽禁，清朝實際掌權人爲慈禧。慈禧太后册立端郡王載漪的兒子溥儁爲光緒繼嗣，實際上爲了防範和制約光緒帝。另一方面，慈禧也利用多羅端郡王載漪等頑固派，抑制改革鼎新的浪潮。載漪等是義和團在京發展的主要推動人。義和團運動失敗後，載漪及其胞弟鎮國公載瀾均被奪爵和發往新疆充軍。1901年10月，慈禧在從西安還都途中，下旨撤去溥儁『大阿哥』稱號。史稱『己亥建儲』。[一]題跋者任元熙（1873—1943），字子貞，廣東南海人。受業於簡岸讀書草堂，清季拔貢生，善書。曾掌教廣府中學堂，民國初年自創廣才中學。

[一] 吴仁安：《晚清光緒季年的『己亥建儲』醜劇和愛新覺羅·溥儁的『大阿哥』之『立』與『廢』》，《江南大學學報（人文社會科學版）》2014年第1期。

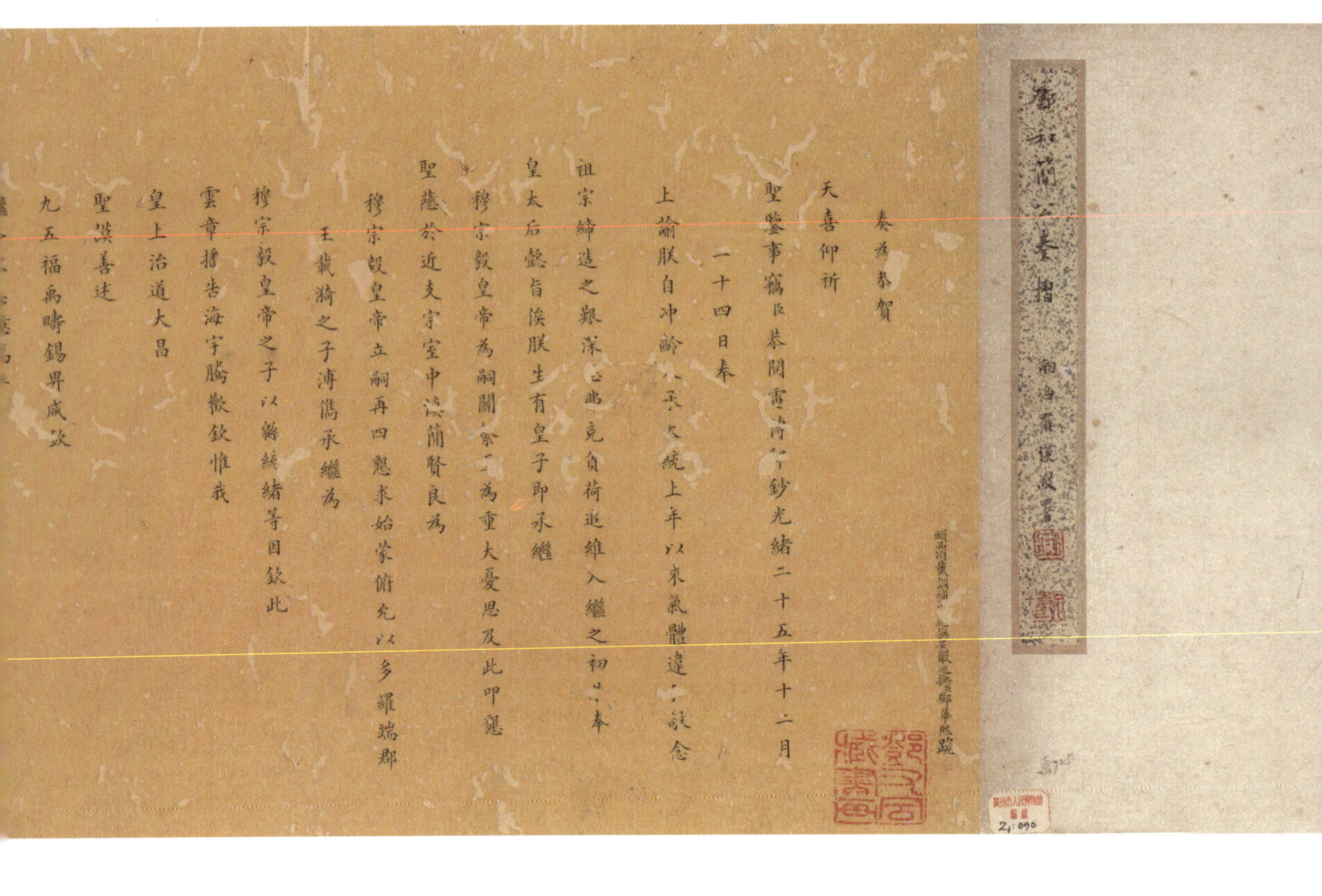
奏爲恭賀
天喜仰祈
聖鑒事竊臣恭閱電傳邸鈔光緒二十五年十二月
二十四日奉
上諭朕自沖齡入承大統上年以來氣體違和敬念
祖宗締造之艱深恐弗克負荷追維入繼之初恭奉
皇太后懿旨俟朕生有皇子即承繼
穆宗毅皇帝爲嗣關繫至爲重大憂思及此叩懇
聖慈於近支宗室中慎簡賢良爲
穆宗毅皇帝立嗣再四懇求始蒙俯允以多羅端郡
王載漪之子溥儁承繼爲
穆宗毅皇帝之子以綿統緒等因欽此
雲章播告海宇騰歡欽惟我
皇上治道大昌
聖謨善述
九五福禹疇錫昇咸欽

# 光緒二十六年鄧華熙上光緒皇帝奏摺

合本：横 22.2 厘米，縱 31.7 厘米

**録　文：**

頭品頂戴調補山西巡撫安徽巡撫臣鄧華熙跪奏，爲恭賀天喜，仰祈聖鑒事。

竊臣恭閱電傳邸鈔，光緒二十五年十二月二十四日奉上諭：朕自沖齡，入承大統，上年以來，氣體違和，敬念祖宗締造之艱，深恐弗克負荷，追維入繼之初，恭奉皇太后懿旨，俟朕生有皇子，即承繼穆宗毅皇帝爲嗣，關繫至爲重大，憂思及此，叩懇聖慈於近支宗室中慎簡賢良，爲穆宗毅皇帝立嗣，再四懇求，始蒙俯允，以多羅端郡王載漪之子溥儁承繼爲穆宗毅皇帝之子，以綿統緒等因，欽此。

雲章播告，海宇騰歡，欽惟我皇上治道大昌，聖謨善述。九五福禹疇錫昇，咸欽繼序不忘；億萬年軒紀昇平，允卜康强逢吉。迺至孝兼乎至悌，善承先帝之傳心；而知人本乎知天，慎簡宗藩於同氣。寶籙昭垂乎來許，人民舞蹈於寰區。臣忝領專圻，鵷班遥肅，喜聞曠典，鴻緒長延。其賢即在其親，不特一人有慶；以續尤徵以似，咸賡百世本支。遐邇歡騰，藿葵向切。所有微臣欣忭下忱，謹繕摺叩賀天喜，伏乞皇上聖鑒。謹奏。

光緒二十六年正月初六日。

康強逢吉適

至孝兼乎

至悌善承

先帝之傳心而

知人本乎知天

慎簡宗藩於同氣

寶籙昭垂乎來許人民舞蹈於寰區臣恭領專折竊

頒邇肅喜聞曠典

鴻緒長延其賢即在其親不特

一人有慶以續光徽以似以膺

百世本支遐邇歡騰藿葵向切所有微臣欣忭下忱謹

繕摺叩賀

天喜伏乞

皇上聖鑒謹

奏

知道了

光緒二十六年五月　　日

**題注：**

此奏摺同上慈禧太后奏摺爲同一事，均爲慶賀溥儁立爲光緒繼嗣之事。

# 光緒二十七年鄧華熙上慈禧太后、光緒皇帝奏摺

已裱。心：横110厘米，縱20.2厘米

**録　文：**

頭品頂戴貴州巡撫臣鄧華熙跪奏，爲遵旨籌辦會剿粤邊游匪並羅斛廳之桑郎地方被匪竄擾，經派官兵擊退各情形，恭摺馳陳，仰祈聖鑒事。

竊臣於光緒二十七年二月十九日欽奉電傳諭旨，前因粤西游匪竄擾滇黔，久爲邊患，諭令丁振鐸、黄槐森、鄧華熙、蘇元春等選派得力將弁，聯絡一氣，妥籌剿辦。現聞各匪勾結游勇散兵，沿邊滋擾，蔓延愈甚，若不迅即會剿，勢將不可收拾。著雲南、貴州、廣西各督撫迅速會商兜剿，勿得狃於各清各界之説，稍分畛域，倘彼此互相推諉，釀成巨患，定惟該督撫等是問，懍之，欽此。跪誦之下，惶悚莫名，伏查黔省沿邊與廣西毗連，綿亘一千餘里，上游之興義、貞豐、羅斛，下游之獨山、荔波皆緊與泗城、西隆、凌雲、南丹接壤，自光緒二十三年二月游匪倡亂，分股竄擾滇黔邊境，當奉諭旨，飭令三省會剿，不分畛域，經前撫臣嵩崑、王毓藻隨時電商滇粤督撫合力剿辦，惟此等游匪即越南游勇餘孽，剽悍善戰，土匪附之。兵至則散，兵去復聚，屢經剿捕，莫净根株，所有各匪歷年竄擾、派兵辦理情形，均經奏報在案。臣抵任以來，查悉游匪蹤迹飄忽無常，無一定巢穴，東馳西突，乘隙而來，黔軍沿紅水江一帶節節布防，迄今五年未敢少懈，雖連年竄擾，均經兵團擊退，而將士時有傷亡，居民多被焚掠，若不大加懲創，迄無了日。上年十一月十四日有悍匪數百人潛夜渡江，燒搶貞豐州之旺母寨，經臣派撥練營，嚴飭將吏，痛加截剿，當即遁走。本年正月初四日欽奉上次諭旨飭令聯絡一氣，不分畛域，妥籌剿辦，當與雲南督臣丁振鐸，廣西撫臣黄槐森、提臣蘇元春往返電商，臣飭令安義鎮總兵熊時敏親赴邊界，與滇粤將領會籌辦法，並飭中路統領副將徐印川率領所部暫駐邊隘，以備會剿。西路統領副將范德元駐扼興義、貞豐一帶。東路統領副將譚盛高駐扼獨山、荔波一帶，嚴密佈置，以防衝突。正籌辦間，據羅斛同知繼文參將蔣福珍飛稟，於二月十二日羅斛之桑郎地方突被游匪偷渡紅江闌入黔境，肆行焚劫，是處防營管帶儲玉貴兵單不敵、受傷失利等情前來，臣即檄統領威遠營道員張勝嚴迅率所部洋操隊馳往協剿。旋據副將徐印川報稱，該將聞警赴援，行至昂武地方，適與匪遇，

逃雲南□飭令安義鎮總兵熊時敏親赴邊界
與滇粵將領會籌辦法並飭中路統領副將徐
印川率領所部暫駐邊隘以備會剿西路統領
副將范德元駐扎興義貞豐一帶東路統領副
將譚威高駐扎獨山荔波一帶嚴密佈置以防
衝突正籌辦間據羅斛同知繼文參將蔣福珍
飛稟於二月十二日羅斛之桑郎地方突被游
匪偷渡紅江闖入黔境肆行焚刦是處防營管
帶儲玉貴兵單不敵受傷失利等情前來臣即
檄統領威遠營道員張勝嚴迅率所部洋操隊
馳往協剿旋據副將徐印川報稱該將聞警赴
援行至昂武地方適與匪遇派令左營管帶尹
慶元率隊奮擊鏖戰數時之久槍斃匪目三名
悍匪二十餘名匪始潰敗退據江岸復被儲玉
貴帶兵馳擊槍斃悍匪十餘名因山路崎嶇天
晚收隊查點我軍亦有傷亡匪於是夜遁回粵
境搜捕無蹤臣當飭該統領等訓屬士卒巡邏
嚴防俟粵軍到邊即會商合力搜剿並飭沿邊
地方官吏切實講求團練以輔兵力之不及認
真清理保甲以防奸宄之勾連務期剿撫兼施
一勞永逸以仰副
朝廷綏靖邊陲之至意所有籌辦會剿粵邊游匪以
及羅斛被匪竄擾經派官兵擊退各緣由謹恭
摺由驛馳陳伏乞
皇太后
皇上聖鑒訓示謹
奏
著即會商粵軍合力搜剿毋留餘孽
光緒二十七年三月　　日

派令左營管帶尹慶元率隊奮擊，鏖戰數時之久，槍斃匪目三名，悍匪二十餘名，匪始潰敗退據江岸，復被儲玉貴帶兵馳擊，槍斃悍匪十餘名。因山路崎嶇，天晚收隊，查點我軍亦有傷亡。匪於是夜遁回粵境，搜捕無蹤。臣當飭該統領等訓屬士卒巡邏嚴防，俟粵軍到邊，即會商合力搜剿，並飭沿邊地方官吏切實講求團練，以輔兵力之不及，認真清理保甲，以防奸宄之勾連，務期剿撫兼施，一勞永逸，以仰副朝廷綏靖邊陲之至意。所有籌辦會剿粵邊游匪以及羅斛被匪竄擾，經派官兵擊退各緣由，謹恭摺由驛馳陳，伏乞皇太后、皇上聖鑒訓示。謹奏。

光緒二十七年三月初四日。

（硃批）著即會商粵軍合力搜剿，毋留餘孽。

## 題注：

此爲鄧華熙在貴州巡撫任上奏剿廣西、雲南、貴州邊境匪徒，並請派粵軍參與剿匪事。光緒二十七年（1901），廣西會黨與游勇結合起義，在三省邊境地區造成了很大聲勢，故清廷嚴令三省長官會同派軍合力剿匪。丁振鐸（1842—1914），字聲伯，號巡卿，羅山縣人，1901年爲雲南總督。黄槐森（1829—1902），字作鑾，號植庭，香山縣人，1901年由雲南巡撫調任爲廣西巡撫。蘇元春（1844—1908），字子熙，廣西永安人，清末湘軍將領，還參加了廣西抗法戰争，時爲廣西提督兼任廣西邊防督辦。此次三省會同剿匪活動衹取得了一些表面成果，並没有解决會黨聯合散兵游勇反清鬥争不斷的情况。

廣西會黨即是以天地會活動爲紐帶的反清勢力，早在嘉慶年間廣西就有結會活動，至太平天國運動時已在廣西有重要影響力，還發動了大規模的洪兵起義。清末廣西會黨一直是影響清政府西南邊境穩定的因素，並在發展過程中吸收了當地土匪、同法國在越南戰争後裁撤的軍隊等，力量愈加强大，在1902至1905年發動了反清鬥争，影響擴展至廣東和雲貴，是辛亥革命前規模較大的反清起義。[一]

[一] 馮祖貽：《1902—1905年廣西會黨起義軍在貴州、雲南的活動》，《貴州社會科學》1982年第3期；彭大雍：《廣西會黨與辛亥革命》，《廣西民族學院學報（哲學社會科學版）》1993年第1期；邵雍：《論蘇元春與會黨的關係》，《南寧師範高等專科學校學報》2007年第4期。

其一

其二

其三

其四

其五

其六

# 光緒皇帝硃批鄧華熙請安摺

合本：横 10.5 厘米，縱 22.5 厘米

**録　文：**

其一

湖北布政使臣鄧華熙跪請皇上聖躬萬安。（硃批）朕安。

其二

江蘇布政使臣鄧華熙跪請皇上聖躬萬安。（硃批）朕安。

其三

頭品頂戴江蘇布政使臣鄧華熙跪祝皇上萬壽萬萬壽。（硃批）覽。

其四

頭品頂戴安徽巡撫臣鄧華熙跪請皇上聖躬萬安。（硃批）朕安。

其五

頭品頂戴安徽巡撫臣鄧華熙跪請皇上聖躬萬安。（硃批）朕安。

其六

太子少保頭品頂戴前貴州巡撫臣鄧華熙跪請皇上聖躬萬安。

**題　注：**

鄧華熙上光緒皇帝六件請安摺，分别是湖北布政使任上一件，江蘇布政使任上二件，安徽巡撫任上二件，以及被恩賞太子太保後以前貴州巡撫名義所上一件（紅封）。

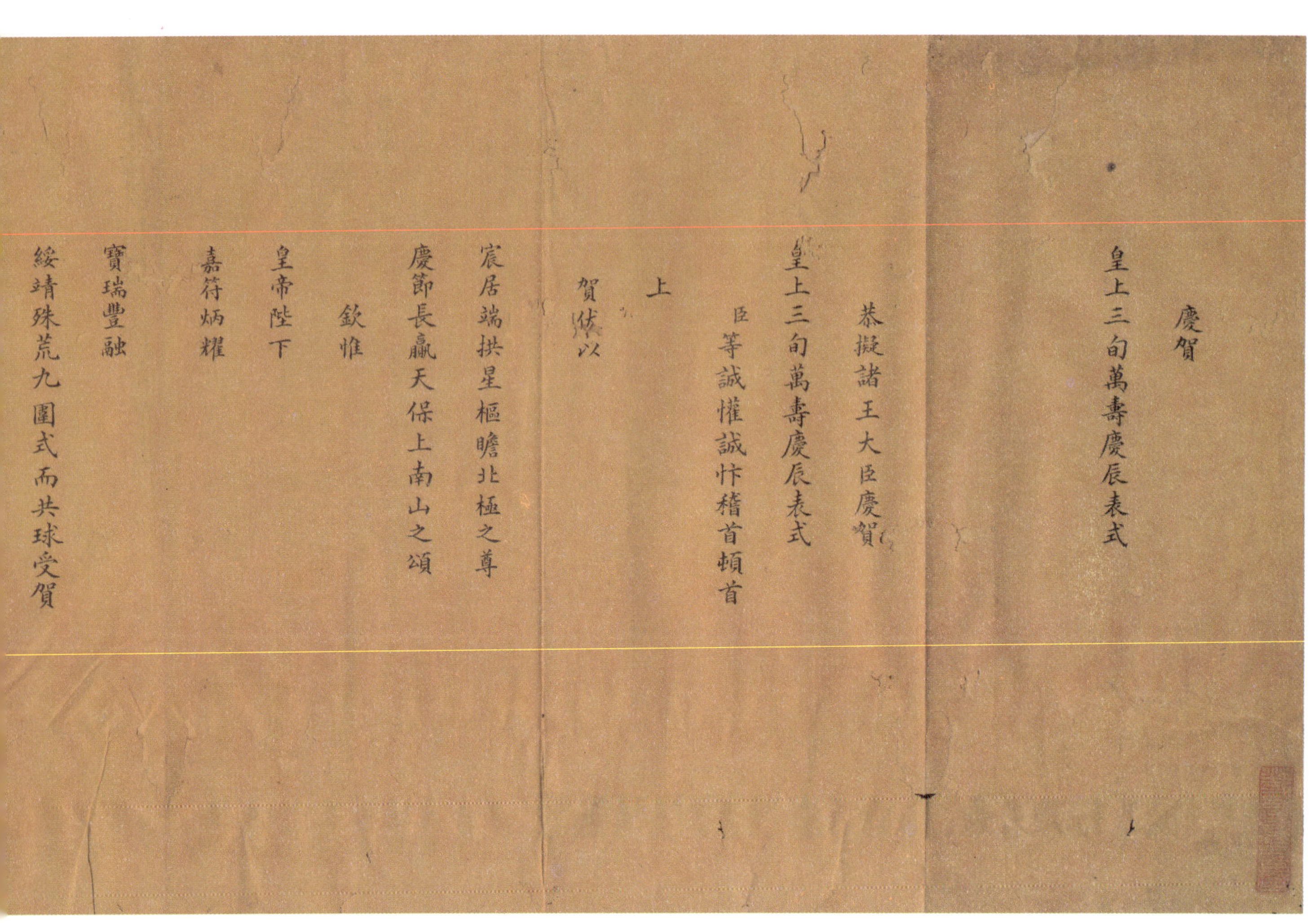

# 光緒二十七年鄧華熙慶賀光緒帝三旬壽辰表

合本：橫 11.2 厘米，縱 25 厘米

**録　文：**

慶賀皇上三旬萬壽慶辰表式

恭擬諸王大臣慶賀皇上三旬萬壽慶辰表式

臣等誠懽誠忭，稽首頓首上賀，伏以宸居端拱，星樞瞻北極之尊；慶節長贏，天保上南山之頌。欽惟皇帝陛下嘉符炳耀，寶瑞豐融。綏靖殊荒，九圍式而共球受賀；甄陶庶彙，八紘調而翔泳懷仁。恭逢聖壽三旬，願效嵩呼萬歲。宣綸錫福，演商箕建極之疇；撫軫歌薰，協虞舜登庸之紀。休徵備至，景貺頻臻。臣等幸值昌期，臚陳祝悃，伏願蘿圖永席，五六居天地之中；椿筴長添，八千益春秋之算。臣等無任瞻天仰聖，懽忭之至，謹奉表稱賀以聞。

萬歲

宣綸錫福演商箕建極之疇

撫軫歌薰協虞舜登庸之紀休徵備至景貺頻臻臣

等幸值

昌期臚陳祝悃伏願

蘿圖永席五六居天地之中

椿筴長添八千益春秋之算臣等無任瞻

天仰

聖懽忭之至謹奉

表稱

賀以

聞

**題注：**

因八國聯軍占領北京，慈禧太后和光緒皇帝於光緒二十六年（1900）八月逃往西安。光緒二十七年（1901）下詔置外務部、改革科舉等，詔以變法圖强示天下，開啓了清末『新政』。光緒二十七年爲鄧華熙擔任貴州巡撫的第二年，鄧華熙上奏詳議變法，陳興辦學校、變通科舉、開礦、辦報等八項舉措，並在貴州籌辦貴州大學堂，使貴州成爲改革變法具有成效的地方。

其一

# 光緒三十四年鄧華熙謝恩奏摺稿

共2份，其一：横36厘米，縱23.2厘米；其二：横42.7厘米，縱23厘米

**録文：**

其一

奏爲恭謝云云。欽惟慈禧端佑康頤昭豫莊誠壽恭欽獻崇熙皇太后坤厚延祺，泰龢集慶，奎章炳曜，鴻疇呈綏福之符；雲錦流輝，鼇戴繫長生之縷。臣稽曹甫卸，薇省重迴，寵賁球琳，美於秦瓦漢磚之體；恩施衮冕，寓兹文經武緯之思。聖慈既全以錫齡者錫民，微臣敢不因懋賞者懋德。昌期異數，欽感奚名！惟有倍矢寅恭，虔承申命。闈二首六身之吉語，願同絳縣以書奇；聆千秋萬歲之歡呼，竊比朱絲而表直。所有微臣感激榮幸下忱，謹繕摺叩謝天恩，伏乞皇太后聖鑒。謹奏。

正月十七日。

其二

奏爲恭謝云云。欽惟皇上軒籙凝庥，堯樽介祉。歡承累葉，久以列聖之心爲心；慶衍遐齡，即以天下之養爲養。祥開令節，集千秋金鑑而成書；德布徽音，合萬國衣冠而舞彩。臣幸際昌辰，恭逢慈壽，珠璣演畫，喜草木之皆春；黻冕昭文，仰雲霞之爲綺。鴻施既渥，蛾負難勝，惟有勉勤

皇上軒蘇凝庥
堯樽介祉
歡承累葉久以
列聖之心爲心
慶衍遐齡即以天下之養爲養
祥開令節
集千秋金鑑而成書
德布徽音
合萬國衣冠而舞綵臣幸際
昌辰恭逢
慈壽
珠璣演畫喜草木之皆春
黻冕昭文仰雲霞之爲綺
鴻施既渥蟣負難勝惟有勉勤職守慎凜樞機
鶴算綿長敬仿
益壽延年之篆
龍章稠疊愈深戴仁抱義之懷同瞻
王母之瑤圖敢附臣工而頂祝赤文綠字叨分瑞靄於蓬壺
蜀錦齊紈並著輝光夫旒璪所有微臣感激榮幸下忱
謹繕摺叩謝
天恩伏乞
皇上聖鑒再臣仰蒙
皇太后恩賞應敬謹專摺叩謝理合陳明謹
奏
正月十七日

其二

職守，慎凜樞機。鶴算綿長，敬仿益壽延年之篆；龍章稠疊，愈深戴仁抱義之懷。同瞻王母之瑤圖，敢附臣工而頂祝。赤文緑字，叨分瑞靄於蓬壺；蜀錦齊紈，並著輝光夫旒璪。所有微臣感激榮幸下忱，謹繕摺叩謝天恩，伏乞皇上聖鑒。再，臣仰蒙皇太后恩賞，應敬謹專摺叩謝，理合陳明。謹奏。正月十七日。

**題注：**

1908年，鄧華熙被清廷加恩賞給太子少保銜，鄧華熙被稱爲『鄧宮保』由此而來。鄧華熙因此事特上奏摺謝恩。因鄧華熙此時住廣州景福堂（今荔灣區多寶街），仍與廣州的督撫有往來，故借其關防上奏摺。1908年兩廣總督爲張人駿。張人駿任兩廣總督期間曾在維護南海諸島主權、發展近代教育等方面作出了貢獻。張人駿曾上摺求設立廣東諮議局籌辦處，鄧華熙爲廣東諮議局元老，二人在政治上改革理念相近，平素亦有往來。此次鄧華熙被賞給太子少保銜也源於張人駿的奏請。

# 光緒三十四年鄧華熙謝恩奏摺

已裱。心：横72厘米，縱20.3厘米

**録文：**

頭品頂戴前貴州巡撫臣鄧華熙跪奏，爲叩謝天恩，恭摺仰祈聖鑒事。

三月初四日内閣奉上諭張人駿奏在籍大員鄉舉重逢籲懇恩施一摺，前貴州巡撫鄧華熙早年登第，由京曹外簡道府，洊任封圻，嗣在貴州巡撫任内開缺回籍，現屆該員鄉舉之年花甲適周，洵屬科名盛事，加恩著賞給太子少保銜，以惠耆臣。欽此。綸言伏誦，感惕莫名，臣當即恭設香案，望闕叩謝天恩，伏念臣嶺表豎儒，生逢盛世，早歲忝登科第，觀政京曹；暮年乞卸疆符，時懷魏闕。迺以曩膺鶚薦，適逢周甲之期；遂蒙渥沛鴻施，得拜重申之命。寵承丹陛，秩晉青宫，列少保之崇銜，光增南極；荷宸衷之特賞，惠及東膠。湛露久沾，雖伏櫪不忘鞅掌；慶雲遠企，愧濫竽無補分毫。錫福自天，悚惶無地，惟有望龍光而上祝，遥頌九如咸集之祥；效虎拜以揚休，彌懔三命益恭之訓。所有微臣感激下忱，理合恭摺叩謝天恩。再，此摺係借用兩廣督臣關防拜發，合併陳明，伏乞皇太后、皇上聖鑒。謹奏。

光緒三十四年四月十一日。

（朱批）知道了。

宸衷之
特賞
惠及東膠
湛露久沾雖伏櫪不忘鞅掌
慶雲遠企愧濫竽無補分毫
錫福自
天悚惶無地惟有望
龍光而上祝遙頌
九如咸集之祥效虎拜以揚
休彌懍三命益恭之訓所有微臣感激下忱理合恭摺
叩謝
天恩再此摺係借用兩廣督臣關防拜發合併陳明
伏乞
皇太后
皇上聖鑒謹
奏
知道了
光緒三十四年四月　十一　日

題注

此摺爲鄧華熙因被賞給太子少保銜而寫。

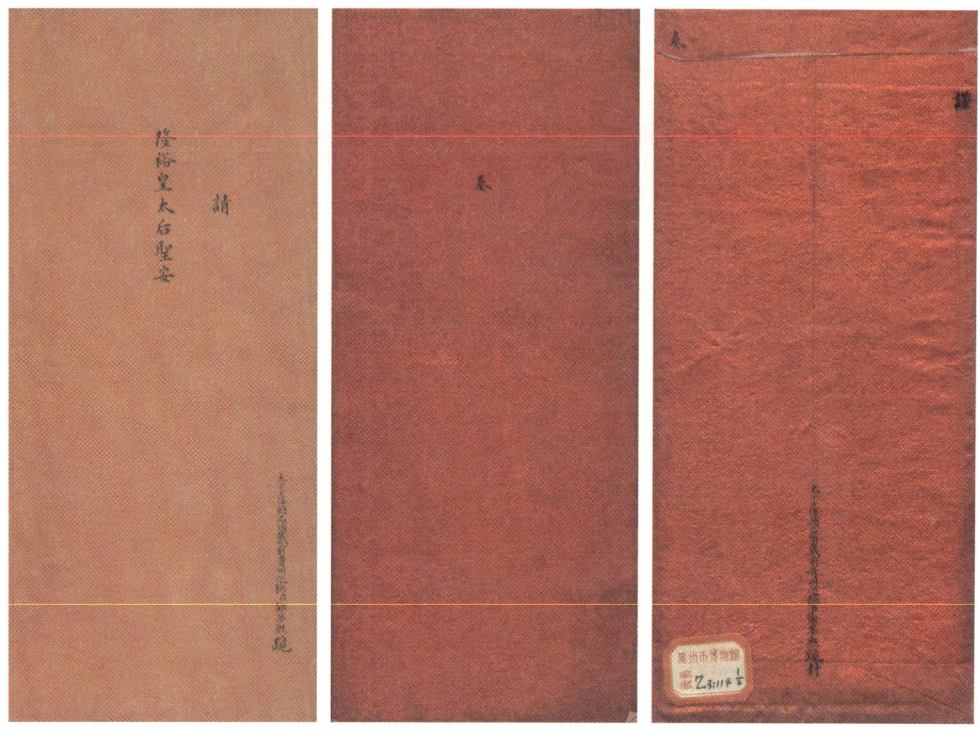


其一

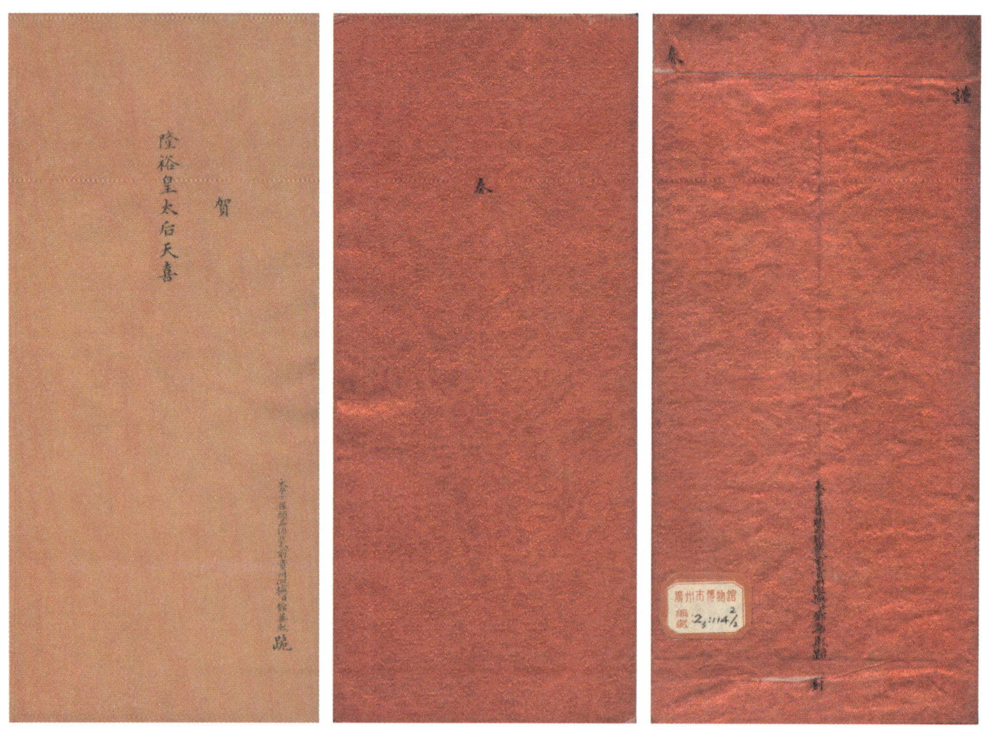


其二

## 鄧華熙上隆裕太后請安帖

共2份，均爲：横10.5厘米，縱22.5厘米

**録　文：**

其一

太子少保頭品頂戴前貴州巡撫臣鄧華熙跪請隆裕皇太后聖安。

其二

太子少保頭品頂戴前貴州巡撫臣鄧華熙跪賀隆裕皇太后天喜。

**題　注：**

隆裕太后（1868—1913），滿洲鑲黄旗人，葉赫那拉氏，名静芬，慈禧弟葉赫那拉・桂祥的女兒。光緒十四年（1888）被慈禧太后欽點成婚，次年立爲皇后。光緒皇帝駕崩後，宣統皇帝繼位，上徽號『隆裕』，史稱隆裕皇太后。宣統帝登位時年僅三歲，故由隆裕太后實行垂簾聽政，和攝政王載灃（宣統皇帝生父）共同掌政。1912年2月12日，隆裕太后頒佈遜位詔書，清朝統治結束。辛亥革命後，鄧華熙、梁鼎芬等遺老仍時常向宣統皇帝、隆裕太后上書請安。

# 第六章　雅意清賞

鄧華熙生於世家大族，長於書香門第，其本人亦爲科舉出身，作爲中國傳統文人士大夫，天然承襲着儒家修齊治平以及『志於道，據於德，依於仁，遊於藝』的理想道德與行爲準則，同時具備濃厚的文化藝術氣質，追求精緻典雅的生活情趣。鄧氏能文能詩，工書擅畫，這從其所遺會試科考策論文、日記中所載詩詞以及諸多手書信函足可窺覘一斑。鄧氏居京時，其繪畫已爲公卿僚佐所青睞，會鄧氏九十誕辰，在粤友人爲其祝壽而發起徵詩文啓，稱其『精神强固，暇則以書畫自娱』，『所爲畫深入三王堂奥，復以所遊名山川潤色之。性和易，與之交者，輒求得其手蹟。聞畫家多壽，若再逾十年，以百歲人爲之，當有更爲藝苑生色而倍足珍貴者』。鄧華熙如同其他文人士子一樣，喜好諸般雅藝，加之年壽既高，仕宦多地，自是庋藏甚夥，寶幀盈篋。據其後人回憶，由於近代時事變故，鄧氏所藏大多散佚損毀，劫餘什物略已悉數捐贈粤港文博圖書教育機構，本章所輯，即是從廣州博物館所藏鄧氏家族捐贈物品中甄選而來，舉凡書畫、碑帖、印璽諸類，其中間有鄧又同先生之題識跋文。茲列叙時人，録其所述，藉以展現文人階層的審美情趣和精神風尚。

丙子二月二十九廣東士紳公祭紹武君臣冢温肃記

民國丙子年二月二十九日
廣東士紳公祭明紹武君臣冢
冢在廣州城垣外北郊寶漢酒
家之側祭畢全體拍照留念是
日參加祭者有 先君甫資政公
先叔毓生太守桂太史南屏張太史
學華温太史毅夫汪景吾任元熙岑
庸黄慈博李孔曼金芝軒盧芳譎
史久鑑廖伯魯莊光第許少垣馬衍樾
俞偉雲等諸先生 甲申年三月十九日乃
思陵殉國三百零一周年特檢此照公諸陳
列事隔九年人事滄桑不勝今昔之感也

# 民國廣東士紳公祭紹武君臣冢合影照（附跋文）

合影：横 28.2 厘米，縱 21.2 厘米

## 録 文：

民國丙子年二月二十九日，廣東士紳公祭明紹武君臣冢。冢在廣州城垣外北郊寶漢酒家之側。祭畢，全體拍照留念。是日参與祭者有先君用甫資政公、先叔毓生太守、桂太史南屏、張太史學華、温太史毅夫、汪景吾、任元熙孝廉、黄慈博、李孔曼、金芝軒、盧芳靄、史久鑑、廖伯魯、莊光第、許少垣、馬衍椒、俞倬雲等諸先生。甲申年三月十九日乃思陵殉國三百零一周年，特檢此照，公諸陳列，事隔九年，人事滄桑，不勝今昔之感也。

## 題 注：

此爲一幀民國二十五年（1936）廣東士紳公祭紹武君臣冢的合影，温肅題簽曰『丙子二月二十九日廣東士紳公祭紹武君臣冢』，此照後歸廣州西關鄧氏家族珍存。民國三十三年（1944）鄧又同題記如上。

南明君臣之遺骸原葬於廣州城北流花橋畔。當時因忌於政局形勢，直至乾隆詔令褒崇明朝忠烈之士，粤中士紳乃爲其修墓立碑，稱『紹武君臣冢』。1954 年因象崗山基建，紹武君臣冢遷葬於越秀公園木殼崗，1981 年再遷葬於越秀公園南秀湖畔。

鄧氏跋文所述諸公乃當時粤中名流，率爲清朝遺老，其中『用甫』即鄧華熙次子、鄧又同生父鄧本逵。思陵，即明末帝思宗朱由檢與嬪妃之合葬墓，爲明十三陵之一。思陵，指代思宗朱由檢。1644 年（甲申年）自縊於紫禁城後景山，李自成命將思宗及其衆妃合葬，爲籠絡人心，改名思陵。

名山之精累業之英志存恢復力挽荒蕪暇寖至論即屬權宜興復先聲不忘致主想公風烈懦立頑廉讀公遺文思深圖遠滄桑遞改手澤宛然不揣枯毫用彰英傑

南海陳子壯題

陳子壯字集生號秋濤南海人明萬曆己未進士廷對第二授編修歷官至禮部右侍郎桂王立授東閣大學士總督四省軍務清師入粵子壯與順德陳邦彥東莞張家玉拒戰死世稱廣東三忠贈南海忠烈侯賜謚文忠著有昭代経濟言十二卷四庫著錄練要堂前集六卷後集十卷並存遺墨存世甚少此幅廼題岳武穆公遺文足可表先生之志業文章矣 先君本遠公生平最景仰南明英烈於癸酉年辛未年與廣東士紳共捐資倡修陳巖野陳獨漉父子墓府君嘗謂此忠善遺墨宜寶藏之 今甲申歲三月十九為明威宗崇禎殉國三百週年紀念日余僑澳約同文化界人士假望廈普濟禪院舉行紀念並檢此忠烈遺墨供諸衆覽矣

# 南明陳子壯碑銘拓本（附跋文）

拓本：橫 20.5 厘米，縱 19.4 厘米

## 録文：

名山之精，累葉之英。志存恢復，力挽荒蕪。嬰褻至論，即屬權宜。興復先聲，不忘致主。想公風烈，懦立頑廉。讀公遺文，思深圖遠。滄季遞改，手澤宛然。不揣枯毫，用彰英傑。

南海陳子壯題。（鈐印：『子壯私印』）

陳子壯，字集生，號秋濤，南海人，明萬曆己未進士，廷對第三，授編修，歷官至禮部右侍郎。桂王立，授東閣大學士，總督四省軍務。清師入粵，子壯與順德陳邦彥、東莞張家玉拒戰死，世稱廣東三忠，贈南海忠烈侯，謚文忠，著有《昭代經濟言》十二卷，四庫著録。《練要堂前集》六卷、《後集》五卷並存。遺墨存世甚少，此幅迺題岳武穆公遺文，足可表先生之志業文章矣。先君本逵公生平最景仰南明英烈，於癸酉年、辛未年與廣東士紳共捐資倡修陳巖野、陳獨漉父子墓。府君曾謂此忠藎遺墨，宜寶藏之。今甲申歲三月十九爲明威宗崇禎殉國三百週年紀念日，余僑澳，約同文化界人士假望夏普法禪院舉行紀念，並檢此忠烈遺墨，供諸衆覽矣。

## 題注：

陳子壯（1596—1647），字集生，號秋濤，廣東廣州府南海縣沙貝鄉（今廣東省廣州市白雲區石井鎮沙貝村）人。明萬曆四十七年（1619）探花，授翰林院編修。崇禎年間累遷禮部右侍郎，南明弘光政權禮部尚書，永曆政權東閣大學士兼兵部尚書。1647年2月，陳子壯與陳邦彥、張家玉等起兵抗清，兵敗被俘後寧死不屈而遭殺害，追贈番禺侯，謚文忠。

上頁碑銘爲陳子壯書南宋抗金名將岳飛遺文之題贊，對岳飛的精忠報國精神事迹表示欽佩敬仰。

## 光緒十八年鄧華熙撰書《重刻切問齋集序》手卷

已裱。心：横110厘米，縱22.5厘米

**録文：**

重刻切問齋集序

陸朗甫先生《切問齋文鈔》輯國朝名宿諸作，皆經世之言，余蚤年披讀，愛不釋手，紬繹序文，知其命意所在，未嘗不想見其爲人，惟其著述未窺全豹，故常顓顓於懷也。歲辛卯嘉平月，江蘇學使楊太常容甫寓書於余，言費宮允芸舫所弆《切問齋集》爲有用之書，即就宮允假而讀之，如入五都之市，鑫琺畢佽，淹貫閎肆，金心在中，不將不逆，通明如鑑，實髃肖兼賅之學，因識其提躬接物，刻礫而不劌，溪盎而不苛，則由由之德也。以著性理，則爭旦羌柔之辨，發聵振聾，維臯黔隲之原，通微合漠，雖昌黎《原道》《原性》不是過也。以明象緯，則渾儀蓋天，麗彌旭卉，景短景長，壘間廣狹，洞達無遺也。以闡推步，則洛下閎、鮮于妄人之創造，罔不研覈精諦、道窮虚霩也。以排方术，則陳獨步、張五壘、姑布子卿之流，靡弗辨其謞謬也。以論龕鑿，則白馬經冢、黄犢乘人，出乘其勝、入居其隩之幻説，凡胔胥袪也。至於經術如王湛之剖析，元理微妙，有巽趍言，人之所未聞，則又鏗鏗之楊子行也。歌咏温柔敦厚，顯微闡幽，則少陵詩史，同甫

慷慨兼長也。綜觀述聞三册並詩詞、書序、論議、雜著諸篇，根柢盤深，掃除門户，故發爲經濟，飭吏治、作士氣、濬河渠、利漕運、實倉儲、弭威賊諸善政，皆久大之規，後當奉爲模楷者。惟是集原鈑毁於佤爾，世尟傳杰，思其久而就湮也。爰取吴江縣所載陸林本傳，並於《松陵文録》録公行狀，冠於簡端，亟付剞劂，以廣流傳，冀與《切問齋文鈔》永爲經世之鴻珐云爾。

光緒十八年歲在元默執徐上元日，江南江蘇等處承宣使者嶺南鄧華熙撰并書。

**題注：**

陸燿（1723—1785），字朗甫，江蘇吴江人，乾隆十七年（1752）進士，歷任户部郎中、登州知府、湖南巡撫等職。陸燿學優品端，精析理義，洞達事物，讀書講求實用，曾詳究前人言行、政績、故事，輯國朝經世之文成《切問齋文鈔》，又自撰《切問齋文集》，認爲『觀於人之慕善、耻不善而知性之本善』，『惟明善，而性善乃可得而見焉』。以爲讀書人『坐而言，當即起而行也』，光説不做等於没説，合於王陽明『知行合一』之論。陸燿去世四十餘年後，魏源等人參考《切問齋文鈔》，編纂《皇朝經世文編》，希望唤起世人對『實學』的關注。而到了洋務運動時，《切問齋文鈔》更受到洋務官員的普遍重視。光緒十八年（1892）鄧華熙在江蘇布政使任上撰此序，亦可見鄧華熙推崇新學、重視洋務之情衷。

# 鄧華熙山水畫册頁（附跋文）

已裱。畫心：横34厘米，縱47厘米

## 録　文：

此先祖小赤公辛亥年所作畫也，時年八十五。先祖生平酷嗜繪事，光緒初居京師始學畫，初法惲壽平，多臨摹花卉，五十以後獨寫山水，法沈石田，而自闢面目。公每日餘閑必習畫，數十年未斷，七十後其畫益工，翁松禪、瞿鴻禨、梁節庵、康有爲先後求畫，有爲以詩求畫，有『欲乞所南新畫本』之句，萬木草堂藏畫目。康丈得先祖所贈伯牙鼓琴圖，謂畫法高秀可存，其推重如斯。小赤公當時對康丈領導之變法維新至爲同情。於此附叙康、鄧兩家夙好。又同記。

## 題　注：

鄧華熙遺存畫作不多，從此山水畫册二種及後人題識看，鄧華熙確係善畫者，早年習繪花卉禽鳥，師法惲壽平；中年以後專寫山水，師法沈周。其人勤於繪事，公餘閑暇必習畫，居京時即有畫名，諸公政要往往索求其法畫，康有爲嘗以詩求畫，鄧贈伯牙鼓琴圖，康氏寶之，輯入《萬木草堂藏畫目》等書。

此先祖小赤公辛亥年所作畫也時年八十七先祖生平酷嗜繪事光緒初居京師始
学畫初法惲壽平多臨摹花卉五十以後獨寫山水法沈石田而自闢面目公每日餘閒
必習畫數十年未斷七十後其畫益工翁松禪瞿鴻禨梁節庵康有為先後求畫有為以詩
求畫有欲乞所南新畫本之句萬木草堂藏畫目康丈得先祖所贈伯牙鼓琴圖謂畫法高秀可存其推
重如斯
小赤公
當時對
康丈領
導之變
法維新至
為同情於
此附叙康
鄧兩家夙
好
又同记

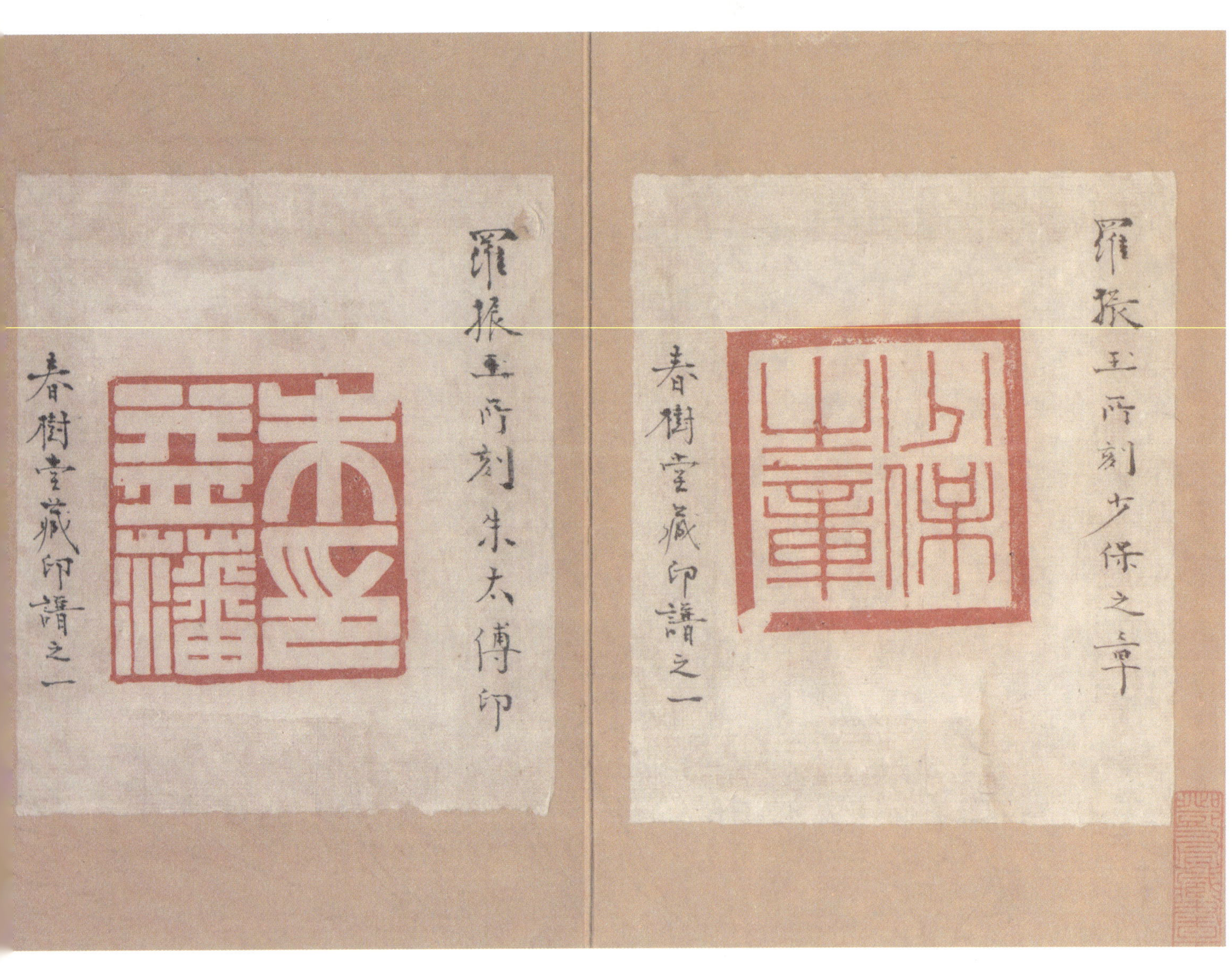
羅振玉所刻少保之章
春樹堂藏印譜之一
羅振玉所刻朱太傅印
春樹堂藏印譜之一

# 鄧華熙春樹堂藏印譜之羅振玉刻印二種

印：6厘米開方

**録文：**

（印文）少保之章

羅振玉所刻少保之章。春樹堂藏印譜之一。

（印文）朱益藩印

羅振玉所刻朱太傅印。春樹堂藏印譜之一。

**題注：**

朱益藩，字艾卿，號定園，江西萍鄉人，光緒庚寅進士，授翰林院編修，官至陝西學政、京師大學堂總監督等，誥封太保、少保銜，賜謚『文誠』。刻印者羅振玉，祖籍浙江上虞，生長於江蘇淮安，近代著名金石學家、史學家，所刻印章古樸大氣，自成流派。

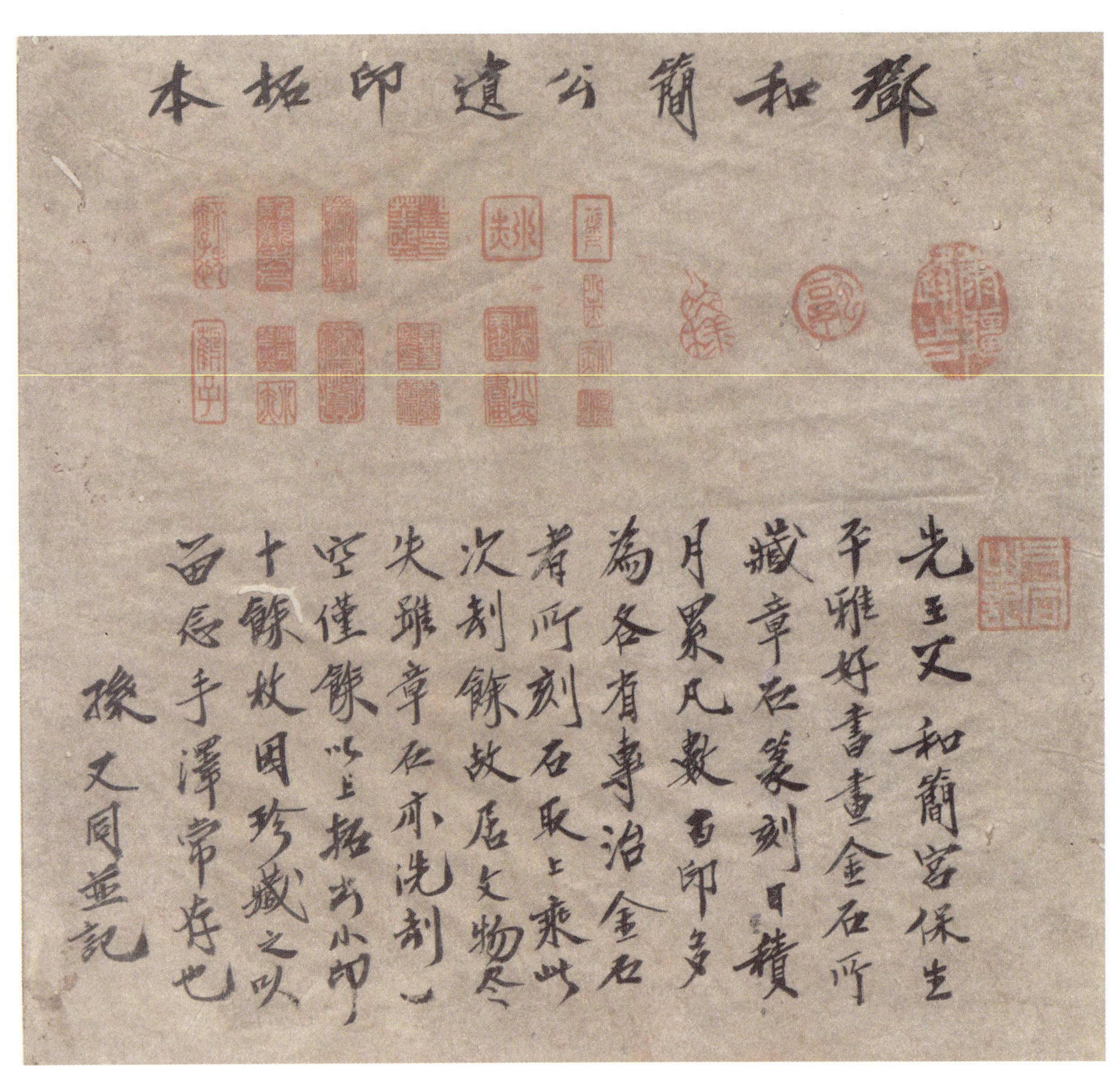
鄧和簡公遺印拓本

先王父和簡宮保生平雅好書畫金石所藏章石篆刻日積月累凡數百印多爲各有專治金石者所刻石取上乘此次劫餘故居文物盡失雖章石亦洗劫一空僅餘以上拓出小印十餘枚因珍藏之以留念手澤常存也

孫文同並記

# 鄧華熙所用印章拓本（附題記）

已裱。心：横 21.4 厘米，縱 20 厘米

## 録　文：

印文（由右至左）：

康疆逢吉、融、依樣、筱人、小赤、小赤、廪生、小赤、小赤書、小赤書畫、鄧華熙印、鄧華熙印、青宫少保、青宫少保、御賜福壽、静觀老人、鄧華熙、小赤、不失赤子心、鶴子。

題記：

先王父和簡宫保生平雅好書畫金石，所藏章石篆刻日積月累，凡數百印，多爲各省專治金石者所刻，石取上乘。此次劫餘，故居文物盡失，雖章石亦洗劫一空，僅餘以上拓出小印十餘枚，因珍藏之，以留念手澤常存也。孫又同並記。

## 題　注：

按鄧華熙之孫鄧又同回憶，鄧華熙因喜好金石書畫，所用篆刻印章多達數百，且多爲各地金石名家所治，後因動亂被劫，遺失殆盡，僅餘以上數十枚，拓印志存。

# 明梁元柱草書扇面（附題記）

扇面：最長54厘米，最寬17.4厘米

**録文：**

十年飄泊身，不作石門遊。何事春將暮，孤帆信夜留。明沙開素練，絶巘舞蒼虬。編詩能載酒，尋盟可狎鷗。露濯襟逾迥，烟空界欲浮。便堪成小築，吾擬借靈洲。宿石門似嘉問粲政。梁元柱。

梁元柱，字仲玉，一字森琅，順德人，明天啓壬戌進士，入翰林轉陝西道御史。魏閹欲見，峻拒之，大書二十

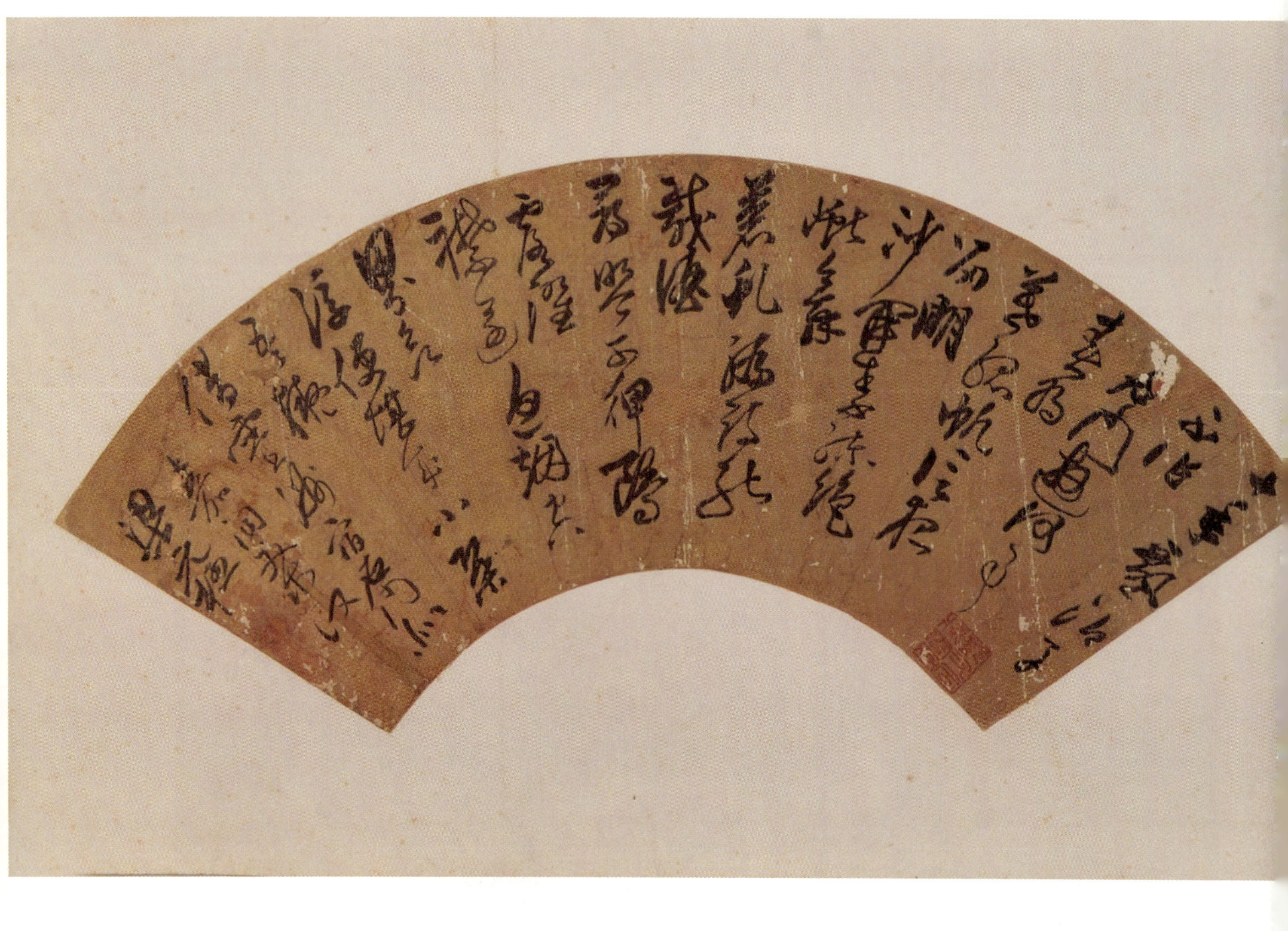

字『不憂不懼，君子乃能遁世；患得患失，鄙夫烏可事君』。縱值天變，抗言削籍，歸與黎遂球、陳子壯輩詩酒高會，縱筆作畫。崇禎初起原官，巡按雲南，尋病卒。嘗築園粵秀山南，濬池得奇石，配以古樹，謂皆偶然也，故以偶然堂名其集。《廣東文徵》將其《上穹蒼告變疏》一文采入著録。昭陽協洽夷則之月，邑後學鄧又同敬誌。

**題注：**

梁元柱（1589—1636），字仲玉，號森琅，廣東順德人。明熹宗天啓二年（1622）進士，初授翰林院庶吉士，拔選陝西道御史。以疏參東廠魏忠賢，忤旨奪官歸里。乃構堂於粵秀山麓，顔曰『偶然』。毅宗崇禎元年（1628），召補福建道御史。三年（1630），監北京鄉試。旋奉敕按雲南，便道歸省，連遭父母之喪，起補廣西參議，未赴而病卒。有《偶然堂集》四卷。事見羅孫耀撰墓誌銘、吴元翰撰行狀。清黄培彝修康熙十三年（1674）刊《順德縣志》卷八、道光《廣東通志》卷二八三有傳。

虞伯生才名學一時而書法亦綽之能使趙文敏失價惜世所常見者皆片楮短札今此紙小楷黃庭全摹臨右軍筆婉媚端雅雖骨格少遜誠希世寶也按右軍所書黃庭是外景非內景與南真所傳楊司命者雖同而句字小異亦微有斷缺當是渡江以前南真受之景林真人者偶爾逸出行世故右軍得以書之今大藏中內外黃庭經則陶貞白訪得司命手稿的派也數千年與黃長睿參析甚苦今可以無辯矣

萬曆壬辰夏四月望日年七十九歲老人周天球

# 明周天球墨寶册頁

合本：橫17厘米，縱29.7厘米

## 録文：

虞伯生才名噪一時，而書法亦稱之能，使趙吴興失價，惜世所常見者皆行草短札，今此紙小楷黄庭，全摹臨右軍筆，婉麗端雅，雖骨格少遜，誠希世寶也。按右軍所書黄庭，是外景非内景，與南真所傳揚司命者雖理同而句字小異，亦微有斷缺，當是渡江以前南真受之景林真人者，偶爾逸出行世，故右軍得以書之，今大藏中内外景經，則陶貞白訪尋司命手書的派也。數年内與黄長睿分析甚苦，今可以無辨矣。

萬曆壬辰夏四月望日，七十九歲老人周天球。

## 題注：

周天球（1514—1595），字公瑕，號幻海，又號六止居士、群玉山人、俠香亭長。南直隸太倉（今屬江蘇）人。明書畫家。隨父遷居蘇州吴縣（今蘇州），從文徵明游，得承其書法，聞名吴中。尤擅大小篆、古隸、行楷，一時豐碑大碣，皆出其手。善畫蘭，寫蘭草法，自趙孟頫後失傳，復於公瑕僅見，尤得鄭思肖法。間作花卉亦佳，自具風格，有出新之妙。

此札乃周天球品評元書家虞集小楷《黄庭經》，語多贊賞。虞集（1272—1348），字伯生，號道園，世稱邵庵先生，祖籍成都仁壽（今四川仁壽），臨川崇仁（今江西崇仁）人，元朝官員、學者、詩人，南宋左丞相虞允文五世孫。

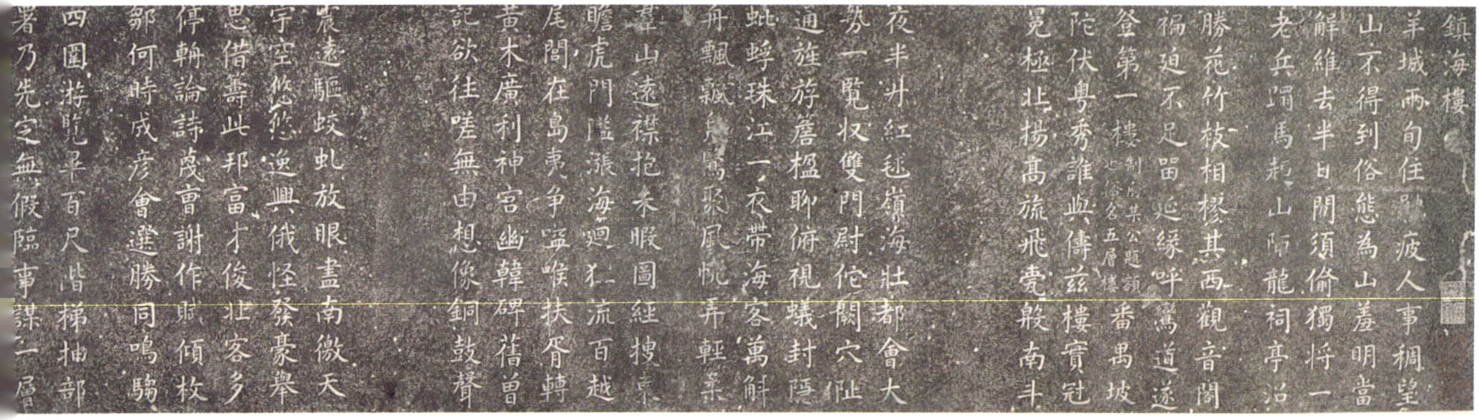

## 清金甡題書《鎮海樓詩》碑拓本

已裱。心：横159.2厘米，縱20厘米

**録　文：**

鎮海樓

羊城兩旬住，體疲人事稠。望山不得到，俗態爲山羞。明當解維去，半日閑須偷。獨將一老兵，躅馬趨山陬。龍祠亭沼勝，花竹枝相樛。其西觀音閣，褊迫不足留。延緣呼鸞道，遂登第一樓。（制府某公題額也，俗名五層樓）番禺坡陀伏，粤秀誰與儔。兹樓實冠冕，極北揚高旒。飛甍般南斗，夜半升紅毬。嶺海狀都會，大勢一覽收。雙門尉陀闕，穴阯通旌斿。

簷楹聊俯視，蟻封隱蚍蜉。珠江一衣帶，海客萬斛舟。
飄飄梟鷖聚，風帆弄輕柔。群山遠襟抱，未暇圖經搜。
東瞻虎門隘，漲海迴狂流。百越尾閭在，島夷争嗌喉。
扶胥轉黄木，廣利神宫幽。韓碑舊曾記，欲往嗟無由。
想像銅鼓聲，震遠驅蛟虬。放眼盡南徼，天宇空悠悠。
逸興俄怪發，豪舉思借籌。此邦富才俊，北客多停輈。
論詩蔑曹謝，作賦傾枚鄒。何時成彦會，選勝同鳴騶。
四圍游覽畢，百尺階梯抽。部署乃先定，無假臨事謀。
一層置僕馬，約敕毋喧啾。二層給厨膳，炙芳酒新篘。
五層羅絲竹，押班居上頭。三四啓高宴，升降時環周。
清談味嘉旨，長嘯臨滄洲。琴弦斷續奏，壺矢縱横投。
妙蹟辨金石，珍賞陳尊卣。指揮鸕鷀杓，照耀珊瑚鈎。
興酣呼把筆，落紙風颼颼。或標滕閣引，或紀蘭亭修。
或超元虚作，或寫仲宣憂。鯨吸百觚盡，蠶吐千篇洲。

傳觀共絶叫，起舞聊中休。就中選佳句，旋遣新聲謳。激揚清商調，縹緲凌雲浮。掃除炎蒸氣，颯爽成高秋。遺響落城市，高壓旗亭愁。長風送海外，仙樂驚鞮鞻。東坡龍宫召，白傅鷄林求。熊熊爇天焰，焕采垂鴻猷。廣宣同文治，被之大九州。此願幾時遂，心口徒咿嚘。清都化人境，目想同真游。平臺理歸策，軒舉形神道。還持詫吾友，大言曾賦不。乾隆九年甲子秋九月，賜進士及第、翰林院修撰、欽命廣東正考官仁和金甡。

**題注：**

乾隆九年（1744）農曆秋九月，賜進士及第、翰林院修撰、狀元金甡奉欽命入粤任乾隆甲子歲鄉試正考官，政務之暇，游覽廣州城北越秀山，登鎮海樓並撰《鎮海樓》五古一首，刻碑置於海幢寺内，碑今不存，香港鄧氏藏此碑拓本。碑文楷體，雍容秀麗，述寫越秀山風景名勝、羊城史事風物及鎮海樓景況。

宣統《番禺縣志·金石志四》載輯此詩刻，云在海幢寺。金甡，乾隆七年（1742）進士及第。乾隆九年爲廣東鄉試正考官。散館復第一，在上書房行走。淹貫史事，詩宗韓杜。官至禮部左侍郎。乾隆三十七年（1772）又奉命祭告南海神來粤。旋告歸，主講敷文書院。年八十一卒。入祀鄉賢。《鎮海樓》五古一首，最爲粤中詩人張維屏稱道。

# 後記

鄧華熙家族爲粵東名門望族，才彦輩出，且素有家國情懷。鄧華熙後人鄧又同先生、鄧巧兒女士關心鄉邦文博事業發展，多年來一直與廣州博物館保持緊密聯繫，自20世紀50年代以來分四次捐贈了逾千件珍貴藏品和文獻資料。半個多世紀來，廣州博物館歷任領導十分珍視這份情誼，鄧氏家族所捐贈的藏品也得到了歷任保管員的精心保管。2015年底，鄧華熙曾孫女鄧巧兒女士再次聯繫時任館長李穗梅，表示願意捐贈一批富含歷史價值的信札、家書等藏品90餘件，博物館遂安排副館長羅興連及徵集人員接洽，商談該批藏品徵集流程及合作研究事宜。

2019年底，在時任館長李民涌的倡導下，《廣州博物館藏鄧華熙家族文書信札選編》出版項目得以立項。副館長曾玲玲隨即組建專業團隊，對鄧華熙家族捐贈的全部藏品作全面梳理，確定本書立足於與鄧氏家族直接相關之文書信札，由陳列研究部研究館員陳紅軍牽頭對文書信札進行釋讀，文物保護管理部主任、副研究館員宋平統籌推進出版項目。具體分工爲：第一章釋讀宋平，第二章釋讀葉偉華，第三章釋讀陳潔、曹雙雙，第四章釋讀陳紅軍，第五章釋讀宋平，第六章釋讀陳紅軍。研究團隊從申請資金，到藏品的整理、選取；從學術研究難點重點突破，到最終付梓，歷時兩年。該書匯聚了衆人科研的成果，更體現了團結協作之功。

2020年初至今，新冠疫情肆虐全球，諸項工作遭遇蹉跌。所幸的是，哪怕分隔粵港兩地，憑着多年的默契，鄧巧兒女士仍盡全力配合廣州博物館對家書、信札進行整理。自始至終，雙方積極調動各方資源推動該書的出版。2021年7月剛到任的館長吴凌雲繼續推動出版工作，從整體結構到內容細節逐一審核修改，務求完善。

中山大學歷史學系趙立彬教授、廣東省立中山圖書館林鋭研究館員不辭辛勞，通覽全稿，檢點誤漏，提出修改建議，爲本書增色。特别是趙立彬教授，在百忙之中仍時刻關注該書審校工作，與研究團隊討論文書識讀問題，分析史料價值，爲本書把好學術關。因疫情影響，研究團隊無法赴港接受捐贈藏品，香港中文大學歷史系賀喜副教授熱心襄助，並在王家耀博士、田芳博士的協助下，與鄧巧兒女士合力完成了90餘件家書、信札的掃描工作。在此向支持和關注本書的學者們謹表謝忱。

衷心感謝廣東省博物館事業發展基金會的資助。在年度經費削減、業務經費緊缺的情況下，基金會伸出援手，資助出版經費，激勵研究團隊日夜兼程，推進編輯、出版工作。特别感謝基金會評委們的認可與支持。

廣東人民出版社副總編輯柏峰，古籍文獻分社社長陳其偉，編輯周驚濤、唐金英、周潘宇鏑及排版設計人員，亦爲本書的出版工作付出巨大心血，精益求精，一併致謝。

鄧氏家族同仁不恤私愛，慷慨捐贈國家，與衆共享其樂，其善行義舉，良足可嘉，我們又怎能辜負此等拳拳之心呢？該書爲廣州博物館出版鄧氏家族捐贈藏品的第二本，之後我們當繼續推進相關藏品、文獻資料的整理研究，期望下一本的出版問世爲時不遠。

鄧氏家族文書研究出版小組

2021年9月